KB247142

新 수학의 바이블

풀이집

수학 I

新 수학의 바이블 수학 I 풀이집

201707 제5판 1쇄 **202411** 제5판 14쇄
펴낸이 정선욱 **펴낸곳** 이투스에듀(주) 서울시 서초구 남부순환로 2547
고객센터 1599-3225 **등록번호** 제2007-000035호 **ISBN** 979-11-6123-289-8(53410)

· 이 책은 저작권법에 따라 보호받는 저작물이므로 무단전재와 무단복제를 금합니다.
· 잘못 만들어진 책은 구입처에서 교환해 드립니다.

예제 01 거듭제곱근의 계산　p.31

01-1

(1) $\left\{\left(\dfrac{4}{9}\right)^{-\frac{3}{4}}\right\}^{\frac{2}{3}}=\left(\dfrac{4}{9}\right)^{-\frac{3}{4}\times\frac{2}{3}}=\left(\dfrac{4}{9}\right)^{-\frac{1}{2}}$

$\qquad=\left\{\left(\dfrac{2}{3}\right)^2\right\}^{-\frac{1}{2}}=\left(\dfrac{2}{3}\right)^{-1}=\dfrac{3}{2}$

(2) $\left(\dfrac{125}{64}\right)^{\frac{1}{4}}\times\left(\dfrac{64}{125}\right)^{-\frac{1}{12}}=\left(\dfrac{125}{64}\right)^{\frac{1}{4}}\times\left(\dfrac{125}{64}\right)^{\frac{1}{12}}$

$\qquad=\left(\dfrac{125}{64}\right)^{\frac{1}{4}+\frac{1}{12}}=\left(\dfrac{125}{64}\right)^{\frac{1}{3}}$

$\qquad=\left(\dfrac{5^3}{4^3}\right)^{\frac{1}{3}}=\dfrac{5^{3\times\frac{1}{3}}}{4^{3\times\frac{1}{3}}}=\dfrac{5}{4}$

(3) $\sqrt{\dfrac{\sqrt[3]{a}}{\sqrt[4]{a}}}\times\sqrt[3]{\dfrac{\sqrt[4]{a}}{\sqrt{a}}}\times\sqrt[4]{\dfrac{\sqrt{a}}{\sqrt[3]{a}}}$

$=(a^{\frac{1}{3}}\div a^{\frac{1}{4}})^{\frac{1}{2}}\times(a^{\frac{1}{4}}\div a^{\frac{1}{2}})^{\frac{1}{3}}\times(a^{\frac{1}{2}}\div a^{\frac{1}{3}})^{\frac{1}{4}}$

$=(a^{\frac{1}{3}-\frac{1}{4}})^{\frac{1}{2}}\times(a^{\frac{1}{4}-\frac{1}{2}})^{\frac{1}{3}}\times(a^{\frac{1}{2}-\frac{1}{3}})^{\frac{1}{4}}$

$=(a^{\frac{1}{12}})^{\frac{1}{2}}\times(a^{-\frac{1}{4}})^{\frac{1}{3}}\times(a^{\frac{1}{6}})^{\frac{1}{4}}$

$=a^{\frac{1}{24}}\times a^{-\frac{1}{12}}\times a^{\frac{1}{24}}=a^{\frac{1}{24}+\left(-\frac{1}{12}\right)+\frac{1}{24}}$

$=a^0=1$

(4) $\sqrt[3]{4^2}\div\sqrt[3]{24}\times\sqrt[3]{18^2}$

$=4^{\frac{2}{3}}\div 24^{\frac{1}{3}}\times 18^{\frac{2}{3}}$

$=(2^2)^{\frac{2}{3}}\div(2^3\times 3)^{\frac{1}{3}}\times(2\times 3^2)^{\frac{2}{3}}$

$=2^{\frac{4}{3}}\div(2\times 3^{\frac{1}{3}})\times(2^{\frac{2}{3}}\times 3^{\frac{4}{3}})$

$=2^{\frac{4}{3}-1+\frac{2}{3}}\times 3^{-\frac{1}{3}+\frac{4}{3}}$

$=2^1\times 3^1=6$

다른 풀이 (3) $\sqrt{\dfrac{\sqrt[3]{a}}{\sqrt[4]{a}}}\times\sqrt[3]{\dfrac{\sqrt[4]{a}}{\sqrt{a}}}\times\sqrt[4]{\dfrac{\sqrt{a}}{\sqrt[3]{a}}}$

$=\dfrac{\sqrt{\sqrt[3]{a}}}{\sqrt{\sqrt[4]{a}}}\times\dfrac{\sqrt[3]{\sqrt[4]{a}}}{\sqrt[3]{\sqrt{a}}}\times\dfrac{\sqrt[4]{\sqrt{a}}}{\sqrt[4]{\sqrt[3]{a}}}$

$=\dfrac{\sqrt[6]{a}}{\sqrt[8]{a}}\times\dfrac{\sqrt[12]{a}}{\sqrt[6]{a}}\times\dfrac{\sqrt[8]{a}}{\sqrt[12]{a}}=1$

(4) $\sqrt[3]{4^2}\div\sqrt[3]{24}\times\sqrt[3]{18^2}=\sqrt[3]{4^2}\times\dfrac{1}{\sqrt[3]{24}}\times\sqrt[3]{18^2}$

$\qquad=\sqrt[3]{\dfrac{4^2\times 18^2}{24}}=\sqrt[3]{\dfrac{2^6\times 3^4}{2^3\times 3}}$

$\qquad=\sqrt[3]{2^3\times 3^3}=\sqrt[3]{(2\times 3)^3}=6$

정답　(1) $\dfrac{3}{2}$　(2) $\dfrac{5}{4}$　(3) 1　(4) 6

01-2

(1) $\sqrt{2\sqrt[3]{4\sqrt[4]{8}}}=\sqrt{2}\times\sqrt[6]{4}\times\sqrt[24]{8}$

$\qquad=2^{\frac{1}{2}}\times(2^2)^{\frac{1}{6}}\times(2^3)^{\frac{1}{24}}$

$\qquad=2^{\frac{1}{2}+\frac{2}{6}+\frac{3}{24}}=2^{\frac{23}{24}}$

따라서 $2^{\frac{23}{24}}=2^p$이므로 $p=\dfrac{23}{24}$

(2) $\sqrt{\sqrt{\sqrt{\sqrt{3}}}}\times\sqrt[4]{\sqrt[4]{\sqrt[4]{3}}}=\sqrt[16]{3}\times\sqrt[64]{3}$

$\qquad=3^{\frac{1}{16}}\times 3^{\frac{1}{64}}$

$\qquad=3^{\frac{1}{16}+\frac{1}{64}}=3^{\frac{5}{64}}$

따라서 $3^{\frac{5}{64}}=3^p$이므로 $p=\dfrac{5}{64}$

정답　(1) $\dfrac{23}{24}$　(2) $\dfrac{5}{64}$

01-3

ㄱ. $(\sqrt{2})^{2\sqrt{2}}=(2^{\frac{1}{2}})^{2\sqrt{2}}=2^{\sqrt{2}}$

$\quad(2\sqrt{2})^{\sqrt{2}}=(2^{\frac{3}{2}})^{\sqrt{2}}=2^{\frac{3\sqrt{2}}{2}}$

$\quad\therefore (\sqrt{2})^{2\sqrt{2}}\neq(2\sqrt{2})^{\sqrt{2}}$

ㄴ. $(\sqrt{3})^{3\sqrt{3}}=(3^{\frac{1}{2}})^{3\sqrt{3}}=3^{\frac{3\sqrt{3}}{2}}$

$\quad(3\sqrt{3})^{\sqrt{3}}=(3^{\frac{3}{2}})^{\sqrt{3}}=3^{\frac{3\sqrt{3}}{2}}$

$\quad\therefore (\sqrt{3})^{3\sqrt{3}}=(3\sqrt{3})^{\sqrt{3}}$

ㄷ. $(\sqrt{5})^{5\sqrt{5}}=(5^{\frac{1}{2}})^{5\sqrt{5}}=5^{\frac{5\sqrt{5}}{2}}$

$\quad(5\sqrt{5})^{\sqrt{5}}=(5^{\frac{3}{2}})^{\sqrt{5}}=5^{\frac{3\sqrt{5}}{2}}$

$\quad\therefore (\sqrt{5})^{5\sqrt{5}}\neq(5\sqrt{5})^{\sqrt{5}}$

따라서 옳은 것은 ㄴ입니다.

보충 설명 지수법칙이 실수 지수에서도 성립하도록 지수를 실수까지 확장하였기 때문에 무리수 지수에서도 지수법칙이 성립합니다. 따라서 무리수 지수가 나와도 당황하지 말고 지수법칙을 적용합니다.

정답　②

예제 02 지수가 유리수인 식의 계산　p.33

02-1

(1) $a^{\frac{1}{2}}=x$, $b^{\frac{1}{2}}=y$로 놓으면

$$(a^{\frac{1}{2}}+b^{\frac{1}{2}})(a^{\frac{1}{2}}-b^{\frac{1}{2}})=(x+y)(x-y)$$
$$=x^2-y^2$$
$$=(a^{\frac{1}{2}})^2-(b^{\frac{1}{2}})^2$$
$$=a-b$$

(2) $a^{\frac{1}{3}}=x$, $b^{\frac{1}{3}}=y$로 놓으면
$$(a^{\frac{1}{3}}-b^{\frac{1}{3}})(a^{\frac{2}{3}}+a^{\frac{1}{3}}b^{\frac{1}{3}}+b^{\frac{2}{3}})$$
$$=(x-y)(x^2+xy+y^2)$$
$$=x^3-y^3$$
$$=(a^{\frac{1}{3}})^3-(b^{\frac{1}{3}})^3$$
$$=a-b$$

(3) $a^{\frac{1}{3}}=x$, $b^{-\frac{1}{3}}=y$로 놓으면 $a=x^3$, $b^{-1}=y^3$이므로
$$(a+b^{-1})\div(a^{\frac{1}{3}}+b^{-\frac{1}{3}})$$
$$=(x^3+y^3)\div(x+y)$$
$$=(x+y)(x^2-xy+y^2)\div(x+y)$$
$$=x^2-xy+y^2$$
$$=(a^{\frac{1}{3}})^2-a^{\frac{1}{3}}b^{-\frac{1}{3}}+(b^{-\frac{1}{3}})^2$$
$$=a^{\frac{2}{3}}-a^{\frac{1}{3}}b^{-\frac{1}{3}}+b^{-\frac{2}{3}}$$

(4) $a^{\frac{1}{2}}=x$, $b^{\frac{1}{2}}=y$로 놓으면
$$a=x^2,\ b=y^2,\ a^{\frac{3}{2}}=x^3,\ b^{\frac{3}{2}}=y^3$$
이므로
$$\frac{a^{\frac{3}{2}}-ab^{\frac{1}{2}}+a^{\frac{1}{2}}b-b^{\frac{3}{2}}}{a^{\frac{1}{2}}-b^{\frac{1}{2}}}$$
$$=\frac{x^3-x^2y+xy^2-y^3}{x-y}$$
$$=\frac{x^2(x-y)+y^2(x-y)}{x-y}$$
$$=x^2+y^2$$
$$=a+b$$

정답 (1) $a-b$ (2) $a-b$ (3) $a^{\frac{2}{3}}-a^{\frac{1}{3}}b^{-\frac{1}{3}}+b^{-\frac{2}{3}}$ (4) $a+b$

02-2

$$\frac{2}{1-a^{\frac{1}{8}}}+\frac{2}{1+a^{\frac{1}{8}}}+\frac{4}{1+a^{\frac{1}{4}}}+\frac{8}{1+a^{\frac{1}{2}}}+\frac{16}{1+a}$$
$$=\left(\frac{2}{1-a^{\frac{1}{8}}}+\frac{2}{1+a^{\frac{1}{8}}}\right)+\frac{4}{1+a^{\frac{1}{4}}}+\frac{8}{1+a^{\frac{1}{2}}}+\frac{16}{1+a}$$

$$=\frac{2(1+a^{\frac{1}{8}})+2(1-a^{\frac{1}{8}})}{(1-a^{\frac{1}{8}})(1+a^{\frac{1}{8}})}+\frac{4}{1+a^{\frac{1}{4}}}+\frac{8}{1+a^{\frac{1}{2}}}$$
$$+\frac{16}{1+a}$$
$$=\frac{4}{1-a^{\frac{1}{4}}}+\frac{4}{1+a^{\frac{1}{4}}}+\frac{8}{1+a^{\frac{1}{2}}}+\frac{16}{1+a}$$
$$=\left(\frac{4}{1-a^{\frac{1}{4}}}+\frac{4}{1+a^{\frac{1}{4}}}\right)+\frac{8}{1+a^{\frac{1}{2}}}+\frac{16}{1+a}$$
$$=\frac{4(1+a^{\frac{1}{4}})+4(1-a^{\frac{1}{4}})}{(1-a^{\frac{1}{4}})(1+a^{\frac{1}{4}})}+\frac{8}{1+a^{\frac{1}{2}}}+\frac{16}{1+a}$$
$$=\frac{8}{1-a^{\frac{1}{2}}}+\frac{8}{1+a^{\frac{1}{2}}}+\frac{16}{1+a}$$
$$=\left(\frac{8}{1-a^{\frac{1}{2}}}+\frac{8}{1+a^{\frac{1}{2}}}\right)+\frac{16}{1+a}$$
$$=\frac{8(1+a^{\frac{1}{2}})+8(1-a^{\frac{1}{2}})}{(1-a^{\frac{1}{2}})(1+a^{\frac{1}{2}})}+\frac{16}{1+a}$$
$$=\frac{16}{1-a}+\frac{16}{1+a}=\frac{16(1+a)+16(1-a)}{(1-a)(1+a)}$$
$$=\frac{32}{1-a^2}$$

정답 $\dfrac{32}{1-a^2}$

02-3

(1) $x^{\frac{1}{2}}=a$, $x^{-\frac{1}{2}}=b$로 놓으면 $x^{\frac{3}{2}}=a^3$, $x^{-\frac{3}{2}}=b^3$이고,
$a+b=x^{\frac{1}{2}}+x^{-\frac{1}{2}}=4$, $ab=x^{\frac{1}{2}}x^{-\frac{1}{2}}=1$이므로
$$x^{\frac{3}{2}}+x^{-\frac{3}{2}}=a^3+b^3$$
$$=(a+b)^3-3ab(a+b)$$
$$=4^3-3\times1\times4=52$$

(2) $(x^{\frac{1}{2}}+x^{-\frac{1}{2}})^2=x+2x^{\frac{1}{2}}x^{-\frac{1}{2}}+x^{-1}$
$$=7+2=9$$
$$\therefore x^{\frac{1}{2}}+x^{-\frac{1}{2}}=3\ (\because x^{\frac{1}{2}}+x^{-\frac{1}{2}}>0)$$

정답 (1) 52 (2) 3

예제 03 **지수법칙을 이용하여 식의 값 구하기** p.35

03-1

(1) 주어진 식의 분모, 분자에 2^x을 각각 곱하면

$$\frac{2^{3x}+2^{-3x}}{2^x+2^{-x}}=\frac{2^x(2^{3x}+2^{-3x})}{2^x(2^x+2^{-x})}$$

$$=\frac{2^{4x}+2^{-2x}}{2^{2x}+1}=\frac{(2^{2x})^2+(2^{2x})^{-1}}{2^{2x}+1}$$

$$=\frac{3^2+3^{-1}}{3+1}$$

$$=\frac{9+\dfrac{1}{3}}{4}=\frac{7}{3}$$

(2) 주어진 식의 분모, 분자에 2^x을 각각 곱하면

$$\frac{2^{3x}-2^{-3x}}{2^x-2^{-x}}=\frac{2^x(2^{3x}-2^{-3x})}{2^x(2^x-2^{-x})}$$

$$=\frac{2^{4x}-2^{-2x}}{2^{2x}-1}=\frac{(2^{2x})^2-(2^{2x})^{-1}}{2^{2x}-1}$$

$$=\frac{3^2-3^{-1}}{3-1}$$

$$=\frac{9-\dfrac{1}{3}}{2}=\frac{13}{3}$$

정답 (1) $\dfrac{7}{3}$ (2) $\dfrac{13}{3}$

03-2

$$(a^x+a^{-x})^2=a^{2x}+2a^xa^{-x}+a^{-2x}$$
$$=6+2=8$$

이므로

$$a^x+a^{-x}=2\sqrt{2}\ (\because a^x+a^{-x}>0)$$
$$\therefore a^{3x}+a^{-3x}=(a^x+a^{-x})(a^{2x}-a^xa^{-x}+a^{-2x})$$
$$=2\sqrt{2}\times(6-1)=10\sqrt{2}$$

정답 ④

03-3

$f(p)=2$에서 $\dfrac{1}{2}(a^p-a^{-p})=2$

$$\therefore a^p-a^{-p}=4$$
$$(a^p+a^{-p})^2=(a^p-a^{-p})^2+4=4^2+4=20$$

이므로

$$a^p+a^{-p}=2\sqrt{5}\ (\because a^p+a^{-p}>0)$$
$$\therefore a^{2p}-a^{-2p}=(a^p+a^{-p})(a^p-a^{-p})$$
$$=2\sqrt{5}\times4=8\sqrt{5}$$
$$\therefore f(2p)=\frac{1}{2}(a^{2p}-a^{-2p})=\frac{1}{2}\times8\sqrt{5}=4\sqrt{5}$$

다른 풀이 $f(p)=2$에서 $\dfrac{1}{2}(a^p-a^{-p})=2$이므로

$$a^p-a^{-p}=4 \qquad\cdots\cdots\ \text{㉠}$$

㉠의 양변을 제곱하면

$a^{2p}+a^{-2p}-2=16$이므로

$$a^{2p}+a^{-2p}=18 \qquad\cdots\cdots\ \text{㉡}$$

㉡의 양변을 제곱하면 $a^{4p}+a^{-4p}+2=18^2$

$$a^{4p}+a^{-4p}+2-4=18^2-4$$
$$(a^{2p}-a^{-2p})^2=18^2-2^2=(18+2)(18-2)$$
$$=20\times16$$
$$\therefore a^{2p}-a^{-2p}=2\sqrt{5}\times4=8\sqrt{5}$$
$$(\because a^p-a^{-p}>0\Rightarrow a^p>a^{-p})$$
$$\therefore f(2p)=\frac{1}{2}(a^{2p}-a^{-2p})=\frac{1}{2}\times8\sqrt{5}=4\sqrt{5}$$

정답 $4\sqrt{5}$

예제 04 $a^x=b^y$의 조건이 주어진 식의 계산 p.37

04-1

(1) $a^x=b^y=c^z=81$에서

$$a=81^{\frac{1}{x}},\ b=81^{\frac{1}{y}},\ c=81^{\frac{1}{z}}$$

위의 세 식을 변끼리 곱하면

$$abc=81^{\frac{1}{x}+\frac{1}{y}+\frac{1}{z}}=3^{4\left(\frac{1}{x}+\frac{1}{y}+\frac{1}{z}\right)}$$

따라서 $3^{4\left(\frac{1}{x}+\frac{1}{y}+\frac{1}{z}\right)}=9=3^2$이므로

$$4\left(\frac{1}{x}+\frac{1}{y}+\frac{1}{z}\right)=2$$
$$\therefore \frac{1}{x}+\frac{1}{y}+\frac{1}{z}=\frac{1}{2}$$

(2) $81^x=9^y=k$에서

$$81=k^{\frac{1}{x}},\ 9=k^{\frac{1}{y}}\ (\because k>0)$$

위의 두 식을 변끼리 곱하면

$$81\times9=k^{\frac{1}{x}}\times k^{\frac{1}{y}},\ 3^6=k^{\frac{1}{x}+\frac{1}{y}}=k^2$$
$$\therefore k=3^3=27\ (\because k>0)$$

정답 (1) $\dfrac{1}{2}$ (2) 27

04-2

(1) $a=1$이면 $1^x=2^y=3^z=1$이므로 $y=z=0$입니다.

이는 $xyz \neq 0$이라는 조건에 모순이므로 $a \neq 1$입니다.

$a^x = 2^y = 3^z = t \ (t > 0)$로 놓으면

$$a = t^{\frac{1}{x}}, \ 2 = t^{\frac{1}{y}}, \ 3 = t^{\frac{1}{z}}$$

또한 $2^2 = t^{\frac{2}{y}}, \ 3^3 = t^{\frac{3}{z}}$이므로

$a = t^{\frac{1}{x}}, \ 2^2 = t^{\frac{2}{y}}, \ 3^3 = t^{\frac{3}{z}}$을 변끼리 곱하면

$$a \times 2^2 \times 3^3 = t^{\frac{1}{x}} \times t^{\frac{2}{y}} \times t^{\frac{3}{z}}$$

$$a \times 2^2 \times 3^3 = t^{\frac{1}{x} + \frac{2}{y} + \frac{3}{z}} = t^0 = 1$$

$$\therefore \ \frac{1}{a} = 2^2 \times 3^3 = 108$$

(2) $16^a = 27^b = x^c$에서 $2^{4a} = 3^{3b} = x^c$이므로

$$2 = x^{\frac{c}{4a}}, \ 3 = x^{\frac{c}{3b}}$$

위의 두 식을 변끼리 곱하면

$$2 \times 3 = x^{\frac{c}{4a}} \times x^{\frac{c}{3b}}$$

$$6 = x^{\frac{c}{4a} + \frac{c}{3b}} = x^{\left(\frac{1}{4a} + \frac{1}{3b} \right)c}$$

$$\therefore \ x^{\frac{1}{4a} + \frac{1}{3b}} = 6^{\frac{1}{c}} \qquad \cdots\cdots \ ㉠$$

㉠의 양변을 12제곱하면

$$x^{\frac{3}{a} + \frac{4}{b}} = 6^{\frac{12}{c}} = 36^{\frac{6}{c}}$$

따라서 $\dfrac{3}{a} + \dfrac{4}{b} = \dfrac{6}{c} \neq 0$이므로 $x = 36$

정답 (1) 108 (2) 36

04-3

(1) $a^x = b^y = k \ (k > 0)$로 놓으면

$a \neq 1, \ b \neq 1, \ x \neq 0, \ y \neq 0$이므로 $k \neq 1$

$a^x = k$에서 $a = k^{\frac{1}{x}} \qquad \cdots\cdots \ ㉠$

$b^y = k$에서 $b = k^{\frac{1}{y}} \qquad \cdots\cdots \ ㉡$

㉠, ㉡을 $a^2 b = 1$에 대입하면

$$(k^{\frac{1}{x}})^2 \times k^{\frac{1}{y}} = 1$$

$$\therefore \ k^{\frac{2}{x} + \frac{1}{y}} = 1$$

$k \neq 1$이므로 $\dfrac{2}{x} + \dfrac{1}{y} = 0$

(2) $27^a = x^b = 6^c = p \ (p > 0)$로 놓으면

$27 = p^{\frac{1}{a}} \qquad \cdots\cdots \ ㉠$

$x = p^{\frac{1}{b}} \qquad \cdots\cdots \ ㉡$

$6 = p^{\frac{1}{c}} \qquad \cdots\cdots \ ㉢$

㉠의 양변을 제곱하면 $27^2 = p^{\frac{2}{a}} \qquad \cdots\cdots \ ㉣$

㉡의 양변을 세제곱하면 $x^3 = p^{\frac{3}{b}} \qquad \cdots\cdots \ ㉤$

㉢의 양변을 여섯제곱하면 $6^6 = p^{\frac{6}{c}} \qquad \cdots\cdots \ ㉥$

㉣×㉤을 하면

$$27^2 \times x^3 = p^{\frac{2}{a}} \times p^{\frac{3}{b}} = p^{\frac{2}{a} + \frac{3}{b}} = p^{\frac{6}{c}} = 6^6 \ (\because ㉥)$$

따라서 $27^2 \times x^3 = 6^6$이므로

$$x^3 = \frac{6^6}{27^2} = \frac{2^6 \times 3^6}{3^6} = 2^6 = 4^3$$

$$\therefore \ x = 4$$

정답 (1) 0 (2) 4

예제 05 | 거듭제곱 또는 거듭제곱근의 대소 비교   p.39

05-1

주어진 수를 각각 12제곱하면

① $(\sqrt[4]{4\sqrt[3]{5}})^{12} = (4^{\frac{1}{4}} \times 5^{\frac{1}{12}})^{12} = 4^3 \times 5 = 320$

② $(\sqrt[4]{5\sqrt[3]{4}})^{12} = (5^{\frac{1}{4}} \times 4^{\frac{1}{12}})^{12} = 5^3 \times 4 = 500$

③ $(\sqrt[4]{\sqrt[3]{4 \times 5}})^{12} = \{(4 \times 5)^{\frac{1}{12}}\}^{12} = 4 \times 5 = 20$

④ $(\sqrt[3]{4\sqrt[4]{5}})^{12} = (4^{\frac{1}{3}} \times 5^{\frac{1}{12}})^{12} = 4^4 \times 5 = 1280$

⑤ $(\sqrt[3]{5\sqrt[4]{4}})^{12} = (5^{\frac{1}{3}} \times 4^{\frac{1}{12}})^{12} = 5^4 \times 4 = 2500$

따라서 가장 큰 수는 ⑤ $\sqrt[3]{5\sqrt[4]{4}}$입니다.

정답 ⑤

05-2

주어진 세 수의 지수들이 모두 11의 배수이므로

$$3^{55} = (3^5)^{11} = 243^{11}$$

$$4^{44} = (4^4)^{11} = 256^{11}$$

$$5^{33} = (5^3)^{11} = 125^{11}$$

따라서 $125 < 243 < 256$이므로

$$5^{33} < 3^{55} < 4^{44}$$

보충 설명 거듭제곱의 크기를 비교하기 위해서는 밑 또는 지수를 같게 만들어야 하는데, 이 문제에서는 밑을 같게 만들 수 없으므로 지수를 같게 만들어서 세 수의 크기를 비교했습니다.

정답 ⑤

05-3

주어진 네 수를 각각 12제곱하면

$$(\sqrt{2})^{12}=(2^{\frac{1}{2}})^{12}=2^6=64$$

$$(\sqrt[3]{4})^{12}=(4^{\frac{1}{3}})^{12}=4^4=256$$

$$(\sqrt[4]{6})^{12}=(6^{\frac{1}{4}})^{12}=6^3=216$$

$$(\sqrt[6]{12})^{12}=(12^{\frac{1}{6}})^{12}=12^2=144$$

$$\therefore \sqrt{2}<\sqrt[6]{12}<\sqrt[4]{6}<\sqrt[3]{4}$$

따라서 가장 작은 수와 가장 큰 수를 차례대로 나열한 것은 ③ $\sqrt{2}$, $\sqrt[3]{4}$입니다.

정답 ③

기본 다지기

01-1 (1) 거짓 (2) 거짓 (3) 거짓 (4) 거짓 (5) 거짓

    2 96   **3** ⑤   **4** ③   **5** 30

    6 (1) 10 (2) 9   **7** (1) 8 (2) 22

    8 4   **9** ④   **10** 4.5분

01-1

접근 방법 실수 a의 실수인 n제곱근은 다음과 같습니다.

n \ a	$a>0$	$a=0$	$a<0$
n이 홀수	$\sqrt[n]{a}$	0	$\sqrt[n]{a}$
n이 짝수	$\sqrt[n]{a},\ -\sqrt[n]{a}$	0	없다.

특히, n이 짝수이고 $a<0$인 경우에만 a의 n제곱근 중 실수인 것이 존재하지 않는다는 점에 주의합니다.

상세 풀이 (1) 64의 세제곱근은 방정식 $x^3=64$의 근이므로 3개입니다. (거짓)

(2) -8의 세제곱근 중 실수인 것은 -2입니다. (거짓)

(3) 8의 네제곱근 중 실수인 것은 $\sqrt[4]{8}$, $-\sqrt[4]{8}$의 2개입니다. (거짓)

(4) $\sqrt[4]{(-3)^6}$은 $(-3)^6$의 양의 네제곱근입니다. (거짓)

(5) 64의 6제곱근 중 실수인 것은 방정식 $x^6=64$, 즉 $(x^3-8)(x^3+8)=0$의 실근이므로 2와 -2이고, 8의 세제곱근 중 실수인 것은 2뿐입니다. (거짓)

보충 설명 (5)에서 $\sqrt[3]{8}=\sqrt[6]{64}=2$이므로 명제 '8의 세제곱근 중 실수인 것은 64의 양의 6제곱근과 같다.'는 참입니다.

정답 (1) 거짓 (2) 거짓 (3) 거짓 (4) 거짓 (5) 거짓

01-2

접근 방법 $a>0$, $n(n\geq2)$이 정수일 때, $\sqrt[n]{a}=a^{\frac{1}{n}}$임을 이용하여 거듭제곱근을 유리수 지수로 바꾸어서 풉니다.

상세 풀이 $x=\sqrt[4]{2}=2^{\frac{1}{4}}$이므로 자연수 n에 대하여 $x^n=2^{\frac{n}{4}}$이 세 자리의 자연수이려면

$$2^{\frac{n}{4}}=2^7=128,\ 2^{\frac{n}{4}}=2^8=256,\ 2^{\frac{n}{4}}=2^9=512$$

이어야 합니다.

즉, $\dfrac{n}{4}=7$ 또는 $\dfrac{n}{4}=8$ 또는 $\dfrac{n}{4}=9$이므로

$n=28$ 또는 $n=32$ 또는 $n=36$입니다.

따라서 구하는 모든 자연수 n의 값의 합은

$$28+32+36=96$$

보충 설명 양수는 양의 실수의 줄임말이므로 2의 네 제곱근 중 실수인 것은 $\sqrt[4]{2}$, $-\sqrt[4]{2}$이고, 이 중에서 양수인 것은 $\sqrt[4]{2}$입니다.

정답 96

01-3

접근 방법 미지수가 2개, 식이 2개 주어져 있으므로 a의 값을 구하기 위하여 b를 소거합니다.

상세 풀이 $a^b=b^a$의 양변을 $\dfrac{1}{a}$제곱하면

$$(a^b)^{\frac{1}{a}}=(b^a)^{\frac{1}{a}} \quad \therefore a^{\frac{b}{a}}=b$$

이 식에 $b=9a$를 대입하면

$$a^{\frac{9a}{a}}=9a,\ a^9=9a$$

$a\neq0$이므로 양변을 a로 나누면

$$a^8=9$$

$$\therefore a=9^{\frac{1}{8}}=(3^2)^{\frac{1}{8}}=3^{\frac{1}{4}}=\sqrt[4]{3}$$

보충 설명 $b=9a$를 바로 $a^b=b^a$에 대입하면

$$a^{9a}=(9a)^a,\ (a^9)^a=(9a)^a$$

이고 $a\neq0$이므로 $a^9=9a$라는 같은 결과가 나옵니다.

정답 ⑤

01-4

접근 방법 직육면체의 부피는

(가로)×(세로)×(높이)이므로 직육면체의 가로,

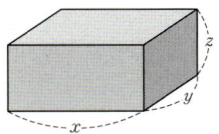

세로, 높이를 각각 $x,\ y,\ z$로 놓은 후 각 면의 넓이를 $x,\ y,\ z$로 나타냅니다.

상세 풀이 직육면체의 가로, 세로, 높이를 각각 $x,\ y,\ z$라고 하면 넓이가 $xy,\ yz,\ zx$인 면이 각각 2개씩 있으므로 여섯 면의 넓이를 모두 곱하면

$$(xy)^2\times(yz)^2\times(zx)^2=a$$

$$\therefore (xyz)^4=a$$

구하는 직육면체의 부피는 xyz이므로

$$xyz=\sqrt[4]{a}$$

보충 설명 직육면체의 가로, 세로, 높이를 각각 $x,\ y,\ z$로 놓으면 쉽게 풀리는 문제입니다.

참고로, 이 직육면체의 겉넓이는 $2(xy+yz+zx)$이고, 부피는 xyz입니다.

정답 ③

01-5

접근 방법 $a^6=3,\ b^5=7,\ c^2=11$에서 유리수 지수를 이용하여 $a,\ b,\ c$의 값을 구한 후, $(abc)^n$에 대입하여 자연수가 될 조건을 생각해 봅니다.

상세 풀이 $a=3^{\frac{1}{6}},\ b=7^{\frac{1}{5}},\ c=11^{\frac{1}{2}}$이므로

$$(abc)^n=(3^{\frac{1}{6}}\times7^{\frac{1}{5}}\times11^{\frac{1}{2}})^n$$

$$=3^{\frac{n}{6}}\times7^{\frac{n}{5}}\times11^{\frac{n}{2}}$$

이때, n이 자연수이므로 $3^{\frac{n}{6}}\times7^{\frac{n}{5}}\times11^{\frac{n}{2}}$이 자연수이려면 $\dfrac{n}{6},\ \dfrac{n}{5},\ \dfrac{n}{2}$이 모두 자연수이어야 합니다.

따라서 구하는 최소의 자연수 n은 6, 5, 2의 최소 공배수이므로 $n=30$입니다.

보충 설명 a^n에서 밑 a가 자연수이고 n이 음이 아닌 정수일 때, a^n은 자연수입니다.

정답 30

01-6

접근 방법 (1) 덧셈과 곱셈의 관계를 생각합니다. 좌변에서 2^n을 4번 더했으므로 그 결과는 $2^n\times4$와

같습니다. 또한 우변에서 $8=2^3$이므로 밑을 2로 통일합니다.

(2) 좌변에서 분모의 뺄셈을 곱셈으로 만들기 위하여 공통 인수로 묶어서 정리합니다.

> 상세 풀이 (1) $2^n+2^n+2^n+2^n=8^4$에서
> $$2^n\times4=8^4,\ 2^n\times2^2=(2^3)^4$$
> $$2^{n+2}=2^{12}$$
> 따라서 $n+2=12$이므로 $n=10$
>
> (2) $\dfrac{3^{20}}{3^{10}-3^8}=\dfrac{3^{20}}{3^8(3^2-1)}=\dfrac{3^{20}}{3^8\times2^3}=2^{-3}\times3^{12}$
> 따라서 $m=-3,\ n=12$이므로
> $$m+n=-3+12=9$$

> 보충 설명 복잡한 지수 계산을 하다 보면 가장 간단한 덧셈과 곱셈의 관계가 떠오르지 않을 수도 있습니다. a를 n번 더한 값은 a에 n을 곱한 값이라는 기본적인 사실을 잊지 않도록 합니다.
> $$\underbrace{a+a+\cdots+a}_{n개}=n\times a,\quad \underbrace{a\times a\times\cdots\times a}_{n개}=a^n$$

정답 (1) 10 (2) 9

01-7

> 접근 방법 (1) 조건제시법으로 나타낸 집합에서 n의 값을 하나씩 대입하여 지수법칙을 이용합니다.
> (2) 인수분해 공식 $a^3-b^3=(a-b)(a^2+ab+b^2)$을 이용하여 $\sqrt{}$ 안의 식을 간단하게 정리합니다.

> 상세 풀이 (1) $n=2,\ 4,\ 6,\ 12$일 때의 $\sqrt[n]{2^{n-1}}$의 값을 각각 구하여 곱하면
> $$\sqrt{2}\times\sqrt[4]{2^3}\times\sqrt[6]{2^5}\times\sqrt[12]{2^{11}}$$
> $$=2^{\frac12}\times2^{\frac34}\times2^{\frac56}\times2^{\frac{11}{12}}=2^{\frac12+\frac34+\frac56+\frac{11}{12}}$$
> $$=2^{\frac{6+9+10+11}{12}}=2^3=8$$
>
> (2) $x=\sqrt[2n]{\dfrac{2^{11}(3^4+3^2+1)}{3^6-1}}$
> $$=\left\{\dfrac{2^{11}(3^4+3^2+1)}{(3^2-1)(3^4+3^2+1)}\right\}^{\frac{1}{2n}}$$
> $$=\left(\dfrac{2^{11}}{3^2-1}\right)^{\frac{1}{2n}}=\left(\dfrac{2^{11}}{8}\right)^{\frac{1}{2n}}=\left(\dfrac{2^{11}}{2^3}\right)^{\frac{1}{2n}}$$
> $$=(2^8)^{\frac{1}{2n}}=2^{\frac{4}{n}}$$

이므로 x가 자연수가 되기 위한 자연수 n의 값은 1, 2, 4이고, 이때 x의 값은 각각 16, 4, 2입니다.

따라서 $B=\{2,\ 4,\ 16\}$이므로 집합 B의 모든 원소의 합은
$$2+4+16=22$$

> 보충 설명 (2)에서 $\sqrt[2n]{}$ 안의 분모 3^6-1을 인수분해 공식 $a^2-b^2=(a-b)(a+b)$를 이용하여 $(3^3-1)(3^3+1)$로 인수분해할 수도 있지만, $\sqrt[2n]{}$ 안의 분자에 3^4+3^2+1이 있으므로 분모를 $3^6-1=(3^2-1)(3^4+3^2+1)$로 인수분해해야 근호 안의 분수를 간단하게 정리할 수 있습니다.

정답 (1) 8 (2) 22

01-8

> 접근 방법 a^{-n}과 a^n은 서로 역수 관계이므로 $\dfrac{1}{a^{-n}+1}$과 $\dfrac{1}{a^n+1}$을 통분하여 계산합니다.

> 상세 풀이 $\dfrac{1}{a^{-7}+1}+\dfrac{1}{a^7+1}$
> $$=\dfrac{(a^7+1)+(a^{-7}+1)}{(a^{-7}+1)(a^7+1)}$$
> $$=\dfrac{a^7+1+a^{-7}+1}{1+a^{-7}+a^7+1}=1$$
> 마찬가지 방법으로
> $$\dfrac{1}{a^{-5}+1}+\dfrac{1}{a^5+1}=1$$
> $$\dfrac{1}{a^{-3}+1}+\dfrac{1}{a^3+1}=1$$
> $$\dfrac{1}{a^{-1}+1}+\dfrac{1}{a+1}=1$$
> 이므로
> $$(주어진\ 식)=1+1+1+1=4$$

> 보충 설명 덧셈에 대해서는 교환법칙이 성립하므로 문제에서 주어진 순서대로 더하지 않더라도 결과는 같습니다. 따라서 위의 풀이에서처럼 계산했을 때 간단해질 것처럼 보이는 식끼리 묶어서 계산하면 편리합니다.

정답 4

01-9

접근 방법 거듭제곱근의 대소를 비교하기 위하여 밑을 2로 통일한 후 지수를 비교합니다.

상세 풀이 $(\sqrt[n]{a})^m = a^{\frac{m}{n}}$ $(a>0)$ 임을 이용하면

① $\sqrt{(\sqrt{2^{\sqrt{2}}})^{\sqrt{2}}} = \left[\left((2^{\sqrt{2}})^{\frac{1}{2}}\right)^{\sqrt{2}}\right]^{\frac{1}{2}}$

$\qquad = 2^{\sqrt{2} \times \frac{1}{2} \times \sqrt{2} \times \frac{1}{2}} = 2^{\frac{1}{2}}$

② $\left\{\sqrt{(\sqrt{2})^{\sqrt{2}}}\right\}^{\sqrt{2}} = \left[\left((2^{\frac{1}{2}})^{\sqrt{2}}\right)^{\frac{1}{2}}\right]^{\sqrt{2}}$

$\qquad = 2^{\frac{1}{2} \times \sqrt{2} \times \frac{1}{2} \times \sqrt{2}} = 2^{\frac{1}{2}}$

③ $\sqrt{\left\{(\sqrt{2})^{\sqrt{2}}\right\}^{\sqrt{2}}} = \left[\left((2^{\frac{1}{2}})^{\sqrt{2}}\right)^{\sqrt{2}}\right]^{\frac{1}{2}}$

$\qquad = 2^{\frac{1}{2} \times \sqrt{2} \times \sqrt{2} \times \frac{1}{2}} = 2^{\frac{1}{2}}$

④ $(\sqrt{2})^{\sqrt{(\sqrt{2})^{\sqrt{2}}}} = \left(2^{\frac{1}{2}}\right)^{\left[(2^{\frac{1}{2}})^{\sqrt{2}}\right]^{\frac{1}{2}}} = \left(2^{\frac{1}{2}}\right)^{2^{\frac{\sqrt{2}}{4}}}$

$\qquad = 2^{\frac{1}{2} \times 2^{\frac{\sqrt{2}}{4}}} = 2^{2^{-1} \times 2^{\frac{\sqrt{2}}{4}}} = 2^{2^{\frac{\sqrt{2}}{4}-1}}$

⑤ $\left(\sqrt{\sqrt{2^{\sqrt{2}}}}\right)^{\sqrt{2}} = \left[\left((2^{\sqrt{2}})^{\frac{1}{2}}\right)^{\frac{1}{2}}\right]^{\sqrt{2}}$

$\qquad = 2^{\sqrt{2} \times \frac{1}{2} \times \frac{1}{2} \times \sqrt{2}} = 2^{\frac{1}{2}}$

여기서 $2^{2^{\frac{\sqrt{2}}{4}-1}}$과 $2^{\frac{1}{2}}$의 대소를 비교해 보면 밑이 2로 통일되어 있으므로 지수를 비교합니다.

$2^{2^{\frac{\sqrt{2}}{4}-1}}$의 지수는 $2^{\frac{\sqrt{2}}{4}-1}$, $2^{\frac{1}{2}}$의 지수는 $\frac{1}{2}=2^{-1}$이고, 다시 밑이 2로 통일되어 있으므로 지수를 비교하면

$$\frac{\sqrt{2}}{4}-1-(-1) = \frac{\sqrt{2}}{4} > 0$$

$$\therefore \frac{\sqrt{2}}{4}-1 > -1$$

$$\therefore 2^{\frac{\sqrt{2}}{4}-1} > 2^{\frac{1}{2}}$$

따라서 가장 큰 수는 ④입니다.

보충 설명 ④의 $2^{2^{\frac{\sqrt{2}}{4}-1}}$은 지수법칙을 이용하여 정리하여도 복잡해 보입니다. 하지만 지수가 무리수인 경우에도 지수법칙이 성립함을 알고 있으므로 차근차근 풀어 봅니다.

정답 ④

01-10

접근 방법 2조각을 요리하는 데 걸리는 시간은 2분이

므로 주어진 공식에 $S=2$, $T=2$를 대입합니다. 또한 4조각을 요리하는 데 걸리는 시간은 3분이므로 주어진 공식에 $S=4$, $T=3$을 대입합니다.
그러면 미지수가 k, x의 2개이고, 식이 2개이므로 문제를 해결할 수 있습니다.

상세 풀이 $2=k \times 2^x$에서 $2^x = \frac{2}{k}$ ...... ㉠

$3 = k \times 4^x$에서 $3 = k(2^x)^2 = k\left(\frac{2}{k}\right)^2 = \frac{4}{k}$ ($\because$ ㉠)

$$\therefore k = \frac{4}{3} \qquad \cdots\cdots ㉡$$

㉡을 ㉠에 대입하면

$$2^x = \frac{3}{2}$$

따라서 8조각을 요리하는 데 걸리는 시간 T는

$$T = \frac{4}{3} \times 8^x = \frac{4}{3} \times (2^x)^3 = \frac{4}{3} \times \left(\frac{3}{2}\right)^3$$

$$= \frac{9}{2} = 4.5(분)$$

보충 설명 보통 미지수가 2개인 식 2개가 주어지면 빼거나 더해서 미지수를 소거하지만 지수를 포함한 경우에는 곱하거나 나누어서 미지수를 소거한다는 점에 주의합니다.
또한 공식이 주어진 실생활 활용 문제는 항상 주어진 조건을 대입하여 문제를 해결한다는 것을 꼭 기억합니다.

정답 4.5분

p.42~43

01-11 ③ **12** ⑤ **13** ④ **14** 400

15 ㄷ, ㄹ, ㅁ **16** -2 **17** 75 **18** $4\sqrt{5}$

19 648 **20** 10

01-11

[접근 방법] 새로 정의된 연산 $*$ 가 주어져 있으므로 이 연산에 따라 식을 정리합니다.

[상세 풀이] 괄호 안의 식부터 순서대로 계산하면
$(2*\sqrt{2})*2\sqrt{2}$
$=(\sqrt{2})^2*2\sqrt{2}\ (\because 2>\sqrt{2})$
$=2*2\sqrt{2}$
$=2^{2\sqrt{2}}\ (\because 2<2\sqrt{2})$

[보충 설명] $2, \sqrt{2}, 2\sqrt{2}$는 밑을 2로 통일할 수 있으므로 $2^1, 2^{\frac{1}{2}}, 2^{\frac{3}{2}}$과 같이 거듭제곱 꼴로 바꾼 후 지수를 비교하여 대소를 비교합니다.

정답 ③

01-12

[접근 방법] 4^x+4^{-x}에서 $4^x=2^{2x}$, $4^{-x}=\dfrac{1}{2^{2x}}$이므로
$y=\dfrac{2^x-2^{-x}}{2^x+2^{-x}}$의 분자와 분모에 2^x을 각각 곱하여

[상세 풀이] $y=\dfrac{2^x-2^{-x}}{2^x+2^{-x}}$의 분자, 분모에 2^x을 각각

곱하면 $y=\dfrac{2^x(2^x-2^{-x})}{2^x(2^x+2^{-x})}=\dfrac{2^{2x}-1}{2^{2x}+1}$

$y(2^{2x}+1)=2^{2x}-1$

$2^{2x}(y-1)=-y-1$

$\therefore 2^{2x}=\dfrac{-y-1}{y-1}=\dfrac{1+y}{1-y}$

따라서 $4^x=\dfrac{1+y}{1-y}$이므로

$4^x+4^{-x}=\dfrac{1+y}{1-y}+\dfrac{1-y}{1+y}$

$=\dfrac{(1+y)^2+(1-y)^2}{(1-y)(1+y)}$

$=\dfrac{2(1+y^2)}{1-y^2}$

정답 ⑤

01-13

[접근 방법] 이차부등식 $x^2-(\alpha+\beta)x+\alpha\beta<0$, 즉 $(x-\alpha)(x-\beta)<0$의 해는 $\alpha<x<\beta\ (\alpha<\beta)$임을 이용합니다.

이때, $A\cap B$는 두 이차부등식의 해집합의 교집합이므로 $\sqrt{3}, \sqrt[3]{4}, \sqrt[4]{6}, \sqrt[6]{20}$의 대소를 비교하여 구합니다.

[상세 풀이] $(\sqrt{3})^{12}=3^6=729$, $(\sqrt[3]{4})^{12}=4^4=256$,
$(\sqrt[4]{6})^{12}=6^3=216$, $(\sqrt[6]{20})^{12}=20^2=400$이므로
$\sqrt[4]{6}<\sqrt[3]{4}<\sqrt[6]{20}<\sqrt{3}$
$x^2-(\sqrt{3}+\sqrt[3]{4})x+\sqrt{3}\sqrt[3]{4}<0$에서
$(x-\sqrt[3]{4})(x-\sqrt{3})<0$
$\therefore A=\{x|\sqrt[3]{4}<x<\sqrt{3}\}$
$x^2-(\sqrt[4]{6}+\sqrt[6]{20})x+\sqrt[4]{6}\sqrt[6]{20}<0$에서
$(x-\sqrt[4]{6})(x-\sqrt[6]{20})<0$
$\therefore B=\{x|\sqrt[4]{6}<x<\sqrt[6]{20}\}$
$\therefore A\cap B=\{x|\sqrt[3]{4}<x<\sqrt[6]{20}\}$

[보충 설명] 거듭제곱근의 꼴의 수는 밑을 통일하거나 똑같이 거듭제곱하여 대소를 비교할 수 있습니다.
a, b, n이 양의 실수일 때
$a<b \Longleftrightarrow a^n<b^n$
임을 이용하여 주어진 수의 지수를 유리수에서 정수로 고칠 수 있도록 똑같이 거듭제곱해서 비교합니다.

정답 ④

01-14

[접근 방법] x가 세제곱근의 꼴로 주어져 있으므로 곱셈 공식 $(a+b)^3=a^3+b^3+3ab(a+b)$를 이용하여 주어진 조건식의 양변을 세제곱합니다.

[상세 풀이] $x=\sqrt[3]{16}+\sqrt[3]{4}$의 양변을 세제곱하면

$$x^3 = (\sqrt[3]{16})^3 + (\sqrt[3]{4})^3 + 3\sqrt[3]{16}\sqrt[3]{4}(\sqrt[3]{16} + \sqrt[3]{4})$$
$$= 16 + 4 + 3\sqrt[3]{64}(\sqrt[3]{16} + \sqrt[3]{4})$$
$$= 20 + 3 \times 4 \times x = 20 + 12x$$

따라서 $x^3 - 12x = 20$이므로
$$(x^3 - 12x)^2 = 20^2 = 400$$

보충 설명 $x = \sqrt[3]{16} + \sqrt[3]{4}$를 $(x^3 - 12x)^2$에 직접 대입하거나 $(x^3 - 12x)^2$을 전개하여 식의 값을 구하려면 계산이 상당히 복잡해집니다. 계산이 복잡한 문제가 주어졌을 때, 주어진 식을 조금씩 변형하여 간단하게 풀 수 있는 방법을 먼저 생각해 보는 것이 중요합니다.

정답 400

01-15

접근 방법 루트($\sqrt{}$) 안에 음수가 들어갈 때에는
$$\sqrt{-a} = \sqrt{a}\,i \ (a > 0)$$
로 바꾸어서 제곱근의 성질을 이용하면 됩니다.

또한 $\sqrt[n]{a^n} = \begin{cases} a & (n\text{은 홀수}) \\ |a| & (n\text{은 짝수}) \end{cases}$ 이고, 거듭제곱근의 정의에서 $(\sqrt[n]{a})^n = a$임에 주의하여 성립하는 것을 찾습니다.

상세 풀이 ㄱ. [반례] $\sqrt{-2}\sqrt{-2} \neq \sqrt{(-2)(-2)}$
↳ 좌변은 -2, 우변은 2

ㄴ. [반례] $\sqrt{(-2)^2} \neq -2$ ← $\sqrt{(-2)^2} = \sqrt{4} = 2$

ㄷ. $a \geq 0$일 때, $(\sqrt{-a})^2 = (\sqrt{a}\,i)^2 = -a$
$a < 0$일 때, $(\sqrt{-a})^2 = -a$
따라서 a의 부호에 관계없이 항상 성립합니다.

ㄹ. $\sqrt[3]{a}$는 a의 부호에 관계없이 항상 실수이므로 주어진 식은 성립합니다.

ㅁ. $\sqrt[3]{K}$ 꼴의 식은 K의 부호에 관계없이 항상 실수이므로
$$\sqrt[3]{(-a)^3} = \sqrt[3]{-a^3} = -\sqrt[3]{a^3} = -a$$
따라서 항상 성립하는 것은 ㄷ, ㄹ, ㅁ입니다.

보충 설명 중학교 때까지는 근호 안은 항상 0 이상이어야 한다고 배웠지만 복소수를 배운 후에는 허수 단위 i를 이용하여 근호 안에 음수가 들어간 경우도 계

산할 수 있습니다.

즉, 근호 안의 음수는 $i = \sqrt{-1}$의 정의에서
$$\sqrt{-a} = \sqrt{a}\,i \ (a > 0)$$
로 나타낼 수 있으므로 이것을 이용하여 중학교 때 배운 제곱근의 성질
$$\sqrt{a}\sqrt{b} = \sqrt{ab}, \ \frac{\sqrt{a}}{\sqrt{b}} = \sqrt{\frac{a}{b}} \ (a > 0, \ b > 0)$$
를 실수 전체로 확장하여 생각해 보면 다음과 같습니다.

a의 부호	b의 부호	$\sqrt{a}\sqrt{b} = \sqrt{ab}$	$\frac{\sqrt{a}}{\sqrt{b}} = \sqrt{\frac{a}{b}}$
+	+	성립한다.	성립한다.
+	−	성립한다.	성립하지 않는다.
−	+	성립한다.	성립한다.
−	−	성립하지 않는다.	성립한다.

즉, $a < 0, b < 0$이면 $\sqrt{a}\sqrt{b} = -\sqrt{ab}$이고,
$a > 0, b < 0$이면 $\frac{\sqrt{a}}{\sqrt{b}} = -\sqrt{\frac{a}{b}}$입니다.

정답 ㄷ, ㄹ, ㅁ

01-16

접근 방법 곱셈 공식 $(a+b)(a-b) = a^2 - b^2$을 이용합니다. $0 < x < 1$이므로 $x < x^{-1}$입니다.

상세 풀이 $(x^{\frac{1}{4}} + x^{-\frac{1}{4}})(x^{\frac{1}{4}} - x^{-\frac{1}{4}})(x^{\frac{1}{2}} + x^{-\frac{1}{2}})$
$$= \{(x^{\frac{1}{4}})^2 - (x^{-\frac{1}{4}})^2\}(x^{\frac{1}{2}} + x^{-\frac{1}{2}})$$
$$= (x^{\frac{1}{2}} - x^{-\frac{1}{2}})(x^{\frac{1}{2}} + x^{-\frac{1}{2}})$$
$$= (x^{\frac{1}{2}})^2 - (x^{-\frac{1}{2}})^2$$
$$= x - x^{-1}$$
이때, $x + x^{-1} = 2\sqrt{2}$이므로
$$(x - x^{-1})^2 = (x + x^{-1})^2 - 4$$
$$= (2\sqrt{2})^2 - 4 = 4$$
그런데 $0 < x < 1$일 때 $x^{-1} > 1$, 즉 $x < x^{-1}$이므로
$$x - x^{-1} < 0$$
$$\therefore x - x^{-1} = -2$$

보충 설명 $0 < x < 1$인 경우 $x > 0$이므로 부등식의 각 변을 x로 나누면 $0 < 1 < x^{-1}$임을 알 수 있습니다. 따

라서 $0<x<1<x^{-1}$이 성립합니다.
또한 $x>1$인 경우 양변을 x로 나누면 $1>x^{-1}$이므
로 $0<x^{-1}<1<x$가 성립합니다.

정답 -2

01-17

접근 방법 두 식 $(2^x+2^{-x})(2^y+2^{-y})=20$, $(2^x-2^{-x})(2^y-2^{-y})=10$을 각각 전개한 후 연립하여 $(2^{x+y}+2^{-x-y})(2^{x-y}+2^{-x+y})$의 값을 구합니다.

상세 풀이 $(2^x+2^{-x})(2^y+2^{-y})=20$에서

$$2^{x+y}+2^{x-y}+2^{-x+y}+2^{-x-y}=20 \quad \cdots\cdots \bigcirc$$

$(2^x-2^{-x})(2^y-2^{-y})=10$에서

$$2^{x+y}-2^{x-y}-2^{-x+y}+2^{-x-y}=10 \quad \cdots\cdots \bigcirc\!\!\!\!L$$

$\bigcirc+\bigcirc\!\!\!\!L$을 하면

$$2(2^{x+y}+2^{-x-y})=30$$
$$\therefore 2^{x+y}+2^{-x-y}=15$$

$\bigcirc-\bigcirc\!\!\!\!L$을 하면

$$2(2^{x-y}+2^{-x+y})=10$$
$$\therefore 2^{x-y}+2^{-x+y}=5$$
$$\therefore (2^{x+y}+2^{-x-y})(2^{x-y}+2^{-x+y})=15\times 5$$
$$=75$$

보충 설명 지수법칙 $a^{x+y}=a^x a^y$을 이용하여 $(2^x+2^{-x})(2^y+2^{-y})$과 $(2^x-2^{-x})(2^y-2^{-y})$을 전개하면 구하고자 하는 2^{x+y}, 2^{-x-y}, 2^{x-y}, 2^{-x+y}의 형태가 나온다는 것을 알고, 이를 이용하여 문제를 해결합니다.

정답 75

01-18

접근 방법 $3^m-3^{m-1}=30$, $3^{n+2}-3^{n+1}=6\sqrt{5}$는 밑이 3으로 같고 지수도 각각 m과 n에 관한 식이므로 지수법칙을 적절히 활용하여 간단히 정리합니다.

상세 풀이 $3^m-3^{m-1}=3^{m-1}(3-1)$
$$=2\times 3^{m-1}=30$$

이므로 $3^{m-1}=15$
$$\therefore 3^m=45$$
$$3^{n+2}-3^{n+1}=3^{n+1}(3-1)=2\times 3^{n+1}=6\sqrt{5}$$

이므로 $3^{n+1}=3\sqrt{5}$
$$\therefore 3^n=\sqrt{5}$$
$$\therefore 9^{\frac{m}{4}}+27^{\frac{n}{3}}=(3^2)^{\frac{m}{4}}+(3^3)^{\frac{n}{3}}=(3^m)^{\frac{1}{2}}+3^n$$
$$=45^{\frac{1}{2}}+\sqrt{5}=\sqrt{45}+\sqrt{5}$$
$$=3\sqrt{5}+\sqrt{5}=4\sqrt{5}$$

정답 $4\sqrt{5}$

01-19

접근 방법 오른쪽 그림과 같이 네 개의 직사각형의 이웃한 변들의 길이를 각각 x, y, z, w라고 하면
$$A=xz, \ B=yz$$
$$\therefore A:B=x:y$$
$$C=xw, \ D=yw$$
$$\therefore C:D=x:y$$
따라서 $A:B=C:D$임을 알 수 있습니다.

상세 풀이 $A:B=C:D$에서 $AD=BC$이므로
$$(2^a 3^b)(2^{a+1}3^{b+1})=(2^{a-1}3^{b+1})(2^{2a-1}3^b)$$
$$2^{2a+1}3^{2b+1}=2^{3a-2}3^{2b+1}, \ 2^{2a+1}=2^{3a-2}$$
$$2a+1=3a-2$$
$$\therefore a=3$$

즉, 네 직사각형의 넓이 A, B, C, D는
$$A=8\times 3^b, \ B=12\times 3^b, \ C=32\times 3^b,$$
$$D=48\times 3^b$$

이므로
$$A+B+C+D=(8+12+32+48)\times 3^b$$
$$=100\times 3^b=90^2$$

따라서 $3^b=81=3^4$이므로 $b=4$
$$\therefore A=8\times 3^4=8\times 81=648$$

보충 설명 비례식 $a:b=c:d$에서

(1) $ad=bc$ ← 외항의 곱과 내항의 곱이 서로 같습니다.

(2) $\dfrac{a}{c}=\dfrac{b}{d}$ ← 서로 대응하는 성분의 비가 같습니다.

정답 648

$$\sqrt[n]{a^m}=\sqrt[np]{a^{mp}}$$
$$\sqrt[n]{\sqrt[m]{a}}=\sqrt[m]{\sqrt[n]{a}}=\sqrt[mn]{a}$$
$$(\sqrt[n]{a})^n=a\ (a>0)$$

를 이용하여 푸는 것이 간단할 때도 있으므로 알아두도록 합니다.

정답 10

01-**20**

접근 방법 $\sqrt[3]{\dfrac{p}{3}},\ \sqrt[4]{\dfrac{p}{4}}$ 의 거듭제곱근을 유리수 지수로 바꾸어 $2^X\times3^Y$ 꼴로 만들어 $X,\ Y$가 자연수가 되는 $m,\ n$의 조건을 구합니다.

상세 풀이 (i) $\sqrt[3]{\dfrac{p}{3}}=\sqrt[3]{\dfrac{2^m3^n}{3}}=\sqrt[3]{2^m3^{n-1}}$

$$=2^{\frac{m}{3}}\times3^{\frac{n-1}{3}}$$

이므로 $\sqrt[3]{\dfrac{p}{3}}$ 가 자연수가 되려면 $m,\ n-1$이 0 또는 3의 배수이어야 합니다.

m	0	3	6	9	12	⋯
$n-1$	0	3	6	9	12	⋯
n	1	4	7	10	13	⋯

(ii) $\sqrt[4]{\dfrac{p}{4}}=\sqrt[4]{\dfrac{2^m3^n}{2^2}}=\sqrt[4]{2^{m-2}3^n}=2^{\frac{m-2}{4}}\times3^{\frac{n}{4}}$ 이므로 $\sqrt[4]{\dfrac{p}{4}}$ 가 자연수가 되려면 $m-2,\ n$이 0 또는 4의 배수이어야 합니다.

$m-2$	0	4	8	12	16	⋯
m	2	6	10	14	18	⋯
n	0	4	8	12	16	⋯

(i), (ii)를 동시에 만족시키는 두 자연수 $m,\ n$의 최솟값은

$$m=6,\ n=4$$
$$\therefore m+n=6+4=10$$

보충 설명 거듭제곱근의 계산에서 대부분의 문제는 위의 풀이처럼 유리수 지수로 고쳐서 푸는 것이 간단하지만 거듭제곱근의 성질

예제 01 로그의 계산   p.57

01-1

(1) $3\log_5 3 - 2\log_5 75 = \log_5 3^3 - \log_5(3\times 5^2)^2$

$\qquad = \log_5 \dfrac{3^3}{3^2\times 5^4} = \log_5 \dfrac{3}{5^4}$

$\qquad = \log_5 3 - \log_5 5^4$

$\qquad = \log_5 3 - 4$

(2) $\log_2 9 + \log_2\left(\dfrac{8}{3}\right)^3 = \log_2 3^2 + \log_2\left(\dfrac{2^3}{3}\right)^3$

$\qquad = \log_2\left(3^2\times\dfrac{2^9}{3^3}\right)$

$\qquad = \log_2\dfrac{2^9}{3}$

$\qquad = \log_2 2^9 - \log_2 3$

$\qquad = 9 - \log_2 3$

(3) $\log_3 5\times\log_5 7\times\log_7 9$

$= \dfrac{\log_{10} 5}{\log_{10} 3}\times\dfrac{\log_{10} 7}{\log_{10} 5}\times\dfrac{\log_{10} 9}{\log_{10} 7}$

$= \dfrac{\log_{10} 9}{\log_{10} 3} = \dfrac{2\log_{10} 3}{\log_{10} 3} = 2$

(4) $(\log_2 3 + \log_4 9)(\log_3 4 + \log_9 2)$

$= (\log_2 3 + \log_{2^2} 3^2)(\log_3 2^2 + \log_{3^2} 2)$

$= (\log_2 3 + \log_2 3)\left(2\log_3 2 + \dfrac{1}{2}\log_3 2\right)$

$= 2\log_2 3\times\dfrac{5}{2}\log_3 2$

$= 5\log_2 3\times\dfrac{1}{\log_2 3} = 5$

정답 (1) $\log_5 3 - 4$ (2) $9 - \log_2 3$ (3) 2 (4) 5

01-2

(1) $2^{\log_2 1 + \log_2 2 + \log_2 3 + \log_2 4 + \log_2 5} = 2^{\log_2(1\times 2\times 3\times 4\times 5)}$

$\qquad = 2^{\log_2 120}$

$\qquad = 120$

(2) $(\log_2 3)(\log_3 4)(\log_4 5)\cdots(\log_{1023} 1024)$

$= \dfrac{\log_{10} 3}{\log_{10} 2}\times\dfrac{\log_{10} 4}{\log_{10} 3}\times\dfrac{\log_{10} 5}{\log_{10} 4}\times\cdots\times\dfrac{\log_{10} 1024}{\log_{10} 1023}$

$= \dfrac{\log_{10} 1024}{\log_{10} 2} = \dfrac{\log_{10} 2^{10}}{\log_{10} 2} = 10$

정답 (1) 120 (2) 10

01-3

$\log_3 9 = \log_3 3^2 = 2$이고

$\log_3 27 = \log_3 3^3 = 3$이므로

$\qquad \log_3 12 = 2.\times\times\times$

즉, $\log_3 12$의 정수 부분은 2이므로 $a = 2$

$\qquad \therefore b = \log_3 12 - 2 = \log_3 12 - \log_3 9 = \log_3\dfrac{4}{3}$

따라서 $3^a = 3^2 = 9$, $3^b = 3^{\log_3\frac{4}{3}} = \dfrac{4}{3}$이므로

$$\dfrac{3^a + 3^b}{3^{-a} + 3^{-b}} = \dfrac{9 + \dfrac{4}{3}}{\dfrac{1}{9} + \dfrac{3}{4}} = \dfrac{\dfrac{31}{3}}{\dfrac{31}{36}} = \dfrac{36}{3} = 12$$

정답 ③

예제 02 로그의 성질의 활용   p.59

02-1

(1) $\log_{10} 3.5 = \log_{10}\dfrac{5\times 7}{10}$

$\qquad = \log_{10} 5 + \log_{10} 7 - \log_{10} 10$

$\qquad = a + b - 1$

(2) $\log_{10}\sqrt{14} = \dfrac{1}{2}\log_{10} 14 = \dfrac{1}{2}\log_{10}\dfrac{10\times 7}{5}$

$\qquad = \dfrac{1}{2}(\log_{10} 10 + \log_{10} 7 - \log_{10} 5)$

$\qquad = \dfrac{1}{2}(1 - a + b)$

정답 (1) $a + b - 1$ (2) $\dfrac{1}{2}(1 - a + b)$

02-2

$3^a = 2$, $5^b = 3$에서 $\log_3 2 = a$, $\log_5 3 = b$이므로

$\log_{120} 150 = \dfrac{\log_3 150}{\log_3 120} = \dfrac{\log_3(2\times 3\times 5^2)}{\log_3(2^3\times 3\times 5)}$

$\qquad = \dfrac{\log_3 2 + \log_3 3 + 2\log_3 5}{3\log_3 2 + \log_3 3 + \log_3 5}$

$\qquad = \dfrac{a + 1 + \dfrac{2}{b}}{3a + 1 + \dfrac{1}{b}}$ ← $\log_3 5 = \dfrac{1}{\log_5 3} = \dfrac{1}{b}$

$$= \frac{ab+b+2}{3ab+b+1}$$

정답 ④

02-3

$\log_2 45 = a$에서 $\log_2 (3^2 \times 5) = a$이므로

$\qquad 2\log_2 3 + \log_2 5 = a$ $\qquad\qquad$ ...... ㉠

$\log_2 75 = b$에서 $\log_2 (3 \times 5^2) = b$이므로

$\qquad \log_2 3 + 2\log_2 5 = b$ $\qquad\qquad$ ...... ㉡

$2 \times$ ㉠ $-$ ㉡을 하면

$\qquad 3\log_2 3 = 2a - b \qquad \therefore \log_2 3 = \frac{2a-b}{3}$

$2 \times$ ㉡ $-$ ㉠을 하면

$\qquad 3\log_2 5 = 2b - a \qquad \therefore \log_2 5 = \frac{2b-a}{3}$

$\therefore \log_2 \frac{5}{3} = \log_2 5 - \log_2 3$

$\qquad = \frac{2b-a}{3} - \frac{2a-b}{3}$

$\qquad = \frac{3b-3a}{3}$

$\qquad = b - a$

정답 ③

예제 03 이차방정식과 로그의 계산   p.61

03-1

이차방정식의 근과 계수의 관계에 의하여

$\qquad \alpha + \beta = -a,\ \alpha\beta = 6$

$\log_b \alpha^{\frac{1}{3}} + \log_b \beta^{\frac{1}{3}} = \log_b (\alpha\beta)^{\frac{1}{3}} = \frac{1}{3}\log_b \alpha\beta$이므로

$\qquad \frac{1}{3}\log_b \alpha\beta = \frac{2}{3},\ \log_b \alpha\beta = 2 \qquad \therefore \log_b 6 = 2$

$\qquad \therefore b^2 = 6$

또한 $b = \beta - \alpha$이므로

$\qquad b^2 = (\beta - \alpha)^2 = (\beta + \alpha)^2 - 4\alpha\beta = a^2 - 24$

따라서 $b^2 = a^2 - 24 = 6$이므로 $a^2 = 30$

$\qquad \therefore a^2 + b^2 = 30 + 6 = 36$

정답 36

03-2

이차방정식의 근과 계수의 관계에 의하여

$\qquad \alpha + \beta = 5,\ \alpha\beta = 3$

(1) $3^\alpha \times 3^\beta + \log_3 \alpha + \log_3 \beta = 3^{\alpha+\beta} + \log_3 \alpha\beta$

$\qquad\qquad\qquad\qquad\qquad\quad = 3^5 + \log_3 3$

$\qquad\qquad\qquad\qquad\qquad\quad = 243 + 1 = 244$

(2) $\log_3 \left(2\alpha + \frac{3}{\beta}\right) + \log_3 \left(2\beta + \frac{3}{\alpha}\right)$

$\quad = \log_3 \left\{\left(2\alpha + \frac{3}{\beta}\right)\left(2\beta + \frac{3}{\alpha}\right)\right\}$

$\quad = \log_3 \left(4\alpha\beta + 6 + 6 + \frac{9}{\alpha\beta}\right)$

$\quad = \log_3 (12 + 12 + 3) = \log_3 27 = \log_3 3^3 = 3$

정답 (1) 244 (2) 3

03-3

이차방정식의 근과 계수의 관계에 의하여

$\qquad \alpha + \beta = \frac{m}{2},\ \alpha\beta = 4$

$\therefore \log_\alpha 2 + \log_\beta 2 = \frac{1}{\log_2 \alpha} + \frac{1}{\log_2 \beta}$

$\qquad\qquad\qquad\quad = \frac{\log_2 \beta + \log_2 \alpha}{\log_2 \alpha \times \log_2 \beta}$

$\qquad\qquad\qquad\quad = \frac{\log_2 \alpha\beta}{\log_2 \alpha \times \log_2 \beta}$

$\qquad\qquad\qquad\quad = \frac{\log_2 4}{\log_2 \alpha \times \log_2 \frac{4}{\alpha}} \qquad \leftarrow \beta = \frac{4}{\alpha}$

$\qquad\qquad\qquad\quad = \frac{2}{\log_2 \alpha \times (2 - \log_2 \alpha)}$

따라서 $\frac{2}{\log_2 \alpha \times (2 - \log_2 \alpha)} = -\frac{2}{3}$이므로

$\qquad \log_2 \alpha \times (2 - \log_2 \alpha) = -3$

$\qquad 2\log_2 \alpha - (\log_2 \alpha)^2 = -3$

$\qquad (\log_2 \alpha)^2 - 2\log_2 \alpha - 3 = 0$

$\qquad (\log_2 \alpha - 3)(\log_2 \alpha + 1) = 0$

$\qquad \therefore \log_2 \alpha = 3 \ \text{또는} \ \log_2 \alpha = -1$

$\qquad \therefore \alpha = 8 \ \text{또는} \ \alpha = \frac{1}{2}$

그런데 $\alpha\beta = 4$이므로

$\qquad \alpha = 8,\ \beta = \frac{1}{2} \ \text{또는} \ \alpha = \frac{1}{2},\ \beta = 8$

$$\therefore \alpha + \beta = \frac{17}{2}$$

$$\therefore m = 2(\alpha + \beta) = 2 \times \frac{17}{2} = 17$$

정답 17

예제 04 상용로그의 정수 부분   p.73

04-**1**

상용로그의 정수 부분이 10인 자연수를 M이라고 하면

$$10 \leq \log M < 11 \qquad \therefore 10^{10} \leq M < 10^{11}$$

$$\therefore f(10) = 10^{11} - 10^{10} = 10^{10} \times (10-1)$$
$$= 9 \times 10^{10}$$

역수의 상용로그의 정수 부분이 -5인 자연수를 N이라고 하면

$$-5 \leq \log \frac{1}{N} < -4, \ -5 \leq -\log N < -4$$

$$4 < \log N \leq 5 \qquad \therefore 10^4 < N \leq 10^5$$

$$\therefore g(-5) = 10^5 - 10^4 = 10^4 \times (10-1)$$
$$= 9 \times 10^4$$

$$\therefore \log f(10) - \log g(-5)$$
$$= \log(9 \times 10^{10}) - \log(9 \times 10^4)$$
$$= \log \frac{9 \times 10^{10}}{9 \times 10^4}$$
$$= \log 10^6 = 6$$

정답 6

04-**2**

상용로그의 정수 부분이 2인 수를 A라고 하면

$$2 \leq \log A < 3 \qquad \therefore 10^2 \leq A < 10^3$$

이때, 가장 큰 정수는 999이므로

$$a = 999$$

또한 상용로그의 정수 부분이 -2인 수를 B라고 하면

$$-2 \leq \log B < -1 \qquad \therefore 10^{-2} \leq B < 10^{-1}$$

이때, 가장 작은 수는 $10^{-2} = \dfrac{1}{100}$이므로

$$b = \frac{1}{100}$$

$$\therefore ab = 999 \times \frac{1}{100} = 9.99$$

정답 ④

04-**3**

상용로그의 정수 부분이 m인 자연수를 A라고 하면

$$m \leq \log A < m+1$$
$$\log 10^m \leq \log A < \log 10^{m+1}$$
$$\therefore 10^m \leq A < 10^{m+1}$$

자연수 A의 개수 x는

$$x = 10^{m+1} - 10^m = 10^m(10-1) = 9 \times 10^m$$

또한 역수의 상용로그의 정수 부분이 $-n$인 자연수를 B라고 하면

$$-n \leq \log \frac{1}{B} < -n+1$$

$$-\log 10^n \leq -\log B < -\log 10^{n-1}$$

$$\log 10^{n-1} < \log B \leq \log 10^n$$

$$\therefore 10^{n-1} < B \leq 10^n$$

자연수 B의 개수 y는

$$y = 10^n - 10^{n-1} = 10^{n-1}(10-1) = 9 \times 10^{n-1}$$

$$\therefore \log x - \log y$$
$$= \log(9 \times 10^m) - \log(9 \times 10^{n-1})$$
$$= \log \frac{9 \times 10^m}{9 \times 10^{n-1}}$$
$$= \log 10^{m-n+1}$$
$$= m-n+1$$

정답 ③

예제 05 상용로그의 소수 부분   p.75

05-**1**

$$\log 40 = \log(4 \times 10) = \log 10 + \log 4 = 1 + \log 4$$
$$\therefore f(40) = \log 4$$
$$\log 50^2 = \log 2500 = \log(2.5 \times 10^3)$$
$$= \log 10^3 + \log 2.5 = 3 + \log 2.5$$
$$\therefore f(50^2) = \log 2.5$$

$\log 100^3 = \log 10^6 = 6$

$\therefore f(100^3) = 0$

$\therefore f(40) + f(50^2) + f(100^3) = \log 4 + \log 2.5 + 0$
$= \log 10 = 1$

정답 1

05-2

임의의 양수 $x = a \times 10^n (1 \le a < 10,\ n$은 정수$)$에 대하여

$\log x = \log(a \times 10^n)$
$= n + \log a \ (0 \le \log a < 1)$

이때, $n \le n + \log a < n + 1$이므로

$f(x) = \log x - [\log x]$
$= n + \log a - [n + \log a]$
$= n + \log a - n = \log a$

즉, $f(x)$는 $\log x$의 소수 부분입니다.

① $6230 = 6.23 \times 10^3$ $\therefore f(6230) = \log 6.23$

② $476 = 4.76 \times 10^2$ $\therefore f(476) = \log 4.76$

③ $0.71 = 7.1 \times 10^{-1}$ $\therefore f(0.71) = \log 7.1$

④ $0.082 = 8.2 \times 10^{-2}$ $\therefore f(0.082) = \log 8.2$

⑤ $0.00024 = 2.4 \times 10^{-4}$ $\therefore f(0.00024) = \log 2.4$

따라서 $f(x)$의 값이 가장 큰 것은 ④ 0.082입니다.

보충 설명 양수 x에 대하여 $\log x$의 정수 부분을 $f(x)$, 소수 부분을 $g(x)$라고 하면 다음이 성립합니다.

(1) $f(18) + g(18) = \log 18$

$\log x = f(x) + g(x)$이므로

$f(18) + g(18) = \log 18$

또는 18이 두 자리 자연수이므로 $f(18) = 1$이고, $18 = 1.8 \times 10^1$에서 $g(18) = \log 1.8$이므로

$f(18) + g(18) = 1 + \log 1.8$
$= \log 10 + \log 1.8 = \log 18$

(2) $f(1112) + g(18) = \log 1800$

1112는 네 자리 자연수이므로 $f(1112) = 3$입니다. 또한 $g(18) = \log 1.8$이므로

$f(1112) + g(18) = 3 + \log 1.8$
$= \log 10^3 + \log 1.8$
$= \log 1800$

(3) $f(1818) + g\left(\dfrac{1}{4}\right) = \log 2500$

1818이 네 자리 자연수이므로 $f(1818) = 3$이고, $\dfrac{1}{4} = 0.25 = 2.5 \times 10^{-1}$에서 $g\left(\dfrac{1}{4}\right) = \log 2.5$이므로

$f(1818) + g\left(\dfrac{1}{4}\right) = 3 + \log 2.5$
$= \log 10^3 + \log 2.5$
$= \log (2.5 \times 10^3)$
$= \log 2500$

(4) $f\left(\dfrac{1}{20}\right) + g\left(\dfrac{1}{4}\right) = \log 0.025$

$\dfrac{1}{20} = 0.05$는 소수점 아래 둘째 자리에서 처음으로 0이 아닌 숫자가 나타나므로 $f\left(\dfrac{1}{20}\right) = -2$이고, (3)에서 $g\left(\dfrac{1}{4}\right) = \log 2.5$이므로

$f\left(\dfrac{1}{20}\right) + g\left(\dfrac{1}{4}\right) = (-2) + \log 2.5$
$= \log 10^{-2} + \log 2.5$
$= \log (2.5 \times 10^{-2})$
$= \log 0.025$

정답 ④

05-3

$1 \le n \le 9$일 때, $\log n$의 정수 부분은 0이므로 소수 부분 $f(n)$의 값은

$\log 1, \log 2, \log 3, \cdots, \log 9$ $\qquad$ ······ ㉠

의 9개이고, 이들은 서로 다른 값입니다.

$10 \le n \le 99$일 때, $\log n$의 정수 부분은 1이므로 소수 부분 $f(n)$의 값은

$\log \dfrac{10}{10}, \log \dfrac{11}{10}, \log \dfrac{12}{10}, \cdots, \log \dfrac{99}{10}$

$\qquad\qquad\qquad\qquad\qquad\qquad$ ······ ㉡

의 90개이고, 이들은 서로 다른 값입니다. 이때, 이들 중

$\log \dfrac{10}{10}, \log \dfrac{20}{10}, \log \dfrac{30}{10}, \cdots, \log \dfrac{90}{10}$

의 9개는 ㉠의 값과 중복입니다.

$100 \le n \le 150$일 때, $\log n$의 정수 부분은 2이므로 소수 부분 $f(n)$의 값은

$$\log \frac{100}{100},\ \log \frac{101}{100},\ \log \frac{102}{100},\ \cdots,\ \log \frac{150}{100}$$

의 51개이고, 이들은 서로 다른 값입니다. 이때, 이들 중

$$\log \frac{100}{100},\ \log \frac{110}{100},\ \log \frac{120}{100},\ \cdots,\ \log \frac{150}{100}$$

의 6개는 ㉠, ㉡의 값과 중복입니다.

따라서 집합 A의 원소의 개수는

$$9+(90-9)+(51-6)=135$$

정답 ③

예제 06 | 상용로그의 정수 부분과 소수 부분의 성질 (1)   p.77

06-**1**

7^{40}에 상용로그를 취하면

$$\log 7^{40}=40 \log 7=40 \times 0.8451=33.804$$

이때, $\log 7^{40}$의 정수 부분이 33이므로 7^{40}은 34자리 수입니다.

$$\therefore n=34$$

또한 $\log 7^{40}$의 소수 부분 0.804에서

$\log 6=\log 2+\log 3=0.7781$이고 $\log 7=0.8451$ 이므로

$$\log 6 < 0.804 < \log 7$$

따라서 $0.804=\log 6.\square$로 놓으면

$$\log 7^{40}=33+0.804=\log 10^{33}+\log 6.\square$$
$$=\log (6.\square \times 10^{33})$$
$$\therefore 7^{40}=6.\square \times 10^{33}$$

따라서 7^{40}의 가장 큰 자리의 숫자는 6이므로

$$a=6$$

자연수 n에 대하여 7^n의 일의 자리의 숫자를 차례대로 구하면

	7^1	7^2	7^3	7^4	7^5	7^6	$\cdots$
일의 자리	7	9	3	1	7	9	$\cdots$

즉, 7^n의 일의 자리의 숫자는 7, 9, 3, 1이 순서대로 반복되고 $40=4 \times 10$이므로 7^{40}의 일의 자리의 숫자는 1입니다.

$$\therefore b=1$$

$$\therefore n+a+b=34+6+1=41$$

정답 41

06-**2**

3^n이 10자리 정수이면 상용로그를 취했을 때 정수 부분이 9이므로

$$9 \le \log 3^n < 10,\ 9 \le n \log 3 < 10$$
$$\therefore \frac{9}{\log 3} \le n < \frac{10}{\log 3}$$

이때, $\log 3=0.4771$이므로

$$18.8 \times \times \times \le n < 20.9 \times \times \times$$

따라서 정수 n은 19, 20의 2개이므로 정수 n의 값의 합은 $19+20=39$

정답 ②

06-**3**

$x^6,\ y^8$이 각각 12자리, 14자리 수이므로 $\log x^6,\ \log y^8$의 정수 부분은 각각 11, 13입니다.

$$11 \le \log x^6 < 12,\ 13 \le \log y^8 < 14$$
$$11 \le 6 \log x < 12,\ 13 \le 8 \log y < 14$$
$$\therefore \frac{11}{6} \le \log x < 2,\ \frac{13}{8} \le \log y < \frac{7}{4}$$

이때, $\dfrac{11}{6}+\dfrac{13}{8} \le \log x+\log y < 2+\dfrac{7}{4}$이고

$\log xy=\log x+\log y$이므로

$$3 < \frac{83}{24} \le \log xy < \frac{15}{4} < 4$$

따라서 $\log xy$의 정수 부분이 3이므로 xy는 4자리 정수입니다.

정답 4자리

예제 07 | 상용로그의 정수 부분과 소수 부분의 성질 (2)   p.79

07-**1**

$\left(\dfrac{1}{7}\right)^{40}$에 상용로그를 취하면

$$\log \left(\frac{1}{7}\right)^{40}=40 \log \frac{1}{7}=-40 \log 7$$

$$= (-40) \times 0.8451 = -33.804$$
$$= (-34) + 0.196$$

$\log\left(\dfrac{1}{7}\right)^{40}$의 정수 부분이 -34이므로 $\left(\dfrac{1}{7}\right)^{40}$은 소수점 아래 34째 자리에서 처음으로 0이 아닌 숫자가 나타납니다.

또한 $\log\left(\dfrac{1}{7}\right)^{40}$의 소수 부분 0.196에서

$$\log 1 = 0 < 0.196 < 0.3010 = \log 2$$

이므로 $0.196 = \log 1.\square$로 놓으면

$$\log\left(\frac{1}{7}\right)^{40} = (-34) + 0.196$$
$$= \log 10^{-34} + \log 1.\square$$
$$= \log(1.\square \times 10^{-34})$$
$$\therefore \left(\frac{1}{7}\right)^{40} = 1.\square \times 10^{-34}$$

따라서 $\left(\dfrac{1}{7}\right)^{40}$은 소수점 아래 34째 자리에서 처음으로 0이 아닌 숫자 1이 나타나므로

$$n = 34, \ a = 1$$
$$\therefore n + a = 34 + 1 = 35$$

정답 35

07-2

$\left(\dfrac{1}{3}\right)^{10} \times \left(\dfrac{2}{3}\right)^{20}$에 상용로그를 취하면

$$\log\left\{\left(\frac{1}{3}\right)^{10} \times \left(\frac{2}{3}\right)^{20}\right\}$$
$$= \log\frac{2^{20}}{3^{30}} = 20\log 2 - 30\log 3$$
$$= 20 \times 0.3010 - 30 \times 0.4771 = 6.020 - 14.313$$
$$= -8.293 = (-9) + 0.707$$

$\log\left\{\left(\dfrac{1}{3}\right)^{10} \times \left(\dfrac{2}{3}\right)^{20}\right\}$의 정수 부분이 -9이므로 $\left(\dfrac{1}{3}\right)^{10} \times \left(\dfrac{2}{3}\right)^{20}$은 소수점 아래 9째 자리에서 처음으로 0이 아닌 숫자가 나타납니다.

또한 $\log\left\{\left(\dfrac{1}{3}\right)^{10} \times \left(\dfrac{2}{3}\right)^{20}\right\}$의 소수 부분 0.707에서

$$\log 5 = 1 - \log 2 = 0.6990 < 0.707$$
$$< 0.7781 = \log 2 + \log 3$$
$$= \log 6$$

이므로 $0.707 = \log 5.\square$로 놓으면

$$\log\left\{\left(\frac{1}{3}\right)^{10} \times \left(\frac{2}{3}\right)^{20}\right\} = (-9) + 0.707$$
$$= \log 10^{-9} + \log 5.\square$$
$$= \log(5.\square \times 10^{-9})$$
$$\therefore \left(\frac{1}{3}\right)^{10} \times \left(\frac{2}{3}\right)^{20} = 5.\square \times 10^{-9}$$

따라서 $\left(\dfrac{1}{3}\right)^{10} \times \left(\dfrac{2}{3}\right)^{20}$은 소수점 아래 9째 자리에서 처음으로 0이 아닌 숫자 5가 나타나므로

$$n = 9, \ a = 5$$
$$\therefore n + a = 9 + 5 = 14$$

보충 설명 $\left(\dfrac{1}{3}\right)^{10} \times \left(\dfrac{2}{3}\right)^{20} = \dfrac{2^{20}}{3^{30}} = 2^{20} \div 3^{30}$이므로

'$2^{20} \div 3^{30}$은 소수점 아래 n째 자리에서 $\cdots$'로 문제가 주어졌어도 마찬가지 방법으로 풉니다.

정답 ④

07-3

23^{100}이 137자리 수이므로 $\log 23^{100}$의 정수 부분은 136입니다. 즉,

$$136 \leq \log 23^{100} < 137$$

$\log 23^{100} = 100\log 23$이므로

$$1.36 \leq \log 23 < 1.37 \qquad \cdots\cdots \ \bigcirc$$

그런데 $\log\left(\dfrac{1}{23}\right)^{10} = \log 23^{-10} = -10\log 23$이므로 $\bigcirc$의 각 변에 -10을 곱하면

$$(-14) + 0.3 = -13.7 < \log\left(\frac{1}{23}\right)^{10}$$
$$\leq -13.6 = (-14) + 0.4$$

따라서 $\log\left(\dfrac{1}{23}\right)^{10}$의 정수 부분이 -14이므로 $\left(\dfrac{1}{23}\right)^{10}$은 소수점 아래 14째 자리에서 처음으로 0이 아닌 숫자가 나타납니다.

$$\therefore a = 14$$

정답 14

08-1

$\log x^4$과 $\log \dfrac{1}{x}$의 소수 부분이 같으면

$$\log x^4 - \log \dfrac{1}{x} = (\text{자연수})$$

$$\left(\because 10 \le x < 100 \text{이므로 } x^4 > \dfrac{1}{x} \right)$$

$$4\log x + \log x = (\text{자연수})$$

$$\therefore 5\log x = (\text{자연수}) \qquad \cdots\cdots \ \text{㉠}$$

이때, $10 \le x < 100$에서 $1 \le \log x < 2$이므로

$$5 \le 5\log x < 10 \qquad \cdots\cdots \ \text{㉡}$$

㉠, ㉡에서 $5\log x = 5,\ 6,\ 7,\ 8,\ 9$이므로

$$\log x = 1,\ \dfrac{6}{5},\ \dfrac{7}{5},\ \dfrac{8}{5},\ \dfrac{9}{5}$$

$$\therefore x = 10,\ 10^{\frac{6}{5}},\ 10^{\frac{7}{5}},\ 10^{\frac{8}{5}},\ 10^{\frac{9}{5}}$$

따라서 구하는 모든 실수 x의 값의 곱은

$$10 \times 10^{\frac{6}{5}} \times 10^{\frac{7}{5}} \times 10^{\frac{8}{5}} \times 10^{\frac{9}{5}} = 10^{1+\frac{6}{5}+\frac{7}{5}+\frac{8}{5}+\frac{9}{5}}$$
$$= 10^7$$

정답 10^7

08-2

(1) $\log x^4$과 $\log x^2$의 소수 부분이 같으면

$$\log x^4 - \log x^2 = (\text{자연수})$$

$$(\because \log x = 2.\times\times\times \text{에서 } x \ge 100 \text{이므로 } x^4 > x^2)$$

$$4\log x - 2\log x = (\text{자연수})$$

$$\therefore 2\log x = (\text{자연수}) \qquad \cdots\cdots \ \text{㉠}$$

이때, $\log x$의 정수 부분이 2이므로

$$2 \le \log x < 3$$

$$\therefore 4 \le 2\log x < 6 \qquad \cdots\cdots \ \text{㉡}$$

㉠, ㉡에서 $2\log x = 4,\ 5$이므로

$$\log x = 2,\ \dfrac{5}{2} \qquad \therefore x = 10^2,\ 10^{\frac{5}{2}}$$

따라서 구하는 모든 실수 x의 값의 곱은

$$10^2 \times 10^{\frac{5}{2}} = 10^{2+\frac{5}{2}} = 10^{\frac{9}{2}}$$

(2) $\log x^3$과 $\log \sqrt{x}$의 소수 부분이 같으면

$$\log x^3 - \log \sqrt{x} = (\text{자연수})$$

$$(\because \log x = 1.\times\times\times \text{에서 } x \ge 10 \text{이므로 } x^3 > \sqrt{x})$$

$$3\log x - \dfrac{1}{2}\log x = (\text{자연수})$$

$$\therefore \dfrac{5}{2}\log x = (\text{자연수}) \qquad \cdots\cdots \ \text{㉠}$$

이때, $\log x$의 정수 부분이 1이므로

$$1 \le \log x < 2$$

$$\therefore \dfrac{5}{2} \le \dfrac{5}{2}\log x < 5 \qquad \cdots\cdots \ \text{㉡}$$

㉠, ㉡에서 $\dfrac{5}{2}\log x = 3,\ 4$이므로

$$\log x = \dfrac{6}{5},\ \dfrac{8}{5} \qquad \therefore x = 10^{\frac{6}{5}},\ 10^{\frac{8}{5}}$$

따라서 구하는 모든 실수 x의 값의 곱은

$$10^{\frac{6}{5}} \times 10^{\frac{8}{5}} = 10^{\frac{6}{5}+\frac{8}{5}} = 10^{\frac{14}{5}}$$

정답 (1) $10^{\frac{9}{2}}$ (2) $10^{\frac{14}{5}}$

08-3

임의의 양의 실수 A에 대하여 $\log A$의 소수 부분은 $\log A - [\log A]$이므로 조건 ㈏에서 $\log x^2$과 $\log \dfrac{1}{x}$의 소수 부분이 서로 같음을 알 수 있습니다. 따라서

$$\log x^2 - \log \dfrac{1}{x} = (\text{자연수})$$

$$\left(\because \log x = 5.\times\times\times \text{에서 } x \ge 10^5 \text{이므로 } x^2 > \dfrac{1}{x} \right)$$

$$2\log x + \log x = (\text{자연수})$$

$$\therefore 3\log x = (\text{자연수}) \qquad \cdots\cdots \ \text{㉠}$$

이때, 조건 ㈎에서 $\log x$의 정수 부분이 5이므로

$$5 \le \log x < 6$$

$$\therefore 15 \le 3\log x < 18 \qquad \cdots\cdots \ \text{㉡}$$

㉠, ㉡에서 $3\log x = 15,\ 16,\ 17$이므로

$$\log x = 5,\ \dfrac{16}{3},\ \dfrac{17}{3}$$

$$\therefore x = 10^5,\ 10^{\frac{16}{3}},\ 10^{\frac{17}{3}}$$

따라서 $M = 10^5 \times 10^{\frac{16}{3}} \times 10^{\frac{17}{3}} = 10^{5+\frac{16}{3}+\frac{17}{3}} = 10^{16}$이므로

$$\log M = \log 10^{16} = 16$$

정답 16

09-1

$10 < x < 100$에서 $1 < \log x < 2$이므로
$\log x$의 소수 부분을 α라고 하면
$$\log x = 1 + \alpha \ (0 < \alpha < 1) \quad \leftarrow \alpha \neq 0$$
$$\therefore \log x^2 = 2 \log x = 2 + 2\alpha \ (0 < 2\alpha < 2)$$

(i) $0 < 2\alpha < 1$, 즉 $0 < \alpha < \dfrac{1}{2}$일 때, $\log x^2$의 소수 부분은 2α이므로
$$\alpha + 2\alpha = 1 \quad \therefore \alpha = \frac{1}{3}$$
이때, $\log x = 1 + \dfrac{1}{3} = \dfrac{4}{3}$이므로 $x = 10^{\frac{4}{3}}$

(ii) $1 \leq 2\alpha < 2$, 즉 $\dfrac{1}{2} \leq \alpha < 1$일 때, $\log x^2$의 소수 부분은 $2\alpha - 1$이므로
$$\alpha + (2\alpha - 1) = 1 \quad \therefore \alpha = \frac{2}{3}$$
이때, $\log x = 1 + \dfrac{2}{3} = \dfrac{5}{3}$이므로 $x = 10^{\frac{5}{3}}$

(i), (ii)에 의하여 x의 값의 곱은
$$10^{\frac{4}{3}} \times 10^{\frac{5}{3}} = 10^{\frac{4}{3}+\frac{5}{3}} = 10^3 = 1000$$

정답   1000

09-2

(1) $\log x$의 소수 부분을 α라고 하면
$$\log x = 3 + \alpha \ (0 \leq \alpha < 1)$$
$$\therefore \log \sqrt{x} = \frac{1}{2} \log x = \frac{3+\alpha}{2} = 1 + \frac{1+\alpha}{2}$$
이때, $0 \leq \dfrac{\alpha}{2} < \dfrac{1}{2}$에서 $\dfrac{1}{2} \leq \dfrac{1+\alpha}{2} < 1$이므로
$\dfrac{1+\alpha}{2}$는 $\log \sqrt{x}$의 소수 부분입니다. 즉,
$$\alpha + \frac{1+\alpha}{2} = \frac{3}{4} \quad \therefore \alpha = \frac{1}{6}$$
따라서 $\log \sqrt{x}$의 소수 부분은 $\dfrac{1+\alpha}{2} = \dfrac{7}{12}$

(2) $\log x$의 소수 부분을 α라고 하면
$$\log x = 3 + \alpha \ (0 < \alpha < 1) \quad \leftarrow \alpha \neq 0$$
$$\therefore \log \sqrt[3]{x} = \frac{1}{3} \log x = \frac{1}{3}(3+\alpha) = 1 + \frac{\alpha}{3}$$

이때, $0 < \dfrac{\alpha}{3} < \dfrac{1}{3}$이므로 $\dfrac{\alpha}{3}$는 $\log \sqrt[3]{x}$의 소수 부분입니다. 즉,
$$\alpha + \frac{\alpha}{3} = 1 \quad \therefore \alpha = \frac{3}{4}$$
따라서 $\log \sqrt[3]{x}$의 소수 부분은 $\dfrac{\alpha}{3} = \dfrac{1}{4}$

정답   (1) $\dfrac{7}{12}$ (2) $\dfrac{1}{4}$

09-3

조건 (가)에서 $\log x$의 정수 부분이 2이므로
$$\log x = 2 + \alpha \ (0 \leq \alpha < 1)$$
$$\therefore \log x^2 = 2 \log x = 4 + 2\alpha \ (0 \leq 2\alpha < 2)$$
조건 (나)에서

(i) $0 \leq 2\alpha < 1$, 즉 $0 \leq \alpha < \dfrac{1}{2}$일 때, $\log x^2$의 소수 부분은 2α이고 정수 부분은 4이므로
$$4 + 2\alpha - 4 = 1 - (2+\alpha) + 2 \quad \therefore \alpha = \frac{1}{3}$$
이때, $\log x = 2 + \alpha = 2 + \dfrac{1}{3} = \dfrac{7}{3}$이므로
$$x = 10^{\frac{7}{3}}$$

(ii) $1 \leq 2\alpha < 2$, 즉 $\dfrac{1}{2} \leq \alpha < 1$일 때, $\log x^2$의 소수 부분은 $2\alpha - 1$이고 정수 부분은 5이므로
$$4 + 2\alpha - 5 = 1 - (2+\alpha) + 2 \quad \therefore \alpha = \frac{2}{3}$$
이때, $\log x = 2 + \alpha = 2 + \dfrac{2}{3} = \dfrac{8}{3}$이므로
$$x = 10^{\frac{8}{3}}$$

(i), (ii)에 의하여 x의 값의 곱 M은
$$M = 10^{\frac{7}{3}} \times 10^{\frac{8}{3}} = 10^{\frac{7}{3}+\frac{8}{3}} = 10^5$$
$$\therefore \log M = \log 10^5 = 5$$

보충 설명 $\log x^2 - [\log x^2] = 1 - \log x + [\log x]$에서
$$(\log x^2 - [\log x^2]) + (\log x - [\log x]) = 1$$
$\underset{\log x^2 의 소수 부분}{\quad} \quad \underset{\log x 의 소수 부분}{\quad}$
이므로 $\log x^2$의 소수 부분과 $\log x$의 소수 부분의 합이 1임을 가우스 기호를 이용하여 나타낸 것입니다.

정답   5

p.84~85

기본 다지기

02-1 ②   **2** ⑤   **3** ⑤   **4** (1) 25 (2) 2
     5 (1) 6 (2) 10   **6** 56   **7** 25   **8** 43
     9 640   **10** 37

02- 1

접근 방법 로그의 밑이 서로 다르므로 밑의 변환 공식 $\log_a b = \dfrac{\log_c b}{\log_c a}$ 를 이용하여 밑을 통일한 후, x, y 사이의 관계식을 구합니다.

상세 풀이 $\log_{\sqrt{x}} 3 = \log_y 27$ 을 밑이 3인 로그로 바꾸면

$$\frac{\log_3 3}{\log_3 \sqrt{x}} = \frac{\log_3 27}{\log_3 y}$$

$$\frac{1}{\log_3 \sqrt{x}} = \frac{3}{\log_3 y}$$

$$\log_3 y = 3 \log_3 \sqrt{x} = \log_3 (\sqrt{x})^3 = \log_3 x^{\frac{3}{2}}$$

$$\therefore y = x^{\frac{3}{2}}$$

따라서 $\log_x \sqrt{y} = \log_x (x^{\frac{3}{2}})^{\frac{1}{2}} = \frac{3}{4} \log_x x = \frac{3}{4}$ 이고

$\log_{xy} \sqrt[3]{x^2 y^2} = \log_{xy} (xy)^{\frac{2}{3}} = \frac{2}{3} \log_{xy} xy = \frac{2}{3}$ 이므로

$$\log_x \sqrt{y} + \log_{xy} \sqrt[3]{x^2 y^2} = \frac{3}{4} + \frac{2}{3} = \frac{17}{12}$$

보충 설명 밑의 변환 공식은 밑을 1이 아닌 어떤 양수로 하더라도 성립하지만, 문제에 주어진 진수나 밑과 관련된 숫자를 이용하여 변환할 밑을 결정하면 계산이 쉬워집니다.

정답 ②

02- 2

접근 방법 로그의 밑은 x, y, xyz로 모두 다르지만 로그의 진수가 모두 w로 같습니다.
따라서 로그의 성질 중 $\log_a b = \dfrac{1}{\log_b a}$ 을 이용하면 밑을 w로 통일할 수 있습니다.

상세 풀이 로그의 성질에 의하여

$$\log_x w = \frac{1}{\log_w x} = 24 \qquad \therefore \log_w x = \frac{1}{24}$$

$$\log_y w = \frac{1}{\log_w y} = 40 \qquad \therefore \log_w y = \frac{1}{40}$$

$$\log_{xyz} w = \frac{1}{\log_w xyz} = 12$$

$$\therefore \log_w xyz = \frac{1}{12}$$

이때, $\log_w xyz = \log_w x + \log_w y + \log_w z$ 이므로

$$\frac{1}{24} + \frac{1}{40} + \log_w z = \frac{1}{12}$$

$$\therefore \log_w z = \frac{1}{12} - \frac{1}{24} - \frac{1}{40} = \frac{1}{60}$$

따라서 $\log_w z = \dfrac{1}{\log_z w} = \dfrac{1}{60}$ 이므로

$$\log_z w = 60$$

정답 ⑤

02- 3

접근 방법 $\dfrac{1}{a} - \dfrac{1}{b}$ 의 값을 구해야 하므로 a와 b의 값이 필요합니다. 따라서 주어진 식에 상용로그를 취한 후 a와 b에 대하여 풉니다.

상세 풀이 $(365)^a = (0.365)^b = 10$ 의 각 변에 상용로그를 취하면

$$a \log 365 = b \log 0.365 = 1$$

따라서 $a = \dfrac{1}{\log 365}$, $b = \dfrac{1}{\log 0.365}$ 이므로

$$\frac{1}{a} - \frac{1}{b} = \log 365 - \log 0.365$$

$$= \log \frac{365}{0.365} = \log 1000 = 3$$

다른 풀이 지수의 성질을 이용하여 풀 수도 있습니다.
$(365)^a = 10$ 에서 $365 = 10^{\frac{1}{a}}$
$(0.365)^b = 10$ 에서 $0.365 = 10^{\frac{1}{b}}$
이므로

$$10^{\frac{1}{a}-\frac{1}{b}}=10^{\frac{1}{a}}\div 10^{\frac{1}{b}}$$
$$=365\div 0.365$$
$$=1000=10^3$$
$$\therefore \frac{1}{a}-\frac{1}{b}=3$$

정답 ⑤

02-**4**

접근 방법 (1) 로그의 성질 $a^{\log_c b}=b^{\log_c a}$을 이용하여 $5^{\log_n 4}$이 정수가 되는 자연수 n의 값을 찾습니다.

(2) $x=\log_2\sqrt{1+\sqrt{2}}$에서 로그의 정의를 이용하여 $2^x=\sqrt{1+\sqrt{2}}$ 꼴로 변형합니다.

상세 풀이 (1) (ⅰ) $5^{\log_n 4}$에서 $\log_n 4$가 자연수가 되려면 $n=2$ 또는 $n=4$

(ⅱ) $5^{\log_n 4}=4^{\log_n 5}=2^{2\log_n 5}=2^{\log_n 25}$에서 $\log_n 25$가 자연수가 되려면 $n=5$ 또는 $n=25$

(ⅰ), (ⅱ)에 의하여 구하는 자연수 n의 최댓값은 25입니다.

(2) $x=\log_2\sqrt{1+\sqrt{2}}$에서 $2^x=\sqrt{1+\sqrt{2}}$

$$\therefore 4^x=1+\sqrt{2}$$
$$\therefore (2^x+2^{-x})(2^x-2^{-x})$$
$$=4^x-4^{-x}=4^x-\frac{1}{4^x}$$
$$=1+\sqrt{2}-\frac{1}{1+\sqrt{2}}$$
$$=1+\sqrt{2}+(1-\sqrt{2})$$
$$=2$$

보충 설명 (1)에서 로그의 성질 $a^{\log_c b}=b$를 이용하면 $5^{\log_n 4}=5^{2\log_n 2}$이므로 $5^{\log_n 4}$이 정수가 되도록 하는 자연수 n의 값은 5와 5^2으로 생각할 수 있습니다. 또한 $5^{\log_n 4}$의 지수 $\log_n 4$가 자연수이면 $5^{\log_n 4}$이 자연수가 됨을 생각할 수 있어야 합니다.

정답 (1) 25 (2) 2

02-**5**

접근 방법 로그의 성질

$$\log x-\log y=\log\frac{x}{y}\ (x>0,\,y>0)$$

$$a^{\log_a b}=b\ (a>0,\,a\neq 1,\,b>0)$$
를 이용합니다.

상세 풀이 (1) $\log A=\log 3\times\log 6$,

$\log B=\log 6\times\log 30$에서

$$A=10^{\log 3\times\log 6},\ B=10^{\log 6\times\log 30}$$
$$\therefore \frac{B}{A}=10^{\log 6\times\log 30}\div 10^{\log 3\times\log 6}$$
$$=10^{\log 6\times\log 30-\log 3\times\log 6}$$
$$=10^{\log 6(\log 30-\log 3)}$$
$$=10^{\log 6\times\log 10}=10^{\log 6}=6$$

(2) $A=4k,\ B=5k,\ C=2k\ (k>0)$라고 하면

$$2\log_3 A+\log_3 B-3\log_3 C$$
$$=\log_3\frac{A^2 B}{C^3}=\log_3\frac{16k^2\times 5k}{8k^3}$$
$$=\log_3 10$$
$$\therefore 3^{2\log_3 A+\log_3 B-3\log_3 C}=3^{\log_3 10}=10$$

보충 설명 (1)에서 $\log 3\times\log 6$을 $\log(3\times 6)$으로 계산하지 않도록 주의합니다.

$\log(3\times 6)=\log 3+\log 6$입니다.

정답 (1) 6 (2) 10

02-**6**

접근 방법 연속하는 세 양의 정수를 $n-1$, n, $n+1$ (n은 2 이상의 정수)로 표현합니다.

상세 풀이 $\log_2 a=n-1$, $\log_2 b=n$,

$\log_2 c=n+1$ (n은 2 이상의 정수)이라고 하면

$\log_2 a+\log_2 b+\log_2 c=12$에서

$$3n=12\qquad \therefore n=4$$

따라서 $a=2^3=8$, $b=2^4=16$, $c=2^5=32$이므로

$$a+b+c=8+16+32=56$$

보충 설명 연속하는 세 정수를 $n-1$, n, $n+1$과 같이 가운데 값을 기준으로 대칭인 형태로 정하면 세 수를 더하는 과정에서 상수항이 사라지므로 계산이 간단해집니다.

정답 56

02- 7

접근 방법 $\log A$의 정수 부분과 소수 부분이 두 근이므로 $\log A = n + \alpha$ (n은 정수, $0 \le \alpha < 1$)로 놓고 이차방정식의 근과 계수의 관계를 이용합니다.

상세 풀이 $\log A = n + \alpha$ (n은 정수, $0 \le \alpha < 1$)로 놓으면 이차방정식 $x^2 - (\log_2 5)x + k = 0$의 두 근이 n, α이므로 이차방정식의 근과 계수의 관계에 의하여

$$n + \alpha = \log_2 5 = 2 + (\log_2 5 - 2)$$

이때, n이 정수이므로

$$n = 2, \ \alpha = \log_2 5 - 2$$

따라서 $k = n\alpha = 2(\log_2 5 - 2) = 2\log_2 5 - 4$이므로

$$k + 4 = 2\log_2 5 = \log_2 25$$
$$\therefore 2^{k+4} = 25$$

보충 설명 $\log_2 5$의 정수 부분과 소수 부분은 쉽게 구할 수 있습니다.

$2 = \log_2 2^2 < \log_2 5 < \log_2 2^3 = 3$에서 $\log_2 5 = 2.\times\times\times$입니다. 따라서 $\log_2 5$의 정수 부분은 $n = 2$이고 소수 부분은 $\alpha = \log_2 5 - 2$임을 알 수 있습니다.

정답 25

02- 8

접근 방법 $24300^{10} \div 54.1$의 정수 부분의 자릿수를 구하는 문제이므로 $\log(24300^{10} \div 54.1)$의 정수 부분을 구합니다.

상세 풀이 $\log 243 = 2.3856$,

$\log 0.0541 = -1.2668$이므로

$$\begin{aligned} \log 24300 &= \log(243 \times 10^2) \\ &= \log 243 + 2 \\ &= 2.3856 + 2 = 4.3856 \end{aligned}$$

$$\begin{aligned} \log 54.1 &= \log(0.0541 \times 10^3) \\ &= \log 0.0541 + 3 \\ &= (-1.2668) + 3 = 1.7332 \end{aligned}$$

이때, $24300^{10} \div 54.1$에 상용로그를 취하면

$$\begin{aligned} &\log(24300^{10} \div 54.1) \\ &= 10\log 24300 - \log 54.1 \\ &= 10 \times 4.3856 - 1.7332 \\ &= 43.856 - 1.7332 = 42.1228 \end{aligned}$$

따라서 $24300^{10} \div 54.1$의 정수 부분은 43자리의 수이므로 $n = 43$입니다.

보충 설명 $\log(24300^{10} \div 54.1)$

$= 10\log 24300 - \log 54.1$이므로

$\log 243 = 2.3856$, $\log 0.0541 = -1.2668$에서

$\log 2.43$, $\log 5.41$의 값을 구하여 계산해도 되지만 $\log 24300$, $\log 54.1$의 값을 구하여 계산하는 것이 더 편리합니다.

정답 43

02- 9

접근 방법 $\log n$의 정수 부분이 4이므로 자연수 n은 다섯 자리 자연수이고, $\log \dfrac{\sqrt[3]{n}}{4}$의 소수 부분이 0이므로 $\dfrac{\sqrt[3]{n}}{4}$은 10^p (p는 정수) 꼴임을 알 수 있습니다.

상세 풀이 조건 (가)에서 $4 \le \log n < 5$이므로

$$10^4 \le n < 10^5$$

즉, $1 \le a < 10$인 a에 대하여 $n = a \times 10^4$ …… ㉠

조건 (나)에서 $\log \dfrac{\sqrt[3]{n}}{4}$의 소수 부분이 0이므로

$$\log \frac{\sqrt[3]{n}}{4} = p \ (p는 정수)$$

이때, $\dfrac{\sqrt[3]{n}}{4} = 10^p$이므로

$$\sqrt[3]{n} = 4 \times 10^p, \ n = 64 \times 10^{3p}$$
$$\therefore n = 6.4 \times 10^{3p+1} \quad \cdots\cdots ㉡$$

따라서 ㉠, ㉡에서 $3p + 1 = 4$ $\therefore p = 1$

$$\therefore n = 6.4 \times 10^4 = 64000$$
$$\therefore \frac{n}{100} = 640$$

보충 설명 로그의 정의에서 임의의 양수 N은

$$N = a \times 10^n \ (1 \le a < 10, \ n은 정수)$$

과 같이 1 이상 10 미만의 수와 지수가 정수인 10의 거듭제곱의 곱으로 나타낼 수 있습니다.

그래서 ⓛ에서 $n=64\times10^{3p}$을 $n=6.4\times10^{3p+1}$으로 고친 것입니다.

정답 640

02-10

접근 방법 $\log a^x$의 소수 부분이 0이면 a^x은 10의 거듭제곱 꼴로 나타낼 수 있습니다.

상세 풀이 $\log a^3$의 소수 부분이 0이면

$\log a^3=k$ (k는 정수)이므로 $a^3=10^k$

$\therefore a=10^{\frac{k}{3}}$

이때, $1<a<10$이므로 정수 k의 최댓값은 2입니다.

$\log b^5$의 소수 부분이 0이면

$\log b^5=m$ (m은 정수)이므로 $b^5=10^m$

$\therefore b=10^{\frac{m}{5}}$

이때, $1<b<10$이므로 정수 m의 최댓값은 4입니다.

따라서 $ab=10^{\frac{k}{3}}\times10^{\frac{m}{5}}=10^{\frac{k}{3}+\frac{m}{5}}$ 의 최댓값은

$10^{\frac{2}{3}+\frac{4}{5}}=10^{\frac{22}{15}}$

$\therefore p+q=15+22=37$

보충 설명 $\log a=n+\alpha$ (n은 정수, $0\le\alpha<1$)로 놓으면 $1<a<10$이므로 $n=0$, $\alpha\ne0$이고

$\log a^3=3\log a=3\alpha$입니다. $\log a^3$의 소수 부분이 0이어야 하므로 3α는 정수이고, $0<\alpha<1$에서

$0<3\alpha<3$이므로 $3\alpha=1$, 2입니다. 따라서 $\alpha=\dfrac{1}{3}$, $\dfrac{2}{3}$입니다.

$\log b^5$도 이와 같은 방법으로 접근할 수 있습니다.

정답 37

p.86~89

실력 다지기

p.86~89

02-11 ③ **12** ⑤ **13** ③ **14** ③ **15** 21

16 10 **17** 28 **18** 87 **19** 83 **20** 416

21 6 **22** 77 **23** 875 **24** 55 **25** 218

26 16 **27** 100 **28** 10 **29** ㄱ, ㄴ, ㄷ

30 474

02-11

접근 방법 로그가 정의되려면 밑은 1이 아닌 양의 실수이고, 진수는 양의 실수이어야 합니다.

상세 풀이 밑의 조건에서

$a-4>0$, $a-4\ne1$

$\therefore 4<a<5$ 또는 $a>5$ ······ ㉠

또한 진수의 조건에서 모든 실수 x에 대하여

$x^2+ax+3a>0$

이어야 하므로 이차방정식 $x^2+ax+3a=0$의 판별식을 D라고 하면

$D=a^2-4\times3a<0$, $a(a-12)<0$

$\therefore 0<a<12$ ······ ㉡

이때, ㉠, ㉡의 공통 범위를 구하면

$4<a<5$ 또는 $5<a<12$

따라서 이 범위를 만족시키는 정수 a는 6, 7, ⋯, 11이므로 정수 a의 개수는

$11-6+1=6$

정답 ③

02-12

접근 방법 로그의 성질을 이용하여 좌변을 변형하여 $\log\square=\log\triangle$의 형태를 만들어 $\square=\triangle$임을 이용합니다.

상세 풀이 $\log a+\log b=\log(a+b+14)$를 정리하면

$\log ab=\log(a+b+14)$

$\therefore ab=a+b+14$

이 식을 (다항식)×(다항식)=(정수) 꼴로 정리하면

$ab-a-b-14=0$, 즉

$a(b-1)-(b-1)-15=0$

$\therefore (a-1)(b-1)=15$

이때, $a-1$과 $b-1$은 15의 양의 약수가 되고, 다음과 같은 4가지 경우를 생각할 수 있습니다.

$a-1$	1	3	5	15
$b-1$	15	5	3	1

즉, 두 양의 정수 a, b의 값은 다음과 같습니다.

a	2	4	6	16
b	16	6	4	2

따라서 ab의 최댓값은

$2 \times 16 = 32$

정답 ⑤

02-13

접근 방법 $\left(\log \dfrac{x}{y}\right)\left(\log \dfrac{y}{x}\right)$의 값 중에서 정수의 개수를 구하는 문제이므로 $\left(\log \dfrac{x}{y}\right)\left(\log \dfrac{y}{x}\right)$의 값의 범위를 구합니다. 이때,

$\left(\log \dfrac{x}{y}\right)\left(\log \dfrac{y}{x}\right)$

$= -(\log x - \log y)^2$

이므로 $\log x - \log y$의 범위를 구하면 됩니다.

상세 풀이 $\left(\log \dfrac{x}{y}\right)\left(\log \dfrac{y}{x}\right) = -\left(\log \dfrac{x}{y}\right)^2$

$= -(\log x - \log y)^2$

이고 $5 \leq \log x < 6$, $1 \leq \log y < 2$에서

$3 < \log x - \log y < 5$

$9 < (\log x - \log y)^2 < 25$

$-25 < -(\log x - \log y)^2 < -9$

이므로 구하는 정수는 $-24, -23, -22, \cdots,$ $-11, -10$의 15개입니다.

다른 풀이 $\log x$의 정수 부분이 5이므로

$\log x = 5 + \alpha \ (0 \leq \alpha < 1)$ ······ ㉠

$\log y$의 정수 부분이 1이므로

$\log y = 1 + \beta \ (0 \leq \beta < 1)$ ······ ㉡

㉠, ㉡에서 $\log x - \log y = 4 + \alpha - \beta$

이때, $0 - 1 < \alpha - \beta < 1 - 0$, 즉

$-1 < \alpha - \beta < 1$이므로

$4 - 1 < \log x - \log y < 4 + 1$

$\therefore 3 < \log x - \log y < 5$

정답 ③

02-14

접근 방법 $\dfrac{b}{a}$의 정수 부분이 10자리 수이므로 상용로그를 이용하여

$\log \dfrac{b}{a} = 9 + \alpha \ (0 \leq \alpha < 1)$

로 나타낼 수 있습니다.

상세 풀이 $10^n \times a \leq b < 10^{n+3} \times a$에서

$10^n \leq \dfrac{b}{a} < 10^{n+3} \ (\because a > 0)$

각 변에 상용로그를 취하면

$n \leq \log \dfrac{b}{a} < n+3$

$\therefore \log \dfrac{b}{a} - 3 < n \leq \log \dfrac{b}{a}$ ······ ㉠

그런데 $\dfrac{b}{a}$의 정수 부분이 10자리 수이므로

$\log \dfrac{b}{a} = 9 + \alpha \ (0 \leq \alpha < 1)$ ······ ㉡

㉠, ㉡에서 $6 + \alpha < n \leq 9 + \alpha$이므로

$n = 7, 8, 9$

따라서 구하는 모든 자연수 n의 값의 합은

$7 + 8 + 9 = 24$

보충 설명 '정수 부분이 $(n+1)$자리' 또는 '소수점 아래 n째 자리에서 처음으로 0이 아닌 숫자' 등의 표현이 문제에서 언급되면

$\log x = n + \alpha$ (n은 정수, $0 \leq \alpha < 1$) 또는

$\log x = -n + \alpha$ (n은 정수, $0 \leq \alpha < 1$)

로 표현하여 문제를 해결합니다.

정답 ③

02- 15

접근 방법 최대공약수가 3인 세 자연수 a, b, c라는 조건이 주어져 있으므로, 약수와 배수의 성질을 이용하려면 로그를 없애야 합니다. 즉, 주어진 등식을 로그의 정의

$$a^x = b \iff x = \log_a b \ (a > 0, \ a \neq 1, \ b > 0)$$

를 이용하여 지수에 관한 식으로 정리합니다.

상세 풀이 로그의 성질과 정의에서

$$c = a \log_{400} 2 + b \log_{400} 5$$
$$= \log_{400} 2^a + \log_{400} 5^b$$
$$= \log_{400} (2^a \times 5^b)$$
$$\therefore 2^a \times 5^b = 400^c$$

이때, $400 = 2^4 \times 5^2$이므로

$$2^a \times 5^b = 400^c = (2^4 \times 5^2)^c = 2^{4c} \times 5^{2c}$$
$$\therefore a = 4c, \ b = 2c$$

그런데 a, b, c의 최대공약수가 3이므로 $c = 3$

$$\therefore a = 12, \ b = 6$$
$$\therefore a + b + c = 12 + 6 + 3 = 21$$

보충 설명 $a = 4c$, $b = 2c$에서 a, b의 최대공약수는 $2c$이므로 a, b, c의 최대공약수가 3이 되려면 $c = 3$이어야 합니다.

정답 21

02- 16

접근 방법 상용로그표가 아니라 지수에 관한 표가 주어져 있으므로 간단한 예를 생각해 보는 것이 좋습니다. 즉, 주어진 표에서

$$(1.21)^8 = 4.595 \iff \log_{1.21} 4.595 = 8$$

이므로 주어진 식을 밑이 1.21인 로그로 정리합니다.

상세 풀이 $a = \dfrac{3 - 3\log 5}{2\log 11 - 2}$ 에서

$$(분자) = 3 - 3\log 5 = 3(1 - \log 5)$$
$$= 3\log \frac{10}{5} = \log 8$$
$$(분모) = 2\log 11 - 2 = 2(\log 11 - 1)$$

$$= 2\log \frac{11}{10} = \log \frac{121}{100} = \log 1.21$$

이므로

$$a = \frac{\log 8}{\log 1.21} = \log_{1.21} 8$$
$$\therefore 1.21^a = 8$$

주어진 표에서

$$6.727 = 1.21^{10} < 1.21^a = 8 < 1.21^{11} = 8.140$$이므로
$$10 < a < 11 \qquad \therefore [a] = 10$$

보충 설명 문제의 조건에서 $11^2 = 121$이고 주어진 표에 1.21의 거듭제곱이 있는 것에 주목한다면

$a = \dfrac{3 - 3\log 5}{2\log 11 - 2}$ 를 밑이 1.21인 로그로 정리해야 한다는 생각을 좀더 쉽게 떠올릴 수 있습니다.

정답 10

02- 17

접근 방법 $8^{30} = (a + b) \times 10^n$의 양변에 상용로그를 취하여 n의 값을 구하고,
$\log k < \log x < \log(k+1)$ (k는 자연수)이면 $k < x < k+1$임을 이용하여 a의 값을 구합니다.

상세 풀이 $8^{30} = (a + b) \times 10^n$의 양변에 상용로그를 취하면

$$90\log 2 = \log(a + b) + n$$
$$n + \log(a + b) = 90 \times 0.3010 = 27.09$$
$$1 \leq a + b < 10$$에서 $0 \leq \log(a + b) < 1$이므로
$$n = 27, \ \log(a + b) = 0.09$$

한편, $\log 2 = 0.3010$이므로

$$\log 1 < \log(a + b) < \log 2$$
$$\therefore 1 < a + b < 2$$

이때, a는 한 자리의 자연수이고 $0 \leq b < 1$이므로

$$a = 1$$
$$\therefore n + a = 27 + 1 = 28$$

보충 설명 $\log x = n + a$ (n은 정수, $0 \leq a < 1$)이고 $\log k \leq a < \log(k+1)$일 때, 진수 x의 최고 자리의 숫자는 k입니다.

예를 들어, $\log x = n + \alpha$ (n은 정수, $0 \le \alpha < 1$)일 때, $\log 3 \le \alpha < \log 4$이면 x의 최고 자리의 숫자는 3입니다.

정답 28

02-**18**

접근 방법 $5^{20} \div 2^{40}$에 상용로그를 취하고 $\log 5 = \log \dfrac{10}{2} = 1 - \log 2$와 주어진 $\log 2$의 어림 값을 이용하여 $5^{20} \div 2^{40}$의 상용로그의 값을 구한 후, 상용로그표에서 적절한 x의 값을 찾습니다.

상세 풀이 $x = 5^{20} \div 2^{40}$이라 하고, 양변에 상용로그를 취하면

$$\log x = \log \frac{5^{20}}{2^{40}} = \log 5^{20} - \log 2^{40}$$
$$= 20 \log 5 - 40 \log 2$$
$$= 20(1 - \log 2) - 40 \log 2$$
$$= 20 - 60 \log 2$$
$$= 20 - 60 \times 0.3010 = 1.94$$
$$= 1 + 0.94$$

따라서 $\log x$의 소수 부분은 0.94,
$\log \dfrac{x}{10} = \log x - 1 = 0.94$이고, 주어진 상용로그 표에서
$$\log 8.7 = 0.9395, \quad \log 8.8 = 0.9445$$
이므로
$$\log 8.7 < \log \frac{x}{10} = 0.94 < \log 8.8$$
$$8.7 < \frac{x}{10} < 8.8$$
$$8.7 \times 10 < x < 8.8 \times 10$$
$$87 < 5^{20} \div 2^{40} < 88$$
$$\therefore [5^{20} \div 2^{40}] = 87$$

보충 설명 $1 \le x < 10$일 때, $\log x$의 상용로그표가 주어지면 위의 문제와 같이 매우 큰 수들을 계산기 없이도 계산할 수 있습니다. 실제로 계산기가 발명되기 전에는 이런 방법으로 큰 수를 계산했습니다.

정답 87

02-**19**

접근 방법 기본적인 로그의 정의
$$a^x = b \Longleftrightarrow x = \log_a b \ (a > 0, \ a \ne 1, \ b > 0)$$
를 이용하여 b를 a에 관한 식으로 만들어 해결합니다.

상세 풀이 $\log_a b$가 유리수이고 a, b는 $1 < a < b$인 정수이므로 $\log_a b = \dfrac{n}{m}$ (m, n은 서로소인 자연수)이라고 하면
$$b = a^{\frac{n}{m}}$$
$1 < a < a^{\frac{n}{m}} < a^2 < 100$에서
$$1 < a < 10$$
또한 $b = a^{\frac{n}{m}}$이 정수이므로 $a = p^m$ ($m \ne 1$) 꼴이어야 합니다.
(ⅰ) $a = 2^2$일 때, $b = 2^3 \ (< 2^4)$
(ⅱ) $a = 2^3$일 때, $b = 2^4$ 또는 $2^5 \ (< 2^6)$
(ⅲ) $a = 3^2$일 때, $b = 3^3 \ (< 3^4)$
따라서 조건을 만족시키는 모든 b의 값의 합은
$$2^3 + 2^4 + 2^5 + 3^3 = 83$$

보충 설명 $1 < a < 10$인 정수 a에서 $b = a^{\frac{n}{m}}$이 정수라는 것은 a가 또다른 수의 k (k는 1 이상의 자연수) 제곱 꼴이라는 것을 의미합니다.

정답 83

02-**20**

접근 방법 먼지 제거 장치가 가동되기 시작한 지 n초 후 작업장의 1 m^3당 먼지의 양이 $50 \ \mu\text{g}$이 되었고, 주어진 관계식
$$x(t) = 20 + 180 \times 3^{-\frac{t}{256}} \ (\mu\text{g}/\text{m}^3)$$
에 변수가 x와 t뿐이므로 주어진 조건을 대입하기만 하면 됩니다.

상세 풀이 n초 후 1 m^3당 먼지의 양이 $50 \ \mu\text{g}$이므로
$$x(t) = 20 + 180 \times 3^{-\frac{t}{256}} \text{에서}$$
$$50 = 20 + 180 \times 3^{-\frac{n}{256}}$$

$$3^{-\frac{n}{256}}=\frac{1}{6}$$

양변에 상용로그를 취하면

$$-\frac{n}{256}\log 3=\log\frac{1}{6}=-\log 2-\log 3$$

$$\therefore n=\frac{256(\log 2+\log 3)}{\log 3}$$

$$=\frac{256\times 0.78}{0.48}=416$$

따라서 416초 후에 작업장의 $1\,m^3$당 먼지의 양이 $50\,\mu g$이 됩니다.

보충 설명 문제에 $\log 2$, $\log 3$의 어림값이 주어져 있으므로 주어진 식을 $\log 2$, $\log 3$의 꼴이 나올 수 있도록 정리해야 합니다. 또한 $\log 2$, $\log 3$의 어림값은 문제에 주어진 것을 이용해야 한다는 점도 명심해야 합니다.

정답 416

02-21

접근 방법 $\log a$의 소수 부분과 $\log b$의 소수 부분의 합이 1이므로

$\log a=n+\alpha$ (n은 정수, $0<\alpha<1$)
$\log b=m+\beta$ (m은 정수, $0<\beta<1$)

로 놓고 변끼리 더합니다.

상세 풀이 $\log a$의 소수 부분과 $\log b$의 소수 부분의 합이 1이므로 $\log a$의 소수 부분과 $\log b$의 소수 부분은 모두 0이 아닙니다.

따라서 $\log a=n+\alpha$ (n은 정수, $0<\alpha<1$), $\log b=m+\beta$ (m은 정수, $0<\beta<1$)라고 하면

$$\log a+\log b=n+m+1=(정수)$$

$$(\because \alpha+\beta=1)$$

즉, $\log ab$는 정수이므로 ab는 10의 거듭제곱입니다. a와 b는 100보다 작은 자연수이므로

$$ab=10,\ 10^2,\ 10^3$$

(i) $ab=10=2\times 5$ $(a<b)$ $\quad\to(2,\,5)$
(ii) $ab=100=2\times 50$ $(a<b)$ $\quad\to(2,\,50)$
$\quad\quad\quad=4\times 25$ $\quad\quad\quad\to(4,\,25)$
$\quad\quad\quad=5\times 20$ $\quad\quad\quad\to(5,\,20)$

(iii) $ab=1000=20\times 50$ $(a<b)$ $\quad\to(20,\,50)$
$\quad\quad\quad\quad=25\times 40$ $\quad\quad\quad\quad\to(25,\,40)$

따라서 구하는 순서쌍 $(a,\,b)$의 개수는 6입니다.

보충 설명 $ab=10=1\times 10$ $(a<b)$에서 $a=1$, $b=10$으로 답하지 않도록 주의합니다. $\log a$와 $\log b$의 소수 부분은 모두 0이 아니므로 $a=1$, $b=10$, 즉 $\log a=0$, $\log b=1$이 될 수 없습니다.

정답 6

02-22

접근 방법 상용로그의 정수 부분은 정수, 소수 부분은 0 이상 1 미만의 수라는 점에 주목하면

$$n\leq 2\alpha$$

에서 정수 부분 n의 값을 정할 수 있습니다.

상세 풀이 자연수 A에 대하여

$$\log A=n+\alpha$$

$\quad\quad\quad$ (n은 음이 아닌 정수, $0\leq\alpha<1$)에서

(i) $n=0$일 때

$0\leq\alpha<1$에서 $0\leq 2\alpha<2$이므로 $n=0\leq 2\alpha$를 만족시키는 자연수 A는 $\log A$의 정수 부분 n이 0인 모든 자연수이므로 $A=1,\,2,\,3,\,\cdots,\,9$의 9개입니다.

(ii) $n=1$일 때

$1\leq 2\alpha$에서 $\frac{1}{2}\leq\alpha<1$이고, $3.1<\sqrt{10}<3.2$에서

$$\log 3.1<\frac{1}{2}<\log 3.2$$

$$\log 31<1+\frac{1}{2}<\log 32$$

$$\therefore 1+\frac{1}{2}=\log 31.\times\times\times$$

따라서 조건을 만족시키는 자연수 A는 $\log A$의 정수 부분이 1이고 소수 부분이 $\frac{1}{2}$보다 크거나 같은 자연수이므로

$$\log 31.\times\times\times=1+\frac{1}{2}\leq\log A<2$$

$31.\times\times\times \leq A < 100$

따라서 $A=32, 33, \cdots, 99$의 68개입니다.

(iii) $n \geq 2$일 때

$0 \leq 2a < 2$이므로 $n \leq 2a$를 만족시키는 정수 n은 존재하지 않습니다.

(i)~(iii)에 의하여 구하는 자연수 A의 개수는

$9+68=77$

보충 설명 (ii)에서 $3.1 < \sqrt{10} < 3.2$

$\log 3.1 < \log \sqrt{10} < \log 3.2$

$\log 3.1 < \dfrac{1}{2} < \log 3.2$

이때, $\log A$의 정수 부분이 1인 자연수 A를 구하기 위하여 각 변에 1씩 더해서 $\log 31 < 1+\dfrac{1}{2} < \log 32$임을 구한 것입니다.

정답 77

02-23

접근 방법 $f(x)=\log_2 x-[\log_2 x]$는 $\log_2 x$의 소수 부분을 뜻하므로 먼저 $\log_2 x$의 정수 부분을 구합니다.

상세 풀이 $2^9=512$, $2^{10}=1024$이므로

$\log_2 512 < \log_2 1000 < \log_2 1024$

$\log_2 2^9 < \log_2 1000 < \log_2 2^{10}$

$9 < \log_2 1000 < 10$

즉, $\log_2 1000$의 정수 부분은 9, 소수 부분은 $\log_2 1000-9$이므로

$f(1000)=\log_2 1000-[\log_2 1000]$

$\qquad = \log_2 1000-9$

이때, $100 \leq n \leq 500$에서

$\log_2 100 \leq \log_2 n \leq \log_2 500$

$2^6=64$, $2^7=128$이므로

$\log_2 64 < \log_2 100 < \log_2 128$에서

$\log_2 100 = 6.\times\times\times$

$2^8=256$, $2^9=512$이므로

$\log_2 256 < \log_2 500 < \log_2 512$에서

$\log_2 500 = 8.\times\times\times$

즉, $6.\times\times\times \leq \log_2 n \leq 8.\times\times\times$이므로

$[\log_2 n]=6$ 또는 $[\log_2 n]=7$ 또는

$[\log_2 n]=8$

(i) $[\log_2 n]=6$일 때

$f(n)=\log_2 n-6=\log_2 1000-9$이므로

$\log_2 n=\log_2 1000-3$

$\qquad =\log_2 \dfrac{1000}{8}=\log_2 125$

$\therefore n=125$

(ii) $[\log_2 n]=7$일 때

$f(n)=\log_2 n-7=\log_2 1000-9$이므로

$\log_2 n=\log_2 1000-2$

$\qquad =\log_2 \dfrac{1000}{4}=\log_2 250$

$\therefore n=250$

(iii) $[\log_2 n]=8$일 때

$f(n)=\log_2 n-8=\log_2 1000-9$이므로

$\log_2 n=\log_2 1000-1$

$\qquad =\log_2 \dfrac{1000}{2}=\log_2 500$

$\therefore n=500$

(i)~(iii)에 의하여 구하는 자연수 n의 값의 합은

$125+250+500=875$

보충 설명 $f(x)=\log_2 x-[\log_2 x]\,(x>0)$에 대하여

$f(2x)=\log_2 2x-[\log_2 2x]$

$\qquad =\log_2 x+1-[\log_2 x+1]$

$\qquad =\log_2 x+1-([\log_2 x]+1)$

$\qquad =\log_2 x-[\log_2 x]$

$\qquad =f(x)$

가 성립합니다. 또한 같은 방법으로 $f\left(\dfrac{x}{2}\right)=f(x)$가 성립함을 알 수 있습니다.

따라서 $f(1000)=f\left(\dfrac{1000}{2}\right)=f(500)$이 성립하므로 마찬가지 원리로

$f(1000)=f(500)=f(250)=f(125)$

가 성립합니다.

정답 875

02-24

접근 방법 $\log x$에 대하여 $[\log x]$는 $\log x$의 정수 부분을 뜻합니다. 예를 들어,

$$\log x = 1.8 \Rightarrow [\log x] = [1.8]$$
$$= [1+0.8] = 1$$
$$\log x = -1.8 \Rightarrow [\log x] = [-1.8]$$
$$= [(-2)+0.2] = -2$$

임을 생각하면 이해하기가 쉽습니다.

또한 $\log x = (정수\ 부분) + (소수\ 부분)$이므로 $\log x - [\log x]$는 $\log x$의 소수 부분을 뜻합니다. 따라서 가우스 기호 $[x]$가 상용로그와 함께 나올 때에는 상용로그의 정수 부분과 소수 부분을 꼭 떠올립니다.

상세 풀이 조건 (나)의 $[\log 2n] = 1 + [\log n]$에서 $\log 2n$의 정수 부분은 $\log n$의 정수 부분보다 1만큼 크므로 n의 자릿수보다 $2n$의 자릿수가 1만큼 더 큽니다.

예를 들어, $n=5$일 때 $2n=10$, $n=50$일 때 $2n=100$입니다.

(i) n이 한 자리 자연수일 때, $2n$이 두 자리 자연수이므로 $n=5, 6, \cdots, 9$

따라서 n의 개수는 $9-5+1=5$

(ii) n이 두 자리 자연수일 때, $2n$이 세 자리 자연수이므로 $n=50, 51, \cdots, 99$

따라서 n의 개수는 $99-50+1=50$

(iii) $n=100$은 조건 (나)를 만족시키지 않습니다.

(i)~(iii)에 의하여 주어진 조건을 모두 만족시키는 n의 개수는 $5+50=55$

보충 설명 가우스 기호 $[x]$는 실수 x보다 크지 않은 최대의 정수를 말합니다.

(1) 임의의 정수 n에 대하여 $n \leq x < n+1$이면
$$[x] = n$$

(2) 임의의 정수 n에 대하여 $[x+n] = [x]+n$

정답 55

02-25

접근 방법 임의의 양의 실수 A에 대하여 $\log A$의 정수 부분은 $[\log A]$, 소수 부분은 $\log A - [\log A]$입니다.

상세 풀이 조건 (가)에서

$[\log 500] = [\log(10^2 \times 5)] = [2 + \log 5] = 2$이므로

$$[\log A] = 2$$

임의의 양의 실수 A에 대하여 $\log A$의 소수 부분은 $\log A - [\log A]$이므로 조건 (나)에서 $\log A$와 $\log 21800$의 소수 부분은 서로 같습니다.

$$\log 21800 = \log(2.18 \times 10^4)$$
$$= 4 + \log 2.18 \quad (0 < \log 2.18 < 1)$$

이므로 $\log A$의 소수 부분도 $\log 2.18$입니다.

$$\therefore \log A = 2 + \log 2.18 = \log 10^2 + \log 2.18$$
$$= \log(10^2 \times 2.18) = \log 218$$
$$\therefore A = 218$$

보충 설명 조건 (가)에서 $\log A$의 정수 부분이 2이므로 A의 정수 부분은 세 자리 수이고, $\log A$와 $\log 21800$의 소수 부분이 같다는 것은 A와 21800의 숫자 배열이 같음을 의미하므로 $A=218$임을 알 수 있습니다.

정답 218

02-26

접근 방법 이차방정식 $ax^2 + (3a+1)x + a - 4 = 0$의 두 근이 주어져 있으므로 근과 계수의 관계를 이용합니다. 이때, $[\log A]$, $\log A - [\log A]$는 각각 $\log A$의 정수 부분과 소수 부분이므로, a를 이용하여 $\log A$의 정수 부분과 소수 부분의 합과 곱을 표시합니다.

상세 풀이 $\log A = n + \alpha$ (n은 정수, $0 \leq \alpha < 1$)로 놓으면

$$[\log A] = n, \ \log A - [\log A] = \alpha$$

이므로 이차방정식 $ax^2 + (3a+1)x + a - 4 = 0$의 두 근은 n, α입니다. 이때, 이차방정식의 근과 계수의 관계에 의하여

$$n+a=-\frac{3a+1}{a}=-3-\frac{1}{a}$$
$$=-4+\left(1-\frac{1}{a}\right)$$

$a>1$에서 $0<1-\frac{1}{a}<1$이므로

$$n=-4,\ a=1-\frac{1}{a}$$

따라서 $na=\frac{a-4}{a}$에서

$$-4\left(1-\frac{1}{a}\right)=\frac{a-4}{a}$$
$$-4(a-1)=a-4 \qquad \therefore a=\frac{8}{5}$$
$$\therefore 10a=16$$

보충 설명 예를 들어 $\log A$의 정수 부분 n과 소수 부분 a가 이차방정식 $2x^2-7x+k=0$의 두 근이면

$$n+a=\frac{7}{2}$$

에서 $n=3,\ a=\frac{1}{2}$이 된다는 것을 생각하면 이 문제는 쉽게 접근할 수 있습니다.

정답 **16**

$$\log a=\log\frac{100}{3}b \qquad \therefore a=\frac{100}{3}b$$

$a,\ b$ 모두 양수이므로 산술평균과 기하평균의 관계에 의하여

$$3a+\frac{25}{b}=100b+\frac{25}{b}$$
$$\geq 2\sqrt{100b\times\frac{25}{b}}$$
$$=100$$
$$\left(\text{단, 등호는 }b=\frac{1}{2}\text{일 때 성립한다.}\right)$$

따라서 구하는 최솟값은 100입니다.

보충 설명 $\log x$가 정의되기 위해서는 $x>0$이어야 하고, 산술평균과 기하평균의 관계인 $a+b\geq 2\sqrt{ab}$에서는 $a>0,\ b>0$이어야 합니다. 상용로그의 진수 x의 조건과 산술평균과 기하평균에 적용시키기 위한 $a,\ b$의 조건이 모두 양수라는 공통점이 있습니다. 따라서 로그를 포함한 식의 최댓값, 최솟값을 구하는 문제를 풀 때, 산술평균과 기하평균의 관계를 이용하는 경우가 많습니다.

정답 **100**

02-**27**

접근 방법 양수 x에 대하여 $\log x$의 정수 부분과 소수 부분이 각각 $f(x),\ g(x)$이므로

$$\log a=f(a)+g(a)$$

로 나타낼 수 있고, 주어진 두 식을 더해서 $a,\ b$ 사이의 관계식을 찾을 수 있습니다. 따라서 $3a+\frac{25}{b}$ 를 한 문자 a 또는 b로 정리한 후, 산술평균과 기하평균의 관계를 이용하여 최솟값을 구합니다.

상세 풀이 $\log a=f(a)+g(a)$이므로 주어진 두 식 $f(a)=f(b)+2,\ g(a)=g(b)-\log 3$을 같은 변끼리 더하면

$$f(a)+g(a)=f(b)+g(b)+2-\log 3$$
$$\log a=\log b+2-\log 3$$
$$\log a=\log b+\log 100-\log 3$$

02-**28**

접근 방법 $\log x=m+a$ (m은 정수, $0\leq a<1$), $\log y=n+\beta$ (n은 정수, $0\leq\beta<1$)로 놓고, 조건 (나), (다)를 만족시키는 $a,\ \beta$ 사이의 관계식을 구합니다. n은 정수이고 $0\leq a<1$이란 조건에 주의하여 조건 (가)에서 $\log xy$의 값을 구합니다.

상세 풀이 조건 (나)에서 $\log y$의 정수 부분을 n이라 하면 $\log x$의 정수 부분은 $2n$이므로

$$\log x=2n+a\ (0\leq a<1)$$
$$\log y=n+\beta\ (0\leq\beta<1)$$

로 놓을 수 있습니다.

(i) $\beta=0$일 때

$$\log\frac{1}{y}=-\log y=-n-\beta=-n$$

조건 (다)에서 $\log\frac{1}{y}$과 $\log x$의 소수 부분이 같

으므로 $\alpha=0$

$$\therefore \log x=2n, \ \log y=n$$

조건 (가)에서

$$\log x^2 y^3 = \log x^2 + \log y^3$$
$$= 2\log x + 3\log y$$
$$= 2 \times 2n + 3 \times n = 7n = 23.4$$

그런데 이를 만족시키는 정수 n은 존재하지 않습니다.

(ii) $0 < \beta < 1$일 때

$0 < 1-\beta < 1$이고

$$\log \frac{1}{y} = -\log y = -n-\beta$$
$$= -n-1+(1-\beta)$$

조건 (다)에서 $\log \dfrac{1}{y}$과 $\log x$의 소수 부분이 같으므로

$$\alpha = 1-\beta$$
$$\therefore \beta = 1-\alpha, \ \log y = n+\beta = n+(1-\alpha)$$

조건 (가)에서

$$\log x^2 y^3 = \log x^2 + \log y^3$$
$$= 2\log x + 3\log y$$
$$= 2(2n+\alpha) + 3(n+1-\alpha)$$
$$= 7n+3-\alpha$$
$$= 23.4 = 24-0.6$$

이때, $-1 < -\alpha < 0 \ (\because \ 0 < \alpha = 1-\beta < 1)$이므로

$$7n+3 = 24, \ -\alpha = -0.6$$
$$\therefore n=3, \ \alpha=0.6$$
$$\therefore \log xy = \log x + \log y$$
$$= (2n+\alpha) + (n+1-\alpha)$$
$$= 3n+1$$
$$= 3 \times 3 + 1 = 10$$

정답 10

02-29

접근 방법 상용로그

$\log a = n+\alpha \ (n$은 정수, $0 \le \alpha < 1)$로 나타내면 양수 a에 대하여 $\log a$의 정수 부분과 소수 부분이 각

각 $f(a)$, $g(a)$이므로 $\log a = f(a) + g(a)$임을 이용합니다.

상세 풀이 ㄱ. 1004는 4자리 자연수이므로

$$f(1004) = 3 \ (참)$$

ㄴ. $\log 2$, $\log 6$의 소수 부분은 각각 $\log 2$, $\log 6$이므로

$$g(2) = \log 2, \ g(6) = \log 6$$

또한 $12 = 1.2 \times 10^1$이므로 $\log 12$의 소수 부분은 $\log 1.2$입니다.

$$g(12) = \log 1.2$$
$$\therefore g(2) + g(6) = \log 2 + \log 6 = \log 12$$
$$= \log 1.2 + 1$$
$$= g(12) + 1 \ (참)$$

ㄷ. 임의의 양수 x에 대하여

$$\log x = f(x) + g(x)$$

이므로

$$\log a = f(a) + g(a)$$
$$\log b = f(b) + g(b)$$

이고 $\log ab = f(ab) + g(ab)$

그런데 $\log ab = \log a + \log b$이므로

$$f(ab) + g(ab)$$
$$= f(a) + g(a) + f(b) + g(b)$$

즉, $f(ab) = f(a) + f(b)$이면

$$g(ab) = g(a) + g(b) \ (참)$$

따라서 옳은 것은 ㄱ, ㄴ, ㄷ입니다.

보충 설명 ㄷ에서 $a = 2 \times 10^2$, $b = 3 \times 10^3$이라고 하면 $f(a) = 2$, $f(b) = 3$이고 $ab = 6 \times 10^5$에서 $f(ab) = 5$이므로 $f(ab) = f(a) + f(b)$가 성립합니다.

그런데 $a = 4 \times 10^2$, $b = 3 \times 10^3$이라고 하면 $f(a) = 2$, $f(b) = 3$이고 $ab = 12 \times 10^5 = 1.2 \times 10^6$에서 $f(ab) = 6$이므로 $f(ab) \ne f(a) + f(b)$입니다.

즉, $a = a \times 10^n \ (n$은 정수, $1 \le a < 10)$,

$b = \beta \times 10^m \ (m$은 정수, $1 \le \beta < 10)$이라고 하면 $1 < a\beta < 10$인 경우 $f(ab) = f(a) + f(b)$가 성립하고, $a\beta \ge 10$인 경우 $f(ab) \ne f(a) + f(b)$이고, $f(ab) = f(a) + f(b) + 1$임을 알 수 있습니다.

정답 ㄱ, ㄴ, ㄷ

02-**30**

접근 방법 2^{100}에 2^{50}을 더해도 자릿수에는 변함이 없는 것처럼, $2^{50}+3^{100}$의 자릿수는 3^{100}의 자릿수와 같습니다.

상세 풀이 $\log 3^{100}=100\log 3=47.71$이므로 3^{100}은 48자리 수입니다.

2^{50}은 3^{100}보다 훨씬 작은 수이므로 $2^{50}+3^{100}$은 48자리 수입니다. 즉, $f(50,\ 100)=48$입니다.

또한 $f(50,\ 100)=f(k,\ 50)=48$이 성립하기 위해서는 2^k+3^{50}이 48자리 수가 되어야 합니다. 이때, 3^{50}은 48자리 수인 3^{100}보다 훨씬 작은 수이므로 2^k이 48자리 수가 되어야 합니다.

즉, $\log 2^k$의 정수 부분이 47이므로

$$\log 2^k=47.\times\times\times$$

$$47\leq\log 2^k<48$$

$$47\leq k\log 2<48,\ \frac{47}{0.3010}\leq k<\frac{48}{0.3010}$$

$$\therefore 156.1\cdots\leq k<159.4\cdots$$

따라서 자연수 k는 157, 158, 159이므로 k의 값의 합은

$$157+158+159=474$$

보충 설명 $9999+2$처럼 9가 연속되어 있을 때 숫자 2가 더해져서 자릿수가 바뀌는 경우는 있지만, 보통 두 수의 자릿수가 크게 차이나는 경우에는 큰 수에 작은 수를 더했을 때 자릿수가 바뀌지 않습니다.

정답 474

예제 01   지수함수의 그래프의 평행이동과 대칭이동 p.109

01-**1**

(1) 함수 $y=2^{x+3}+1$의 그래프는 함수 $y=2^x$의 그래프를 x축의 방향으로 -3만큼, y축의 방향으로 1만큼 평행이동한 것이므로 다음 그림과 같습니다.

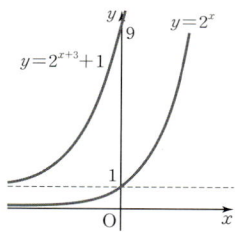

이때, 치역은 $\{y\,|\,y>1$인 실수$\}$입니다.

(2) 함수 $y=4^{-x-2}-2=4^{-(x+2)}-2=\left(\dfrac{1}{4}\right)^{x+2}-2$의

그래프는 함수 $y=\left(\dfrac{1}{4}\right)^x$의 그래프를 x축의 방향으로 -2만큼, y축의 방향으로 -2만큼 평행이동한 것이므로 다음 그림과 같습니다.

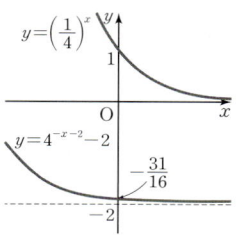

이때, 치역은 $\{y\,|\,y>-2$인 실수$\}$입니다.

(3) 함수 $y=-2^{x+2}-1$의 그래프는 함수 $y=2^x$의 그래프를 x축에 대하여 대칭이동한 후 x축의 방향으로 -2만큼, y축의 방향으로 -1만큼 평행이동한 것이므로 다음 그림과 같습니다.

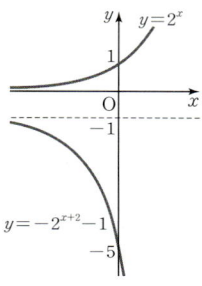

이때, 치역은 $\{y\,|\,y<-1$인 실수$\}$입니다.

(4) 함수 $y=-\left(\dfrac{1}{3}\right)^{x-1}+2$의 그래프는 함수

$y=\left(\dfrac{1}{3}\right)^x$의 그래프를 x축에 대하여 대칭이동한 후 x축의 방향으로 1만큼, y축의 방향으로 2만큼 평행이동한 것이므로 다음 그림과 같습니다.

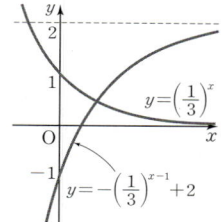

이때, 치역은 $\{y\,|\,y<2$인 실수$\}$입니다.

정답   풀이 참조

01-**2**

(1) 함수 $y=3^{2x}$의 그래프를 x축의 방향으로 m만큼, y축의 방향으로 n만큼 평행이동한 그래프의 식은
$$y-n=3^{2(x-m)}$$
$$\therefore y=3^{-2m}\times 3^{2x}+n$$
이 식이 $y=27\times 3^{2x}-12$와 일치하므로
$$3^{-2m}=27=3^3,\ n=-12$$
$$\therefore m=-\frac{3}{2},\ n=-12$$
$$\therefore mn=18$$

(2) 함수 $y=2^x$의 그래프를 x축의 방향으로 m만큼, y축의 방향으로 n만큼 평행이동한 그래프의 식은
$$y=2^{x-m}+n$$
이 함수의 그래프가 두 점 $(-1,\,1)$, $(0,\,5)$를 지나므로
$$2^{-1-m}+n=1 \qquad \cdots\cdots ㉠$$
$$2^{-m}+n=5 \qquad \cdots\cdots ㉡$$
㉡$-$㉠을 하면
$$2^{-m}-2^{-1-m}=4,\ 2^{-m}\left(1-\frac{1}{2}\right)=4$$
$$2^{-m}=8=2^3 \qquad \therefore m=-3$$
$m=-3$을 ㉡에 대입하면
$$2^3+n=5 \qquad \therefore n=-3$$
$$\therefore m^2+n^2=(-3)^2+(-3)^2=18$$

보충 설명 함수 $y=f(x)$의 그래프가 점 (a, b)를 지나면 $b=f(a)$가 성립합니다.

정답 (1) 18 (2) 18

01-**3**

함수 $y=2^{x-2}$의 그래프는 함수 $y=2^x$의 그래프를 x축의 방향으로 2만큼 평행이동한 것이므로 직선 $y=n(n$은 양수)과 두 함수 $y=2^x$, $y=2^{x-2}$의 그래프의 교점을

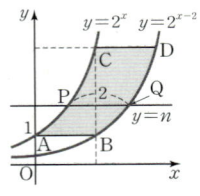

각각 P, Q라고 하면 항상 $\overline{PQ}=2$임을 알 수 있습니다.

오른쪽 그림에서 두 함수 $y=2^x$, $y=2^{x-2}$의 그래프와 두 선분 AB, CD로 둘러싸인 도형의 넓이는 $P+Q$입니다.

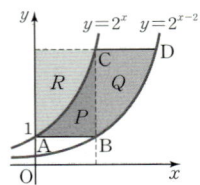

그런데 함수 $y=2^{x-2}$의 그래프는 함수 $y=2^x$의 그래프를 x축의 방향으로 2만큼 평행이동한 것이므로 Q와 R의 넓이가 같습니다.

즉, $P+Q=P+R$

이때, $B(2, 1)$, $C(2, 4)$이므로 구하는 넓이는

$$2 \times 3 = 6$$

보충 설명 함수 $y=4 \times 2^x+1=2^{x+2}+1$의 그래프는 함수 $y=2^x$의 그래프를 x축의 방향으로 -2만큼, y축의 방향으로 1만큼 평행이동한 것이므로 아래 그림에서 두 점 $(0, 1)$, $(-2, 2)$처럼 대응하는 두 점 사이의 거리가 항상 $\sqrt{(-2)^2+1^2}=\sqrt{5}$로 일정합니다.

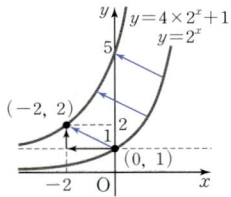

또한 대응하는 두 점을 이은 직선의 기울기는 항상 $\dfrac{1}{-2}=-\dfrac{1}{2}$로 일정합니다.

따라서 두 함수 $y=2^x$, $y=4 \times 2^x+1$의 그래프와 직선

$$y=-\frac{1}{2}x+n \ (n은 \ 상수)$$

의 두 교점 사이의 거리는 항상 $\sqrt{5}$입니다.

정답 6

예제 02 절댓값 기호를 포함한 지수함수의 그래프 p.111

02-**1**

(1) $y=3^{|x|}=\begin{cases} 3^x & (x \geq 0) \\ 3^{-x} & (x<0) \end{cases}$

따라서 함수 $y=3^{|x|}$의 그래프는 오른쪽 그림과 같습니다.

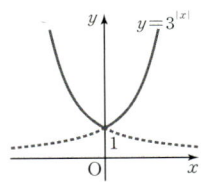

(2) $y=3^{-|x|}=\begin{cases} \left(\dfrac{1}{3}\right)^x & (x \geq 0) \\ \left(\dfrac{1}{3}\right)^{-x} & (x<0) \end{cases}$

따라서 함수 $y=3^{-|x|}$의 그래프는 오른쪽 그림과 같습니다.

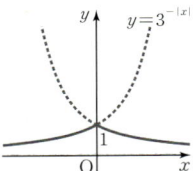

(3) $y=|3^x-1|=\begin{cases} 3^x-1 & (x \geq 0) \\ -3^x+1 & (x<0) \end{cases}$

따라서 함수 $y=|3^x-1|$의 그래프는 오른쪽 그림과 같습니다.

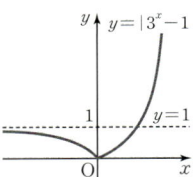

(4) $y=\left|\left(\dfrac{1}{3}\right)^{x+1}-3\right|=\begin{cases} \left(\dfrac{1}{3}\right)^{x+1}-3 & (x<-2) \\ -\left(\dfrac{1}{3}\right)^{x+1}+3 & (x \geq -2) \end{cases}$

따라서 함수 $y=\left|\left(\dfrac{1}{3}\right)^{x+1}-3\right|$의 그래프는 다음 그림과 같습니다.

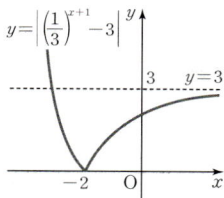

$$y=\left|\left(\frac{1}{3}\right)^{x+1}-3\right|$$

$y=3$

보충 설명 함수 $y=|f(x)|$의 그래프는 다음과 같은 방법으로 그릴 수 있습니다.

① 절댓값 기호를 없앤 함수 $y=f(x)$의 그래프를 그립니다.

② 절댓값 기호가 없는 식을 0으로 하는, 즉 직선 $y=0$(x축)을 기준으로 $y<0$인 부분을 대칭이동합니다.

따라서 위의 문제 (4)에서 함수 $y=\left|\left(\frac{1}{3}\right)^{x+1}-3\right|$의 그래프는 함수 $y=\left(\frac{1}{3}\right)^{x+1}-3$의 그래프에서 x축의 아랫부분($y<0$인 부분)을 x축에 대하여 대칭이 되도록 x축 위로 접어 올린 그래프입니다.

이때, 함수 $y=\left(\frac{1}{3}\right)^{x+1}-3$의 그래프는 함수 $y=\left(\frac{1}{3}\right)^{x}$의 그래프를 x축의 방향으로 -1만큼, y축의 방향으로 -3만큼 평행이동한 것이므로 점근선은 직선 $y=-3$입니다.

정답 풀이 참조

02-**2**

절댓값 기호는 양수는 그대로, 음수는 부호를 반대로 하므로 함수 $y=|f(x)|$의 그래프는 다음 그림과 같이 절댓값 기호를 없앤 식 $y=f(x)$의 그래프를 그린 후, x축의 윗부분($f(x)\geq0$인 부분)은 그대로 두고 x축의 아랫부분($f(x)<0$인 부분)만 x축 위로 접어 올리는 것으로 생각하면 됩니다.

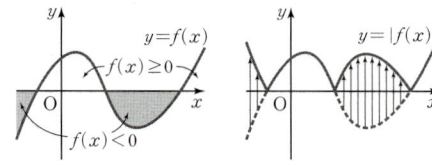

함수 $y=\left|\left(\frac{1}{2}\right)^{x-a}-b\right|$의 그래프는 함수

$y=\left(\frac{1}{2}\right)^{x-a}-b$의 그래프에서 x축의 아랫부분을 x축에 대하여 대칭이 되도록 x축 위로 접어 올린 그래프입니다.

즉, 함수 $y=\left(\frac{1}{2}\right)^{x-a}-b$의 그래프의 점근선이 직선 $y=-b=-3$이므로 $b=3$

또한 함수 $y=\left|\left(\frac{1}{2}\right)^{x-a}-3\right|$의 그래프가 점 $(3,1)$을 지나므로 점 $(3,-1)$은 함수 $y=\left(\frac{1}{2}\right)^{x-a}-3$의 그래프 위에 있습니다. 즉,

$$\left(\frac{1}{2}\right)^{3-a}-3=-1$$

$$\left(\frac{1}{2}\right)^{3-a}=2=\left(\frac{1}{2}\right)^{-1}$$

$$3-a=-1 \quad \therefore a=4$$

$$\therefore a+b=4+3=7$$

보충 설명 풀이가 잘 떠오르지 않을 때는 구체적인 함수, 예를 들어 함수 $y=\left(\frac{1}{2}\right)^{x-2}-3$의 그래프를 직접 그려 보는 것도 좋은 방법 중 하나입니다. 이때, 함수 $y=a^{x}$의 그래프의 점근선은 직선 $y=0$이므로 x축의 방향으로의 평행이동에는 영향을 받지 않지만 y축의 방향으로의 평행이동에는 영향을 받습니다. 즉, 함수 $y=\left(\frac{1}{2}\right)^{x-2}-3$의 그래프의 점근선이 직선 $y=-3$임을 이용하여 함수 $y=\left|\left(\frac{1}{2}\right)^{x-2}-3\right|$의 그래프를 그리면 됩니다.

정답 7

02-**3**

함수 $y=f(x)$, 즉 $y=\left(\frac{1}{2}\right)^{x-5}-64$의 그래프는 함수 $y=\left(\frac{1}{2}\right)^{x}$의 그래프를 x축의 방향으로 5만큼, y축의 방향으로 -64만큼 평행이동한 것입니다. 이 그래프가 y축과 만나는 점의 y좌표는

$$f(0)=\left(\frac{1}{2}\right)^{-5}-64=2^5-64=-32$$

점근선의 방정식은 $y=-64$이므로

$$y=|f(x)|=\begin{cases}\left(\dfrac{1}{2}\right)^{x-5}-64 & (x<-1)\\[2mm]-\left(\dfrac{1}{2}\right)^{x-5}+64 & (x\geq-1)\end{cases}$$

의 그래프는 다음 그림과 같습니다.

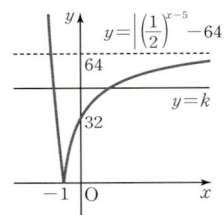

이때, 함수 $y=|f(x)|$의 그래프와 직선 $y=k$가 제1사분면에서 만나기 위해서는 $32<k<64$이어야 합니다.

따라서 구하는 자연수 k의 개수는

$$64-32-1=31$$

정답 31

예제 03 지수함수의 성질   p.113

03-**1**

(1) $f(p)=\dfrac{1}{2}(3^p-3^{-p})=2$이므로 $3^p-3^{-p}=4$

$$\therefore f(3p)=\dfrac{1}{2}(3^{3p}-3^{-3p})$$
$$=\dfrac{1}{2}\{(3^p-3^{-p})^3$$
$$\qquad\qquad+3\times3^p\times3^{-p}(3^p-3^{-p})\}$$
$$=\dfrac{1}{2}(4^3+3\times4)=38$$

(2) $g(2a)g(a)g(2b)=3^{-2a}\times3^{-a}\times3^{-2b}$
$$=3^{-3a-2b}=27$$

이므로
$$-3a-2b=3 \qquad\qquad \cdots\cdots\ \text{㉠}$$
$g(a-b)=3^{-a+b}=3$이므로
$$-a+b=1 \qquad\qquad\quad \cdots\cdots\ \text{㉡}$$
㉠, ㉡을 연립하여 풀면
$$a=-1,\ b=0$$

$$\therefore 3^{2a}+3^{2b}=3^{-2}+3^0=\dfrac{1}{9}+1=\dfrac{10}{9}$$

정답 (1) 38   (2) $\dfrac{10}{9}$

03-**2**

지수법칙에서

ㄱ. $f(-x)=a^{-x}=\dfrac{1}{a^x}=\dfrac{1}{f(x)}$ (참)

ㄴ. $f(2x)=a^{2x}=(a^x)^2$이므로 $\sqrt{f(2x)}=f(x)$ (참)

ㄷ. $f(x^3)=a^{x^3}\neq a^{3x}=\{f(x)\}^3$ (거짓)

따라서 옳은 것은 ㄱ, ㄴ입니다.

보충 설명 지수를 포함하고 있는 식에서 지수법칙과 함께 거듭제곱근의 성질 역시 자주 이용되지만 가급적 거듭제곱근을 유리수 지수로 바꾸어 계산하는 것이 편리합니다.

즉, $a>0$, $b>0$이고, m, n이 2 이상의 정수일 때

① $\sqrt[n]{a}\sqrt[n]{b}=\sqrt[n]{ab}=(ab)^{\frac{1}{n}}$ ② $\dfrac{\sqrt[n]{a}}{\sqrt[n]{b}}=\sqrt[n]{\dfrac{a}{b}}=\left(\dfrac{a}{b}\right)^{\frac{1}{n}}$

③ $(\sqrt[n]{a})^m=\sqrt[n]{a^m}=a^{\frac{m}{n}}$ ④ $\sqrt[m]{\sqrt[n]{a}}=\sqrt[mn]{a}=a^{\frac{1}{mn}}$

정답 ③

03-**3**

$f(x)f(y)=14$에서 $(2^x+2^{-x})(2^y+2^{-y})=14$
$$2^{x+y}+2^{x-y}+2^{-x+y}+2^{-x-y}=14 \quad \cdots\cdots\ \text{㉠}$$

$g(x)g(y)=10$에서 $(2^x-2^{-x})(2^y-2^{-y})=10$
$$2^{x+y}-2^{x-y}-2^{-x+y}+2^{-x-y}=10 \quad \cdots\cdots\ \text{㉡}$$

㉠+㉡을 하면 $2(2^{x+y}+2^{-x-y})=24$
$$2^{x+y}+2^{-x-y}=12$$
$$\therefore f(x+y)=2^{x+y}+2^{-x-y}=12$$

정답 12

예제 04 지수함수의 그래프와 도형   p.115

04-**1**

$$\square ACDB=\dfrac{1}{2}\times(3^a+3^{a+1})\times1=\dfrac{3^a+3^{a+1}}{2}$$
$$=3^a\times\dfrac{1+3}{2}=2\times3^a$$

$$\square\text{ABFE}=\frac{1}{2}\times(a+a+1)\times(3^{a+1}-3^a)$$
$$=\frac{2a+1}{2}\times2\times3^a=(2a+1)3^a$$

이때, $\square\text{ACDB}:\square\text{ABFE}=4:5$이므로
$$2\times3^a:(2a+1)3^a=4:5$$
$$2:(2a+1)=4:5,\ 8a+4=10$$
$$\therefore a=\frac{3}{4}$$

정답 $\dfrac{3}{4}$

04-**2**

삼각형 ACB와 삼각형 ADC의 넓이의 비가 $2:1$ 이므로
$$\overline{\text{BC}}:\overline{\text{CD}}=2:1$$

그러므로 두 점 C, D에서 x축에 내린 수선의 발의 x 좌표를 각각 $2p$, $3p$라고 하면
$$\text{C}(2p,k),\ \text{D}(3p,k)$$

이때, 두 점 C, D는 각각 함수 $y=2^x$, $y=a^x$의 그래 프 위의 점이므로
$$k=2^{2p},\ k=a^{3p}$$

따라서 $2^{2p}=a^{3p}$이므로
$$2^2=a^3$$
$$\therefore a=2^{\frac{2}{3}}=\sqrt[3]{4}$$

정답   ④

04-**3**

삼각형 AOB의 넓이가 16이고 $\overline{\text{OB}}=4$이므로 점 A 의 y좌표는 8입니다.

점 A는 곡선 $y=2^x-1$ 위의 점이므로 점 A의 x좌 표를 a라고 하면
$$2^a-1=8 \qquad \therefore a=\log_2 9$$

이때, 점 $\text{A}(\log_2 9,8)$은 곡선 $y=2^{-x}+\dfrac{a}{9}$ 위의 점 이므로
$$8=2^{-\log_2 9}+\frac{a}{9}=\frac{1}{9}+\frac{a}{9}$$
$$\therefore a=71$$

정답   71

예제 05   **지수함수의 그래프를 이용한 대소 관계**   p.117

05-**1**

(1) 밑이 2인 거듭제곱 꼴로 나타내면
$$2^{0.5}=2^{\frac{1}{2}}$$
$$\sqrt[5]{4}=\sqrt[5]{2^2}=2^{\frac{2}{5}}$$
$$0.5^{-\frac{3}{4}}=(2^{-1})^{-\frac{3}{4}}=2^{\frac{3}{4}}$$

이때, 함수 $y=2^x$은 x의 값이 증가하면 y의 값도 증가하고, $\dfrac{2}{5}<\dfrac{1}{2}<\dfrac{3}{4}$이므로
$$2^{\frac{2}{5}}<2^{\frac{1}{2}}<2^{\frac{3}{4}}$$
$$\therefore \sqrt[5]{4}<2^{0.5}<0.5^{-\frac{3}{4}}$$

(2) 주어진 세 수의 밑을 같게 할 수 없으므로 세 수를 각각 12제곱하면
$$\left\{\left(\frac{1}{2}\right)^{\frac{1}{3}}\right\}^{12}=\left(\frac{1}{2}\right)^4=\frac{1}{16}$$
$$\left\{\left(\frac{1}{3}\right)^{\frac{1}{4}}\right\}^{12}=\left(\frac{1}{3}\right)^3=\frac{1}{27}$$
$$\left\{\left(\frac{1}{5}\right)^{\frac{1}{6}}\right\}^{12}=\left(\frac{1}{5}\right)^2=\frac{1}{25}$$

따라서 $\dfrac{1}{27}<\dfrac{1}{25}<\dfrac{1}{16}$이므로
$$\left(\frac{1}{3}\right)^{\frac{1}{4}}<\left(\frac{1}{5}\right)^{\frac{1}{6}}<\left(\frac{1}{2}\right)^{\frac{1}{3}}$$

(3) 주어진 세 수의 지수를 111로 같게 하면
$$2^{444}=(2^4)^{111}=16^{111}$$
$$3^{333}=(3^3)^{111}=27^{111}$$
$$5^{222}=(5^2)^{111}=25^{111}$$

따라서 $16<25<27$이므로
$$2^{444}<5^{222}<3^{333}$$

(4) 밑이 0.2인 거듭제곱 꼴로 나타내면
$$\sqrt[3]{0.2}=0.2^{\frac{1}{3}}$$
$$\sqrt[4]{0.04}=\sqrt[4]{0.2^2}=0.2^{\frac{1}{2}}$$
$$\sqrt[15]{0.008}=\sqrt[15]{0.2^3}=0.2^{\frac{1}{5}}$$

이때, 함수 $y=0.2^x$은 x의 값이 증가하면 y의 값 은 감소하고, $\dfrac{1}{5}<\dfrac{1}{3}<\dfrac{1}{2}$이므로
$$0.2^{\frac{1}{2}}<0.2^{\frac{1}{3}}<0.2^{\frac{1}{5}}$$

$$\therefore \sqrt[4]{0.04} < \sqrt[3]{0.2} < \sqrt[15]{0.008}$$

정답 (1) $\sqrt[5]{4} < 2^{0.5} < 0.5^{-\frac{3}{4}}$ (2) $\left(\dfrac{1}{3}\right)^{\frac{1}{4}} < \left(\dfrac{1}{5}\right)^{\frac{1}{6}} < \left(\dfrac{1}{2}\right)^{\frac{1}{3}}$

(3) $2^{444} < 5^{222} < 3^{333}$ (4) $\sqrt[4]{0.04} < \sqrt[3]{0.2} < \sqrt[15]{0.008}$

05-2

주어진 부등식

$$a^m < a^n < b^n < b^m \qquad \cdots\cdots \ \bigcirc$$

에서

$$a \neq 1, \ b \neq 1$$

이고, 자연수 n에 대하여 $a^n < b^n$이므로

$$a < b$$

그런데 $0 < a < b < 1$ 또는 $1 < a < b$이면

$$a^m > a^n, \ b^m > b^n \ \text{또는} \ a^m < a^n, \ b^m < b^n$$

이므로 이것은 모두 $\bigcirc$에 모순입니다.

$$\therefore 0 < a < 1 < b$$

주어진 조건에서 $b^n < b^m$이므로 $n < m$이어야 하고, 이때, $a^m < a^n$이 성립합니다.

$$\therefore n < m$$
$$\therefore a < 1 < b, \ m > n$$

정답 ①

05-3

(1) 주어진 등식 $2^{5a} = 3^{3b} = 5^{2c}$에서

$$(2^5)^a = (3^3)^b = (5^2)^c$$

$$\therefore 32^a = 27^b = 25^c$$

이때, $32 > 27 > 25$이므로

$$a < b < c$$

(2) 주어진 등식에서 $2^x = 3^y$이므로

$$2^{2x-3y} = \dfrac{2^{2x}}{2^{3y}} = \dfrac{(2^x)^2}{2^{3y}} = \dfrac{(3^y)^2}{2^{3y}} = \dfrac{(3^2)^y}{(2^3)^y}$$

$$= \left(\dfrac{9}{8}\right)^y > 1 \ (\because y > 0)$$

$$2x - 3y > 0 \quad \therefore 2x > 3y \qquad \cdots\cdots \ \bigcirc$$

또한 주어진 등식에서 $2^x = 5^z$이므로

$$2^{2x-5z} = \dfrac{2^{2x}}{2^{5z}} = \dfrac{(2^x)^2}{2^{5z}} = \dfrac{(5^z)^2}{2^{5z}} = \dfrac{(5^2)^z}{(2^5)^z}$$

$$= \left(\dfrac{25}{32}\right)^z < 1 \ (\because z > 0)$$

$$2x - 5z < 0 \quad \therefore 2x < 5z \qquad \cdots\cdots \ \bigcirc$$

$\bigcirc$, $\bigcirc$에서 $3y < 2x < 5z$

정답 (1) $a < b < c$ (2) $3y < 2x < 5z$

예제 06 지수함수의 최대, 최소 　　　　p.119

06-1

(1) $y = 3^{3-2x} = 3^{-2\left(x-\frac{3}{2}\right)} = \left(\dfrac{1}{9}\right)^{x-\frac{3}{2}}$

밑이 $\dfrac{1}{9}$이고 $0 < \dfrac{1}{9} < 1$이므로 감소하는 함수입니다.

따라서 $0 \leq x \leq 2$에서 주어진 함수는

$x = 0$일 때 최대이고, 최댓값은 $\left(\dfrac{1}{9}\right)^{0-\frac{3}{2}} = 3^3 = 27$

$x = 2$일 때 최소이고, 최솟값은 $\left(\dfrac{1}{9}\right)^{2-\frac{3}{2}} = 3^{-1} = \dfrac{1}{3}$

(2) $y = \left(\dfrac{1}{2}\right)^{-x^2+2x+1}$에서 밑이 $\dfrac{1}{2}$이고 $0 < \dfrac{1}{2} < 1$이므로 감소하는 함수입니다.

따라서 지수 $-x^2 + 2x + 1$이 최대일 때 y는 최소이고, 지수 $-x^2 + 2x + 1$이 최소일 때 y는 최대입니다.

$-1 \leq x \leq 2$에서 지수 $-x^2 + 2x + 1$의 최댓값과 최솟값을 구해야 하는데, 지수가 이차함수이므로 꼭짓점을 먼저 확인해야 합니다.

$$-x^2 + 2x + 1 = -(x-1)^2 + 2$$

이므로 $x = 1$일 때 최댓값이 2입니다.

또한 구간의 경계에서 함숫값을 구하면

$x = -1$일 때 $-(-2)^2 + 2 = -2$

$x = 2$일 때 $-(2-1)^2 + 2 = 1$

이므로 $x = -1$일 때 최솟값이 -2입니다.

이를 지수함수에 대입하면

$x = -1$일 때 최댓값 $\left(\dfrac{1}{2}\right)^{-2} = 4$,

$x = 1$일 때 최솟값 $\left(\dfrac{1}{2}\right)^2 = \dfrac{1}{4}$을 가집니다.

정답 (1) 최댓값 : 27, 최솟값 : $\dfrac{1}{3}$

(2) 최댓값 : 4, 최솟값 : $\dfrac{1}{4}$

06-2

$f(x)=x^2-6x-1=(x-3)^2-10$이므로

$-1\leq x\leq 4$에서

$$f(-1)=6, f(3)=-10, f(4)=-9$$
$$\therefore -10\leq f(x)\leq 6$$

이때, 함수 $g(x)=2^{f(x)}$에서 $f(x)$가 최대일 때 $g(x)$도 최대이므로 $g(x)$는 $x=-1$일 때 최댓값 $2^6=64$를 가집니다.

따라서 $a=-1$, $b=64$이므로

$$a+b=-1+64=63$$

보충 설명 $m\leq x\leq n$일 때, 지수함수

$y=a^x\,(a>0,\,a\neq 1)$은

(ⅰ) $a>1$이면 $x=m$일 때 최솟값 a^m을, $x=n$일 때 최댓값 a^n을 가집니다.

(ⅱ) $0<a<1$이면 $x=m$일 때 최댓값 a^m을, $x=n$일 때 최솟값 a^n을 가집니다.

정답 63

06-3

두 함수 $f(x)=a^x$, $g(x)=x^2+2x+3$에 대하여

$$\begin{aligned}y=(f\circ g)(x)&=f(g(x))\\&=f(x^2+2x+3)=a^{x^2+2x+3}\\&=a^{(x+1)^2+2}\end{aligned}$$

이때, $a>1$이므로 이 함수는 $x=-1$일 때 최솟값 4를 가집니다.

즉, $(f\circ g)(-1)=4$이므로

$$a^2=4 \quad \therefore a=2\,(\because a>1)$$

따라서 $f(x)=2^x$이므로

$$\begin{aligned}(g\circ f)(1)&=g(f(1))=g(2)\\&=2^2+2\times 2+3=11\end{aligned}$$

정답 ③

예제 07 치환을 이용한 지수함수의 최대, 최소   p.121

07-1

(1) $y=4^{-x}+\left(\dfrac{1}{2}\right)^{x-1}$

$$=(2^{-2})^x+\left(\frac{1}{2}\right)^{-1}\times\left(\frac{1}{2}\right)^x$$
$$=\left\{\left(\frac{1}{2}\right)^x\right\}^2+2\times\left(\frac{1}{2}\right)^x$$

$\left(\dfrac{1}{2}\right)^x=t$로 놓으면 $-2\leq x\leq 0$에서

$$\left(\frac{1}{2}\right)^0\leq\left(\frac{1}{2}\right)^x\leq\left(\frac{1}{2}\right)^{-2} \quad \therefore 1\leq t\leq 4$$

이때, 주어진 함수는

$$y=t^2+2t=(t+1)^2-1$$

따라서 $1\leq t\leq 4$에서 함수 $y=(t+1)^2-1$은

$t=4$일 때 최대이고, 최댓값은

$$(4+1)^2-1=24$$

$t=1$일 때 최소이고, 최솟값은

$$(1+1)^2-1=3$$

(2) $\begin{aligned}y&=4^{x+1}-2^{x+3}+1\\&=4\times 4^x-2^3\times 2^x+1\\&=4\times(2^x)^2-8\times 2^x+1\end{aligned}$

$2^x=t$로 놓으면 $-1\leq x\leq 2$에서

$$2^{-1}\leq 2^x\leq 2^2 \quad \therefore \frac{1}{2}\leq t\leq 4$$

이때, 주어진 함수는

$$y=4t^2-8t+1=4(t-1)^2-3$$

따라서 $\dfrac{1}{2}\leq t\leq 4$에서 함수 $y=4(t-1)^2-3$은

$t=4$일 때 최대이고, 최댓값은

$$4(4-1)^2-3=33$$

$t=1$일 때 최소이고, 최솟값은

$$4(1-1)^2-3=-3$$

정답 (1) 최댓값 : 24, 최솟값 : 3
(2) 최댓값 : 33, 최솟값 : -3

07-2

(1) $2^x+2^{-x}=t$로 놓으면 $2^x>0$, $2^{-x}>0$이므로 산술평균과 기하평균의 관계에 의하여

$$t=2^x+2^{-x}\geq 2\sqrt{2^x\times 2^{-x}}=2$$
(단, 등호는 $x=0$일 때 성립한다.)

한편, $2^x+2^{-x}=t$의 양변을 제곱하면

$$(2^x+2^{-x})^2=t^2,\ 4^x+2+4^{-x}=t^2$$
$$\therefore 4^x+4^{-x}=t^2-2$$

따라서 주어진 함수는

$$y=4^x+4^{-x}-2^{x+2}-2^{-x+2}+2$$
$$=4^x+4^{-x}-4(2^x+2^{-x})+2$$
$$=t^2-2-4t+2$$
$$=t^2-4t$$
$$=(t-2)^2-4 \ (t\geq 2)$$

이므로 $t=2$일 때 최솟값 -4를 가집니다.

(2) $3^x+3^{-x}=t$로 놓으면 $3^x>0$, $3^{-x}>0$이므로
산술평균과 기하평균의 관계에 의하여
$$t=3^x+3^{-x}\geq 2\sqrt{3^x\times 3^{-x}}=2$$
$$\text{(단, 등호는 } x=0\text{일 때 성립한다.)}$$
한편, $3^x+3^{-x}=t$의 양변을 제곱하면
$$(3^x+3^{-x})^2=t^2, \ 9^x+2+9^{-x}=t^2$$
$$\therefore 9^x+9^{-x}=t^2-2$$
따라서 주어진 함수는
$$y=6(3^x+3^{-x})-(9^x+9^{-x})+2$$
$$=6t-(t^2-2)+2$$
$$=-t^2+6t+4$$
$$=-(t-3)^2+13 \ (t\geq 2)$$
이므로 $t=3$일 때 최댓값 13을 가집니다.

정답 (1) -4 (2) 13

07-3

모든 실수 x에 대하여 $3^{a+x}>0$, $3^{a-x}>0$이므로
산술평균과 기하평균의 관계에 의하여
$$f(x)=3^{a+x}+3^{a-x}+2\geq 2\sqrt{3^{a+x}\times 3^{a-x}}+2$$
$$=2\sqrt{3^{2a}}+2=2\times 3^a+2$$
이때, 등호는 $3^{a+x}=3^{a-x}$, 즉 $x=0$일 때 성립합니다.
따라서 함수 $f(x)$는 $x=0$일 때 최솟값 20을 가지므로
$$f(0)=2\times 3^a+2=20$$
$$3^a=9 \qquad \therefore a=2$$

정답 ⑤

예제 08 밑이 같은 지수방정식의 풀이 p.129

08-1

(1) $27^x=(3^3)^x=3^{3x}$이므로 주어진 방정식은

$$3^{-x^3+4}=3^{3x}$$
밑이 같으므로 $-x^2+4=3x$
$$x^2+3x-4=0, \ (x+4)(x-1)=0$$
$$\therefore x=-4 \text{ 또는 } x=1$$

(2) $(2\sqrt{2})^x=(2\times 2^{\frac{1}{2}})^x=(2^{\frac{3}{2}})^x=2^{\frac{3}{2}x}$,
$$4^{x+1}=(2^2)^{x+1}=2^{2x+2}$$
이므로 주어진 방정식은
$$2^{\frac{3}{2}x^2}=2^{2x+2}$$
밑이 같으므로 $\dfrac{3}{2}x^2=2x+2$
$$3x^2=4x+4, \ 3x^2-4x-4=0$$
$$(3x+2)(x-2)=0$$
$$\therefore x=-\frac{2}{3} \text{ 또는 } x=2$$

(3) 밑이 다르므로 지수가 0일 때에만 주어진 등식이 성립합니다.
즉, $x^2-1=x+1=0$에서
$$x=-1$$

(4) 다음과 같이 두 가지 경우로 나누어 풀면 됩니다.
(ⅰ) 지수가 $x-4$로 서로 같으므로 밑을 같게 하면
$$x-1=2 \qquad \therefore x=3$$
(ⅱ) 지수가 0, 즉 $x=4$일 때 주어진 방정식은
$$3^0=2^0$$이므로 등식이 성립합니다.
(ⅰ), (ⅱ)에서 주어진 방정식의 해는
$$x=3 \text{ 또는 } x=4$$

정답 (1) $x=-4$ 또는 $x=1$ (2) $x=-\dfrac{2}{3}$ 또는 $x=2$
(3) $x=-1$ (4) $x=3$ 또는 $x=4$

08-2

방정식 $2^{x+3}=49$의 근이 α이므로
$$2^{\alpha+3}=49$$
이때, $2^5=32$, $2^6=64$이고, $32<49<64$이므로
$$2^5<2^{\alpha+3}<2^6$$
따라서 $5<\alpha+3<6$이므로
$$2<\alpha<3$$

보충 설명 $2^{x+3}=49$와 같은 지수방정식은 지수의 성질만을 이용하여 그 값을 정확히 구하기는 매우 어렵습니다. 그래서 주어진 보기와 같이 지수방정식의 근

a를 대강의 범위로 표현할 수밖에 없습니다. 앞으로 배우게 될 로그방정식에서 이런 방정식의 해를 구하는 방법을 배우게 됩니다.

정답 ③

08-3

(1)(i) 밑이 x로 같으므로 지수를 같게 하면
$$2x-1=x+2 \quad \therefore x=3$$

(ii) 밑이 1, 즉 $x=1$이면 주어진 방정식은 $1^1=1^3$
이므로 등식이 성립합니다.

(i), (ii)에서 주어진 방정식의 해는
$$x=1 \text{ 또는 } x=3$$

(2)(i) 밑이 $x+1$로 같으므로 지수를 같게 하면
$$x^2=2x, \ x(x-2)=0$$
$$\therefore x=0 \text{ 또는 } x=2$$

(ii) 밑이 1, 즉 $x=0$이면 주어진 방정식은
$1^0=1^0$이므로 등식이 성립합니다.

(i), (ii)에서 주어진 방정식의 해는
$$x=0 \text{ 또는 } x=2$$

정답 (1) $x=1$ 또는 $x=3$ (2) $x=0$ 또는 $x=2$

예제 09 치환을 이용한 지수방정식의 풀이   p.131

09-1

(1) 주어진 방정식을 변형하면
$$(3^2)^x-10\times3\times3^x+81=0$$
$$(3^x)^2-30\times3^x+81=0$$
이때, $3^x=t \ (t>0)$로 놓으면
$$t^2-30t+81=0, \ (t-3)(t-27)=0$$
$$\therefore t=3 \text{ 또는 } t=27$$
따라서 $3^x=3$ 또는 $3^x=27=3^3$이므로
$$x=1 \text{ 또는 } x=3$$

(2) 주어진 방정식을 변형하면
$$(2^2)^x-2^2\times2^x-2^5=0$$
$$(2^x)^2-4\times2^x-32=0$$

이때, $2^x=t \ (t>0)$로 놓으면
$$t^2-4t-32=0, \ (t+4)(t-8)=0$$
$$\therefore t=-4 \text{ 또는 } t=8$$
그런데 $t>0$이므로 $t=8$
따라서 $2^x=8=2^3$이므로 $x=3$

(3) $2^{\frac{x}{2}}=t \ (t>0)$로 놓으면 주어진 방정식은
$$t(t-2)=8, \ t^2-2t-8=0$$
$$(t+2)(t-4)=0$$
$$\therefore t=-2 \text{ 또는 } t=4$$
그런데 $t>0$이므로 $t=4$
따라서 $2^{\frac{x}{2}}=4=2^2$이므로 $x=4$

(4) 주어진 방정식을 변형하면
$$(2^3)^x-3\times4\times(2^2)^x+2^5\times2^x=0$$
$$(2^x)^3-12\times(2^x)^2+32\times2^x=0$$
이때, $2^x=t \ (t>0)$로 놓으면
$$t^3-12t^2+32t=0$$
$$t(t-4)(t-8)=0$$
$$\therefore t=0 \text{ 또는 } t=4 \text{ 또는 } t=8$$
그런데 $t>0$이므로
$$t=4 \text{ 또는 } t=8$$
따라서 $2^x=4=2^2$ 또는 $2^x=8=2^3$이므로
$$x=2 \text{ 또는 } x=3$$

정답 (1) $x=1$ 또는 $x=3$ (2) $x=3$
(3) $x=4$ (4) $x=2$ 또는 $x=3$

09-2

(1) $2^x+2^{-x}=t$로 놓으면 $2^x>0$, $2^{-x}>0$이므로 산술평균과 기하평균의 관계에 의하여
$$t=2^x+2^{-x}\geq2\sqrt{2^x\times2^{-x}}=2$$
(단, 등호는 $x=0$일 때 성립한다.)
한편, $2^x+2^{-x}=t$의 양변을 제곱하면
$$(2^x+2^{-x})^2=t^2, \ 4^x+2+4^{-x}=t^2$$
$$\therefore 4^x+4^{-x}=t^2-2$$
따라서 주어진 방정식은
$$2(t^2-2)-3t-1=0$$
$$2t^2-3t-5=0, \ (t+1)(2t-5)=0$$
$$\therefore t=-1 \text{ 또는 } t=\frac{5}{2}$$

그런데 $t \geq 2$이므로 $t = \dfrac{5}{2}$

즉, $2^x + 2^{-x} = \dfrac{5}{2}$에서 $2^x = X \, (X > 0)$로 놓으면

$$X + \dfrac{1}{X} = \dfrac{5}{2}$$

양변에 $2X$를 곱하여 정리하면

$$2X^2 - 5X + 2 = 0, \ (2X - 1)(X - 2) = 0$$

$$\therefore X = \dfrac{1}{2} \ \text{또는} \ X = 2$$

따라서 $2^x = \dfrac{1}{2}$ 또는 $2^x = 2$이므로

$$x = -1 \ \text{또는} \ x = 1$$

(2) $(3 + 2\sqrt{2})(3 - 2\sqrt{2}) = 9 - 8 = 1$이므로

$3 - 2\sqrt{2} = \dfrac{1}{3 + 2\sqrt{2}}$ 입니다.

주어진 방정식 $(3 + 2\sqrt{2})^x + (3 - 2\sqrt{2})^x = 6$에서

$$(3 + 2\sqrt{2})^x + \left(\dfrac{1}{3 + 2\sqrt{2}}\right)^x = 6$$

이때, $(3 + 2\sqrt{2})^x = t \ (t > 0)$로 놓으면

$$t + \dfrac{1}{t} = 6, \ t^2 - 6t + 1 = 0$$

$$\therefore t = 3 \pm 2\sqrt{2}$$

따라서 $(3 + 2\sqrt{2})^x = 3 \pm 2\sqrt{2}$이므로

$$x = -1 \ \text{또는} \ x = 1$$

정답 (1) $x = -1$ 또는 $x = 1$ (2) $x = -1$ 또는 $x = 1$

09-3

(1) 주어진 방정식을 변형하면

$$(2^x)^2 - 7 \times 2^x + 12 = 0$$

이때, $2^x = t \ (t > 0)$로 놓으면

$$t^2 - 7t + 12 = 0 \qquad \cdots\cdots \ \bigcirc$$

주어진 방정식의 두 근이 α, β이므로 $\bigcirc$의 두 근
은 2^α, 2^β입니다. 따라서 이차방정식의 근과 계수
의 관계에 의하여

$$2^\alpha + 2^\beta = 7, \ 2^\alpha \times 2^\beta = 12$$

$$\therefore 2^{2\alpha} + 2^{2\beta} = (2^\alpha + 2^\beta)^2 - 2 \times 2^\alpha \times 2^\beta$$

$$= 7^2 - 2 \times 12 = 25$$

(2) 주어진 방정식을 변형하면

$$(4^x)^2 - 12 \times 4^x + 9 = 0$$

이때, $4^x = t \ (t > 0)$로 놓으면

$$t^2 - 12t + 9 = 0 \qquad \cdots\cdots \ \bigcirc$$

주어진 방정식의 두 근이 α, β이므로 $\bigcirc$의 두 근
은 4^α, 4^β입니다. 따라서 이차방정식의 근과 계수
의 관계에 의하여

$$4^\alpha + 4^\beta = 12, \ 4^\alpha \times 4^\beta = 9$$

$4^\alpha + 4^\beta = 12$에서 $2^{2\alpha} + 2^{2\beta} = 12 \qquad \cdots\cdots \ \bigcirc$

$4^\alpha \times 4^\beta = 9$에서 $2^{2\alpha} \times 2^{2\beta} = 2^{2(\alpha + \beta)} = 9$

$$\therefore 2^{\alpha + \beta} = 3 \ (\because 2^{\alpha + \beta} > 0) \qquad \cdots\cdots \ \boxdot$$

따라서

$$(2^\alpha + 2^\beta)^2 = 2^{2\alpha} + 2 \times 2^\alpha \times 2^\beta + 2^{2\beta}$$

$$= 2^{2\alpha} + 2^{2\beta} + 2 \times 2^{\alpha + \beta}$$

$$= 12 + 2 \times 3 \ (\because \ \bigcirc, \ \boxdot)$$

$$= 18$$

이므로

$$2^\alpha + 2^\beta = \sqrt{18} = 3\sqrt{2} \ (\because 2^\alpha + 2^\beta > 0)$$

정답 (1) 25 (2) $3\sqrt{2}$

예제 10 밑이 같은 지수부등식의 풀이   p.133

10-1

(1) $\left(\dfrac{1}{4}\right)^{x-2} = \left(\dfrac{1}{2}\right)^{2x-4}$, $32 = \left(\dfrac{1}{2}\right)^{-5}$이므로 주어진 부
등식은

$$\left(\dfrac{1}{2}\right)^{2x-4} < \left(\dfrac{1}{2}\right)^{-5}$$

이때, 밑이 $\dfrac{1}{2}$이고 $0 < \dfrac{1}{2} < 1$이므로

$$2x - 4 > -5, \ 2x > -1$$

$$\therefore x > -\dfrac{1}{2}$$

(2) $\dfrac{1}{25} = 5^{-2}$, $125 = 5^3$이므로 주어진 부등식은

$$5^{-2} < 5^x < 5^3$$

이때, 밑이 5이고 $5 > 1$이므로

$$-2 < x < 3$$

(3) $\left(\dfrac{2}{3}\right)^{2x-3} = \left(\dfrac{3}{2}\right)^{-2x+3}$이므로 주어진 부등식은

$$\left(\dfrac{3}{2}\right)^{x^2} \leq \left(\dfrac{3}{2}\right)^{-2x+3}$$

이때, 밑이 $\frac{3}{2}$이고 $\frac{3}{2}>1$이므로

$$x^2\leq -2x+3,\ x^2+2x-3\leq 0$$
$$(x+3)(x-1)\leq 0 \quad \therefore -3\leq x\leq 1$$

(4) $4^{x^2}=(2^2)^{x^2}=2^{2x^2}$, $\left(\dfrac{1}{\sqrt{2}}\right)^{8x}=2^{-4x}$이므로 주어진

부등식은
$$2^{2x^2}<2^{-4x}$$
이때, 밑이 2이고 $2>1$이므로
$$2x^2<-4x,\ 2x^2+4x<0$$
$$x(x+2)<0 \quad \therefore -2<x<0$$

정답 (1) $x>-\dfrac{1}{2}$ (2) $-2<x<3$

(3) $-3\leq x\leq 1$ (4) $-2<x<0$

10-2

(1)(i) $x>1$일 때, $3x-2>x+4$

$\qquad 2x>6 \quad \therefore x>3$

그런데 $x>1$이므로

$\qquad x>3$

(ii) $x=1$일 때, $1^1>1^5$이므로 주어진 부등식이 성립하지 않습니다.

(iii) $0<x<1$일 때, $3x-2<x+4$

$\qquad 2x<6 \quad \therefore x<3$

그런데 $0<x<1$이므로

$\qquad 0<x<1$

(i)~(iii)에서 주어진 부등식의 해는

$\qquad 0<x<1$ 또는 $x>3$

(2) $(x^2-2x+1)^{x-1}<1$에서

$\qquad (x^2-2x+1)^{x-1}<(x^2-2x+1)^0$

이때, $x\neq 1$이므로

$\qquad x^2-2x+1=(x-1)^2>0$

(i) $x^2-2x+1>1$일 때

$\qquad (x-1)^2>1$에서

$\qquad x-1<-1$ 또는 $x-1>1$

$\qquad \therefore x<0$ 또는 $x>2 \qquad \cdots\cdots$ ㉠

또한 $(x^2-2x+1)^{x-1}<(x^2-2x+1)^0$에서

밑이 1보다 크므로

$\qquad x-1<0 \quad \therefore x<1 \qquad \cdots\cdots$ ㉡

㉠, ㉡에서 $x<0$

(ii) $x^2-2x+1=1$일 때, $1<1$이므로 주어진 부등식이 성립하지 않습니다.

(iii) $0<x^2-2x+1<1$일 때

$\qquad 0<(x-1)^2<1$에서

$\qquad -1<x-1<0$ 또는 $0<x-1<1$

$\qquad \therefore 0<x<1$ 또는 $1<x<2 \qquad \cdots\cdots$ ㉢

또한 $(x^2-2x+1)^{x-1}<(x^2-2x+1)^0$에서

밑이 1보다 작으므로

$\qquad x-1>0 \quad \therefore x>1 \qquad \cdots\cdots$ ㉣

㉢, ㉣에서 $1<x<2$

(i)~(iii)에서 주어진 부등식의 해는

$\qquad x<0$ 또는 $1<x<2$

정답 (1) $0<x<1$ 또는 $x>3$ (2) $x<0$ 또는 $1<x<2$

10-3

$a^6\leq a^{6-x}b^x\leq b^6$에서 $a^6\leq a^6\times a^{-x}b^x\leq b^6$

$\qquad \therefore a^6\leq a^6\times \dfrac{b^x}{a^x}\leq b^6$

양변을 a^6으로 나누면

$\qquad 1\leq \dfrac{b^x}{a^x}\leq \dfrac{b^6}{a^6}$

$\qquad \therefore \left(\dfrac{b}{a}\right)^0\leq \left(\dfrac{b}{a}\right)^x\leq \left(\dfrac{b}{a}\right)^6$

이때, $0<a<b<1$에서 $\dfrac{b}{a}>1$이므로

$\qquad 0\leq x\leq 6$

따라서 구하는 정수 x는 $0, 1, 2, \cdots, 6$의 7개입니다.

정답 7

예제 11 치환을 이용한 지수부등식의 풀이 p.135

11-1

(1) 주어진 부등식을 변형하면

$\qquad (3^2)^x-4\times 3^2\times 3^x+243<0$

$\qquad (3^x)^2-36\times 3^x+243<0$

이때, $3^x=t\,(t>0)$로 놓으면

$t^2-36t+243<0,\ (t-9)(t-27)<0$

$\therefore 9<t<27$

따라서 $9<3^x<27$이므로

$3^2<3^x<3^3$

밑이 3이고 $3>1$이므로

$2<x<3$

(2) 주어진 부등식을 변형하면

$2\times(2^x)^2-9\times 2^x+4\le 0$

이때, $2^x=t\,(t>0)$로 놓으면

$2t^2-9t+4\le 0,\ (2t-1)(t-4)\le 0$

$\therefore \dfrac{1}{2}\le t\le 4$

따라서 $\dfrac{1}{2}\le 2^x\le 4$이므로

$2^{-1}\le 2^x\le 2^2$

밑이 2이고 $2>1$이므로

$-1\le x\le 2$

(3) 주어진 부등식을 변형하면

$3\times(3^x)^2-26\times 3^x-9\ge 0$

이때, $3^x=t\,(t>0)$로 놓으면

$3t^2-26t-9\ge 0,\ (3t+1)(t-9)\ge 0$

$\therefore t\le -\dfrac{1}{3}\ \text{또는}\ t\ge 9$

그런데 $t>0$이므로 $t\ge 9$

따라서 $3^x\ge 9$이므로 $3^x\ge 3^2$

밑이 3이고 $3>1$이므로 $x\ge 2$

(4) 주어진 부등식을 변형하면

$\left\{\left(\dfrac{1}{2}\right)^x\right\}^2-\dfrac{1}{2}\times\left(\dfrac{1}{2}\right)^x-3>0$

이때, $\left(\dfrac{1}{2}\right)^x=t\,(t>0)$로 놓으면

$t^2-\dfrac{1}{2}t-3>0,\ 2t^2-t-6>0$

$(2t+3)(t-2)>0$

$\therefore t<-\dfrac{3}{2}\ \text{또는}\ t>2$

그런데 $t>0$이므로 $t>2$

따라서 $\left(\dfrac{1}{2}\right)^x>2$이므로 $\left(\dfrac{1}{2}\right)^x>\left(\dfrac{1}{2}\right)^{-1}$

밑이 $\dfrac{1}{2}$이고 $0<\dfrac{1}{2}<1$이므로 $x<-1$

정답 (1) $2<x<3$ (2) $-1\le x\le 2$ (3) $x\ge 2$ (4) $x<-1$

11-2

(1) 주어진 부등식을 변형하면

$4\times(a^x)^2-5a^x+1<0$

이때, $a^x=t\,(t>0)$로 놓으면

$4t^2-5t+1<0,\ (4t-1)(t-1)<0$

$\therefore \dfrac{1}{4}<t<1$

$\therefore \dfrac{1}{4}<a^x<1$ ······ ㉠

한편, 주어진 부등식의 해가 $0<x<2$이고 밑 a가 $0<a<1$이므로

$a^2<a^x<a^0,\ \text{즉}\ a^2<a^x<1$ ······ ㉡

㉠, ㉡에서 $a^2=\dfrac{1}{4}$

$\therefore a=\dfrac{1}{2}\ (\because 0<a<1)$

(2) 주어진 부등식을 변형하면

$3\times(a^x)^2-28a^x+9>0$

이때, $a^x=t\,(t>0)$로 놓으면

$3t^2-28t+9>0,\ (3t-1)(t-9)>0$

$\therefore t<\dfrac{1}{3}\ \text{또는}\ t>9$

$\therefore a^x<\dfrac{1}{3}\ \text{또는}\ a^x>9$ ······ ㉠

한편, 주어진 부등식의 해가 $x<-1$ 또는 $x>2$이고 밑 a가 $a>1$이므로

$a^x<a^{-1}\ \text{또는}\ a^x>a^2$ ······ ㉡

㉠, ㉡에서 $a^{-1}=\dfrac{1}{3},\ a^2=9$

$\therefore a=3$

정답 (1) $\dfrac{1}{2}$ (2) 3

11-3

(1) $a^{2x}-a^{x+2}-a^{x-2}+1<0$에서

$(a^x)^2-(a^2+a^{-2})a^x+1<0$

$(a^x-a^2)(a^x-a^{-2})<0$

(i) $a>1$일 때, $a^{-2}<a^2$이므로

$a^{-2}<a^x<a^2$ $\therefore -2<x<2$

(ii) $0<a<1$일 때, $a^2<a^{-2}$이므로

$a^2<a^x<a^{-2}$ $\therefore 2>x>-2$

(i), (ii)에서 $-2<x<2$

(2) $a^{2x-2}-1<a^{x+1}-a^{x-3}$에서

$$a^{-2}\times(a^x)^2-1<a\times a^x-a^{-3}\times a^x$$

$$\frac{1}{a^2}(a^x)^2-1<a\times a^x-\frac{1}{a^3}\times a^x$$

$a>0$이므로 양변에 a^3을 곱하여 정리하면

$$a\times(a^x)^2-(a^4-1)a^x-a^3<0$$

$$(a^x-a^3)(a\times a^x+1)<0$$

그런데 $a\times a^x+1>0$이므로

$$a^x-a^3<0 \quad \therefore a^x<a^3$$

따라서 $a>1$일 때 $x<3$, $0<a<1$일 때 $x>3$

정답 (1) $-2<x<2$
　　(2) $a>1$일 때 $x<3$, $0<a<1$일 때 $x>3$

예제 12　지수방정식과 지수부등식의 응용　p.137

12-1

(1) 주어진 방정식을 변형하면

$$(3^x)^2-2\times3^x+a=0$$

이때, $3^x=t\,(t>0)$로 놓으면

$$t^2-2t+a=0 \qquad\qquad \cdots\cdots\ \text{㉠}$$

주어진 방정식이 서로 다른 두 실근을 가지면 ㉠이 서로 다른 두 양의 실근을 가집니다.

(i) 이차방정식 ㉠의 판별식을 D라고 하면

$$\frac{D}{4}=(-1)^2-1\times a>0$$

$$\therefore a<1$$

(ii) (두 근의 합)$=2>0$

(iii) (두 근의 곱)$=a>0$

(i)~(iii)에서 구하는 a의 값의 범위는

$$0<a<1$$

(2) 주어진 방정식을 변형하면

$$(2^x)^2-2^a\times2^x+2^{a+1}=0$$

이때, $2^x=t\,(t>0)$로 놓으면

$$t^2-2^at+2^{a+1}=0 \qquad\qquad \cdots\cdots\ \text{㉠}$$

주어진 방정식이 실근을 가지면 ㉠이 양의 실근을 가집니다.

(i) 이차방정식 ㉠의 판별식을 D라고 하면

$$D=(-2^a)^2-4\times1\times2^{a+1}\geq0$$

$$2^a(2^a-8)\geq0$$

$$\therefore 2^a\leq0 \text{ 또는 } 2^a\geq8$$

그런데 $2^a>0$이므로 $2^a\geq8$

$$2^a\geq2^3 \quad \therefore a\geq3$$

(ii) (두 근의 합)$=2^a>0$

(iii) (두 근의 곱)$=2^{a+1}>0$

(i)~(iii)에서 구하는 a의 값의 범위는

$$a\geq3$$

정답 (1) $0<a<1$　(2) $a\geq3$

12-2

(1) $4^x-4\times2^x+k\geq0$에서 $(2^x)^2-4\times2^x+k\geq0$

$2^x=t\,(t>0)$로 놓으면

$$t^2-4t+k\geq0 \qquad\qquad \cdots\cdots\ \text{㉠}$$

이때, 주어진 부등식이 모든 실수 x에 대하여 성립한다는 것은 부등식 ㉠이 $t>0$인 모든 실수 t에 대하여 성립한다는 뜻입니다.

즉, 오른쪽 그림과 같이 $t>0$에서 t에 대한 이차함수

$$y=t^2-4t+k$$

의 그래프가 t축보다 위쪽에 있어야 하므로 t에 대한 이차방정식

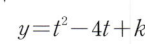

$$t^2-4t+k=0 \qquad\qquad \cdots\cdots\ \text{㉡}$$

이 중근 또는 허근을 가지면 됩니다.

따라서 이차방정식 ㉡의 판별식을 D라고 하면

$$\frac{D}{4}=(-2)^2-1\times k\leq0$$

$$\therefore k\geq4$$

(2) $\left(\dfrac{1}{4}\right)^x+\left(\dfrac{1}{2}\right)^{x-2}+k>0$에서

$$\left\{\left(\dfrac{1}{2}\right)^x\right\}^2+4\times\left(\dfrac{1}{2}\right)^x+k>0$$

$\left(\dfrac{1}{2}\right)^x=t\,(t>0)$로 놓으면

$$t^2+4t+k>0 \qquad\qquad \cdots\cdots\ \text{㉠}$$

이때, 주어진 부등식이 모든 실수 x에 대하여 성립한다는 것은 부등식 ㉠이 $t>0$인 모든 실수 t에 대하여 성립한다는 뜻입니다.

즉, $f(t)=t^2+4t+k=(t+2)^2+k-4$라고 하면 $y=f(t)$의 그래프는 오른쪽 그림과 같고, $t=0$일 때의 함숫값 $f(0)=k$가 0보다 크거나 같으면 됩니다.

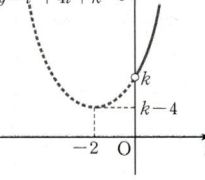

$\therefore k\geq 0$

다른 풀이1 (1) 함수의 최솟값이 0보다 크거나 같다는 것을 이용하여 다음과 같이 풀 수도 있습니다. 즉, $f(t)=t^2-4t+k$라고 하면

$$f(t)=(t-2)^2+k-4\ (t>0)$$

이므로 함수 $f(t)$의 최솟값은 $f(2)=k-4$입니다. 따라서 $k-4\geq 0$에서 $k\geq 4$

다른 풀이2 부등식 $f(x)>g(x)$의 해는 함수 $y=f(x)$의 그래프가 함수 $y=g(x)$의 그래프보다 위쪽에 있는 부분의 x의 값의 범위이므로 두 함수의 그래프의 위치 관계를 이용하여 다음과 같이 풀 수도 있습니다.

(1) $t^2-4t+k\geq 0$에서

$$t^2-4t\geq -k$$

이제 이 부등식을 만족시키는 실수 k의 값의 범위를 구하면 됩니다. 즉, $t>0$에서 함수

$$y=t^2-4t=(t-2)^2-4$$

의 그래프가 직선 $y=-k$보다 위쪽에 있도록 하는 실수 k의 값의 범위를 구해야 합니다.

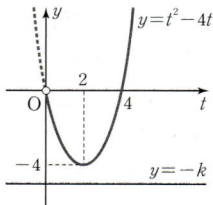

위의 그림에서

$$-k\leq -4 \qquad \therefore k\geq 4$$

(2) $t^2+4t+k>0$에서

$$t^2+4t>-k$$

이제 이 부등식을 만족시키는 실수 k의 값의 범위

를 구하면 됩니다. 즉, $t>0$에서 함수

$$y=t^2+4t=(t+2)^2-4$$

의 그래프가 직선 $y=-k$보다 위쪽에 있도록 하는 실수 k의 값의 범위를 구해야 합니다.

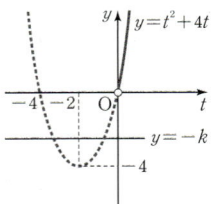

위의 그림에서

$$-k\leq 0 \qquad \therefore k\geq 0$$

정답 (1) $k\geq 4$ (2) $k\geq 0$

12-3

$4^x+4^{-x}-2^{1+x}-2^{1-x}+a=0$에서

$$a=-(4^x+4^{-x})+2(2^x+2^{-x}) \qquad \cdots\cdots ㉠$$

이때, $2^x+2^{-x}=t$로 놓으면 산술평균과 기하평균의 관계에 의하여

$$t=2^x+2^{-x}\geq 2\sqrt{2^x\times 2^{-x}}=2$$

(단, 등호는 $x=0$일 때 성립한다.)

한편, $2^x+2^{-x}=t$의 양변을 제곱하면

$$(2^x+2^{-x})^2=t^2$$

$$4^x+2+4^{-x}=t^2$$

$$\therefore 4^x+4^{-x}=t^2-2$$

따라서 ㉠에서

$$\begin{aligned}a&=-(t^2-2)+2t\\&=-t^2+2t+2\\&=-(t-1)^2+3\end{aligned}$$

$$(t\geq 2)$$

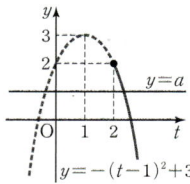

이므로 $a\leq 2$일 때, 방정식 $a=-(t-1)^2+3$은 하나의 실근을 가지고 주어진 방정식은 적어도 하나의 실근을 가집니다.

정답 $a\leq 2$

13-1

(i) $1 \le x \le 2$일 때
　정사각형은 존재하지
　않습니다.

(ii) $2 \le x \le 3$일 때
　오른쪽 그림과 같이
　구하는 정사각형의
　개수는
$$(3^4 - 3^3)$$
$$\times (3 - 2)$$
$$= 54$$

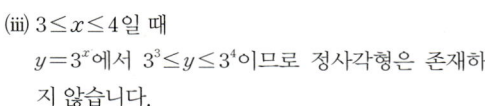

(iii) $3 \le x \le 4$일 때
　$y = 3^x$에서 $3^3 \le y \le 3^4$이므로 정사각형은 존재하지 않습니다.

(i)~(iii)에서 구하는 정사각형의 개수는 54입니다.

정답 54

13-2

함수 $y = 2^{|x|}$의 그래프는 y축을 대칭축으로 하는 그래프입니다.

(i) $1 \le |x| \le 2$일 때
　오른쪽 그림과 같이
　구하는 정사각형의
　개수는
$$2 \times \{(2^2 - 2^1)$$
$$\times (1 - 0)\}$$
$$= 2 \times (2 \times 1)$$
$$= 4$$

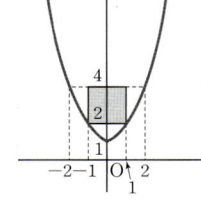

(ii) $2 \le |x| \le 3$일 때
　오른쪽 그림과 같이
　구하는 정사각형의
　개수는
$$2 \times \{(2^3 - 2^2)$$
$$\times (2 - 0)\}$$
$$= 2 \times (4 \times 2)$$
$$= 16$$

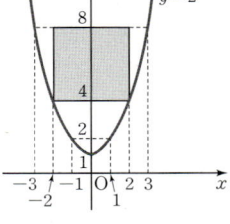

(iii) $3 \le |x| \le 4$일 때
　오른쪽 그림과 같이
　구하는 정사각형의
　개수는
$$2 \times \{(2^4 - 2^3)$$
$$\times (3 - 0)\}$$
$$= 2 \times (8 \times 3)$$
$$= 48$$

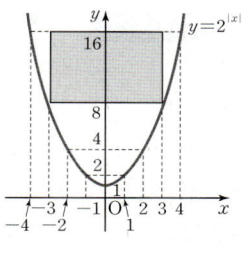

(iv) $4 \le |x| \le 5$일 때
　다음 그림과 같이 구하는 정사각형의 개수는
$$2 \times \{(2^5 - 2^4) \times (4 - 0)\}$$
$$= 2 \times (16 \times 4) = 128$$

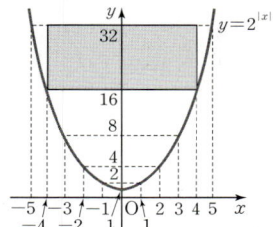

(v) $5 \le |x| \le 6$일 때
　$y = 2^{|x|}$에서 $32 \le y \le 64$이므로 정사각형은 존재하지 않습니다.

(i)~(v)에서 구하는 정사각형의 개수는
$$4 + 16 + 48 + 128 = 196$$

정답 196

03-1

접근 방법 임의의 양의 실수 a에 대하여 $a^0=1$임을 이용합니다.

상세 풀이 $x-2=0$, 즉 $x=2$일 때,
$$y=a^0+1=1+1=2$$
따라서 함수 $y=a^{x-2}+1$의 그래프는 a의 값에 관계없이 항상 점 $(2, 2)$를 지납니다.
$$\therefore \alpha=2, \beta=2$$
$$\therefore \alpha+\beta=2+2=4$$

보충 설명 함수 $y=a^{x-2}+1$에서 a의 값이 변할 때 함숫값 y에 영향을 주는 것은 a^{x-2}의 값입니다. a의 값에 관계없이 a^{x-2}이 항상 일정한 값을 가지는 경우는 a의 지수 부분이 0이 되는 $x=2$일 때입니다. 이와 관련하여 지수함수 $y=a^x$ $(a>0, a\neq1)$의 그래프는 항상 점 $(0, 1)$을 지난다는 것을 기억합시다.

정답 4

03-2

접근 방법 지수법칙 $\dfrac{a^n}{b^n}=\left(\dfrac{a}{b}\right)^n$ $(b\neq0)$을 이용합니다.

상세 풀이 $f(x)=a^x \,(a>1)$,
$g(x)=b^x \,(0<b<1)$에서
$$y=\frac{f(x)}{g(x)}=\left(\frac{a}{b}\right)^x$$
이때, $\dfrac{a}{b}>1$이므로 함수 $y=\dfrac{f(x)}{g(x)}$의 그래프의 개형은 ③입니다.

보충 설명 $y=\dfrac{f(x)}{g(x)}=\left(\dfrac{a}{b}\right)^x$에서 $\dfrac{a}{b}$의 값에 따라 지수함수의 그래프의 개형이 달라집니다. $a>1$이고 $0<b<1$이므로 각각의 범위를 만족시키는 임의의 a,

b의 값을 대입하면 $\dfrac{a}{b}>1$인지, $0<\dfrac{a}{b}<1$인지 파악할 수 있습니다. 예를 들어, $a=2$, $b=\dfrac{1}{2}$이라고 하면 $\dfrac{a}{b}=4$이므로 $\dfrac{a}{b}>1$임을 알 수 있습니다.

정답 ③

03-3

접근 방법 세 선분 AB, CD, EF가 모두 x축에 평행하므로 x좌표의 차가 구하는 선분의 길이가 됩니다. 따라서 두 함수 $y=3^x$, $y=3^{x-3}$의 그래프의 평행이동을 파악하면 쉽게 세 선분 AB, CD, EF의 길이를 구할 수 있습니다.

상세 풀이 함수 $y=3^{x-3}$의 그래프는 함수 $y=3^x$의 그래프를 x축의 방향으로 3만큼 평행이동한 것입니다.
즉, 점 B, D, F는 점 A, C, E를 각각 x축의 방향으로 3만큼 평행이동한 것이므로 세 선분 AB, CD, EF의 길이는 모두 3입니다.
따라서 구하는 선분의 길이의 합은 9입니다.

다른 풀이 두 점 A, B의 x좌표를 각각 a, b라고 하면
$$3^a=5, \; 3^{b-3}=5$$
이므로 로그의 정의에서
$$a=\log_3 5$$
$$b-3=\log_3 5$$
$$\therefore b=3+\log_3 5$$
이때, 선분 AB의 길이는
$$\overline{AB}=b-a=(3+\log_3 5)-\log_3 5=3$$
이와 같은 방법으로 $\overline{CD}=\overline{EF}=3$임을 보일 수 있습니다.
$$\therefore \overline{AB}+\overline{CD}+\overline{EF}=9$$

정답 9

03-4

접근 방법 함수 $y=2^x$의 그래프를 x축의 방향으로 a만큼 평행이동하면 함수 $y=2^{x-a}$의 그래프와 겹쳐지

므로 이를 이용하여 세 점 B, C, D의 좌표를 차례대로 구할 수 있습니다.

> 상세 풀이 $A(a, 0)$이므로 $B(a, 2^a)$
> 두 점 B, C의 y좌표가 같으므로 $2^a=2^{x-a}$에서
> $$a=x-a \quad \therefore x=2a$$
> $$\therefore D(2a, 0), C(2a, 2^a)$$
> 이때, 직사각형 ADCB의 넓이가 64이므로
> $$(2a-a) \times 2^a=64$$
> $$a \times 2^a=64=4 \times 2^4$$
> $$\therefore a=4$$

> 보충 설명 $a \times 2^a=64$와 같이 지수방정식과 일차식의 곱으로 이루어진 방정식을 풀 수 있는 일반적인 방법은 존재하지 않습니다. 64를 소인수분해하여 $a \times 2^a$의 형태에 알맞도록 값을 찾아내야 합니다.

정답 4

03-5

접근 방법 $x>0$인 실수에 대하여 함수 $f(x)=\left(\dfrac{1}{2}\right)^{x-2}+3$의 치역을 구합니다.

> 상세 풀이 함수 $y=f(x)$, 즉 $y=\left(\dfrac{1}{2}\right)^{x-2}+3$의 그래프는 함수 $y=\left(\dfrac{1}{2}\right)^x$의 그래프를 x축의 방향으로 2만큼, y축의 방향으로 3만큼 평행이동한 것이므로 다음 그림과 같습니다.
>
>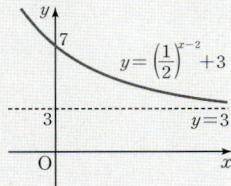
>
> 즉, $x>0$일 때, $3<f(x)<7$이므로
> $$[f(x)]=3, 4, 5, 6$$
> 따라서 집합 $A=\{3, 4, 5, 6\}$의 모든 원소의 총합은
> $$3+4+5+6=18$$

> 보충 설명 함수 $y=a^x$의 그래프를 x축의 방향으로 p

만큼, y축의 방향으로 q만큼 평행이동한 그래프의 식은 $y=a^{x-p}+q$입니다.

정답 18

03-6

접근 방법 함수 $y=2^{2x+a}+b$의 그래프의 점근선은 직선 $y=b$이고, 이 함수의 그래프를 y축에 대하여 대칭이동한 그래프의 식은 $y=2^{-2x+a}+b$임을 이용합니다.

> 상세 풀이 함수 $y=2^{2x+a}+b$의 그래프의 점근선의 방정식이 $y=2$이므로
> $$b=2$$
> 함수 $y=2^{2x+a}+2$의 그래프를 y축에 대하여 대칭이동한 그래프의 식은
> $$y=2^{-2x+a}+2$$
> 따라서 함수 $y=2^{-2x+a}+2$의 그래프가 점 $(-1, 10)$을 지나므로
> $$10=2^{2+a}+2$$
> $$2^{2+a}=8=2^3$$
> $$\therefore a=1$$
> $$\therefore a+b=1+2=3$$

정답 3

03-7

접근 방법 밑이 2이고 $2>1$이므로 지수 $|x|-1$이 최대일 때 y도 최대이고, 지수 $|x|-1$이 최소일 때 y도 최소입니다. 따라서 $-6 \leq x \leq 2$에서 $|x|-1$의 값의 범위를 구하면 됩니다.

> 상세 풀이 $-6 \leq x \leq 2$일 때, $0 \leq |x| \leq 6$이므로
> $$-1 \leq |x|-1 \leq 5$$
> 따라서 $2^{-1} \leq 2^{|x|-1} \leq 2^5$이므로
> $$M=2^5, m=2^{-1}$$
> $$\therefore Mm=2^5 \times 2^{-1}=2^4=16$$

> 다른 풀이 $y=2^{|x|-1}=\begin{cases} 2^{x-1} & (x \geq 0) \\ 2^{-x-1} & (x<0) \end{cases}$ 이므로 함수

$y=2^{|x|-1}$의 그래프는 오른쪽 그림과 같습니다.

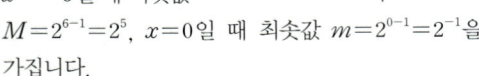

따라서 $-6 \leq x \leq 2$에서 함수 $y=2^{|x|-1}$은

$x=-6$일 때 최댓값 $M=2^{6-1}=2^5$, $x=0$일 때 최솟값 $m=2^{0-1}=2^{-1}$을 가집니다.

$$\therefore Mm=2^5 \times 2^{-1}=2^4=16$$

정답 16

03-8

[접근 방법] $y=4^x-a \times 2^x+12$에서 2^x을 t $(t>0)$로 치환한 후 $x=2$, 즉 $t=2^2=4$일 때 최솟값을 가짐을 이용하여 a의 값을 구하고, 이차방정식의 근과 계수의 관계를 이용하여 $2^{2\alpha}+2^{2\beta}$의 값을 구합니다.

[상세 풀이] $y=4^x-a \times 2^x+12$
$$\qquad =(2^x)^2-a \times 2^x+12$$
$2^x=t$ $(t>0)$로 놓으면
$$y=t^2-at+12$$
이때, 함수 $y=4^x-a \times 2^x+12$는 $x=2$에서 최솟값을 가지므로 함수 $y=t^2-at+12$는 $t=2^2=4$에서 최솟값을 가집니다. 즉,
$$-\frac{-a}{2 \times 1}=4 \qquad \therefore a=8$$
이때, 이차방정식 $t^2-8t+12=0$의 두 근이 2^α, 2^β이므로 이차방정식의 근과 계수의 관계에 의하여
$$2^\alpha+2^\beta=8, \ 2^\alpha \times 2^\beta=12$$
$$\therefore 2^{2\alpha}+2^{2\beta}=(2^\alpha)^2+(2^\beta)^2$$
$$\qquad =(2^\alpha+2^\beta)^2-2 \times 2^\alpha \times 2^\beta$$
$$\qquad =8^2-2 \times 12=40$$

[다른 풀이] $t^2-8t+12=0$에서
$$(t-2)(t-6)=0 \qquad \therefore t=2 \text{ 또는 } t=6$$
따라서 $2^\alpha=2$, $2^\beta=6$으로 놓으면
$$2^{2\alpha}+2^{2\beta}=(2^\alpha)^2+(2^\beta)^2=2^2+6^2=40$$

정답 40

03-9

[접근 방법] 2^x을 X $(X>0)$, 3^y을 Y $(Y>0)$로 치환하여 연립방정식을 풉니다.

[상세 풀이] 주어진 연립방정식을 변형하면
$$\begin{cases} 4 \times 2^x-\dfrac{1}{3} \times 3^y=55 \\ \dfrac{1}{2} \times 2^x+3 \times 3^y=89 \end{cases}$$
이므로 $2^x=X$ $(X>0)$, $3^y=Y$ $(Y>0)$로 놓으면
$$\begin{cases} 4X-\dfrac{1}{3}Y=55 & \cdots\cdots \ \ominus \\ \dfrac{1}{2}X+3Y=89 & \cdots\cdots \ \mathbb{O} \end{cases}$$
$\ominus$, $\mathbb{O}$을 연립하여 풀면 $X=16$, $Y=27$
즉, $2^x=16=2^4$에서 $x=4$, $3^y=27=3^3$에서 $y=3$
따라서 $\alpha=4$, $\beta=3$이므로
$$\alpha+\beta=4+3=7$$

[보충 설명] $2^x=X$, $3^y=Y$에서 $X>0$, $Y>0$임을 항상 기억합시다.

예를 들어, $3x+4y=0$을 만족시키는 순서쌍 (x, y)는 무수히 많지만 $3 \times 2^x+4 \times 3^y=0$을 만족시키는 순서쌍 (x, y)는 없습니다.

정답 ⑤

03-10

[접근 방법] $f(x)$의 분모를 공통 인수로 묶어 간단히 정리한 후, 방정식 $6f(x)+f(-x)=5$에 대입하여 해를 구합니다.

[상세 풀이] $f(x)=\dfrac{13}{3^x(1+3+3^2)}=\dfrac{1}{3^x}$이므로

이것을 방정식 $6f(x)+f(-x)=5$에 대입하면
$$\frac{6}{3^x}+3^x=5$$
양변에 3^x을 곱하여 정리하면
$$(3^x)^2-5 \times 3^x+6=0$$
$$(3^x-2)(3^x-3)=0$$
$$\therefore 3^x=2 \text{ 또는 } 3^x=3$$

따라서 $3^\alpha=2$, $3^\beta=3$으로 놓으면
$$9^\alpha+9^\beta=(3^\alpha)^2+(3^\beta)^2=2^2+3^2=13$$

다른 풀이 $(3^x)^2-5\times 3^x+6=0$에서 $3^x=t$ $(t>0)$로 놓으면
$$t^2-5t+6=0$$
이고, 이 이차방정식의 두 근이 3^α, 3^β이므로 이차방 정식의 근과 계수의 관계에 의하여
$$3^\alpha+3^\beta=5, \ 3^\alpha\times 3^\beta=6$$
$$\therefore 9^\alpha+9^\beta=(3^\alpha)^2+(3^\beta)^2$$
$$=(3^\alpha+3^\beta)^2-2\times 3^\alpha\times 3^\beta$$
$$=5^2-2\times 6=13$$

정답 13

p.142~145

실력 다지기

03- 11 ④   12 ⑤   13 ㄱ, ㄴ   14 ①
   15 7   16 $\dfrac{5}{2}$ 17 1   18 3   19 ④
   20 $0<k<2$ 21 (1) $a\geq 2$ (2) $a\leq 3$
   22 77   23 20   24 6   25 (1) 36 (2) $k<2$
   26 60   27 15   28 93   29 27

03- 11

접근 방법 식을 변형하여 함숫값을 구할 수 있습니다.

상세 풀이 $f(1)=f\left(2\times\dfrac{1}{2}\right)=\left\{f\left(\dfrac{1}{2}\right)\right\}^2=64$에서
$$f\left(\dfrac{1}{2}\right)=8\,(\because f(x)>0)$$
$f(1)=f\left(3\times\dfrac{1}{3}\right)=\left\{f\left(\dfrac{1}{3}\right)\right\}^3=64$에서
$$f\left(\dfrac{1}{3}\right)=4\,(\because f(x)>0)$$
$f(1)=f\left(6\times\dfrac{1}{6}\right)=\left\{f\left(\dfrac{1}{6}\right)\right\}^6=64$에서
$$f\left(\dfrac{1}{6}\right)=2\,(\because f(x)>0)$$
$$\therefore f\left(\dfrac{1}{2}\right)+f\left(\dfrac{1}{3}\right)+f\left(\dfrac{1}{6}\right)=8+4+2=14$$

정답 ④

03- 12

접근 방법 $a^n=b^n \iff a=b$ $(a,\ b$는 양의 실수$)$ 임을 이용하여 $f(10)=g(10)=h(10)$에서 r_1, r_2, r_3 사이의 관계식을 구합니다. 이때, $A-B>0$이면 $A>B$이므로 r_1-r_2, r_2-r_3의 부호를 조사합니다.

상세 풀이 $f(10)=(1+r_1)^{10}$, $g(10)=\left(1+\dfrac{r_2}{2}\right)^{20}$,
$h(10)=\left(1+\dfrac{r_3}{4}\right)^{40}$이고, $f(10)=g(10)=h(10)$ 이므로

(i) $f(10)=g(10)$, 즉 $(1+r_1)^{10}=\left(1+\dfrac{r_2}{2}\right)^{20}$에서
$$1+r_1=\left(1+\dfrac{r_2}{2}\right)^2$$

$$1+r_1=1+r_2+\frac{r_2^2}{4}$$

$$r_1-r_2=\frac{r_2^2}{4}>0 \qquad \therefore r_1>r_2$$

(ii) $g(10)=h(10)$, 즉 $\left(1+\frac{r_2}{2}\right)^{20}=\left(1+\frac{r_3}{4}\right)^{40}$ 에서

$$1+\frac{r_2}{2}=\left(1+\frac{r_3}{4}\right)^2$$

$$1+\frac{r_2}{2}=1+\frac{r_3}{2}+\frac{r_3^2}{16}$$

$$r_2-r_3=\frac{r_3^2}{8}>0 \qquad \therefore r_2>r_3$$

(i), (ii)에서 $r_3<r_2<r_1$

보충 설명 문제에서 r_1, r_2, r_3이 양의 실수라고 주어져 있으므로 $r_1-r_2=\frac{r_2^2}{4}>0$, $r_2-r_3=\frac{r_3^2}{8}>0$에서 등호가 빠진 것입니다.

정답 ⑤

03- **13**

접근 방법 ㄱ, ㄴ, ㄷ이 모두 지수 꼴의 식을 a, b로 나누는 형태인데, 두 점을 이은 직선의 기울기는

$$(기울기)=\frac{(y의\ 값의\ 변화량)}{(x의\ 값의\ 변화량)}$$

으로 정의되므로 서로 다른 두 실수 x_1, x_2에 대하여 $\dfrac{f(x_2)-f(x_1)}{x_2-x_1}$로 표현할 수 있다는 점에 착안해서 문제를 풀면 됩니다.

상세 풀이 ㄱ. 함수 $y=2^x$의 그래프 위의 두 점 $P(a,\ 2^a)$, $Q(b,\ 2^b)$에 대하여 오른쪽 그림과 같이 $\frac{2^a}{a}$은 직선 OP의 기울기이고 $\frac{2^b}{b}$은 직선 OQ의 기울기이므로

$$\frac{2^b}{b}<0<\frac{2^a}{a} \text{ (참)}$$

ㄴ. 함수 $y=2^x$의 그래프와 y축의 교점을 $R(0,\ 1)$이라고 하면 다음 그림과 같이 $\frac{2^b-1}{b}$은 직선 QR의 기울기이고 $\frac{2^a-1}{a}$은 직선 PR의 기울기이므로

$$\frac{2^b-1}{b}<\frac{2^a-1}{a} \text{ (참)}$$

ㄷ. [반례] $a=3$, $b=-3$이면

$$\frac{2^a-2^b}{a-b}=\frac{2^3-2^{-3}}{3-(-3)}=\frac{21}{16}>1 \text{ (거짓)}$$

따라서 옳은 것은 ㄱ, ㄴ입니다.

보충 설명 위와 같이 함수 문제에서 x의 함숫값을 x로 나누는 꼴은 기울기의 관점에서 문제를 바라보는 것이 좋습니다.

정답 ㄱ, ㄴ

03- **14**

접근 방법 지수함수의 그래프는 밑 a의 범위에 의하여 그래프의 개형이 결정된다는 점과 지수 꼴에 로그를 취하면 일차식의 형태이므로 직선 형태의 그래프가 생긴다는 점을 생각하면 쉽게 풀 수 있습니다.

상세 풀이 $f(x)=2a^{|x|}=\begin{cases} 2a^x & (x\geq0) \\ 2a^{-x} & (x<0) \end{cases}$ 이므로 주어진 그래프와 같은 꼴이려면 $0<a<1$이어야 합니다.

이때, $f(x)=2a^{|x|}$에 대하여

$$y=\log_2 f(x)=\log_2 2a^{|x|}$$
$$=\log_2 2+\log_2 a^{|x|}=|x|\log_2 a+1$$

따라서 $0<a<1$에서 $\log_2 a<0$이므로 함수

$$y=|x|\log_2 a+1$$

의 그래프는 점 $(0,1)$을 지나고 위로 뾰족한 꼴 $(\wedge)$입니다. 즉, 함수 $y=\log_2 f(x)$의 그래프의 개형은 ①과 같습니다.

보충 설명 수학 〈상〉에서 절댓값이 포함된 함수의 그래프를 기억해 둡니다.

(1) 함수 $y=f(|x|)$의 그래프는 함수 $y=f(x)$의 그래프에서 $x\geq0$인 부분은 그대로 두고 $x<0$인 부분을 y축에 대하여 대칭이동합니다.

(2) 함수 $y=|f(x)|$의 그래프는 함수 $y=f(x)$의 그래프에서 $y\geq0$인 부분은 그대로 두고 $y<0$인 부분을 x축에 대하여 대칭이동합니다.

정답 ①

03- **15**

접근 방법 2^x을 t로 치환하여 만든 t에 대한 이차방정식의 서로 다른 두 양의 실근 사이에 2가 있음을 이용합니다.

상세 풀이 주어진 방정식의 서로 다른 두 실근을 α, $\beta\ (\alpha<\beta)$라고 하면

$$\alpha<1<\beta$$

주어진 방정식을 변형하면

$$(2^x)^2-4a\times2^x+a^2=0$$

이때, $2^x=t\ (t>0)$로 놓으면

$$t^2-4at+a^2=0$$

$f(t)=t^2-4at+a^2$이라고 하면 이차방정식 $f(t)=0$의 두 실근은 2^α, $2^\beta\ (2^\alpha>0,\ 2^\beta>0)$이고 $\alpha<1<\beta$이므로

$$2^\alpha<2<2^\beta$$

즉, 이차방정식 $f(t)=0$의 두 양의 실근 사이에 2가 있으므로

(i) $f(0)>0$에서 $a^2>0$

$$\therefore a\neq0$$

(ii) $f(2)<0$에서 $4-8a+a^2<0$

$$\therefore 4-2\sqrt{3}<a<4+2\sqrt{3}$$

(i), (ii)에서 $4-2\sqrt{3}<a<4+2\sqrt{3}$

따라서 구하는 정수 a는 $1,2,\cdots,7$의 7개입니다.

보충 설명 이차방정식 $f(t)=0$의 두 양의 실근 사이에 2가 있으므로 함수 $y=f(t)$의 그래프가 오른쪽 그림과 같아야 합니다.

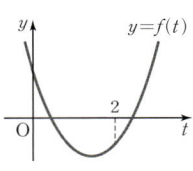

따라서 $f(0)>0$, $f(2)<0$을 만족시켜야 함을 이용하여 a의 값의 범위를 구합니다.

정답 7

03- **16**

접근 방법 두 점 $\mathrm{A}(x_1,y_1)$, $\mathrm{B}(x_2,y_2)$를 잇는 선분 AB의 중점의 좌표는 $\left(\dfrac{x_1+x_2}{2},\ \dfrac{y_1+y_2}{2}\right)$입니다.

상세 풀이 두 교점 A, B의 좌표를 각각 $(\alpha,2^\alpha)$, $(\beta,2^\beta)$이라고 하면 선분 AB의 중점의 좌표는 $\left(\dfrac{\alpha+\beta}{2},\ \dfrac{2^\alpha+2^\beta}{2}\right)$이므로

$$\frac{\alpha+\beta}{2}=0,\ \frac{2^\alpha+2^\beta}{2}=\frac{5}{4}$$

$$\therefore \beta=-\alpha,\ 2^\alpha+2^\beta=\frac{5}{2}$$

$\beta=-\alpha$를 $2^\alpha+2^\beta=\dfrac{5}{2}$에 대입하면

$$2^\alpha+2^{-\alpha}=\frac{5}{2}$$

이때, $2^\alpha=t\ (t>0)$로 놓으면

$$t+\frac{1}{t}=\frac{5}{2},\ 2t^2-5t+2=0$$

$$(2t-1)(t-2)=0$$

$$\therefore t=\frac{1}{2}\ \text{또는}\ t=2$$

즉, $2^\alpha=\dfrac{1}{2}$ 또는 $2^\alpha=2$이므로

$$\alpha=-1\ \text{또는}\ \alpha=1$$

그런데 $\beta=-\alpha$이므로

$$\alpha=-1,\ \beta=1\ \text{또는}\ \alpha=1,\ \beta=-1$$

따라서 두 함수 $y=2^x$, $y=-\left(\dfrac{1}{2}\right)^x+k$의 그래프의 교점의 좌표는 $\left(-1,\ \dfrac{1}{2}\right)$과 $(1,\ 2)$이므로

$y=-\left(\dfrac{1}{2}\right)^x+k$에 $x=-1$, $y=\dfrac{1}{2}$을 대입하면

$$\dfrac{1}{2}=-\left(\dfrac{1}{2}\right)^{-1}+k \qquad \therefore k=\dfrac{5}{2}$$

다른 풀이 두 함수 $y=2^x$, $y=-\left(\dfrac{1}{2}\right)^x+k$의 그래프의 교점 A, B의 좌표를 각각 $(\alpha,\ 2^\alpha)$, $(\beta,\ 2^\beta)$이라고 하면 α, β는 방정식

$$2^x=-\left(\dfrac{1}{2}\right)^x+k$$

의 두 근입니다.

이때, $2^x=t\ (t>0)$로 놓으면 $t=-\dfrac{1}{t}+k$에서

$$t^2-kt+1=0$$

이고, 이 이차방정식의 두 근은 2^α, 2^β입니다.

이때, 이차방정식의 근과 계수의 관계에 의하여

$$2^\alpha+2^\beta=k$$

가 성립합니다.

한편, 선분 AB의 중점의 좌표가 $\left(0,\ \dfrac{5}{4}\right)$이므로

$$\dfrac{2^\alpha+2^\beta}{2}=\dfrac{5}{4} \qquad \therefore 2^\alpha+2^\beta=\dfrac{5}{2}$$

$$\therefore k=2^\alpha+2^\beta=\dfrac{5}{2}$$

보충 설명 오른쪽 그림과 같이 두 함수

$y=2^x$, $y=-\left(\dfrac{1}{2}\right)^x$의 그래프는 원점에 대하여 대칭입니다.

이때, 함수

$y=-\left(\dfrac{1}{2}\right)^x$의 그래프

를 x축의 방향으로 2만큼 평행이동한 함수

$y=-\left(\dfrac{1}{2}\right)^{x-2}$의 그래프와 함수 $y=2^x$의 그래프는 점

$(1,\ 0)$에 대하여 대칭입니다.

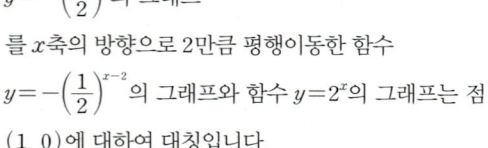

또한 함수

$y=-\left(\dfrac{1}{2}\right)^x$의 그래프

를 y축의 방향으로 4만큼 평행이동한 함수

$y=-\left(\dfrac{1}{2}\right)^x+4$의 그래프와 함수 $y=2^x$의 그래프는 점 $(0,\ 2)$에 대하여 대칭입니다.

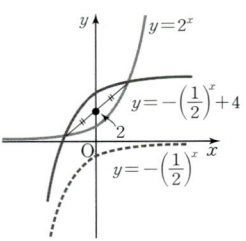

따라서 두 함수 $y=2^x$, $y=-\left(\dfrac{1}{2}\right)^x+k$의 그래프는 점 $\left(0,\ \dfrac{k}{2}\right)$에 대하여 대칭이므로 $\dfrac{k}{2}=\dfrac{5}{4}$에서 $k=\dfrac{5}{2}$임을 알 수 있습니다.

정답 $\dfrac{5}{2}$

03-17

접근 방법 두 함수 $y=a^x$, $y=\left(\dfrac{1}{a}\right)^x$의 그래프는 y축 $(x=0)$에 대하여 대칭입니다. 따라서 이 두 함수의 그래프를 x축의 방향으로 2만큼 평행이동한 두 함수

$y=a^{x-2}$, $y=\left(\dfrac{1}{a}\right)^{x-2}$의 그래프는 오른쪽 그림과 같이 직선 $x=2$에 대하여 대칭임을 알 수 있습니다.

상세 풀이 함수 $y=f(x)$의 그래프와 함수 $y=g(x)$의 그래프는 직선 $x=2$에 대하여 대칭이므로

$$f(2)=g(2)$$

가 성립합니다.

즉, $a^{2b-1}=a^{1-2b}$에서 $2b-1=1-2b$

$$4b=2 \qquad \therefore b=\dfrac{1}{2}$$

한편, $f(4)=a^{\frac{1}{2}\times 4-1}=a$, $g(4)=a^{1-\frac{1}{2}\times 4}=a^{-1}$이므로 $f(4)+g(4)=\dfrac{5}{2}$에서

$$a+a^{-1}=\dfrac{5}{2},\ 2a^2-5a+2=0$$

$$(2a-1)(a-2)=0$$

$$\therefore a=\dfrac{1}{2}\ \text{또는}\ a=2$$

이때, $0<a<1$이므로 $a=\dfrac{1}{2}$

$\therefore a+b=\dfrac{1}{2}+\dfrac{1}{2}=1$

보충 설명 두 함수 $y=a^x$, $y=\left(\dfrac{1}{a}\right)^x$의 그래프는 y축에 대하여 대칭이므로 y축의 방향으로 n만큼 평행이동한 두 함수 $y=a^x+n$, $y=\left(\dfrac{1}{a}\right)^x+n$의 그래프도 y축에 대하여 대칭입니다.

한편, 함수 $f(x)=a^{bx-1}=a^{b\left(x-\frac{1}{b}\right)}$의 그래프는 함수 $y=a^{bx}$의 그래프를 x축의 방향으로 $\dfrac{1}{b}$만큼 평행이동한 것이고, 함수 $g(x)=a^{1-bx}=a^{-b\left(x-\frac{1}{b}\right)}$의 그래프는 함수 $y=a^{-bx}$의 그래프를 x축의 방향으로 $\dfrac{1}{b}$만큼 평행이동한 것이므로

$\dfrac{1}{b}=2$

임을 바로 알 수도 있습니다.

정답 1

03-18

접근 방법 선분 AB, BC가 모두 x축에 평행하므로 세 점 A, B, C의 x좌표를 구하면 됩니다.

따라서 세 함수 $y=3^x$, $y=9^x$, $y=27^x$의 그래프와 직선 $y=4$의 교점의 x좌표를 구하기 위하여 $4=3^x$, $4=9^x$, $4=27^x$의 해를 구하면 됩니다.

상세 풀이 오른쪽 그림과 같이 세 점 A, B, C의 x좌표를 각각 a, b, c라고 하면

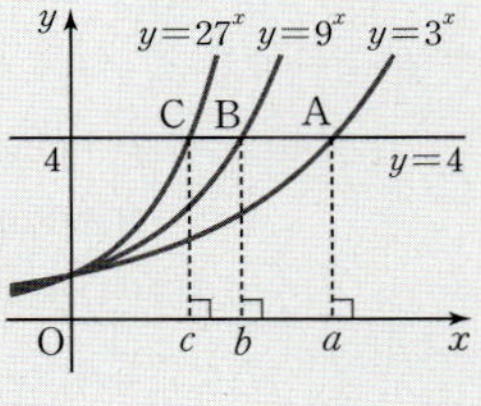

$3^a=4$, $9^b=4$,
$27^c=4$

이므로 로그의 정의에 의하여

$a=\log_3 4=2\log_3 2$,
$b=\log_9 4=\log_3 2$,
$c=\log_{27} 4=\dfrac{2}{3}\log_3 2$

따라서

$\dfrac{\overline{AB}}{\overline{BC}}=\dfrac{a-b}{b-c}=\dfrac{2\log_3 2-\log_3 2}{\log_3 2-\dfrac{2}{3}\log_3 2}$

$=\dfrac{\log_3 2}{\dfrac{1}{3}\log_3 2}=3$

보충 설명 지수와 로그는 서로 떨어질 수 없는 밀접한 관계를 가지고 있습니다. 로그의 성질을 잘 익혀 두도록 합니다.

(1) $\log_a x^n=n\log_a x$

(2) $\log_a xy=\log_a x+\log_a y$

(3) $\log_a \dfrac{x}{y}=\log_a x-\log_a y$

정답 3

03-19

접근 방법 주어진 함수 $y=f(x)$의 그래프가 $x<-2$, $-2\le x<0$, $x\ge0$일 때 다른 꼴을 하고 있으므로 이 세 범위에 따라 $y=\dfrac{1}{2^{f(x)}}$을 식으로 나타내어 봅니다.

상세 풀이 주어진 그래프에서

$y=f(x)=\begin{cases}-1 & (x<-2)\\ x+1 & (-2\le x<0)\\ 1 & (x\ge0)\end{cases}$

$\therefore y=\dfrac{1}{2^{f(x)}}=\begin{cases}2 & (x<-2)\\ \dfrac{1}{2^{x+1}} & (-2\le x<0)\\ \dfrac{1}{2} & (x\ge0)\end{cases}$

이때, $y=\dfrac{1}{2^{x+1}}=\left(\dfrac{1}{2}\right)^{x+1}$

이므로 함수 $y=\dfrac{1}{2^{x+1}}$의 그래프는 함수 $y=\left(\dfrac{1}{2}\right)^x$의 그래프를 x축의 방향으로 -1만큼 평

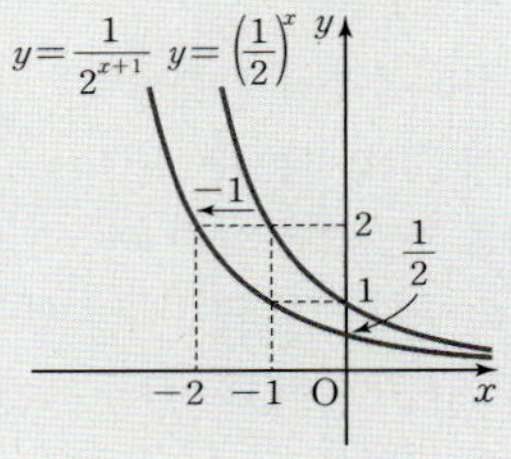

행이동한 것이므로 위의 그림과 같습니다.

따라서 함수 $y=\dfrac{1}{2^{f(x)}}$ 의 그래프의 개형은 다음 그림과 같습니다.

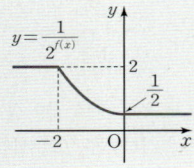

보충 설명 위의 문제와 같이 전체의 그래프를 하나의 식으로 표현하기는 어렵지만 범위를 나누어 함수식 으로 표현할 수 있는 경우가 있습니다.

정답 ④

03-20

접근 방법 절댓값 기호가 있으므로 함수의 그래프를 이용하는 것이 편리합니다. 즉, 실근을 구하는 것이 아니라 실근의 개수를 구하는 문제이므로 방정식 $|2^x-2|=k$ 의 실근의 개수는 함수 $y=|2^x-2|$ 의 그래프와 직선 $y=k$ 의 교점의 개수와 같다는 점을 이용하여 실수 k 의 값의 범위를 구합니다.

상세 풀이 방정식 $|2^x-2|=k$ 의 실근의 개수는 함수 $y=|2^x-2|$ 의 그래프와 직선 $y=k$ 의 교점 의 개수와 같습니다.

함수 $y=2^x-2$ 의 그래프는 함수 $y=2^x$ 의 그래프 를 y 축의 방향으로 -2 만큼 평행이동한 것이므 로 함수 $y=|2^x-2|$ 의 그래프는 오른쪽 그림과 같습니다.

따라서 주어진 방정식 이 서로 다른 두 실근 을 가지려면 함수 $y=|2^x-2|$ 의 그래프와 직선 $y=k$ 가 서로 다른 두 점에서 만나야 하므로 구하 는 k 의 값의 범위는

$$0<k<2$$

보충 설명 함수 $y=|f(x)|$ 의 그래프는 함수 $y=f(x)$ 의 그래프를 그린 후 $y\geq0$ 인 부분은 그대로 두고 $y<0$ 인 부분을 x 축에 대하여 대칭이동하여 그립니 다. 이를 이용하면 함수 $y=|2^x-2|$ 의 그래프를 쉽 게 그릴 수 있습니다.

정답 $0<k<2$

03-21

접근 방법 (1) 주어진 부등식에서 $2^{\frac{x}{2}}$ 을 t 로 치환하고, $t>0$ 인 임의의 t 에 대하여 치환된 부등식이 항상 성립하도록 하는 a 의 값의 범위를 구합니다.

(2) 주어진 부등식에서 밑을 통일한 후 5^x 을 t 로 치환 하여 조건에 맞는 a 의 값의 범위를 구합니다. 이 때, $t>0$ 임에 주의합니다.

상세 풀이 (1) $2^{\frac{x}{2}}=t\ (t>0)$ 로 놓으면

$$2^{x+1}=2^x\times2=\left(2^{\frac{x}{2}}\right)^2\times2=2t^2$$
$$2^{\frac{x+4}{2}}=2^{\frac{x}{2}}\times2^2=4t$$

이므로 주어진 부등식은

$$2t^2-4t+a\geq0$$
$$\therefore 2(t-1)^2+a-2\geq0 \quad \cdots\cdots ㉠$$

$t>0$ 인 모든 실수 t 에 대하여 ㉠이 성립하려면

$$a-2\geq0 \quad \therefore a\geq2$$

(2) $5^x=t\ (t>0)$ 로 놓으면 주어진 부등식은

$$t^2-2at+9\geq0$$
$$\therefore (t-a)^2-a^2+9\geq0 \quad \cdots\cdots ㉠$$

$t>0$ 인 모든 실수 t 에 대하여 ㉠이 성립하려면

(i) $a>0$ 일 때, $t=a$ 에서 최솟값을 가지므로

$$-a^2+9\geq0,\ a^2-9\leq0$$
$$(a+3)(a-3)\leq0$$
$$\therefore -3\leq a\leq3$$

그런데 $a>0$ 이므로 $0<a\leq3$

(ii) $a\leq0$ 일 때, $(t-a)^2>a^2$ 이 항상 성립하므 로 ㉠은 항상 성립합니다.

(i), (ii)에서 구하는 a 의 값의 범위는

$$a\leq3$$

보충 설명 (1)에서 이차함
수 $y=2(t-1)^2+a-2$
의 그래프는 오른쪽 그
림과 같으므로 $t=1$일
때 최솟값을 가집니다.
이때, 이 이차함수의 최

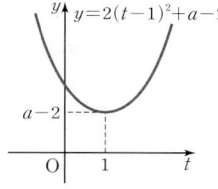

솟값이 0보다 크거나 같으면 임의의 양의 실수 t에
대하여 $2(t-1)^2+a-2 \geq 0$이 성립합니다.

정답 (1) $a \geq 2$ (2) $a \leq 3$

03-22

접근 방법 지수함수 $y=a^x$의 그래프는 점 $(0, 1)$을
기준으로 다음 그림과 같이 밑의 크기에 따라 지나는
부분이 결정이 됩니다.

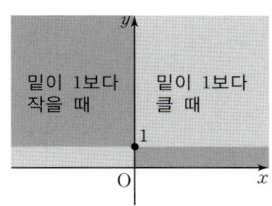

이것은 평행이동한 후에도 마찬가지이므로 지수함수
$y=a^{x+3}+1$의 그래프가 항상 지나는 점을 기준으로
위의 그림과 같이 영역을 나눈 후 주어진 직사각형이
어떤 영역에 속하는지를 먼저 구해 봅니다.

상세 풀이 $y=a^{x+3}+1$에서 $x=-3$이면 $y=2$이
므로 함수 $y=a^{x+3}+1$의 그래프는 항상 점
$(-3, 2)$를 지납니다.

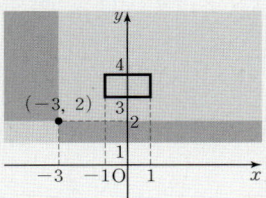

즉, 네 점 $(1, 3)$, $(1, 4)$, $(-1, 4)$, $(-1, 3)$을
꼭짓점으로 하는 직사각형은 밑이 1보다 큰 영역
에 속하므로 $a>1$입니다.

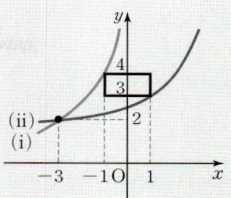

(ⅰ) 함수 $y=a^{x+3}+1$의 그래프가 점 $(-1, 4)$를
지날 때, 밑 a는 최대입니다. 즉,
$$4=a^2+1 \qquad \therefore a=\sqrt{3}$$
(ⅱ) 함수 $y=a^{x+3}+1$의 그래프가 점 $(1, 3)$을 지
날 때, 밑 a는 최소입니다. 즉,
$$3=a^4+1 \qquad \therefore a=\sqrt[4]{2}$$
(ⅰ), (ⅱ)에서 $a=\sqrt{3}$, $\beta=\sqrt[4]{2}$이므로
$$a^8-\beta^8=(\sqrt{3})^8-(\sqrt[4]{2})^8=81-4=77$$

보충 설명 지수함수 $y=a^{x-m}+n$의 그래프는 밑 a의
값에 관계없이 점 $(m, n+1)$을 지납니다.

정답 77

03-23

접근 방법 점 P와 점 Q의 x좌표의 비가 1 : 2이므로
두 점 P, Q의 x좌표를 각각 α, 2α로 놓습니다.

상세 풀이 점 P의 x좌표를 α라고 하면 점 P는 두
함수 $y=k \times 3^x$, $y=3^{-x}$의 그래프의 교점이므로
$$k \times 3^\alpha = 3^{-\alpha}, \ k \times 3^\alpha = \frac{1}{3^\alpha} \qquad \cdots\cdots \ \text{㉠}$$
양변에 3^α을 곱하여 정리하면
$$3^{2\alpha} = \frac{1}{k}$$
또한 점 Q의 x좌표는 2α이고, 점 Q는 두 함수
$y=k \times 3^x$, $y=-4 \times 3^x+8$의 그래프의 교점이
므로
$$k \times 3^{2\alpha} = -4 \times 3^{2\alpha}+8 \qquad \cdots\cdots \ \text{㉡}$$
이때, $3^{2\alpha}=\frac{1}{k}$이므로

$$k \times \frac{1}{k} = -4 \times \frac{1}{k} + 8$$

$$1 = -\frac{4}{k} + 8 \qquad \therefore k = \frac{4}{7}$$

$$\therefore 35k = 20$$

보충 설명 ㉠, ㉡에서 k를 소거할 수도 있지만 k의 값을 구하는 것이 문제의 뜻이므로 $k \times 3^a = 3^{-a}$에서 3^{2a}을 k로 나타낸 후 이 식을 ㉡에 대입하여 푼 것입니다.

정답 20

03-24

접근 방법 먼저 조건 ㈎를 이용하여 $-2 \le x \le 0$에서 함수 $y=f(x)$의 그래프를 그린 후, 함수 $y=f(x)$의 그래프가 조건 ㈏, ㈐에 의하여 원점과 직선 $x=2$에 대하여 대칭임을 이용하여 $-10 \le x \le 10$에서의 그래프를 그립니다.

상세 풀이 두 함수 $y=f(x)$, $y=\left(\frac{1}{2}\right)^x$의 그래프는 다음 그림과 같습니다.

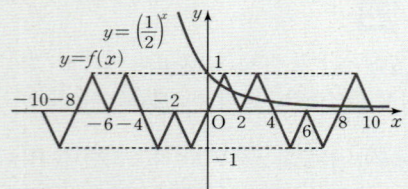

따라서 두 그래프의 교점의 개수는 6입니다.

정답 6

03-25

접근 방법 치환할 때에는 항상 범위에 주의해야 합니다. (1)번과 (2)번 문제는 서로 비슷해 보이지만 범위에 있어 큰 차이가 있습니다.

상세 풀이 (1) $2^x - 2^{-x} = t$로 놓으면
$4^x + 4^{-x} = (2^x - 2^{-x})^2 + 2 = t^2 + 2$이므로
주어진 방정식은
$$t^2 + 2 + at + 7 = 0$$
$$t^2 + at + 9 = 0 \qquad \cdots\cdots ㉠$$
$2^x - 2^{-x}$이 모든 실수값을 가질 수 있으므로 t에 대한 이차방정식 ㉠이 실근을 가지면 주어진 지수방정식도 실근을 가집니다.
이때, 이차방정식 ㉠의 판별식을 D라고 하면
$$D = a^2 - 36 \ge 0$$
$$(a+6)(a-6) \ge 0$$
$$\therefore a \le -6 \text{ 또는 } a \ge 6$$
따라서 양수 a의 최솟값 $m=6$
$$\therefore m^2 = 6^2 = 36$$

(2) $2^x + 2^{-x} = t$로 놓으면 $t \ge 2$이고
$4^x + 4^{-x} = (2^x + 2^{-x})^2 - 2 = t^2 - 2$이므로
주어진 방정식은
$$t^2 - 2 - 2kt + 6 = 0$$
$$t^2 - 2kt + 4 = 0 \qquad \cdots\cdots ㉠$$
주어진 방정식이 실근을 가지지 않으려면 t에 대한 이차방정식 ㉠이 허근을 가지거나 두 근이 모두 2보다 작아야 합니다.
즉, $f(t) = t^2 - 2kt + 4$라 하고, 이차방정식 ㉠의 판별식을 D라고 하면
(i) 허근을 가질 때
$$\frac{D}{4} = k^2 - 4 < 0, \ (k+2)(k-2) < 0$$
$$\therefore -2 < k < 2$$
(ii) 두 근이 모두 2보다 작을 때
① 대칭축이 $t=2$보다 작아야 하므로
$$t = -\frac{-2k}{2 \times 1} = k < 2$$
$$\therefore k < 2$$

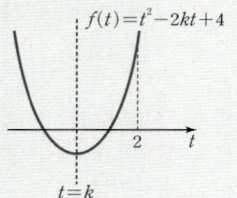

② 실근을 가지므로

$$\frac{D}{4}=k^2-4\geq0,\ (k+2)(k-2)\geq0$$

$$\therefore k\leq-2 \text{ 또는 } k\geq2$$

③ $t=2$에서의 함숫값이 양수이어야 하므로

$$f(2)=4-4k+4>0$$

$$\therefore k<2$$

①, ②, ③에서 공통 범위를 구하면

$$k\leq-2$$

(i), (ii)에서 구하는 k의 값의 범위는

$$k<2$$

보충 설명 2^x+2^{-x}을 t로 치환하면 모든 x에 대하여 $2^x>0,\ 2^{-x}>0$이므로 산술평균과 기하평균의 관계에 의하여 $2^x+2^{-x}\geq2\sqrt{2^x\times2^{-x}}=2$(등호는 $x=0$일 때 성립한다.), 즉 $t\geq2$가 성립함을 알 수 있습니다. 위의 문제와 같이 치환을 할 때, 그 값이 가질 수 있는 범위를 잘 생각하여 실수하는 경우가 없도록 합니다.

정답 (1) 36 (2) $k<2$

03-26

접근 방법 a가 2, 3, 4, 5인 경우에 따라 차근차근 구하는 점의 개수를 구해 봅니다.

상세 풀이 곡선 $y=-2^x+16$은 점 $(0, 15)$, $(1, 14)$, $(2, 12)$, $(3, 8)$, $(4, 0)$을 지납니다.

(i) $a=2$인 경우
곡선 $y=2^x$은 점 $(1, 2)$, $(2, 4)$, $(3, 8)$을 지납니다. 구하고자 하는 x좌표와 y좌표가 모두 자연수인 점은 오른

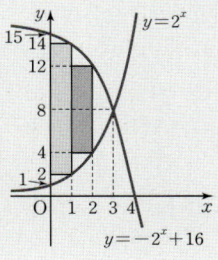

쪽 그림의 영역에 있으므로

$$f(2)=13+9+1=23$$

(ii) $a=3$인 경우
곡선 $y=3^x$은 점 $(1, 3)$, $(2, 9)$, $(3, 27)$을 지납니다. 구하고자 하는 x좌표와 y좌표가 모두 자연수인 점은 오른쪽 그림의 영역에 있으므로

$$f(3)=12+4=16$$

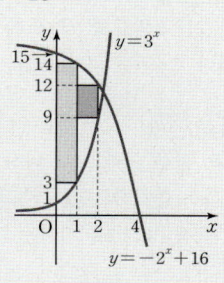

(iii) $a=4$인 경우
곡선 $y=4^x$은 점 $(1, 4)$, $(2, 16)$을 지납니다. 구하고자 하는 x좌표와 y좌표가 모두 자연수인 점은 오른쪽 그림의 영역에 있으므로

$$f(4)=11$$

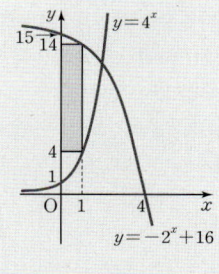

(iv) $a=5$인 경우
곡선 $y=5^x$은 점 $(1, 5)$, $(2, 25)$를 지납니다. 구하고자 하는 x좌표와 y좌표가 모두 자연수인 점은 오른쪽 그림의 영역에 있으므로

$$f(5)=10$$

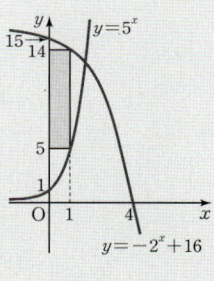

(i)~(iv)에 의하여

$$f(2)+f(3)+f(4)+f(5)$$
$$=23+16+11+10$$
$$=60$$

다른 풀이 (iii) $4\leq a\leq5$인 경우
곡선 $y=a^x$은 점 $(1, a)$, $(2, a^2)$을 지나므로

$$f(a)=14-a+1=15-a$$

정답 60

03-27

접근 방법 a에 2, 3, 4, …를 차례대로 대입하여 차근차근 x좌표와 y좌표가 모두 정수인 점을 구해 봅니다.

상세 풀이 두 곡선 $y=4^x$, $y=a^{-x+4}$에서 가능한 x의 값을 구해 보면 곡선 $y=4^x$은 점 $(0, 1)$을 지나는 증가하는 함수의 그래프이고, 곡선 $y=a^{-x+4}$은 점 $(4, 1)$을 지나는 감소하는 함수의 그래프입니다.

즉, 구하고자 하는 영역에서 가능한 x좌표는 0, 1, 2, 3, 4뿐입니다.

자연수 a가 $a>1$이므로 a 대신에 2, 3, 4, …를 대입하여 x좌표와 y좌표가 모두 정수인 점의 개수를 찾아봅니다.

이제, $a=2, 3, 4, …$일 때의 두 함수 $y=4^x$, $y=a^{-x+4}$의 그래프를 그리면 다음과 같습니다.

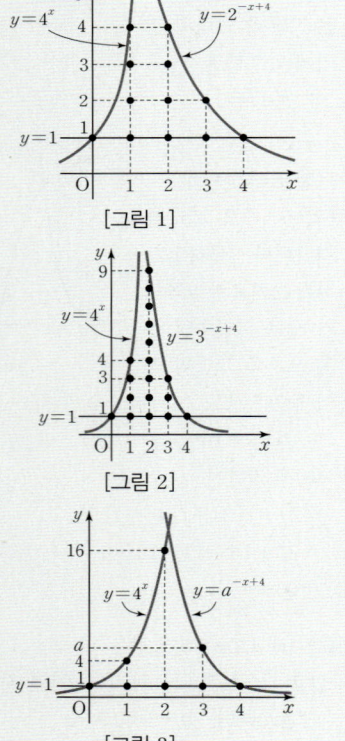

[그림 1]

[그림 2]

[그림 3]

(i) $a=2$일 때

x좌표와 y좌표가 모두 정수인 점은 [그림 1]과 같이 12개입니다.

(ii) $a=3$일 때

x좌표와 y좌표가 모두 정수인 점은 [그림 2]와 같이 18개입니다.

(iii) $a\geq4$일 때

x좌표와 y좌표가 모두 정수인 점은 [그림 3]과 같이

$x=0$일 때, 1개

$x=1$일 때, 4개

$x=2$일 때, 16개

$x=3$일 때, a개

$x=4$일 때, 1개

이므로 $1+4+16+a+1=22+a$(개)

이때, x좌표와 y좌표가 모두 정수인 점의 개수가 20 이상 40 이하가 되어야 하므로

$20\leq22+a\leq40$ (단, $a\geq4$)

$\therefore 4\leq a\leq18$

(i)~(iii)에 의하여 가능한 자연수 a의 개수는 4, 5, 6, …, 18의 15입니다.

정답 15

03-28

접근 방법 정사각형 ABCD의 한 변의 길이가 6이고 두 점 A, D와 두 점 B, C의 y좌표가 각각 같고, 두 점 A, B의 x좌표는 12, 두 점 C, D의 x좌표는 6임을 이용합니다.

상세 풀이 오른쪽 그림에서 네 점의 좌표는 각각

A$(12, a^{12})$,

B$(12, b^{12})$,

C$(6, c^6)$,

D$(6, b^6)$

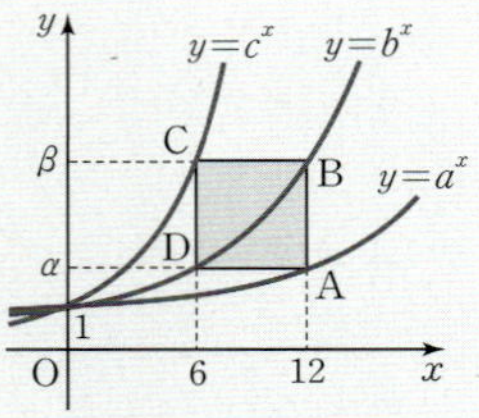

이때, 두 점 A, D와 두 점 B, C의 y좌표가 각각
서로 같으므로

$a^{12}=b^6$, $b^{12}=c^6$ ...... ㉠

한편, 정사각형 ABCD의 한 변의 길이가 6이므로

$\overline{CD}=c^6-b^6=6$ ...... ㉡

이때, ㉠에서 $c^6=b^{12}$이므로 ㉡에 대입하면

$b^{12}-b^6=6$, $(b^6)^2-b^6-6=0$ ...... ㉢

$(b^6+2)(b^6-3)=0$

b가 실수이므로 $b^6=3$

$\therefore a^{12}=b^6=3$, $c^6=(b^6)^2=9$

$\therefore a^{12}+b^{12}+c^{12}=3+3^2+9^2=93$

보충 설명 (1) 함수의 그래프에 대한 문제는 함수의 그
래프가 지나는 점의 좌표를 중심으로 y좌표가 같
다는 등의 함수적인 특징이나 도형의 특징을 이용
해서 푸는 것이 일반적입니다.

(2) 문제에서 구하는 것이 $a^{12}+b^{12}+c^{12}$의 값을 구하
는 것이므로 ㉢에서 굳이 b의 값을 구할 필요가 없
이 b^6에 대한 이차방정식을 세워서 푼 것입니다.

정답 93

03-**29**

접근 방법 선분 BC가 y축에 평행하므로 두 점 B, C
의 y좌표의 차가 선분 BC의 길이가 됩니다.
그런데 두 점 B, C가 각각 함수 $y=4^x$, $y=2^{-x}$의 그
래프 위에 있으므로 두 점 B, C의 x좌표를 구하면 됩
니다. 즉, 두 점 B, C의 x좌표를 미지수 p로 놓고 두
점 A, B의 y좌표가 서로 같음을 이용하여 등식을 세
웁니다.

상세 풀이 점 B의 x좌표를 p라고 하면 선분 AB
의 길이가 2이므로 점 A의 x좌표는 $p-2$입니다.
이때, 두 점 A, B의 y좌표가 같으므로

$2^{-p+2}=4^p$, $2^{-p+2}=2^{2p}$

$-p+2=2p$ $\therefore p=\dfrac{2}{3}$

따라서 $B\left(\dfrac{2}{3}, 4^{\frac{2}{3}}\right)$, $C\left(\dfrac{2}{3}, 2^{-\frac{2}{3}}\right)$이므로

$l=4^{\frac{2}{3}}-2^{-\frac{2}{3}}=2^{\frac{4}{3}}-2^{-\frac{2}{3}}$

$=2^{-\frac{2}{3}}(2^2-1)=3\times2^{-\frac{2}{3}}$

$\therefore 4l^3=4\times\left(3\times2^{-\frac{2}{3}}\right)^3=4\times3^3\times2^{-2}=27$

보충 설명 $l=2^{\frac{4}{3}}-2^{-\frac{2}{3}}$에서 $4l^3$의 값을 구하기 위해서
$2^{\frac{4}{3}}-2^{-\frac{2}{3}}$을 그대로 세제곱하여 계산하면 매우 복잡
합니다. 따라서 먼저 공통 인수로 묶어 계산이 최대
한 간단하도록 변형하여 계산합니다.

정답 27

예제 01 로그함수의 그래프의 평행이동과 대칭이동   p.165

01-1

(1) 함수 $y=\log_{\frac{1}{2}}(x+2)-1$의 그래프는 함수 $y=\log_{\frac{1}{2}}x$의 그래프를 x축의 방향으로 -2만큼, y축의 방향으로 -1만큼 평행이동한 것이므로 다음 그림과 같습니다.

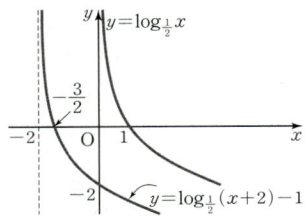

(2) $y=\log_2(4x-8)=\log_2 4(x-2)$
$\qquad =\log_2 4+\log_2(x-2)=\log_2(x-2)+2$

따라서 함수 $y=\log_2(4x-8)$의 그래프는 함수 $y=\log_2 x$의 그래프를 x축의 방향으로 2만큼, y축의 방향으로 2만큼 평행이동한 것이므로 다음 그림과 같습니다.

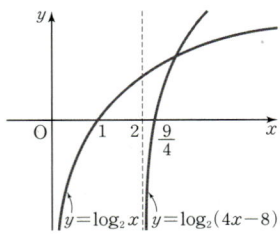

(3) $y=\log_3(1-x)-2=\log_3\{-(x-1)\}-2$

따라서 함수 $y=\log_3(1-x)-2$의 그래프는 함수 $y=\log_3 x$의 그래프를 y축에 대하여 대칭이동한 후 x축의 방향으로 1만큼, y축의 방향으로 -2만큼 평행이동한 것이므로 다음 그림과 같습니다.

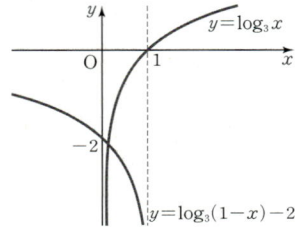

(4) $y=\log_{\frac{1}{3}}(-9x+18)+1$
$\qquad =\log_{\frac{1}{3}}\{-9(x-2)\}+1$
$\qquad =\log_{\frac{1}{3}}9+\log_{\frac{1}{3}}\{-(x-2)\}+1$
$\qquad =-2+\log_{\frac{1}{3}}\{-(x-2)\}+1$
$\qquad =\log_{\frac{1}{3}}\{-(x-2)\}-1$

따라서 함수 $y=\log_{\frac{1}{3}}(-9x+18)+1$의 그래프는 함수 $y=\log_{\frac{1}{3}}x$의 그래프를 y축에 대하여 대칭이 동한 후 x축의 방향으로 2만큼, y축의 방향으로 -1만큼 평행이동한 것이므로 다음 그림과 같습니다.

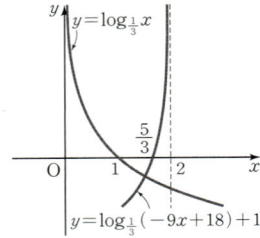

정답   풀이 참조

01-2

$y=-\log_2(3-x)+4$
$\quad =-\log_2\{-(x-3)\}+4$

이때, 함수 $y=-\log_2(-x)$의 그래프는 함수 $y=\log_2 x$의 그래프를 원점에 대하여 대칭이동한 것이고, 함수 $y=-\log_2(3-x)+4$의 그래프는 함수 $y=-\log_2(-x)$의 그래프를 x축의 방향으로 3만큼, y축의 방향으로 4만큼 평행이동한 것이므로 그래프는 다음 그림과 같습니다.

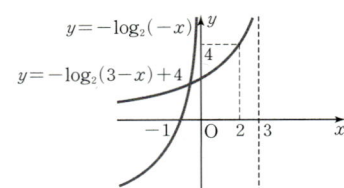

따라서 x의 값이 증가할 때 y의 값도 증가하므로 옳지 않은 것은 ④입니다.

정답   ④

01-**3**

$y=k\log_{\frac{1}{2}}(a-x)+b=k\log_{\frac{1}{2}}\{-(x-a)\}+b$

따라서 함수 $y=k\log_{\frac{1}{2}}(a-x)+b$의 그래프는 함수 $y=k\log_{\frac{1}{2}}(-x)$의 그래프를 x축의 방향으로 a만큼, y축의 방향으로 b만큼 평행이동한 것입니다. 이때, 함수 $y=k\log_{\frac{1}{2}}(-x)$의 그래프의 점근선은 y축, 즉 직선 $x=0$이므로 함수 $y=k\log_{\frac{1}{2}}(a-x)+b$의 그래프의 점근선은 직선 $x=a$입니다.

$$\therefore a=4$$

한편, 함수 $y=k\log_{\frac{1}{2}}(4-x)+b$의 그래프가 두 점 $(2, 0)$, $(0, -2)$를 지나므로

$$0=k\log_{\frac{1}{2}}2+b$$
$$-2=k\log_{\frac{1}{2}}4+b$$
$$\therefore -k+b=0, -2k+b=-2$$

두 식을 연립하여 풀면

$$b=2, k=2$$
$$\therefore a+b+k=4+2+2=8$$

보충 설명 함수 $y=\log_a(x-m)+n$의 그래프는 함수 $y=\log_a x$의 그래프를 x축의 방향으로 m만큼, y축의 방향으로 n만큼 평행이동한 것인데, 이때 점근선은 직선 $x=m$입니다. 즉, y축의 방향으로 평행이동한 것은 점근선에 영향을 주지 않습니다.

정답 8

예제 02 절댓값 기호를 포함한 로그함수의 그래프   p.167

02-**1**

$(1)\ y=|\log_3 x|=\begin{cases}\log_3 x & (x\geq 1)\\ -\log_3 x & (0<x<1)\end{cases}$

따라서 함수 $y=|\log_3 x|$의 그래프는 다음 그림

과 같습니다.

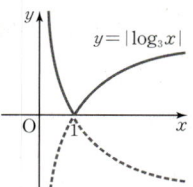

$(2)\ y=|\log_{\frac{1}{3}}(-x)|=|-\log_3(-x)|$

$\quad =|\log_3(-x)|=\begin{cases}\log_3(-x) & (x\leq -1)\\ -\log_3(-x) & (-1<x<0)\end{cases}$

따라서 함수 $y=|\log_{\frac{1}{3}}(-x)|$의 그래프는 다음 그림과 같습니다.

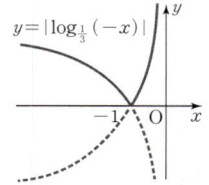

$(3)\ y=\log_3|x|=\begin{cases}\log_3 x & (x>0)\\ \log_3(-x) & (x<0)\end{cases}$

따라서 함수 $y=\log_3|x|$의 그래프는 다음 그림과 같습니다.

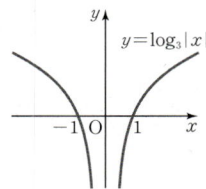

$(4)\ y=\log_{\frac{1}{3}}|x-1|=-\log_3|x-1|$

따라서 함수 $y=\log_{\frac{1}{3}}|x-1|$의 그래프는 함수 $y=\log_3|x|$의 그래프를 x축에 대하여 대칭이동한 후 x축의 방향으로 1만큼 평행이동한 것이므로 다음 그림과 같습니다.

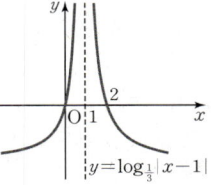

정답 풀이 참조

02-2

(1) $|y|=\log_2 x$의 그래프는 함수 $y=\log_2 x(y\geq0)$의 그래프를 그린 후 이 그래프를 x축에 대하여 대칭이동한 것이므로 다음 그림과 같습니다.

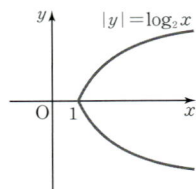

(2) $|y|=\log_{\frac{1}{2}} x$의 그래프는 함수 $y=\log_{\frac{1}{2}} x(y\geq0)$의 그래프를 그린 후 이 그래프를 x축에 대하여 대칭이동한 것이므로 다음 그림과 같습니다.

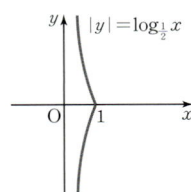

(3) $|y|=\log_2 |x|$의 그래프는 함수 $y=\log_2 x(x\geq0,\ y\geq0)$의 그래프를 그린 후 이 그래프를 x축, y축, 원점에 대하여 각각 대칭이동한 것이므로 다음 그림과 같습니다.

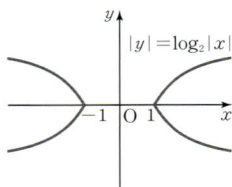

(4) $|y|=|\log_2 x|$의 그래프는 함수 $y=|\log_2 x|\ (y\geq0)$의 그래프를 그린 후 이 그래프를 x축에 대하여 대칭이동한 것이므로 다음 그림과 같습니다.

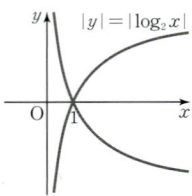

정답 풀이 참조

02-3

함수 $y=|\log_2 x^2|$의 그래프는 함수 $y=\log_2 x^2$의 그래프에서 $y\geq0$인 부분은 그대로 두고, $y<0$인 부분은 x축에 대하여 대칭이동한 것이므로 오른쪽 그림과 같습니다.

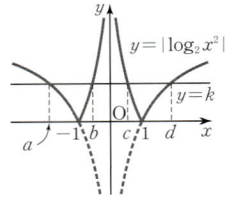

ㄱ. 그래프는 y축에 대하여 대칭입니다. (거짓)

ㄴ. $x=\pm1$일 때, $y=0$이므로 $y=0$인 x의 값은 2개입니다. (참)

ㄷ. 그래프가 y축에 대하여 대칭이므로 위의 그림과 같이 양수 k에 대하여 직선 $y=k$와 함수 $y=|\log_2 x^2|$의 그래프가 만나는 점의 x좌표를 각각 a,b,c,d라고 하면

$$a=-d,\ b=-c$$
$$\therefore a+b+c+d=0$$

그러므로 양수 k에 대하여 $k=|\log_2 x^2|$을 만족시키는 모든 x의 값의 합은 0입니다. (참)

따라서 옳은 것은 ㄴ, ㄷ입니다.

정답 ④

예제 03 지수함수와 로그함수의 역함수 (1)   p.169

03-1

(1) $y=10^{x-1}+2$에서 $y-2=10^{x-1}$이므로 로그의 정의에 의하여

$$x-1=\log(y-2)$$
$$\therefore x=\log(y-2)+1$$

x와 y를 서로 바꾸면 구하는 역함수는

$$y=\log(x-2)+1$$

(2) $y=2^{-x+3}-1$에서 $y+1=2^{-x+3}$이므로 로그의 정의에 의하여

$$-x+3=\log_2(y+1)$$
$$\therefore x=-\log_2(y+1)+3$$
$$=\log_{\frac{1}{2}}(y+1)+3$$

x와 y를 서로 바꾸면 구하는 역함수는
$$y = \log_{\frac{1}{2}}(x+1) + 3$$

(3) $y = \log_4(x+1) - 3$에서 $y+3 = \log_4(x+1)$이므로 로그의 정의에 의하여
$$x+1 = 4^{y+3}$$
$$\therefore x = 4^{y+3} - 1$$
x와 y를 서로 바꾸면 구하는 역함수는
$$y = 4^{x+3} - 1$$

(4) $y = \log_2 \dfrac{1}{x+1}$에서 로그의 정의에 의하여
$$\frac{1}{x+1} = 2^y, \; x+1 = \frac{1}{2^y} = 2^{-y}$$
$$\therefore x = 2^{-y} - 1$$
x와 y를 서로 바꾸면 구하는 역함수는
$$y = 2^{-x} - 1$$

보충 설명 함수 $y=f(x)$의 그래프와 그 역함수 $y=f^{-1}(x)$의 그래프는 직선 $y=x$에 대하여 대칭입니다. 따라서 두 함수
$$y = a^{x-m} + n, \; y = \log_a(x-n) + m$$
$$(a>0, \; a \ne 1)$$
은 서로 역함수 관계이므로 두 함수의 그래프는 직선 $y=x$에 대하여 대칭입니다.
즉, (1)에서 함수 $y=10^{x-1}+2$의 그래프는 함수 $y=10^x$의 그래프를 x축의 방향으로 1만큼, y축의 방향으로 2만큼 평행이동한 것이므로 이 함수의 역함수인 함수 $y=\log(x-2)+1$의 그래프는 함수 $y=\log x$의 그래프를 x축의 방향으로 2만큼, y축의 방향으로 1만큼 평행이동한 것이 됩니다.

정답 (1) $y=\log(x-2)+1$ (2) $y=\log_{\frac{1}{2}}(x+1)+3$
(3) $y=4^{x+3}-1$ (4) $y=2^{-x}-1$

03-2

(1) $y=10^{ax}$에서 로그의 정의에 의하여
$$ax = \log y \quad \therefore x = \frac{1}{a}\log y$$
x와 y를 서로 바꾸면
$$y = \frac{1}{a}\log x$$
따라서 이 식이 $y = \dfrac{a}{100}\log x$와 같으므로

$$\frac{1}{a} = \frac{a}{100}, \; a^2 = 100 \quad \therefore a = 10 \; (\because a>0)$$

(2) $y = \left(\dfrac{1}{2}\right)^{2x-1}$에서
$$2x-1 = \log_{\frac{1}{2}} y, \; 2x = -\log_2 y + 1$$
$$\therefore x = -\frac{1}{2}\log_2 y + \frac{1}{2}$$
x와 y를 서로 바꾸면
$$y = -\frac{1}{2}\log_2 x + \frac{1}{2}$$
따라서 $a = -\dfrac{1}{2}$, $b = \dfrac{1}{2}$이므로
$$a+b = -\frac{1}{2} + \frac{1}{2} = 0$$

다른 풀이 (2) 함수 $y=a\log_2 x+b$에서 $x=2$일 때 $y=a+b$이므로 그 역함수 $y=\left(\dfrac{1}{2}\right)^{2x-1}$에 $x=a+b$, $y=2$를 대입하면
$$2 = \left(\frac{1}{2}\right)^{2(a+b)-1}$$
즉, $2(a+b)-1 = -1$이므로
$$a+b = 0$$

정답 (1) 10 (2) 0

03-3

$f(x) = \log_2 x - 3$에서 $y = \log_2 x - 3$으로 놓으면
$$y+3 = \log_2 x \quad \therefore x = 2^{y+3}$$
x와 y를 서로 바꾸면
$$y = 2^{x+3} \quad \therefore g(x) = 2^{x+3}$$
한편, $f(x-1) = \log_2(x-1) - 3$이므로 $y = \log_2(x-1) - 3$으로 놓으면
$$y+3 = \log_2(x-1), \; x-1 = 2^{y+3}$$
$$\therefore x = 2^{y+3} + 1$$
x와 y를 서로 바꾸면
$$y = 2^{x+3} + 1 = g(x) + 1$$
따라서 함수 $f(x-1)$의 역함수는 $g(x)+1$입니다.

다른 풀이 두 함수 $y=a^{x-m}+n$, $y=\log_a(x-n)+m$ $(a>0, \; a\ne 1)$은 서로 역함수 관계이고, 두 함수의 그래프는 직선 $y=x$에 대하여 대칭입니다.

이때, 역함수 관계에 있는 두 함수 $y=a^{x-m}+n$, $y=\log_a(x-n)+m$의 그래프의 평행이동은 'x축의 방향으로'와 'y축의 방향으로'가 서로 바뀝니다. 따라서 함수 $y=f(x-1)$의 그래프는 함수 $y=f(x)$의 그래프를 x축의 방향으로 1만큼 평행이동한 것이므로 함수 $y=f(x-1)$의 역함수의 그래프는 함수 $y=g(x)$의 그래프를 y축의 방향으로 1만큼 평행이동한 함수 $y=g(x)+1$의 그래프와 일치합니다. 따라서 함수 $f(x-1)$의 역함수는 $g(x)+1$입니다.

정답 ②

예제 04 지수함수와 로그함수의 역함수 (2) p.171

04-1

$(g \circ g \circ g \circ g \circ g)(x)=-3$에서

$(g^{-1} \circ g^{-1} \circ g^{-1} \circ g^{-1} \circ g^{-1} \circ g \circ g \circ g \circ g \circ g)(x)$
$=(g^{-1} \circ g^{-1} \circ g^{-1} \circ g^{-1} \circ g^{-1})(-3)$
$\therefore x=(g^{-1} \circ g^{-1} \circ g^{-1} \circ g^{-1} \circ g^{-1})(-3)$
$=(f \circ f \circ f \circ f \circ f)(-3)$
$=f(f(f(f(f(-3)))))$

이때, $f(-3)=\dfrac{71}{5}-\dfrac{19}{15} \times (-3)=18$,

$f(18)=1-2\log_3(18-9)=1-2 \times 2=-3$이므로

$x=f(f(f(f(f(-3)))))=f(-3)=18$

정답 18

04-2

(1) $(g \circ f)(x)=x$를 만족시키는 함수 $g(x)$는 함수 $f(x)$의 역함수입니다.

$g(13)=a$라고 하면 역함수의 성질에 의하여

$13=g^{-1}(a)=f(a)$, 즉 $1+3\log_2 a=13$

$3\log_2 a=12$, $\log_2 a=4$

$\therefore a=2^4=16$

$\therefore g(13)=16$

(2) $g(3)=p$, $g\left(\dfrac{1}{3}\right)=q$로 놓으면

$f(p)=3$, $f(q)=\dfrac{1}{3}$

$f(p)=3$에서

$5 \times 2^p=3$, $2^p=\dfrac{3}{5}$ $\quad \therefore p=\log_2 \dfrac{3}{5}$

$f(q)=\dfrac{1}{3}$에서

$5 \times 2^q=\dfrac{1}{3}$, $2^q=\dfrac{1}{15}$ $\quad \therefore q=\log_2 \dfrac{1}{15}$

$\therefore p+q=\log_2 \dfrac{3}{5}+\log_2 \dfrac{1}{15}$

$=\log_2 \left(\dfrac{3}{5} \times \dfrac{1}{15}\right)=\log_2 \dfrac{1}{25}$

$\therefore 2^{g(3)+g\left(\frac{1}{3}\right)}=2^{p+q}=2^{\log_2 \frac{1}{25}}=\dfrac{1}{25}$

다른 풀이 (1) $f(x)=1+3\log_2 x$에서 $y=1+3\log_2 x$로 놓으면 $\dfrac{y-1}{3}=\log_2 x$이므로 로그의 정의에 의하여

$x=2^{\frac{y-1}{3}}$

x와 y를 서로 바꾸면

$y=2^{\frac{x-1}{3}}$

따라서 $g(x)=2^{\frac{x-1}{3}}$이므로

$g(13)=2^{\frac{13-1}{3}}=2^4=16$

정답 (1) 16 (2) $\dfrac{1}{25}$

04-3

$(g \circ f)(x)=x$를 만족시키는 함수 $g(x)$는 함수 $f(x)$의 역함수입니다.

$g(-12)=a$로 놓으면 역함수의 성질에 의하여

$-12=g^{-1}(a)=f(a)$

그런데 $x<1$일 때 $-x+1>0$이고, $x \geq 1$일 때 $-2^{x+1}+4 \leq 0$이므로

$-2^{a+1}+4=-12$, $2^{a+1}=16=2^4$

$\therefore a=3$

따라서 $g(-12)=3$이므로 $g(k)+g(-12)=1$에서

$g(k)=-2$

$\therefore k=g^{-1}(-2)=f(-2)=-(-2)+1=3$

정답 3

05-1

함수 $y=\log_a(x+b)$의 그래프에서 x의 값이 증가
할 때 y의 값이 감소하므로

$$0<a<1$$

또한 그래프가 원점을 지나므로

$$0=\log_a b \quad \therefore b=1$$

그러므로 함수

$y=\left(\dfrac{1}{a}\right)^x+1$의 그래프는

함수 $y=\left(\dfrac{1}{a}\right)^x\left(\dfrac{1}{a}>1\right)$

의 그래프를 y축의 방향

으로 1만큼 평행이동한

것입니다.

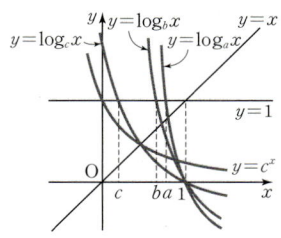

따라서 함수 $y=\left(\dfrac{1}{a}\right)^x+b$의 그래프의 개형은 ①입

니다.

정답　①

05-2

함수 $y=c^x$의 그래프를 직선 $y=x$에 대하여 대칭이
동하여 역함수 $y=\log_c x$의 그래프를 그린 후, 세 함
수 $y=\log_a x$, $y=\log_b x$, $y=\log_c x$의 그래프와 직
선 $y=1$의 교점의 x좌표를 각각 구합니다.

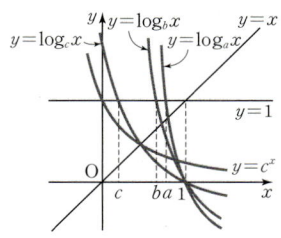

$$\therefore a>b>c$$

정답　$a>b>c$

05-3

ㄱ. $y=\dfrac{3^x}{2}=\dfrac{1}{2}\times 3^x$

$\quad =3^{\log_3 \frac{1}{2}}\times 3^x$

$=3^{-\log_3 2}\times 3^x=3^{x-\log_3 2}$

따라서 함수 $y=\dfrac{3^x}{2}$의 그래프는 함수 $y=3^x$의

그래프를 x축의 방향으로 $\log_3 2$만큼 평행이동한

것입니다.

ㄴ. $y=9^x+1=3^{2x}+1$

따라서 함수 $y=9^x+1$의 그래프는 평행이동 또
는 대칭이동에 의하여 함수 $y=3^x$의 그래프와 일
치할 수 없습니다.

ㄷ. $y=\log_3 x$와 $y=3^x$은 서로 역함수 관계이므로 함
수 $y=\log_3 x-1$의 그래프는 함수 $y=3^x$의 그래
프를 직선 $y=x$에 대하여 대칭이동한 후, y축의
방향으로 -1만큼 평행이동한 것입니다.

ㄹ. $y=\log_9 x^2$

$\quad =\dfrac{1}{2}\log_3 |x|^2$

$\quad =\log_3 |x|$

$\quad =\begin{cases} \log_3 x & (x>0) \\ \log_3(-x) & (x<0) \end{cases}$

이므로 이 함수의 그래
프는 오른쪽 그림과 같
습니다. 따라서 함수
$y=\log_9 x^2$의 그래프는
평행이동 또는 대칭이
동에 의하여 함수 $y=3^x$
의 그래프와 일치할 수 없습니다.

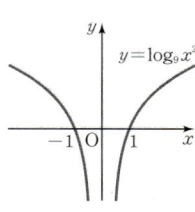

따라서 평행이동 또는 대칭이동에 의하여 함수 $y=3^x$
의 그래프와 일치할 수 있는 것은 ㄱ, ㄷ입니다.

보충 설명　두 함수 $y=\log_2 x^2$과 $y=2\log_2 x$의 차이점
$x>0$일 때 $y=\log_2 x^2=2\log_2 x$입니다. 그러나
두 함수 $y=\log_2 x^2$과 $y=2\log_2 x$의 정의역은 각각
$\{x|x\neq 0\}$, $\{x|x>0\}$이므로 서로 다른 함수입니다.
이때, 두 함수의 그래프는 다음 그림과 같습니다.

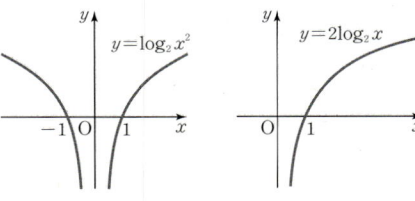

한편, 두 함수 $y=\log_2 x^3$과 $y=3\log_2 x$의 정의역은 모두 $\{x \mid x>0\}$이므로 두 함수는 서로 같습니다.

정답 ②

예제 06 로그함수의 그래프와 도형   p.175

06-1

$\overline{AB}=6$에서 점 B의 x좌표는 9이므로

$$\overline{BC}=\log_a 9-\log_b 9=6 \qquad \cdots\cdots \text{㉠}$$

두 점 A, B의 y좌표가 같으므로

$$\log_a 3=\log_b 9 \qquad \cdots\cdots \text{㉡}$$

㉡을 ㉠에 대입하면

$$\log_a 9-\log_a 3=\log_a 3=6$$

$$\therefore a^6=3$$

㉡에서

$$\log_a 3=\log_b 9=6$$

$$\therefore b^6=9$$

$$\therefore a^6+b^6=3+9=12$$

정답 12

06-2

$A(k, 2)$라고 하면 $C(k+2, 4)$이고, 두 점 A, C는 함수 $y=\log_a x$의 그래프 위의 점이므로

$$\log_a k=2 \qquad \therefore k=a^2$$

$$\log_a (k+2)=4 \qquad \therefore k=a^4-2$$

$a^2=a^4-2$에서 $a^4-a^2-2=0$

$$(a^2+1)(a^2-2)=0$$

$$\therefore a^2=2$$

따라서 $k=2$이고 $B(4, 2)$입니다.

이때, 점 B는 함수 $y=\log_b x$의 그래프 위의 점이므로

$$2=\log_b 4, \; b^2=4$$

$$\therefore b=2 \; (\because b>0)$$

정답 ③

06-3

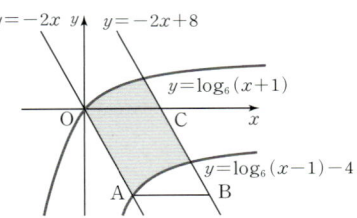

함수 $y=\log_6 (x-1)-4$의 그래프는 함수 $y=\log_6 (x+1)$의 그래프를 x축의 방향으로 2만큼, y축의 방향으로 -4만큼 평행이동한 것입니다. 원점을 x축의 방향으로 2만큼, y축의 방향으로 -4만큼 평행이동하면 점 $(2, -4)$이고, 점 $(2, -4)$는 직선 $y=-2x$ 위의 점입니다.

즉, 함수 $y=\log_6 (x-1)-4$의 그래프와 직선 $y=-2x$가 만나는 점을 A라고 하면 $A(2, -4)$입니다.

위의 그림과 같이 점 A를 지나고 x축에 평행한 직선이 직선 $y=-2x+8$과 만나는 점을 B, 직선 $y=-2x+8$이 x축과 만나는 점을 C라고 하면 주어진 두 곡선과 두 직선으로 둘러싸인 도형의 넓이는 평행사변형 OABC의 넓이와 같습니다.

이때, 점 C의 좌표는 $C(4, 0)$이므로 $\overline{OC}=4$

따라서 구하는 도형의 넓이는

$$4\times 4=16$$

정답 16

예제 07 역함수 관계에 있는 로그함수와 지수함수의 그래프   p.177

07-1

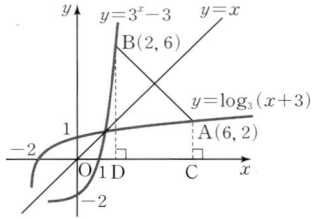

두 함수 $y=3^x-3$과 $y=\log_3 (x+3)$은 서로 역함수

관계이므로 두 함수의 그래프는 직선 $y=x$에 대하여 대칭입니다.

점 $\mathrm{A}(6, 2)$를 지나고 기울기가 -1인 직선이 곡선 $y=3^x-3$과 만나는 점 B는 점 $\mathrm{A}(6, 2)$를 직선 $y=x$에 대하여 대칭이동한 점이 됩니다.

따라서 $\mathrm{B}(2, 6)$이므로 사각형 ABDC의 넓이는

$$\frac{1}{2} \times (6+2) \times 4 = 16$$

정답   16

07-2

$\mathrm{A}(0, 1)$, $\mathrm{B}(1, 0)$이고 선분 AB가 정사각형의 한 변이므로 $\mathrm{C}(1, 2)$, $\mathrm{D}(2, 1)$입니다.

이때, 직선 $y=-x+k$가 점 $\mathrm{C}(1, 2)$를 지나므로

$$2 = -1 + k$$
$$\therefore k = 3$$

정답   3

07-3

$\mathrm{A}(\alpha, m\alpha)$, $\mathrm{B}(\beta, m\beta)$라고 하면 사각형 ABDC는 등변사다리꼴이므로

$$\overline{\mathrm{AC}} /\!/ \overline{\mathrm{BD}}, \quad \overline{\mathrm{AB}} = \overline{\mathrm{CD}}$$

이때, $\triangle \mathrm{OBD} : \triangle \mathrm{OAC} = 4 : 1$이므로

$$\overline{\mathrm{OB}} : \overline{\mathrm{OA}} = 2 : 1$$

즉, $\beta = 2\alpha$이므로 $\mathrm{B}(2\alpha, 2m\alpha)$입니다.

또한 두 점 A, B는 함수 $y=\log_2 x$의 그래프 위의 점이므로 $m\alpha = \log_2 \alpha$, $2m\alpha = \log_2 2\alpha$에서

$$2\log_2 \alpha = \log_2 2\alpha, \quad \alpha^2 = 2\alpha, \quad \alpha(\alpha-2) = 0$$

$\alpha \neq 0$이므로 $\alpha = 2$ $\therefore \beta = 4$

한편, 두 함수 $y=\log_2 x$, $y=2^x$은 서로 역함수 관계이므로 그 그래프는 직선 $y=x$에 대하여 대칭입니다.

이때, $\overline{\mathrm{AB}} = \overline{\mathrm{CD}}$이므로 두 직선 $y=mx$, $y=nx$도 직선 $y=x$에 대하여 대칭입니다.

따라서 $\mathrm{C}(2m, 2)$이고 점 C는 함수 $y=2^x$의 그래프 위의 점이므로 $2^{2m}=2$에서 $m=\frac{1}{2}$

또한 점 $\mathrm{C}(1, 2)$는 직선 $y=nx$ 위의 점이므로

$$n = 2$$

$$\therefore m+n = \frac{1}{2} + 2 = \frac{5}{2}$$

정답 $\dfrac{5}{2}$

예제 08   **로그함수의 그래프를 이용한 대소 관계** p.179

08-1

(1) -2를 밑이 $\frac{1}{2}$인 로그로 나타내면

$$-2 = -2\log_{\frac{1}{2}} \frac{1}{2} = \log_{\frac{1}{2}} \left(\frac{1}{2}\right)^{-2} = \log_{\frac{1}{2}} 4$$

이때, 함수 $y=\log_{\frac{1}{2}} x$는 x의 값이 증가하면 y의 값은 감소하고, $3 < \sqrt{10} < 4$이므로

$$\log_{\frac{1}{2}} 4 < \log_{\frac{1}{2}} \sqrt{10} < \log_{\frac{1}{2}} 3$$
$$\therefore -2 < \log_{\frac{1}{2}} \sqrt{10} < \log_{\frac{1}{2}} 3$$

(2) $\log_a b = k$로 놓고, 주어진 수를 순서대로 a_1, a_2, a_3, a_4, a_5라고 하면

$$a_1 = \frac{1}{2}, \quad a_2 = k, \quad a_3 = \frac{1}{k}, \quad a_4 = 1-k,$$
$$a_5 = 1 - \frac{1}{k}$$

이때, $0 < a < 1$, $a^2 < b < a$에서

$\log_a a < \log_a b < \log_a a^2$, 즉 $1 < k < 2$이므로

$$\underset{\substack{\| \\ a_4}}{1-k < 0} \underset{\substack{\| \\ a_5}}{< 1 - \frac{1}{k}} \underset{\substack{\| \\ a_1}}{< \frac{1}{2}} \underset{\substack{\| \\ a_3}}{< \frac{1}{k} < 1} \underset{\substack{\| \\ a_2}}{< k}$$

$$\therefore \log_a \frac{a}{b} < \log_b \frac{b}{a} < \frac{1}{2} < \log_b a < \log_a b$$

정답   (1) $-2 < \log_{\frac{1}{2}} \sqrt{10} < \log_{\frac{1}{2}} 3$
(2) $\log_a \dfrac{a}{b} < \log_b \dfrac{b}{a} < \dfrac{1}{2} < \log_b a < \log_a b$

08-2

ㄱ. $0 < a < 1$, $b > 1$이므로 $\log_a b < \log_a 1 = 0$

$$\therefore A = \log_a \sqrt{b} = \frac{1}{2} \log_a b < 0 \ (참)$$

ㄴ. $AB = \log_a \sqrt{b} \times \log_{\sqrt{b}} a = 1 \ (참)$

ㄷ. $0 < a < 1$, $b < \dfrac{1}{a}$이므로

$$\log_a b > \log_a \frac{1}{a} = -1$$

$$\therefore A = \log_a \sqrt{b} = \frac{1}{2}\log_a b > -\frac{1}{2}$$

이때, $-\frac{1}{2} < A < 0$이므로 $B = \frac{1}{A} < -2$

$$\therefore A > B \ (참)$$

따라서 옳은 것은 ㄱ, ㄴ, ㄷ입니다.

정답 ⑤

08-**3**

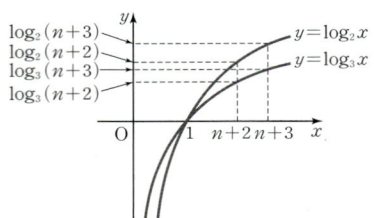

ㄱ. 함수 $y = \log_2 x$는 x의 값이 증가하면 y의 값도 증가하므로

$$\log_2 (n+3) > \log_2 (n+2) \ (참)$$

ㄴ. $x > 1$에서 $\log_2 x > \log_3 x$이므로

$$\log_2 (n+2) > \log_3 (n+2) \ (참)$$

ㄷ. 두 함수 $y = \log_2 (x+2)$, $y = \log_3 (x+3)$의 그래프는 다음 그림과 같습니다.

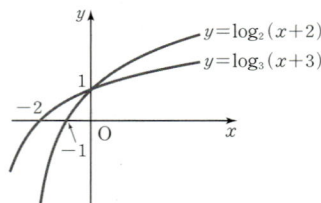

$x > 0$일 때

$$\log_2 (x+2) > \log_3 (x+3)$$

이므로 n이 자연수일 때

$$\log_2 (n+2) > \log_3 (n+3) \ (참)$$

따라서 항상 성립하는 것은 ㄱ, ㄴ, ㄷ입니다.

정답 ⑤

예제 09 로그함수의 최대, 최소   p.181

09-**1**

(1) 함수 $y = \log_{\frac{1}{3}} (-2x+5)$의 밑은 $\frac{1}{3}$이고,

$0 < \frac{1}{3} < 1$이므로 $-2 \le x \le 2$에서

$x = 2$일 때 최대이고, 최댓값은

$$\log_{\frac{1}{3}} (-4+5) = \log_{\frac{1}{3}} 1 = 0$$

$x = -2$일 때 최소이고, 최솟값은

$$\log_{\frac{1}{3}} (4+5) = \log_{\frac{1}{3}} 9 = 2\log_{\frac{1}{3}} 3 = -2$$

(2) $y = \log_5 (x^2 - 6x + 34) = \log_5 \{(x-3)^2 + 25\}$

이 로그함수의 밑은 5이고, $5 > 1$이므로

$x = 3$일 때 최소이고, 최솟값은 $\log_5 25 = 2$

또한 최댓값은 없습니다.

(3) $y = \log_2 (x^2 - 2x + 3) = \log_2 \{(x-1)^2 + 2\}$

이 로그함수의 밑은 2이고, $2 > 1$이므로 $0 \le x \le 3$에서

$x = 3$일 때 최대이고, 최댓값은

$$\log_2 (4+2) = \log_2 6$$

$x = 1$일 때 최소이고, 최솟값은 $\log_2 2 = 1$

(4) $y = \log_3 (-x^2 - 4x + 23)$

$\quad = \log_3 \{-(x+2)^2 + 27\}$

이 로그함수의 밑은 3이고, $3 > 1$이므로

$-3 \le x \le 3$에서

$x = -2$일 때 최대이고, 최댓값은 $\log_3 27 = 3$

$x = 3$일 때 최소이고, 최솟값은

$$\log_3 (-25 + 27) = \log_3 2$$

보충 설명 $p \le x \le q$에서 $y = \log_a f(x)$일 때

(1) $f(x)$가 일차함수이면

범위의 양 끝, 즉 $x = p$와 $x = q$에서 최댓값과 최솟값을 가집니다. p와 q를 x에 대입하여 큰 값을 최댓값, 작은 값을 최솟값이라고 해도 됩니다.

(2) $f(x)$가 이차함수이면

범위의 양 끝에서의 함숫값과 함께 꼭짓점도 확인해야 합니다. 꼭짓점이 구간에 포함될 때에는 꼭짓점과 $x = p$, $x = q$에서의 함숫값을 구해서 가장 큰 값을 최댓값, 가장 작은 값을 최솟값이라고 합니다.

정답 (1) 최댓값 : 0, 최솟값 : -2
(2) 최댓값 : 없다, 최솟값 : 2
(3) 최댓값 : $\log_2 6$, 최솟값 : 1
(4) 최댓값 : 3, 최솟값 : $\log_3 2$

09-2

(1) $\log_4 2x + \log_4 2y = \log_4 4xy$

밑이 4이고, $4 > 1$이므로 xy가 최대일 때 $\log_4 2x + \log_4 2y$도 최댓값을 가집니다.

$x > 0$, $y > 0$이므로 산술평균과 기하평균의 관계를 이용하면

$$x + y \geq 2\sqrt{xy}$$
$$32 \geq 2\sqrt{xy},\ 16 \geq \sqrt{xy}$$
$$\therefore xy \leq 16^2$$

(단, 등호는 $x = y = 16$일 때 성립한다.)

따라서 xy의 최댓값은 16^2이므로 $\log_4 2x + \log_4 2y$의 최댓값은

$$\log_4 (4 \times 16^2) = \log_4 4^5 = 5\log_4 4 = 5$$

(2) $\log_3 x + \log_3 y = \log_3 xy = 5$이므로 $xy = 3^5$

$x > 0$, $y > 0$이므로 산술평균과 기하평균의 관계를 이용하면

$$3x + y \geq 2\sqrt{3xy} = 2\sqrt{3 \times 3^5} = 2 \times 3^3 = 54$$

따라서 $3x + y$의 최솟값은 54입니다.

보충 설명 (2)에서 등호는 $3x = y$일 때 성립하는데 이를 $xy = 3^5$에 대입하면 $x = 9$, $y = 27$입니다. 따라서 $x = 9$, $y = 27$일 때 $3x + y$의 최솟값은 54입니다.

정답 (1) 5 (2) 54

09-3

(1) 함수 $y = \log_{\frac{1}{2}}(x - a)$의 밑은 $\frac{1}{2}$이고, $0 < \frac{1}{2} < 1$이므로 $x - a$가 최대일 때 y가 최소입니다.

따라서 $5 \leq x \leq 8$에서 함수 $y = \log_{\frac{1}{2}}(x - a)$는 $x = 8$일 때 최솟값 -2를 가지므로

$$\log_{\frac{1}{2}}(8 - a) = -2,\ 8 - a = \left(\frac{1}{2}\right)^{-2} = 4$$

$$\therefore a = 4$$

(2) 함수 $y = \log_a(x^2 - 2x + 5)$에서

$$x^2 - 2x + 5 = (x - 1)^2 + 4 \geq 4 \quad \cdots\cdots \ \bigcirc$$

그런데 함수 $y = \log_a(x^2 - 2x + 5)$가 최댓값을 가지므로

$$0 < a < 1$$

즉, $x^2 - 2x + 5$가 최소일 때 y가 최대입니다.

따라서 $\bigcirc$에서 $x = 1$일 때 $x^2 - 2x + 5$의 최솟값은 4이고 $y = \log_a(x^2 - 2x + 5)$의 최댓값은 -2이므로

$$\log_a 4 = -2,\ a^{-2} = 4,\ a^2 = \frac{1}{4}$$

$$\therefore a = \frac{1}{2}\ (\because 0 < a < 1)$$

정답 (1) 4 (2) $\frac{1}{2}$

예제 10 치환을 이용한 로그함수의 최대, 최소 p.183

10-1

(1) $y = (\log_2 2x)^2 - \log_2 x^2$
$\quad = (1 + \log_2 x)^2 - 2\log_2 x$

$\log_2 x = t$로 놓으면

$$y = (1 + t)^2 - 2t = t^2 + 1$$

따라서 함수 $y = t^2 + 1$은 $t = 0$일 때 최소이고, 최솟값은

$$0^2 + 1 = 1$$

또한 최댓값은 없습니다.

(2) $y = \log_3 x^4 - (\log_3 x)^2 + 1$
$\quad = 4\log_3 x - (\log_3 x)^2 + 1$

$\log_3 x = t$로 놓으면

$$y = 4t - t^2 + 1$$
$$\quad = -(t - 2)^2 + 5$$

따라서 함수 $y = -(t - 2)^2 + 5$는 $t = 2$일 때 최대이고, 최댓값은

$$-(2 - 2)^2 + 5 = 5$$

또한 최솟값은 없습니다.

(3) $y = (\log_3 x)^2 + \log_3 \dfrac{27}{x^2}$

$$= (\log_3 x)^2 + \log_3 27 - \log_3 x^2$$
$$= (\log_3 x)^2 + 3 - 2\log_3 x$$

$\log_3 x = t$로 놓으면 $1 \leq x \leq 81$에서
$$\log_3 1 \leq \log_3 x \leq \log_3 81 \qquad \therefore 0 \leq t \leq 4$$

이때, 주어진 함수는
$$y = t^2 - 2t + 3 = (t-1)^2 + 2$$

따라서 $0 \leq t \leq 4$에서 함수 $y = (t-1)^2 + 2$는
$t = 4$일 때 최대이고, 최댓값은
$$(4-1)^2 + 2 = 11$$

$t = 1$일 때 최소이고, 최솟값은
$$(1-1)^2 + 2 = 2$$

(4) $y = (\log_2 2x)\left(\log_2 \dfrac{8}{x}\right)$
$$= (\log_2 2 + \log_2 x)(\log_2 8 - \log_2 x)$$
$$= (1 + \log_2 x)(3 - \log_2 x)$$

$\log_2 x = t$로 놓으면 $1 \leq x \leq 16$에서
$$\log_2 1 \leq \log_2 x \leq \log_2 16$$
$$\therefore 0 \leq t \leq 4$$

이때, 주어진 함수는
$$y = (1+t)(3-t)$$
$$= -t^2 + 2t + 3$$
$$= -(t-1)^2 + 4$$

따라서 $0 \leq t \leq 4$에서 함수 $y = -(t-1)^2 + 4$는
$t = 1$일 때 최대이고, 최댓값은
$$-(1-1)^2 + 4 = 4$$

$t = 4$일 때 최소이고, 최솟값은
$$-(4-1)^2 + 4 = -5$$

정답 (1) 최댓값 : 없다, 최솟값 : 1

(2) 최댓값 : 5, 최솟값 : 없다

(3) 최댓값 : 11, 최솟값 : 2

(4) 최댓값 : 4, 최솟값 : −5

10-2

$f(x) = -(\log_3 x)^2 - a\log_3 \dfrac{1}{x^2} + b$
$$= -(\log_3 x)^2 - a\log_3 x^{-2} + b$$
$$= -(\log_3 x)^2 + 2a\log_3 x + b$$

$\log_3 x = t$로 놓으면

$$g(t) = -t^2 + 2at + b$$
$$= -(t-a)^2 + a^2 + b$$

이때, 함수 $g(t)$는 $t = a$일 때 최댓값 $a^2 + b$를 가지고, 함수 $f(x)$는 $x = 9$일 때 최댓값 6을 가지므로
$$a = \log_3 9 = 2$$
$$6 = a^2 + b = 4 + b \qquad \therefore b = 2$$

따라서 $f(x) = -(\log_3 x)^2 + 4\log_3 x + 2$이므로
$$f(3) = -1^2 + 4 \times 1 + 2 = 5$$

정답 ⑤

10-3

(1) 양변에 상용로그를 취하면
$$\log f(x) = \log(1000x^4 \div x^{\log x})$$
$$= \log 1000x^4 - \log x^{\log x}$$
$$= \log 1000 + \log x^4 - \log x \times \log x$$
$$= 3 + 4\log x - (\log x)^2$$
$$= -(\log x - 2)^2 + 7$$

따라서 함수 $\log f(x)$는 $\log x = 2$일 때 최댓값 7을 가지므로 함수 $f(x)$는 $x = 10^2$일 때 최댓값 10^7을 가집니다.

또한 최솟값은 없습니다.

(2) 양변에 밑이 2인 로그를 취하면
$$\log_2 g(x) = \log_2(8x)^{5-\log_2 x}$$
$$= (5 - \log_2 x)(\log_2 8x)$$
$$= (5 - \log_2 x)(\log_2 8 + \log_2 x)$$
$$= (5 - \log_2 x)(3 + \log_2 x)$$
$$= -(\log_2 x)^2 + 2\log_2 x + 15$$
$$= -(\log_2 x - 1)^2 + 16$$

이때, $\dfrac{1}{2} \leq x \leq 4$에서
$$\log_2 \dfrac{1}{2} \leq \log_2 x \leq \log_2 4$$
$$\therefore -1 \leq \log_2 x \leq 2$$

따라서 함수 $\log_2 g(x)$는 $\log_2 x = 1$일 때 최댓값 16, $\log_2 x = -1$일 때 최솟값 12를 가지므로 함수 $g(x)$는 $x = 2$일 때 최댓값 2^{16}, $x = \dfrac{1}{2}$일 때 최솟값 2^{12}을 가집니다.

정답 (1) 최댓값 : 10^7, 최솟값 : 없다

(2) 최댓값 : 2^{16}, 최솟값 : 2^{12}

예제 11 로그함수의 그래프와 격자점의 개수 p.185

11-1

$\log_2 2=1$, $\log_2 4=2$, $\log_2 8=3$, $\log_2 16=4$,
$\log_2 32=5$이므로

(i) $1 \leq x \leq 2$일 때, 정사각형의 개수는 0

(ii) $2 \leq x \leq 4$일 때, 정사각형의 개수는 $2 \times 1=2$

(iii) $4 \leq x \leq 8$일 때, 정사각형의 개수는 $4 \times 2=8$

(iv) $8 \leq x \leq 16$일 때, 정사각형의 개수는 $8 \times 3=24$

(v) $16 \leq x \leq 30$일 때, 정사각형의 개수는

$$14 \times 4=56$$

(i)~(v)에서 정사각형의 최대 개수는

$$2+8+24+56=90$$

정답 90

11-2

$A(n, \log_2 n)$, $B(n, \log_4 n)$이므로
$$\log_4 n \leq k \leq \log_2 n \ (k는 자연수)$$
즉, $\frac{1}{2}\log_2 n \leq k \leq \log_2 n$을 만족시키는 자연수 k의
개수가 3인 경우를 구하면 됩니다.

$n=4$일 때, $1 \leq k \leq 2$이므로 k의 개수는 2입니다.

$4<n<8$일 때, $1.\times\times\times \leq k \leq 2.\times\times\times$이므로
k의 개수는 1입니다.

$n=8$일 때, $\frac{3}{2} \leq k \leq 3$이므로 k의 개수는 2입니다.

$8<n<16$일 때, $1.\times\times\times \leq k \leq 3.\times\times\times$이므로
k의 개수는 2입니다.

$n=16$일 때, $2 \leq k \leq 4$이므로 k의 개수는 3입니다.

$16<n<32$일 때, $2.\times\times\times \leq k \leq 4.\times\times\times$이므로
k의 개수는 2입니다.

$n=32$일 때, $\frac{5}{2} \leq k \leq 5$이므로 k의 개수는 3입니다.

$32<n<64$일 때, $2.\times\times\times \leq k \leq 5.\times\times\times$이므로
k의 개수는 3입니다.

$n=64$일 때, $3 \leq k \leq 6$이므로 k의 개수는 4입니다.

$64<n<128$일 때, $3.\times\times\times \leq k \leq 6.\times\times\times$이므로
k의 개수는 3입니다.

$n=128$일 때, $\frac{7}{2} \leq k \leq 7$이므로 k의 개수는 4입니다.

$128<n<256$일 때, $3.\times\times\times \leq k \leq 7.\times\times\times$이므로 k
의 개수는 4입니다.

따라서 n의 최댓값은 127, 최솟값은 16이므로 최댓
값과 최솟값의 합은

$$127+16=143$$

정답 143

p.186~187

기본 다지기

04-1 1 2　　2 16　　3 ④　　4 ①

5 (1) $y=\log_3(x+\sqrt{x^2+1})$

(2) $y=\dfrac{2^x+2^{-x}}{2}$ $(x\geq0)$

6 27　　7 1　　8 ③　　9 3　　10 19

04-1

접근 방법 로그함수 $y=\log f(x)$의 정의역은 진수 $f(x)$가 양수가 되는 x의 값의 범위입니다.

상세 풀이 $y=\log(10-x^2)$에서

$10-x^2>0$　∴ $-\sqrt{10}<x<\sqrt{10}$

∴ $A=\{x\,|\,-\sqrt{10}<x<\sqrt{10}\}$

$y=\log(\log x)$에서

$\log x>0$　∴ $x>1$

∴ $B=\{x\,|\,x>1\}$

따라서 $A\cap B=\{x\,|\,1<x<\sqrt{10}\}$이므로 원소 중 정수는 2, 3의 2개입니다.

보충 설명 로그함수 $y=\log(\log x)$에서 $\log x$의 진수 조건 $x>0$은 $x>1$을 포함하므로 군이 구할 필요가 없습니다.

정답 2

04-2

접근 방법 평행이동과 대칭이동에 대하여 잘 알고 있다면 어렵지 않은 문제입니다.

도형 $f(x,y)=0$을

(i) x축의 방향으로 a만큼, y축의 방향으로 b만큼 평행이동하면

$f(x-a,y-b)=0$

(ii) 직선 $y=x$에 대하여 대칭이동하면

$f(y,x)=0$

이 됨을 이용하여 주어진 그래프를 문제의 지시대로 이동한 다음, $g(x)$를 구하여 $g(5)$의 값을 찾습니다.

상세 풀이 함수 $y=1+\log_2 x$의 그래프를 x축의

방향으로 1만큼 평행이동하면

$y=1+\log_2(x-1)$

이 그래프를 직선 $y=x$에 대하여 대칭이동하면

$x=1+\log_2(y-1)$, $y-1=2^{x-1}$

∴ $y=2^{x-1}+1$

또한 이 그래프를 y축의 방향으로 -1만큼 평행이동하면 $y=2^{x-1}$이므로

$g(x)=2^{x-1}$

∴ $g(5)=2^4=16$

보충 설명 도형 $f(x,y)=0$을 x축의 방향으로 1만큼 평행이동하면 $f(x-1,y)=0$이고 이것을 직선 $y=x$에 대하여 대칭이동하면 $f(y-1,x)=0$이고, 다시 y축의 방향으로 -1만큼 평행이동하면 $f(y,x)=0$이 됩니다.

즉, 도형 $f(x,y)=0$을 직선 $y=x$에 대하여 대칭이동한 결과와 같습니다.

따라서 위의 문제에서 함수 $y=g(x)$의 그래프는 함수 $y=1+\log_2 x$의 그래프와 직선 $y=x$에 대하여 대칭이므로 서로 역함수 관계에 있음을 알 수 있습니다.

정답 16

04-3

접근 방법 $y=\log_2 x$가 밑이 2인 로그함수이므로 $\log_a b$도 밑이 2인 로그로 바꿉니다.

상세 풀이 $\log_a b$를 밑이 2인 로그로 바꾸면

$$\log_a b=\frac{\log_2 b}{\log_2 a}$$

주어진 함수 $y=\log_2 x$의 그래프에서 $x=a$일 때 함숫값이 b이고, $x=b$일 때 함숫값이 c이므로

$\log_2 a=b$, $\log_2 b=c$

∴ $\log_a b=\dfrac{\log_2 b}{\log_2 a}=\dfrac{c}{b}$

정답 ④

04-4

접근 방법 로그함수 $y=\log_a x$는 $a>1$일 때에는 증가하는 함수이고, $0<a<1$일 때에는 감소하는 함수입니다.

상세 풀이 주어진 그래프로부터 함수 $y=\log_b ax$가 감소하는 함수이므로 밑이 $0<b<1$이고, $x=1$일 때의 함숫값 $y=\log_b a<0$이므로 $a>1$입니다.

따라서 함수 $y=\log_a bx$는 밑이 $a>1$이므로 증가하는 함수이고, $x=1$일 때의 함숫값 $y=\log_a b<0$이므로 함수 $y=\log_a bx$의 그래프의 개형은 ①입니다.

다른 풀이 $y=\log_b ax=\log_b x+\log_b a$에서 함수 $y=\log_b ax$의 그래프는 함수 $y=\log_b x$의 그래프를 y축의 방향으로 $\log_b a$만큼 평행이동한 것입니다.
즉, 주어진 그래프는 밑이 0보다 크고 1보다 작은 로그함수의 그래프를 평행이동한 것이므로

$$0<b<1$$

또한 함수 $y=\log_b x$의 그래프를 y축의 음의 방향으로 평행이동한 것이므로

$$\log_b a<0 \quad \therefore a>1$$

따라서 $y=\log_a bx=\log_a x+\log_a b$에서 함수 $y=\log_a bx$의 그래프는 밑이 $a>1$인 함수 $y=\log_a x$의 그래프를 y축의 방향으로 $\log_a b$만큼 평행이동한 것입니다.

이때, $\log_a b<0$이므로 함수 $y=\log_a bx$의 그래프의 개형은 ①입니다.

정답 ①

04-5

접근 방법 (1)은 주어진 식의 양변에 3^x을 곱하여 정리하고 3^x을 t로 치환하여 t에 대한 이차방정식 꼴로 만들어 봅니다. (2)에 주어진 함수에서 $x\geq 1$일 때 $y\geq 0$이므로 역함수의 정의역은 $\{x|x\geq 0\}$임에 주의합니다.

상세 풀이 (1) $y=\dfrac{1}{2}(3^x-3^{-x})$에서

$$2y=3^x-3^{-x}$$

양변에 3^x을 곱하면

$$2y\times 3^x=3^{2x}-1$$
$$\therefore (3^x)^2-2y\times 3^x-1=0$$

$3^x=t\ (t>0)$로 놓으면

$$t^2-2yt-1=0$$
$$\therefore t=y\pm\sqrt{y^2+1}$$

그런데 $t>0$이므로 $t=y+\sqrt{y^2+1}$

$$\therefore 3^x=y+\sqrt{y^2+1}$$

로그의 정의에 의하여

$$x=\log_3(y+\sqrt{y^2+1})$$

x와 y를 서로 바꾸면 구하는 역함수는

$$y=\log_3(x+\sqrt{x^2+1})$$

(2) $x\geq 1$일 때 $x+\sqrt{x^2-1}\geq 1$이므로

$$y=\log_2(x+\sqrt{x^2-1})\geq 0$$

$y=\log_2(x+\sqrt{x^2-1})$에서 로그의 정의에 의하여

$$x+\sqrt{x^2-1}=2^y, \sqrt{x^2-1}=2^y-x$$

양변을 제곱하면

$$x^2-1=2^{2y}-2x\times 2^y+x^2$$
$$2x\times 2^y=2^{2y}+1$$
$$\therefore x=\frac{2^y+2^{-y}}{2}$$

x와 y를 서로 바꾸면 구하는 역함수는

$$y=\frac{2^x+2^{-x}}{2}\ (x\geq 0)$$

보충 설명 일반적으로 함수 $f(x)$에 대하여

(1) 함수 $g(x)=\dfrac{f(x)+f(-x)}{2}$일 때,

$$g(-x)=\frac{f(-x)+f(x)}{2}=g(x)$$

이므로 함수 $g(x)$는 항상 우함수입니다.

(2) 함수 $h(x)=\dfrac{f(x)-f(-x)}{2}$일 때,

$$h(-x)=\frac{f(-x)-f(x)}{2}$$
$$=-\frac{f(x)-f(-x)}{2}=-h(x)$$

이므로 함수 $h(x)$는 항상 기함수입니다.

정답 (1) $y=\log_3(x+\sqrt{x^2+1})$ (2) $y=\dfrac{2^x+2^{-x}}{2}\ (x\geq 0)$

04-6

접근 방법 주어진 그래프를 살펴보면 점 $(\log_4 q, p)$ 가 함수 $y=2^x$의 그래프 위의 점이라는 사실을 알 수 있습니다. 즉, $p=2^{\log_4 q}$입니다. 문제에서 $p+q=12$ 가 주어져 있으므로 p와 q의 값을 각각 구합니다.

상세 풀이 점 $(\log_4 q, p)$가 함수 $y=2^x$의 그래프 위의 점이므로

$$p=2^{\log_4 q}=q^{\log_4 2}=q^{\frac{1}{2}}$$

$$\therefore p+q=\sqrt{q}+q=12$$

즉, $(\sqrt{q})^2+\sqrt{q}-12=0$에서

$$(\sqrt{q}+4)(\sqrt{q}-3)=0$$

이때, $\sqrt{q}>0$이므로

$$\sqrt{q}=3 \qquad \therefore q=9$$

따라서 $p=12-q=3$이므로

$$pq=3\times 9=27$$

보충 설명 당연한 사실이지만 직선 $y=x$ 위의 점들은 x좌표와 y좌표가 같습니다. 따라서 $y=x$의 그래프가 주어져 있다면 이를 이용하여 x좌표나 y좌표만 주어진 특정 점의 다른 좌표를 알 수 있습니다.

정답 27

04-7

접근 방법 좌표평면 위의 두 점 $A(x_1, y_1)$, $B(x_2, y_2)$를 이은 선분 AB를 $1:2$로 내분하는 점 P의 좌표는 $P\left(\dfrac{x_2+2x_1}{1+2}, \dfrac{y_2+2y_1}{1+2}\right)$입니다.

상세 풀이 함수 $f(x)=\log_2 x$의 그래프 위의 두 점 $A(a, \log_2 a)$, $B(b, \log_2 b)$를 이은 선분 AB를 $1:2$로 내분하는 점의 좌표는

$$\left(\frac{2a+b}{3}, \frac{2\log_2 a+\log_2 b}{3}\right)$$

이때, 내분점이 x축 위에 있으므로

$$\frac{2\log_2 a+\log_2 b}{3}=\frac{\log_2 a^2 b}{3}=0$$

$$\log_2 a^2 b=0$$

$$\therefore a^2 b=1$$

보충 설명 좌표평면 위의 선분의 내분점과 외분점
좌표평면 위의 두 점 $A(x_1, y_1)$, $B(x_2, y_2)$를 이은 선분 AB를 $m:n\ (m>0, n>0)$으로

(1) 내분하는 점 P의 좌표는

$$P\left(\frac{mx_2+nx_1}{m+n}, \frac{my_2+ny_1}{m+n}\right)$$

(2) 외분하는 점 Q의 좌표는

$$Q\left(\frac{mx_2-nx_1}{m-n}, \frac{my_2-ny_1}{m-n}\right) (단, m\neq n)$$

정답 1

04-8

접근 방법 함수 $y=\log_3 x$의 그래프와 직선 $y=x+k$ 가 만나는 두 점의 좌표를 구하기 위하여 연립하면 $\log_3 x=x+k$입니다. 이 식에 교점의 x좌표 α, β를 각각 대입한 후 연립하여 α, β에 대한 식을 만듭니다.

상세 풀이 함수 $y=\log_3 x$의 그래프와 직선 $y=x+k$가 만나므로

$$\log_3 x=x+k$$

교점의 x좌표가 α, β이므로

$$\log_3 \alpha=\alpha+k, \log_3 \beta=\beta+k$$

두 식을 변끼리 빼면

$$\log_3 \alpha-\log_3 \beta=\alpha-\beta$$

$$\therefore \log_3 \frac{\alpha}{\beta}=\alpha-\beta$$

따라서 로그의 정의에 의하여

$$\frac{\alpha}{\beta}=3^{\alpha-\beta}=\frac{1}{2}$$

다른 풀이 두 점 $(\alpha, \log_3 \alpha)$, $(\beta, \log_3 \beta)$는 직선 $y=x+k$ 위에 있고, 직선의 기울기는 1이므로

$$\frac{\log_3 \alpha-\log_3 \beta}{\alpha-\beta}=1$$

$$\log_3 \alpha-\log_3 \beta=\alpha-\beta$$

$$\log_3 \frac{\alpha}{\beta}=\alpha-\beta$$

$$\therefore \frac{\alpha}{\beta}=3^{\alpha-\beta}=\frac{1}{2}$$

정답 ③

04-9

접근 방법 선분 AB는 y축에 평행하고, 선분 BC는 x축에 평행합니다. 점 A와 함수 $y=2^x$의 그래프를 이용하여 점 B의 좌표를 구하고, 점 B와 함수 $y=\log_2 x$의 그래프를 이용하여 점 C의 좌표를 구합니다.

상세 풀이 점 $A(1, 0)$을 지나고 y축에 평행한 직선이 곡선 $y=2^x$과 만나는 점 B의 x좌표는 1이므로 점 B의 y좌표는 $2^1=2$입니다.

즉, $B(1, 2)$이므로 $\overline{AB}=2$

또한 점 $B(1, 2)$를 지나고 x축에 평행한 직선이 곡선 $y=\log_2 x$와 만나는 점 C의 y좌표는 2이므로 점 C의 좌표는 $\log_2 x=2$에서 $x=2^2=4$입니다.

즉, $C(4, 2)$이므로 $\overline{BC}=4-1=3$

따라서 삼각형 ACB의 넓이는

$$\frac{1}{2} \times \overline{AB} \times \overline{BC} = \frac{1}{2} \times 2 \times 3 = 3$$

보충 설명 x축에 평행한 직선 위의 두 점 $A(a, c)$, $B(b, c)$ 사이의 거리는

$$\overline{AB} = \sqrt{(b-a)^2 + (c-c)^2} = |b-a|$$

입니다. 즉, x좌표의 차가 바로 두 점 사이의 거리가 됩니다. 마찬가지 원리로 y축에 평행한 직선 위의 두 점 사이의 거리 역시 y좌표의 차가 됩니다.

정답 3

04-10

접근 방법 $f(x)$에서 $\log_2 x$를 t로 치환하여 t에 대한 이차함수 꼴로 만들어 정해진 범위에 맞는 최댓값과 최솟값을 구합니다. 이때, x에 대한 구간 $1 \leq x \leq 16$에 따라 t에 대한 구간 역시 $0 \leq t \leq 4$로 바뀝니다.

상세 풀이 주어진 함수 $f(x)$를 변형하면

$$f(x) = (\log_{\frac{1}{2}} x)(\log_2 x) + 2\log_2 x + a$$
$$= (-\log_2 x)(\log_2 x) + 2\log_2 x + a$$
$$= -(\log_2 x)^2 + 2\log_2 x + a$$

$\log_2 x = t$로 놓으면 $1 \leq x \leq 16$에서

$$\log_2 1 \leq \log_2 x \leq \log_2 16$$
$$\therefore 0 \leq t \leq 4$$

이때, 주어진 함수는

$$g(t) = -t^2 + 2t + a$$
$$= -(t-1)^2 + a + 1$$

이고, 함수 $g(t)$의 대칭축이 $t=1$이므로 함수 $g(t)$는 $t=4$일 때 최솟값 1을 가집니다.

$$1 = -(4-1)^2 + a + 1 \qquad \therefore a = 9$$

따라서 함수 $g(t)$는 $t=1$일 때 최댓값 b를 가지므로

$$b = -(1-1)^2 + 9 + 1 = 10$$
$$\therefore a + b = 9 + 10 = 19$$

보충 설명 정해진 범위에서 이차함수의 최댓값, 최솟값을 구할 때, 정해진 범위 내에 대칭축이 포함되면 이때의 함숫값이 최댓값 또는 최솟값이 되고, 범위 내에 대칭축이 포함되지 않으면 범위의 양 끝에서의 함숫값 중 큰 값이 최댓값, 작은 값이 최솟값이 됩니다.

정답 19

p.188~191

실력 다지기

04-11 ③   **12** ⑤   **13** ③   **14** ①   **15** ⑤

     16 63   **17** 10   **18** 64   **19** 11

     20 $y=\log_2(x+2)+1$ **21** $\dfrac{1}{9}+2\log 3$

     22 13   **23** 18   **24** 18   **25** $12\sqrt{3}$

     26 7   **27** $2\sqrt{37}$ **28** 9   **29** 79

04-11

접근 방법 $y=\log f(x)$에서 정의역에 따른 $f(x)$의 값의 범위를 살펴본 후 함수 $y=\log f(x)$의 치역을 구합니다.

상세 풀이 $f(x)=\dfrac{2001+x}{1-x}$ 로 놓으면

$$f(x)=-\frac{x+2001}{x-1}=-\left(1+\frac{2002}{x-1}\right)$$

$$=-\frac{2002}{x-1}-1$$

즉, 함수 $y=f(x)$의 그래프는 함수 $y=-\dfrac{2002}{x}$

의 그래프를 x축의 방향으로 1만큼, y축의 방향으로 -1만큼 평행이동한 것입니다.

오른쪽 그림에서 $-1<x<1$일 때 $f(x)>1000$이므로 함수 $y=\log f(x)$에서

$$\log f(x)>\log 1000=3$$

따라서 함수 $y=\log f(x)$의 치역은

$$\{y\,|\,y>3\}$$

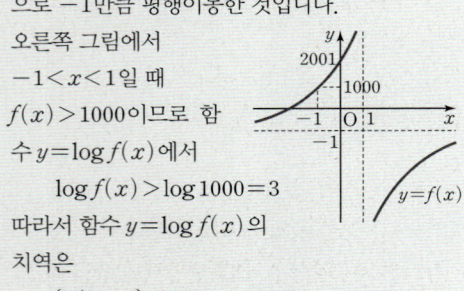

보충 설명 유리함수 $y=\dfrac{k}{x-p}+q$의 그래프

① 함수 $y=\dfrac{k}{x}$의 그래프를 x축의 방향으로 p만큼, y축의 방향으로 q만큼 평행이동한 것입니다.

② 점 $(p,\ q)$에 대하여

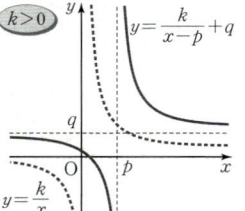

대칭입니다.

③ 정의역 : $\{x\,|\,x\neq p$인 실수$\}$

    치역 : $\{y\,|\,y\neq q$인 실수$\}$

④ 점근선의 방정식 : $x=p,\ y=q$

⑤ 일대일대응이므로 역함수를 가집니다.

정답 ③

04-12

접근 방법 함수 $f(\log_2 x-1)$의 역함수를 구하려면 $\log_2 x-1=h(x)$로 놓고 합성함수 $f(h(x))=(f\circ h)(x)$의 역함수를 구합니다.

상세 풀이 함수 $f(x)$의 역함수가 $g(x)$이므로

$$f^{-1}(x)=g(x)$$

$h(x)=\log_2 x-1$이라고 하면

$$f(\log_2 x-1)=f(h(x))=(f\circ h)(x)$$

이때, 그 역함수는

$$(f\circ h)^{-1}(x)=(h^{-1}\circ f^{-1})(x)$$
$$=h^{-1}(f^{-1}(x))$$
$$=h^{-1}(g(x))$$

$h(x)$의 역함수를 구하기 위하여 $y=\log_2 x-1$로 놓으면

$$y+1=\log_2 x \qquad \therefore x=2^{y+1}$$

x와 y를 서로 바꾸면

$$y=2^{x+1} \qquad \therefore h^{-1}(x)=2^{x+1}$$

따라서 구하는 역함수는

$$(f\circ h)^{-1}(x)=h^{-1}(g(x))=2^{g(x)+1}$$

정답 ⑤

04-13

접근 방법 두 수의 차를 조사하여 대소 관계를 알아봅니다.

상세 풀이 $A=\log_{0.2}0.3=\dfrac{\log 0.3}{\log 0.2}=\dfrac{\log 3-1}{\log 2-1}$

$B=\log_2 3=\dfrac{\log 3}{\log 2}$

$C=\log_{20}30=\dfrac{\log 30}{\log 20}=\dfrac{\log 3+1}{\log 2+1}$

$$A-B=\frac{\log 3-1}{\log 2-1}-\frac{\log 3}{\log 2}$$

$$=\frac{\log 2(\log 3-1)-\log 3(\log 2-1)}{\log 2(\log 2-1)}$$

$$=\frac{\log 3-\log 2}{\log 2(\log 2-1)}<0$$

이므로 $A<B$

$$B-C=\frac{\log 3}{\log 2}-\frac{\log 3+1}{\log 2+1}$$

$$=\frac{\log 3(\log 2+1)-\log 2(\log 3+1)}{\log 2(\log 2+1)}$$

$$=\frac{\log 3-\log 2}{\log 2(\log 2+1)}>0$$

이므로 $B>C$

$$A-C=\frac{\log 3-1}{\log 2-1}-\frac{\log 3+1}{\log 2+1}$$

$$=\frac{(\log 3-1)(\log 2+1)-(\log 2-1)(\log 3+1)}{(\log 2-1)(\log 2+1)}$$

$$=\frac{2(\log 3-\log 2)}{(\log 2-1)(\log 2+1)}<0$$

이므로 $A<C$

$$\therefore A<C<B$$

정답 ③

04-14

[접근 방법] $\log_a \dfrac{x}{y}=\log_a x-\log_a y\ (a>0,\ a\neq 1,$ $x>0,\ y>0)$를 이용하여 $f(x)$를 이차함수 꼴로 변형합니다.

[상세 풀이] 주어진 함수 $f(x)$를 변형하면

$$f(x)$$

$$=\left(\log \frac{x}{3}\right)\left(\log \frac{x}{2}\right)$$

$$=(\log x-\log 3)(\log x-\log 2)$$

$$=(\log x)^2-(\log 3+\log 2)\log x$$

$$\qquad\qquad +\log 3\times\log 2$$

$$=\left(\log x-\frac{\log 3+\log 2}{2}\right)^2$$

$$\quad -\frac{(\log 3)^2-2\log 3\times\log 2+(\log 2)^2}{4}$$

$$=(\log x-\log\sqrt{6})^2-\frac{1}{4}(\log 3-\log 2)^2$$

$$=(\log x-\log\sqrt{6})^2-\frac{1}{4}\left(\log\frac{3}{2}\right)^2$$

따라서 함수 $f(x)$의 최솟값은 $x=\sqrt{6}$일 때,

$-\dfrac{1}{4}\left(\log\dfrac{3}{2}\right)^2$입니다.

[보충 설명] 이차함수의 최댓값 또는 최솟값은 함수의 관계식을 완전제곱식 꼴로 고치면 쉽게 구할 수 있습니다. 즉, 이차함수 $y=a(x-p)^2+q$에서

(i) $a>0$일 때, $\begin{cases} \text{최댓값은 없습니다.} \\ x=p\text{일 때 최솟값 } q\text{를 가집니다.} \end{cases}$

(ii) $a<0$일 때, $\begin{cases} x=p\text{일 때 최댓값 } q\text{를 가집니다.} \\ \text{최솟값은 없습니다.} \end{cases}$

정답 ①

04-15

[접근 방법] 먼저 두 함수 $y=\log_2 x,\ y=\log_3 x$의 그래프와 직선 $y=2-x$를 그려 두 점 $(x_1,\ y_1),\ (x_2,\ y_2)$의 위치를 알아봅니다. 이때, 두 점 $(x_1,\ y_1),\ (x_2,\ y_2)$가 직선 $y=2-x$ 위의 점이므로 $y_1=2-x_1,$ $y_2=2-x_2$이고, 두 점을 지나는 직선의 기울기가 -1임을 이용합니다.

[상세 풀이]

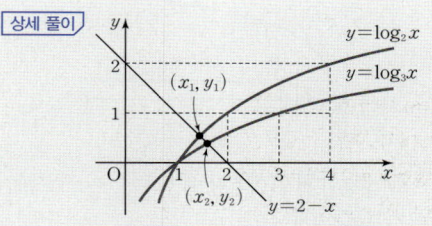

ㄱ. 위의 그림에서 $x_1>1,\ y_2<1$이므로

$\qquad x_1>y_2$ (참)

ㄴ. 두 점 $(x_1,\ y_1),\ (x_2,\ y_2)$는 직선 $y=2-x$ 위의 점이고 직선의 기울기가 $\dfrac{y_2-y_1}{x_2-x_1}=-1$이므로

$\qquad x_2-x_1=-(y_2-y_1)=y_1-y_2$ (참)

ㄷ. $y_1=2-x_1,\ y_2=2-x_2$이므로

$$x_1y_1-x_2y_2=x_1(2-x_1)-x_2(2-x_2)$$
$$=(x_2{}^2-x_1{}^2)-2(x_2-x_1)$$
$$=(x_2-x_1)(x_2+x_1-2)$$

$x_2-x_1>0$이고,

$x_1>1$, $x_2>1$에서 $x_1+x_2>2$이므로

$$x_1y_1-x_2y_2>0$$
$$\therefore x_1y_1>x_2y_2 \text{ (참)}$$

따라서 옳은 것은 ㄱ, ㄴ, ㄷ입니다.

정답 ⑤

04-16

접근 방법 먼저 함수 $y=\log_k x$가 증가하는 함수인지 감소하는 함수인지 알아 보고, 좌표평면에 주어진 삼각형을 그린 후, 이 삼각형과 만나도록 함수 $y=\log_k x$의 그래프를 움직여 봅니다.

상세 풀이 $y=\log_k x$에서 k는 자연수이므로 $k>1$입니다.

즉, 함수 $y=\log_k x$는 증가하는 함수이므로 그 그래프가 주어진 삼각형과 만나려면 다음 그림과 같아야 합니다.

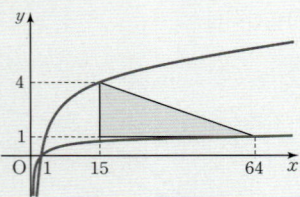

함수 $y=\log_k x$의 그래프가 점 $(15, 4)$를 지날 때,

$4=\log_k 15$에서 $k^4=15$, $k=15^{\frac{1}{4}}$

또한 함수 $y=\log_k x$의 그래프가 점 $(64, 1)$을 지날 때,

$1=\log_k 64$에서 $k=64$

따라서 $15^{\frac{1}{4}}\leq k\leq 64$일 때 함수 $y=\log_k x$의 그래프가 삼각형과 만나므로 자연수 k는 2, 3, 4, $\cdots$, 64의 63개입니다.

정답 63

04-17

접근 방법 점 $(1, 4)$가 두 함수 $y=f(x)$, $y=g(x)$의 그래프 위의 점이므로 점 $(4, 1)$은 그 역함수 $y=f^{-1}(x)$, $y=g^{-1}(x)$의 그래프 위의 점입니다. 따라서 두 함수 $y=f(x)$, $y=g(x)$와 각각 역함수 관계에 있는 함수 $y=\log_4(x+p)+q$, $y=\log_{\frac{1}{2}}(x+p)+q$에 $x=4$, $y=1$을 대입하면 미지수가 2개, 식이 2개이므로 p, q의 값을 각각 구할 수 있습니다.

상세 풀이 두 함수 $y=\log_4(x+p)+q$, $y=\log_{\frac{1}{2}}(x+p)+q$의 그래프는 모두 점 $(4, 1)$을 지나므로

$1=\log_4(4+p)+q$에서 $1-q=\log_4(4+p)$

$1=\log_{\frac{1}{2}}(4+p)+q$에서 $1-q=\log_{\frac{1}{2}}(4+p)$

$$\therefore \log_4(4+p)=\log_{\frac{1}{2}}(4+p)$$

이때, 진수가 $4+p$로 같고 밑이 4와 $\frac{1}{2}$로 다르므로 등식이 성립하려면 $4+p=1$이어야 합니다.

따라서 $p=-3$이고, 이것을 $1=\log_4(4+p)+q$에 대입하면 $q=1$이므로

$$p^2+q^2=(-3)^2+1^2=10$$

보충 설명 함수 $y=f(x)$의 그래프 위의 임의의 점 $P(a, b)$에 대하여

$$b=f(a)$$
$$\Longleftrightarrow a=f^{-1}(b)$$

따라서 오른쪽 그림

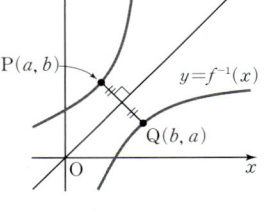

과 같이 점 $Q(b, a)$는 역함수 $y=f^{-1}(x)$의 그래프 위의 점입니다.

정답 10

04-18

접근 방법 먼저 함수 $y=\log_a(x-1)-4$가 증가하는 함수인지 감소하는 함수인지 알아 보고, 좌표평면에

서 직사각형 ABCD와 만나도록 함수 $y=\log_a(x-1)-4$의 그래프를 움직여 봅니다.

상세 풀이 함수 $y=\log_a(x-1)-4$의 그래프가 항상 점 $(2,\ -4)$를 지나므로 직사각형 ABCD와 만나려면 $a>1$이어야 합니다.
즉, 함수 $y=\log_a(x-1)-4$는 증가하는 함수이므로 그 그래프가 직사각형 ABCD와 만나려면 다음 그림과 같아야 합니다.

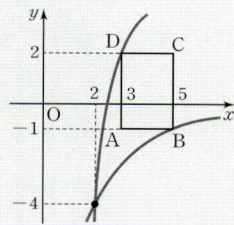

함수 $y=\log_a(x-1)-4$의 그래프가 점 B$(5,\ -1)$을 지날 때,
$-1=\log_a 4-4$에서

$$\log_a 4=3,\ a^3=4 \qquad \therefore a=4^{\frac{1}{3}}=2^{\frac{2}{3}}$$

또한 함수 $y=\log_a(x-1)-4$의 그래프가 점 D$(3,\ 2)$를 지날 때,
$2=\log_a 2-4$에서

$$\log_a 2=6,\ a^6=2 \qquad \therefore a=2^{\frac{1}{6}}$$

따라서 $2^{\frac{1}{6}}\leq a\leq 2^{\frac{2}{3}}$일 때 함수 $y=\log_a(x-1)-4$의 그래프가 직사각형 ABCD와 만나므로
a의 최댓값 $M=2^{\frac{2}{3}}$, 최솟값 $N=2^{\frac{1}{6}}$

$$\therefore \left(\frac{M}{N}\right)^{12}=(2^{\frac{1}{2}})^{12}=2^6=64$$

정답 64

04-19

접근 방법 선분 OA를 x축의 방향으로 3만큼, y축의 방향으로 2만큼 평행이동한 선분을 $\overline{O'A'}$이라고 하면 선분 $\overline{O'A'}$의 양 끝점 사이를 함수 $y=\log_3(x+a)$의 그래프가 지나갈 때 서로 만나게 됩니다.

상세 풀이 두 점 O$(0, 0)$과 A$(1, 0)$을 x축의 방향으로 3만큼, y축의 방향으로 2만큼 평행이동한 점을 각각 O$'$, A$'$이라고 하면

$$O'(3, 2),\ A'(4, 2)$$

함수 $y=\log_3(x+a)$의 그래프가 선분 $\overline{O'A'}$과 만나려면

$$\log_3(3+a)\leq 2,\ \log_3(4+a)\geq 2$$

이 두 부등식을 풀면

$$3+a\leq 9,\ 4+a\geq 9$$
$$\therefore 5\leq a\leq 6$$

따라서 a의 최댓값은 6, 최솟값은 5이므로 최댓값과 최솟값의 합은

$$6+5=11$$

다른 풀이 함수 $y=\log_3 x$의 그래프는 점 $(1, 0)$을 지나므로 점 A의 좌표는 $(1, 0)$입니다. 따라서 선분 OA는 $y=0\ (0\leq x\leq 1)$으로 나타낼 수 있습니다.
이를 x축의 방향으로 3만큼, y축의 방향으로 2만큼 평행이동한 선분을 $\overline{O'A'}$이라고 하면 선분 $\overline{O'A'}$은 $y=2\ (3\leq x\leq 4)$이고, 이 선분과 함수 $y=\log_3(x+a)$의 그래프가 만나려면

$$2=\log_3(x+a),\ x+a=3^2=9$$
$$\therefore a=9-x$$

선분 $\overline{O'A'}$에서 $3\leq x\leq 4$이므로
$x=3$일 때 a의 최댓값은 6
$x=4$일 때 a의 최솟값은 5
따라서 a의 최댓값과 최솟값의 합은

$$6+5=11$$

보충 설명 오른쪽 그림과 같이 함수 $y=f(x)$의 그래프가 2와 3 사이에서 x축과 만난다고 할 때, $f(2)<0$, $f(3)>0$을 만족시킵니다. 이와 비슷한 방법으로 함수 $y=\log_3(x+a)$의 그래프가 선분 $\overline{O'A'}$과 만나기 위해서는 $\log_3(3+a)\leq 2$, $\log_3(4+a)\geq 2$를 만족시켜야 합니다.

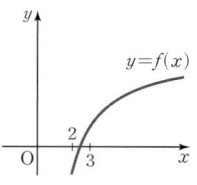

정답 11

04-**20**

접근 방법 직사각형 ABCD의 꼭짓점 C가 함수 $y=\log_2 x$의 그래프 위를 움직이면 꼭짓점 A는 x축의 음의 방향으로 가로의 길이만큼, y축의 양의 방향으로 세로의 길이만큼 평행이동하여 움직입니다.

상세 풀이 점 C는 함수 $y=\log_2 x$의 그래프 위를 움직이고, 점 A는 점 C를 x축의 방향으로 -2만큼, y축의 방향으로 1만큼 평행이동한 점이므로 점 A가 나타내는 도형의 방정식은

$$y=\log_2(x+2)+1$$

보충 설명 함수 $y=\log_a x \ (a>0, \ a\neq1)$의 그래프를 x축의 방향으로 p만큼, y축의 방향으로 q만큼 평행이동하면 함수 $y=\log_a(x-p)+q$의 그래프가 됩니다.

정답 $y=\log_2(x+2)+1$

04-**21**

접근 방법 두 함수 $y=10^x$, $y=\log x$는 서로 역함수 관계에 있습니다. 이때, 함수 $y=10^x$의 그래프를 x축의 방향으로 k만큼 평행이동하고, 함수 $y=\log x$의 그래프를 y축의 방향으로 k만큼 평행이동하면 평행이동한 두 함수 역시 서로 역함수 관계에 있고, 그래프는 직선 $y=x$에 대하여 대칭입니다.

상세 풀이 함수 $y=10^x$의 그래프를 x축의 방향으로 k만큼 평행이동하면

$$y=10^{x-k}$$

함수 $y=\log x$의 그래프를 y축의 방향으로 k만큼 평행이동하면

$$y=\log x+k$$

두 함수 $y=10^{x-k}$, $y=\log x+k$는 서로 역함수 관계에 있으므로 두 함수의 그래프의 교점은 직선 $y=x$와 함수 $y=\log x+k$의 그래프의 교점과 같습니다.

이때, 두 교점을 $P(\alpha, \alpha)$, $Q(\beta, \beta)$ $(\alpha<\beta)$라고 하면 $\overline{PQ}=\sqrt{2}$이므로

$$\sqrt{(\beta-\alpha)^2+(\beta-\alpha)^2}=\sqrt{2}(\beta-\alpha)=\sqrt{2}$$

$$\therefore \beta-\alpha=1 \qquad \cdots\cdots \ \text{㉠}$$

한편, $\begin{cases} \alpha=\log\alpha+k & \cdots\cdots \ \text{㉡} \\ \beta=\log\beta+k & \cdots\cdots \ \text{㉢} \end{cases}$

에서 ㉢−㉡을 하면

$$\beta-\alpha=\log\beta-\log\alpha$$

$$1=\log\frac{\beta}{\alpha}$$

$$\frac{\beta}{\alpha}=10 \qquad \cdots\cdots \ \text{㉣}$$

㉠, ㉣을 연립하여 풀면 $\alpha=\dfrac{1}{9}$, $\beta=\dfrac{10}{9}$이므로 ㉡에서

$$\frac{1}{9}=\log\frac{1}{9}+k$$

$$\therefore k=\frac{1}{9}-\log\frac{1}{9}=\frac{1}{9}+2\log3$$

보충 설명 함수 $y=a^x$과 그 역함수 $y=\log_a x$의 그래프는 직선 $y=x$에 대하여 대칭입니다. 이때, 두 함수

$$y=a^{x-p}+q \qquad \text{← } x\text{축의 방향으로 } p, \ y\text{축의 방향으로 } q\text{만큼}$$
$$y=\log_a(x-q)+p \qquad \text{← } x\text{축의 방향으로 } q, \ y\text{축의 방향으로 } p\text{만큼}$$

도 서로 역함수 관계이므로 이 두 함수의 그래프도 직선 $y=x$에 대하여 대칭입니다.

정답 $\dfrac{1}{9}+2\log3$

04-**22**

접근 방법 기울기가 -1인 직선 l이 두 로그함수의 그래프와 만나는 두 점 $A(a, b)$, $B(c, d)$ 사이의 거리가 $\sqrt{2}$이므로 오른쪽

그림과 같이 직각이등변삼각형에서 두 점 A, B의 x좌표의 차, y좌표의 차가 쉽게 구해집니다. 또한 두 점 $A(a, b)$, $B(c, d)$는 각각 두 곡선 $y=\log_2 x$, $y=\log_4(x+2)$ 위의 점이므로 두 점의 좌표를 대입하면 관계식을 얻을 수 있습니다.

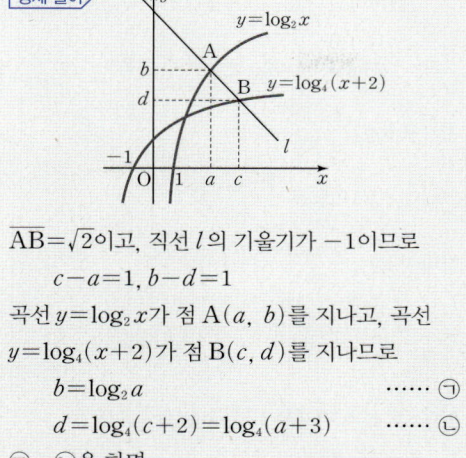

상세 풀이 $\overline{AB}=\sqrt{2}$이고, 직선 l의 기울기가 -1이므로
$$c-a=1,\ b-d=1$$
곡선 $y=\log_2 x$가 점 $A(a,\ b)$를 지나고, 곡선 $y=\log_4(x+2)$가 점 $B(c,\ d)$를 지나므로
$$b=\log_2 a \qquad \cdots\cdots\ \bigcirc$$
$$d=\log_4(c+2)=\log_4(a+3) \qquad \cdots\cdots\ \bigcirc$$
$\bigcirc-\bigcirc$을 하면
$$b-d=\log_2 a-\log_4(a+3)=1$$
$$\log_2 a=\log_4(a+3)+1$$
$$\log_4 a^2=\log_4(4a+12)$$
$$a^2=4a+12$$
$$a^2-4a-12=0,\ (a+2)(a-6)=0$$
$$\therefore a=6\ (\because a>1)$$
따라서 $c=a+1=7$이므로
$$a+c=6+7=13$$

보충 설명 위의 그림과 달리 직선 l이 두 로그함수의 그래프의 교점보다 아래쪽에 있을 때에는 $1<a<c$라는 조건을 충족시키지 않으므로 고려할 필요가 없습니다.

정답   13

04-**23**

접근 방법 점 $P(a,\ b)$에서 x축, y축에 내린 수선의 발 Q, R의 좌표를 a, b를 이용하여 나타냅니다. 사각형 $OAPR$는 사다리꼴이고 삼각형 AQP는 직각삼각형이므로 그 넓이를 a, b에 대한 식으로 나타내어
$$\frac{(\text{사각형 } OAPR\text{의 넓이})}{(\text{삼각형 } AQP\text{의 넓이})}=\frac{5}{4}$$
에 대입합니다.

상세 풀이 $A(1,\ 0)$, $P(a,\ b)$, $Q(a,\ 0)$, $R(0,\ b)$이므로
$$(\text{삼각형 } AQP\text{의 넓이})$$
$$=\frac{1}{2}\times\overline{AQ}\times\overline{PQ}=\frac{1}{2}(a-1)b$$
$$(\text{사각형 } OAPR\text{의 넓이})$$
$$=\frac{1}{2}\times(\overline{OA}+\overline{PR})\times\overline{OR}=\frac{1}{2}(1+a)b$$
이때, $\dfrac{(\text{사각형 } OAPR\text{의 넓이})}{(\text{삼각형 } AQP\text{의 넓이})}=\dfrac{5}{4}$에서
$$\frac{\frac{1}{2}(1+a)b}{\frac{1}{2}(a-1)b}=\frac{5}{4}$$
$$5a-5=4+4a \qquad \therefore a=9$$
따라서 점 $P(9,\ b)$는 곡선 $y=\log_3 x$ 위에 있으므로
$$b=\log_3 9=2$$
$$\therefore ab=9\times 2=18$$

보충 설명 위의 풀이에서 사각형 $OAPR$의 넓이와 삼각형 AQP의 넓이를 각각 a, b에 대한 식으로 나타내었는데, 점 $P(a,\ b)$가 곡선 $y=\log_3 x$ 위에 있다는 것을 먼저 이용하여 $P(a,\ \log_3 a)$로 나타낸 후 사각형 $OAPR$의 넓이와 삼각형 AQP의 넓이를 a에 대한 식으로 나타낼 수도 있습니다.

정답   18

04-**24**

접근 방법 미지수가 a, b의 2개이므로 식을 2개만 찾으면 됩니다.
점 P에서 x축에 평행한 직선을 그어 두 곡선과 만나는 점을 각각 Q, R라고 했으므로 두 점 Q, R의 y좌표는 서로 같다는 것을 알 수 있습니다.
위의 내용과 $\overline{QR}=4$임을 이용하여 a, b에 대한 연립방정식을 세웁니다.

상세 풀이 $\overline{QR}=4$이므로
$$b-a=4 \qquad \cdots\cdots\ \bigcirc$$
또한 두 점 Q, R의 y좌표가 같으므로

$$\log_{\frac{1}{2}} a = \log_2 b \qquad \cdots\cdots\ \bigcirc$$

이때, ㉠에서 $b=a+4$이므로 이것을 ㉡에 대입
하면

$$\log_{\frac{1}{2}} a = \log_2 (a+4)$$

$$-\log_2 a = \log_2 (a+4)$$

$$\frac{1}{a} = a+4,\ a^2+4a-1=0$$

$$\therefore a = -2 \pm \sqrt{5}$$

$0 < a < 1$이므로

$$a = -2+\sqrt{5},\ b = (-2+\sqrt{5})+4 = 2+\sqrt{5}$$

$$\therefore a^2+b^2 = (-2+\sqrt{5})^2+(2+\sqrt{5})^2 = 18$$

보충 설명 도형 $f(x, y)=0$을 x축에 대하여 대칭이
동하면 $f(x, -y)=0$이고, y축에 대하여 대칭이동
하면 $f(-x, y)=0$입니다. 이것을 참고로 하여 두
지수함수 $y=a^x$, $y=\left(\dfrac{1}{a}\right)^x=a^{-x}$의 그래프는 y축에
대하여 대칭이고, 두 로그함수 $y=\log_a x$,
$y=\log_{\frac{1}{a}} x = -\log_a x$의 그래프는 x축에 대하여 대
칭임을 알 수 있습니다.

정답 18

04- **25**

접근 방법 선분 AC가 y축에 평행하므로 두 점 A, C
의 y좌표의 차가 정삼각형 ABC의 한 변의 길이입니
다.

상세 풀이 선분 AC가 y축에 평행하므로 두 점
A, C의 좌표를 각각 A$(t, \log_2 4t)$, C$(t, \log_2 t)$
$(t>1)$라고 하면

$$\overline{\text{AC}} = \log_2 4t - \log_2 t = \log_2 \frac{4t}{t} = 2$$

선분 AC의 중점을 M이라고 하면 삼각형 ABC
가 정삼각형이므로

$$\overline{\text{BM}} = \frac{\sqrt{3}}{2} \times 2 = \sqrt{3}$$

따라서 점 B의 좌표는 $(t-\sqrt{3},\ \log_2 4(t-\sqrt{3}))$
이고

$$\overline{\text{AB}} = \sqrt{(t-\sqrt{3}-t)^2 + \{\log_2 4(t-\sqrt{3}) - \log_2 4t\}^2}$$

$$= \sqrt{3 + \left\{\log_2 \frac{t-\sqrt{3}}{t}\right\}^2} = 2$$

이므로 $\log_2 \dfrac{t-\sqrt{3}}{t} = \pm 1$

그런데 $t>1$이므로 $\dfrac{t-\sqrt{3}}{t} < 1$

따라서 $\log_2 \dfrac{t-\sqrt{3}}{t} = -1$이고

$$\frac{t-\sqrt{3}}{t} = \frac{1}{2},\ 2(t-\sqrt{3}) = t$$

$$\therefore t = 2\sqrt{3}$$

이때, 점 B의 좌표는 $(\sqrt{3},\ \log_2 4\sqrt{3})$이므로

$$p = \sqrt{3},\ q = \log_2 4\sqrt{3}$$

$$\therefore p^2 \times 2^q = (\sqrt{3})^2 \times 2^{\log_2 4\sqrt{3}}$$

$$= 3 \times 4\sqrt{3} = 12\sqrt{3}$$

정답 $12\sqrt{3}$

04- **26**

접근 방법 점 P를 지나고 기울기
가 -1인 직선이 곡선 $y=g(x)$
와 만나는 점이 Q이므로 오른쪽
그림과 같이 삼각형 PRQ는 직각
이등변삼각형입니다.

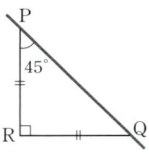

상세 풀이 직선 PQ의
기울기가 -1이고 점
P의 위치에 관계없이
항상 $\overline{\text{PQ}} = \sqrt{2}$이므로
삼각형 PRQ는
$\overline{\text{PR}} = \overline{\text{RQ}} = 1$인 직각
이등변삼각형입니다.

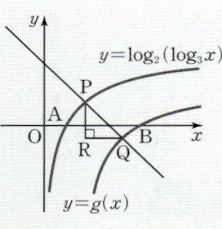

즉, 곡선 $y=g(x)$는 곡선 $y=\log_2 (\log_3 x)$를 x
축의 방향으로 1만큼, y축의 방향으로 -1만큼
평행이동한 것이므로

$$g(x) = \log_2 \{\log_3 (x-1)\} - 1$$

$$= \log_2 \left\{\frac{1}{2} \log_3 (x-1)\right\}$$

$$=\log_2\{\log_3(x-1)^{\frac{1}{2}}\}$$

이때, 곡선 $y=\log_2(\log_3 x)$가 x축과 만나는 점 A의 x좌표는

$\log_2(\log_3 x)=0$에서

$\qquad \log_3 x=1$

$\qquad \therefore x=3$

또한 곡선 $y=g(x)$가 x축과 만나는 점 B의 x좌표는

$\log_2\{\log_3(x-1)^{\frac{1}{2}}\}=0$에서

$\qquad \log_3(x-1)^{\frac{1}{2}}=1$

$\qquad (x-1)^{\frac{1}{2}}=3,\ x-1=3^2$

$\qquad \therefore x=10$

따라서 두 점 $A(3,0)$, $B(10,0)$ 사이의 거리는

$$\overline{AB}=10-3=7$$

보충 설명 곡선 $y=\log_2(\log_3 x)$ 위의 점 P의 위치에 관계없이 항상 $\overline{PQ}=\sqrt{2}$로 일정한 값을 가진다는 것은 점 Q가 나타내는 도형이 곡선 $y=\log_2(\log_3 x)$의 개형을 그대로 가지면서 곡선을 평행이동한 형태라는 것을 알 수 있습니다.

정답 7

04-**27**

접근 방법 곡선 $y=\log_2 x$ 위의 두 점 B, C의 좌표를 각각 $(b,\log_2 b)$, $(c,\log_2 c)$로 나타내고, 삼각형 ACB의 무게중심이 $G(7,2)$임을 이용하여 연립방정식을 세웁니다.

상세 풀이 점 A는 함수 $y=\log_2 x$의 그래프와 x축의 교점이므로 $A(1,0)$입니다.

이때, $B(b,\log_2 b)$, $C(c,\log_2 c)$로 놓으면 삼각형 ACB의 무게중심이 $G(7,2)$이므로

$$\frac{1+b+c}{3}=7 \qquad \cdots\cdots ㉠$$

$$\frac{0+\log_2 b+\log_2 c}{3}=2 \qquad \cdots\cdots ㉡$$

㉠에서 $b+c=20$ $\qquad \cdots\cdots ㉢$

㉡에서 $\log_2 b+\log_2 c=6$

$\qquad \log_2 bc=6$

$\qquad \therefore bc=2^6=64 \qquad \cdots\cdots ㉣$

㉢, ㉣을 연립하여 풀면

$\qquad b=4,\ c=16\ (\because b<c)$

따라서 $B(4,2)$, $C(16,4)$이므로

$$\overline{BC}=\sqrt{(16-4)^2+(4-2)^2}=\sqrt{148}=2\sqrt{37}$$

보충 설명 $A(x_1,y_1)$, $B(x_2,y_2)$, $C(x_3,y_3)$일 때, 삼각형 ABC의 무게중심 G의 좌표는

$$G\left(\frac{x_1+x_2+x_3}{3},\ \frac{y_1+y_2+y_3}{3}\right)$$

정답 $2\sqrt{37}$

04-**28**

접근 방법 점 P의 좌표를 (a,b)로 놓고 네 점 A, B, C, D의 좌표를 a, b를 이용하여 나타냅니다. $\overline{AB}=1$, $f(x)=\log_2 x$, $h(x)$는 함수 $g(x)=\log_3 f(x)$의 역함수임을 이용하여 선분 CD의 길이를 구합니다.

상세 풀이 점 P의 좌표를 (a,b)라고 하면

$\qquad Q(b,b)$, $A(a,\log_2 a)$, $B(a,0)$,

$\qquad C(b,\log_2 b)$, $D(b,0)$ $\qquad \cdots\cdots ㉠$

이때, $\overline{AB}=1$이므로

$\qquad \log_2 a=1$

$\qquad \therefore a=2$

또한 점 $P(2,b)$가 곡선 $y=h(x)$ 위에 있으므로 점 $(b,2)$는 곡선 $y=\log_3 f(x)$ 위에 있습니다.

즉, $2=\log_3 f(b)$

$\qquad \therefore f(b)=3^2=9 \qquad \cdots\cdots ㉡$

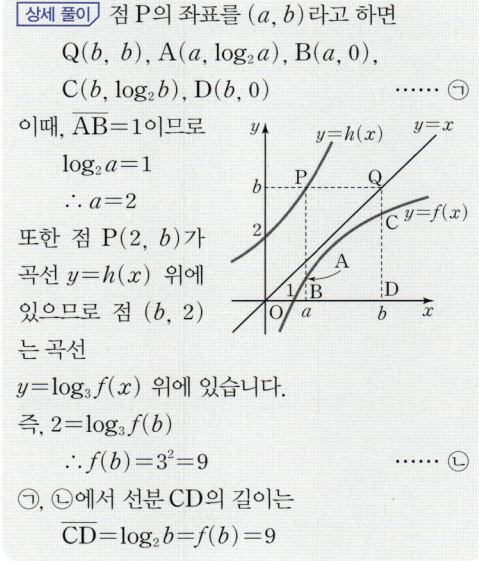

㉠, ㉡에서 선분 CD의 길이는

$$\overline{CD}=\log_2 b=f(b)=9$$

보충 설명 $h(x)$는 함수 $g(x)=\log_3 f(x)$의 역함수로 실제식으로 표현하기는 복잡해 보입니다. $h(x)$를 직접 구하지 않고 $h(x)$의 역함수인

$g(x)=\log_3 f(x)$와 점 P(2, b)의 직선 $y=x$에 대한 대칭점 (b, 2)를 이용하여 선분 CD의 길이를 구했습니다. 위의 풀이와 같이 $h(x)$가 복잡하여 식으로 표현하기 어려운 경우, 역함수를 이용하여 원하는 값을 간단히 구할 때가 있습니다.

정답 9

04-**29**

접근 방법 한 변의 길이가 1인 정사각형이 두 함수 $y=\log 3x$, $y=\log 7x$의 그래프와 모두 만나도록 그려보고, 이때의 조건을 식으로 나타냅니다.

상세 풀이

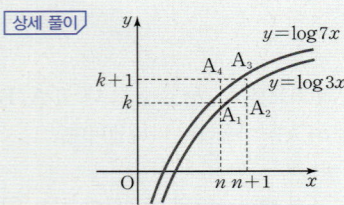

두 자연수 n, k에 대하여 위의 그림과 같이 네 점 $A_1(n, k)$, $A_2(n+1, k)$, $A_3(n+1, k+1)$, $A_4(n, k+1)$을 꼭짓점으로 하는 정사각형이 두 함수 $y=\log 3x$, $y=\log 7x$의 그래프와 모두 만나기 위해서는 $\log 7n \le k+1$이고 $\log 3(n+1) \ge k$이어야 합니다.

즉, $n \le \dfrac{10^{k+1}}{7}$이고 $n \ge \dfrac{10^k}{3}-1$

$\therefore \dfrac{10^k}{3}-1 \le n \le \dfrac{10^{k+1}}{7}$

(i) $k=1$일 때

$$\frac{10}{3}-1 \le n \le \frac{100}{7}$$

그러므로 자연수 n은 3, 4, …, 14의 12개입니다.

(ii) $k=2$일 때

$$\frac{100}{3}-1 \le n \le \frac{1000}{7}$$

또한 꼭짓점의 x좌표는 모두 100 이하이므로 $n+1 \le 100$, 즉 $n \le 99$

그러므로 자연수 n은 33, 34, …, 99의 67개

입니다.
따라서 구하는 정사각형의 개수는

$$12+67=79$$

정답 79

01-**1**

(1) 진수의 조건에서

$$x+2>0, \ x-4>0$$

이므로

$$x>4 \qquad \cdots\cdots \ \unicode{x1D4F}$$

주어진 방정식을 변형하면

$$\log_2(x+2)(x-4)=4$$

이때, $4=\log_2 2^4=\log_2 16$이므로

$$\log_2(x+2)(x-4)=\log_2 16$$

로그의 밑이 같으므로

$$(x+2)(x-4)=16, \ x^2-2x-24=0$$
$$(x+4)(x-6)=0$$
$$\therefore x=-4 \ \text{또는} \ x=6$$

㉠에 의하여 구하는 해는 $x=6$입니다.

(2) 밑과 진수의 조건에서

$$x>0, \ x\neq1, \ 3x+4>0$$

이므로

$$x>0, \ x\neq1 \qquad \cdots\cdots \ \unicode{x1D4F}$$

주어진 방정식을 변형하면

$$\log_x(3x+4)=\log_x x^2$$

로그의 밑이 같으므로

$$3x+4=x^2, \ x^2-3x-4=0$$
$$(x+1)(x-4)=0$$
$$\therefore x=-1 \ \text{또는} \ x=4$$

㉠에 의하여 구하는 해는 $x=4$입니다.

(3) 진수의 조건에서

$$x^2+6x+5>0, \ x+3>0$$
$$(x+1)(x+5)>0, \ x+3>0$$

이므로

$$x>-1 \qquad \cdots\cdots \ \unicode{x1D4F}$$

주어진 방정식을 변형하면

$$\log_3(x^2+6x+5)=\log_3(x+3)+1$$
$$\log_3(x^2+6x+5)=\log_3(x+3)+\log_3 3$$
$$\therefore \log_3(x^2+6x+5)=\log_3 3(x+3)$$

로그의 밑이 같으므로

$$x^2+6x+5=3(x+3), \ x^2+3x-4=0$$

$$(x+4)(x-1)=0$$
$$\therefore x=-4 \ \text{또는} \ x=1$$

㉠에 의하여 구하는 해는 $x=1$입니다.

(4) 진수의 조건에서

$$\sqrt{5x+5}>0, \ 2x-1>0$$
$$5x+5>0, \ 2x-1>0$$

이므로

$$x>\frac{1}{2} \qquad \cdots\cdots \ \unicode{x1D4F}$$

주어진 방정식을 변형하면

$$\frac{1}{2}\log(5x+5)+\frac{1}{2}\log(2x-1)=1$$
$$\log(5x+5)+\log(2x-1)=2$$
$$\log(5x+5)(2x-1)=\log 100$$

로그의 밑이 같으므로

$$(5x+5)(2x-1)=100$$
$$10x^2+5x-105=0, \ 2x^2+x-21=0$$
$$(2x+7)(x-3)=0$$
$$\therefore x=-\frac{7}{2} \ \text{또는} \ x=3$$

㉠에 의하여 구하는 해는 $x=3$입니다.

보충 설명 (2)에서 $a>0, \ a\neq1, \ b>0$일 때,
$a^x=b \Longleftrightarrow x=\log_a b$임을 이용하여 풀 수도 있습니다.
즉, $\log_x(3x+4)=2$에서 $3x+4=x^2$이므로 이 방정식을 풀어서 밑과 진수의 조건을 만족시키는 x의 값을 찾습니다.

정답 (1) $x=6$ (2) $x=4$ (3) $x=1$ (4) $x=3$

01-**2**

(1) 진수의 조건에서 $x+3>0$이므로

$$x>-3 \qquad \cdots\cdots \ \unicode{x1D4F}$$

주어진 방정식에서 각 항의 밑을 4로 통일하면

$$\log_4(x+3)^2=\log_4(x+3)+\log_4 4$$
$$\log_4(x+3)^2=\log_4 4(x+3)$$

로그의 밑이 같으므로

$$(x+3)^2=4(x+3)$$
$$(x+3)^2-4(x+3)=0$$

$(x+3)(x-1)=0$

$\therefore x=-3$ 또는 $x=1$

㉠에 의하여 구하는 해는 $x=1$입니다.

(2) 진수의 조건에서 $x+3>0$, $x+7>0$이므로

$x>-3$ $\cdots\cdots$ ㉠

주어진 방정식에서 각 항의 밑을 9로 통일하면

$\log_9(x+3)^2-\log_9(x+7)=\log_9 9$

$\log_9(x+3)^2=\log_9(x+7)+\log_9 9$

$\log_9(x+3)^2=\log_9 9(x+7)$

로그의 밑이 같으므로

$(x+3)^2=9(x+7)$

$x^2+6x+9=9x+63$

$x^2-3x-54=0$

$(x+6)(x-9)=0$

$\therefore x=-6$ 또는 $x=9$

㉠에 의하여 구하는 해는 $x=9$입니다.

다른 풀이 (1)에서 밑을 2로 통일하여 풀 수도 있습니다. 즉, 주어진 방정식에서

$\log_2(x+3)=\log_{2^2}(x+3)+1$

$\log_2(x+3)=\dfrac{1}{2}\log_2(x+3)+1$

$\dfrac{1}{2}\log_2(x+3)=1$

$\therefore \log_2(x+3)=2$

따라서 로그의 정의에 의하여 $x+3=2^2=4$이므로

$x=1$

보충 설명 로그의 계산에서 밑을 통일할 때에는 보통 밑이 작은 것으로 통일하지만, 로그방정식이나 로그부등식을 풀 때에는 밑이 큰 것으로 통일해야 진수의 조건을 고려할 때 실수를 막을 수 있습니다.

따라서 (1)의 **다른 풀이** 와 같이 밑을 2로 통일하는 것보다는 밑을 4로 통일해서 푸는 것이 훨씬 좋은 풀이 방법입니다.

정답 (1) $x=1$ (2) $x=9$

01-3

진수의 조건에서 $x-3>0$, $2y+5>0$이므로

$x>3$, $y>-\dfrac{5}{2}$ $\cdots\cdots$ ㉠

방정식 $x-y+12=0$에서 $y=x+12$이므로

$\log_2(x-3)=\log_4(2y+5)$에 대입하면

$\log_2(x-3)=\log_4(2x+29)$

밑을 4로 통일하면

$\log_4(x-3)^2=\log_4(2x+29)$

로그의 밑이 같으므로

$(x-3)^2=2x+29$, $x^2-8x-20=0$

$(x+2)(x-10)=0$

$\therefore x=-2$ 또는 $x=10$

㉠에 의하여 $x=10$

이때, $y=x+12$에서 $y=22$이고, 이것은 ㉠을 만족시키므로 $\alpha=10$, $\beta=22$

$\therefore \alpha+\beta=10+22=32$

정답 ②

예제 02 치환을 이용한 로그방정식의 풀이   p.203

02-1

(1) 주어진 방정식을 변형하면

$\log_5 x-2\log_x 5=1$

$\log_5 x-\dfrac{2}{\log_5 x}=1$

이때, $\log_5 x=t$로 놓으면 $t-\dfrac{2}{t}=1$

양변에 t를 곱하여 정리하면

$t^2-t-2=0$, $(t+1)(t-2)=0$

$\therefore t=-1$ 또는 $t=2$

따라서 $\log_5 x=-1$ 또는 $\log_5 x=2$이므로

$x=5^{-1}=\dfrac{1}{5}$ 또는 $x=5^2=25$

이 값들은 진수의 조건 $x>0$과 밑의 조건 $x>0$, $x\neq1$을 모두 만족시키므로 방정식의 해입니다.

(2) 주어진 방정식을 변형하면

$4\log_2 x+\dfrac{1}{\log_2 x}-5=0$

이때, $\log_2 x=t$로 놓으면 $4t+\dfrac{1}{t}-5=0$

양변에 t를 곱하여 정리하면

$$4t^2-5t+1=0, \ (4t-1)(t-1)=0$$

$$\therefore t=\frac{1}{4} \ \text{또는} \ t=1$$

따라서 $\log_2 x=\frac{1}{4}$ 또는 $\log_2 x=1$이므로

$$x=2^{\frac{1}{4}}=\sqrt[4]{2} \ \text{또는} \ x=2$$

이 값들은 진수의 조건 $x^4>0$과 밑의 조건 $x>0$, $x\neq1$을 모두 만족시키므로 방정식의 해입니다.

(3) 주어진 방정식을 변형하면

$$(\log_2 x-6)^2+2\log_2 x-11=0$$

이때, $\log_2 x-6=t$로 놓으면 $\log_2 x=t+6$이므로 주어진 방정식은

$$t^2+2(t+6)-11=0$$
$$t^2+2t+1=0, \ (t+1)^2=0$$
$$\therefore t=-1$$

따라서 $\log_2 x-6=-1$, 즉 $\log_2 x=5$이므로

$$x=2^5=32$$

이 값은 진수의 조건 $x>0$, $x^2>0$을 모두 만족시키므로 방정식의 해입니다.

(4) 주어진 방정식을 변형하면

$$(\log_2 x)^3+4\log_2 x=4(\log_2 x)^2+\log_2 x$$

이때, $\log_2 x=t$로 놓으면

$$t^3+4t=4t^2+t, \ t^3-4t^2+3t=0$$
$$t(t^2-4t+3)=0, \ t(t-1)(t-3)=0$$
$$\therefore t=0 \ \text{또는} \ t=1 \ \text{또는} \ t=3$$

따라서

$$\log_2 x=0 \ \text{또는} \ \log_2 x=1 \ \text{또는} \ \log_2 x=3$$

이므로

$$x=1 \ \text{또는} \ x=2 \ \text{또는} \ x=8$$

이 값들은 진수의 조건 $x>0$, $x^4>0$을 모두 만족시키므로 방정식의 해입니다.

다른 풀이 (3) $(\log_2 x-6)^2+\log_2 x^2-11=0$에서

$$(\log_2 x)^2-12\log_2 x+36+2\log_2 x-11=0$$
$$\therefore (\log_2 x)^2-10\log_2 x+25=0$$

이때, $\log_2 x=t$로 놓으면

$$t^2-10t+25=0, \ (t-5)^2=0$$
$$\therefore t=5$$

따라서 $\log_2 x=5$이므로 $x=2^5=32$

보충 설명 수학 〈상〉에서 배웠듯이 삼차 또는 사차방정식을 푸는 가장 기본적인 방법은 인수분해입니다. 즉, 삼차(사차)방정식을 인수분해한 후

$$ABC=0 \Longleftrightarrow A=0 \ \text{또는} \ B=0 \ \text{또는} \ C=0$$

임을 이용하여 해를 구합니다.

이때, 인수분해하는 방법으로는 삼·사차식의 인수분해 공식이나 인수정리와 조립제법을 이용하는데, 수학 〈상〉의 **03 인수분해**를 참고하기 바랍니다.

정답 $(1)\ x=\dfrac{1}{5}$ 또는 $x=25$ $(2)\ x=\sqrt[4]{2}$ 또는 $x=2$
$(3)\ x=32$ $(4)\ x=1$ 또는 $x=2$ 또는 $x=8$

02-2

(1) 로그의 성질 $a^{\log_b c}=c^{\log_b a}$에 의하여 $x^{\log 5}=5^{\log x}$이므로 주어진 방정식을 변형하면

$$5^{\log x}\times5^{\log x}-3(5^{\log x}+5^{\log x})+5=0$$
$$\therefore (5^{\log x})^2-6\times5^{\log x}+5=0$$

이때, $5^{\log x}=t \ (t>0)$로 놓으면

$$t^2-6t+5=0, \ (t-1)(t-5)=0$$
$$\therefore t=1 \ \text{또는} \ t=5$$

따라서 $5^{\log x}=1$ 또는 $5^{\log x}=5$이므로

(ⅰ) $5^{\log x}=1$에서 $\log x=0$ $\therefore x=10^0=1$
(ⅱ) $5^{\log x}=5$에서 $\log x=1$ $\therefore x=10^1=10$

(ⅰ), (ⅱ)에서 구하는 해는

$$x=1 \ \text{또는} \ x=10$$

(2) 로그의 성질 $a^{\log_b c}=c^{\log_b a}$에 의하여 $x^{\log 2}=2^{\log x}$이므로 주어진 방정식을 변형하면

$$2^{\log x}\times2^{\log x}-3\times2^{\log x}-2\times2^{\log x}+4=0$$
$$\therefore (2^{\log x})^2-5\times2^{\log x}+4=0$$

이때, $2^{\log x}=t \ (t>0)$로 놓으면

$$t^2-5t+4=0, \ (t-1)(t-4)=0$$
$$\therefore t=1 \ \text{또는} \ t=4$$

따라서 $2^{\log x}=1$ 또는 $2^{\log x}=4$이므로

(ⅰ) $2^{\log x}=1$에서 $\log x=0$ $\therefore x=10^0=1$
(ⅱ) $2^{\log x}=4$에서 $\log x=2$ $\therefore x=10^2=100$

(ⅰ), (ⅱ)에서 구하는 해는

$$x=1 \ \text{또는} \ x=100$$

정답 $(1)\ x=1$ 또는 $x=10$ $(2)\ x=1$ 또는 $x=100$

02-3

주어진 방정식에서 $\log_2 x = t$로 놓으면

$\log_2 \dfrac{16}{x} = \log_2 16 - \log_2 x = 4 - t$이므로

$$t(4-t) = \frac{m}{16} \quad \therefore 16t^2 - 64t + m = 0$$

이때, 주어진 방정식의 해가 존재하려면 위의 이차방정식이 실근을 가져야 하므로 이 이차방정식의 판별식을 D라고 하면

$$\frac{D}{4} = (-32)^2 - 16m \geq 0$$

$$\therefore m \leq 64$$

따라서 구하는 m의 최댓값은 64입니다.

정답 64

예제 03 지수에 로그가 있는 방정식의 풀이   p.205

03-1

(1) 주어진 방정식의 양변에 상용로그를 취하면

$$\log x^{\log x} = \log 10000x^3$$
$$\log x \times \log x = \log 10000 + \log x^3$$
$$\therefore (\log x)^2 - 3\log x - 4 = 0$$

이때, $\log x = t$로 놓으면

$$t^2 - 3t - 4 = 0, \ (t+1)(t-4) = 0$$
$$\therefore t = -1 \ \text{또는} \ t = 4$$

따라서 $\log x = -1$ 또는 $\log x = 4$이므로

$$x = \frac{1}{10} \ \text{또는} \ x = 10000$$

(2) 주어진 방정식의 양변에 밑이 3인 로그를 취하면

$$\log_3 x^{\log_3 x} = \log_3 \frac{x^3}{9}$$
$$\log_3 x \times \log_3 x = \log_3 x^3 - \log_3 9$$
$$\therefore (\log_3 x)^2 - 3\log_3 x + 2 = 0$$

이때, $\log_3 x = t$로 놓으면

$$t^2 - 3t + 2 = 0, \ (t-1)(t-2) = 0$$
$$\therefore t = 1 \ \text{또는} \ t = 2$$

따라서 $\log_3 x = 1$ 또는 $\log_3 x = 2$이므로

$$x = 3 \ \text{또는} \ x = 9$$

정답   (1) $x = \dfrac{1}{10}$ 또는 $x = 10000$ (2) $x = 3$ 또는 $x = 9$

03-2

(1) $2^{\log 2x} = 3^{\log 3x}$의 양변에 상용로그를 취하면

$$\log 2^{\log 2x} = \log 3^{\log 3x}$$
$$\log 2x \times \log 2 = \log 3x \times \log 3$$
$$(\log 2 + \log x)\log 2 = (\log 3 + \log x)\log 3$$
$$(\log 2)^2 + \log 2 \times \log x$$
$$= (\log 3)^2 + \log 3 \times \log x$$
$$(\log 2 - \log 3)\log x = (\log 3)^2 - (\log 2)^2$$
$$(\log 2 - \log 3)\log x$$
$$= (\log 3 + \log 2)(\log 3 - \log 2)$$
$$\therefore \log x = \frac{(\log 3 + \log 2)(\log 3 - \log 2)}{\log 2 - \log 3}$$
$$= -(\log 3 + \log 2)$$
$$= -\log 6 = \log 6^{-1}$$
$$= \log \frac{1}{6}$$

즉, $\log x = \log \dfrac{1}{6}$이므로 $x = \dfrac{1}{6}$

(2) $\left(\dfrac{2}{x}\right)^{\log 2} = \left(\dfrac{3}{x}\right)^{\log 3}$의 양변에 상용로그를 취하면

$$\log \left(\frac{2}{x}\right)^{\log 2} = \log \left(\frac{3}{x}\right)^{\log 3}$$
$$\log 2 \times \log \frac{2}{x} = \log 3 \times \log \frac{3}{x}$$
$$\log 2 (\log 2 - \log x) = \log 3 (\log 3 - \log x)$$
$$(\log 2)^2 - \log 2 \times \log x$$
$$= (\log 3)^2 - \log 3 \times \log x$$
$$(\log 3 - \log 2)\log x = (\log 3)^2 - (\log 2)^2$$
$$(\log 3 - \log 2)\log x$$
$$= (\log 3 + \log 2)(\log 3 - \log 2)$$
$$\therefore \log x = \frac{(\log 3 + \log 2)(\log 3 - \log 2)}{\log 3 - \log 2}$$
$$= \log 3 + \log 2$$
$$= \log 6$$

즉, $\log x = \log 6$이므로 $x = 6$

정답   (1) $x = \dfrac{1}{6}$ (2) $x = 6$

03-3

$2^{x-1}=5^{x+1}$의 양변에 상용로그를 취하면

$$(x-1)\log 2=(x+1)\log 5$$
$$x\log 2-\log 2=x\log 5+\log 5$$
$$x(\log 2-\log 5)=\log 2+\log 5$$
$$x(\log 2-\log 5)=1$$
$$\therefore x=\frac{1}{\log 2-\log 5}=\frac{1}{\log \frac{2}{5}}$$

따라서 $a^{-1}=\log \frac{2}{5}$이므로 $10^{a^{-1}}=\frac{2}{5}$

정답 ①

예제 04 로그방정식과 이차방정식 사이의 관계   p.207

04-1

$\log_3 x=t$로 놓으면 주어진 방정식은

$$t^2-3t-1=0$$

이고, 이 방정식의 두 근은 $\log_3 \alpha$, $\log_3 \beta$입니다.
이때, 이차방정식의 근과 계수의 관계에 의하여

$$\log_3 \alpha+\log_3 \beta=3,\ \log_3 \alpha\times\log_3 \beta=-1$$

(1) $\log_3 \alpha+\log_3 \beta=3$에서

$$\log_3 \alpha\beta=\log_3 3^3$$
$$\therefore \alpha\beta=27$$

(2) $\log_\alpha \beta+\log_\beta \alpha$

$$=\frac{\log_3 \beta}{\log_3 \alpha}+\frac{\log_3 \alpha}{\log_3 \beta}$$
$$=\frac{(\log_3 \alpha+\log_3 \beta)^2-2\log_3 \alpha\times\log_3 \beta}{\log_3 \alpha\times\log_3 \beta}$$
$$=\frac{3^2-2\times(-1)}{-1}=-11$$

정답 (1) 27 (2) −11

04-2

(1) 주어진 방정식을 변형하면

$$(\log 2+\log x)(\log 3+\log x)=1$$
$$\therefore (\log x)^2+(\log 2+\log 3)\log x$$
$$+\log 2\times\log 3-1=0 \quad\cdots\cdots\ \bigcirc$$

$\log x=t$로 놓으면

$$t^2+t\log 6+\log 2\times\log 3-1=0 \quad\cdots\cdots\ \bigcirc$$

이때, 방정식 ㉠의 두 근이 α, β이므로 방정식 ㉡의 두 근은 $\log\alpha$, $\log\beta$입니다.
따라서 이차방정식의 근과 계수의 관계에 의하여

$$\log\alpha+\log\beta=\log\alpha\beta=-\log 6=\log \frac{1}{6}$$
$$\therefore \alpha\beta=\frac{1}{6}$$

(2) 주어진 방정식을 변형하면

$$(\log_2 4+\log_2 x)\log_2 x$$
$$+\log_2 3\times\log_2 x-6=0$$
$$(\log_2 x)^2+(\log_2 4+\log_2 3)\log_2 x-6=0$$
$$\therefore (\log_2 x)^2+\log_2 12\times\log_2 x-6=0$$
$$\cdots\cdots\ \bigcirc$$

$\log_2 x=t$로 놓으면

$$t^2+t\log_2 12-6=0 \quad\cdots\cdots\ \bigcirc$$

이때, 방정식 ㉠의 두 근이 α, β이므로 방정식 ㉡의 두 근은 $\log_2 \alpha$, $\log_2 \beta$입니다.
따라서 이차방정식의 근과 계수의 관계에 의하여

$$\log_2 \alpha+\log_2 \beta=\log_2 \alpha\beta=-\log_2 12$$
$$=\log_2 \frac{1}{12}$$
$$\therefore \alpha\beta=\frac{1}{12}$$

정답 (1) $\frac{1}{6}$ (2) $\frac{1}{12}$

04-3

주어진 지수방정식과 로그방정식의 두 근을 α, β라고 합시다.
$2^{2x}-a\times 2^x+8=0$에서 $2^x=t\,(t>0)$로 놓으면 이차방정식 $t^2-at+8=0$의 두 근은 2^α, 2^β이므로 이차방정식의 근과 계수의 관계에 의하여

$$2^\alpha+2^\beta=a,\ 2^\alpha\times 2^\beta=8 \quad\cdots\cdots\ \bigcirc$$

또한 $(\log_2 x)^2-\log_2 x+b=0$에서 $\log_2 x=s$로 놓으면 이차방정식 $s^2-s+b=0$의 두 근은 $\log_2 \alpha$, $\log_2 \beta$이므로 이차방정식의 근과 계수의 관계에 의하여

$$\log_2 \alpha+\log_2 \beta=1,\ \log_2 \alpha\times\log_2 \beta=b \quad\cdots\cdots\ \bigcirc$$

①, ⓒ에서 $2^{\alpha+\beta}=2^3$, $\log_2 \alpha\beta=1$이므로

$\quad \alpha+\beta=3,\ \alpha\beta=2$

두 식을 연립하여 풀면 $\begin{cases} \alpha=1 \\ \beta=2 \end{cases}$ 또는 $\begin{cases} \alpha=2 \\ \beta=1 \end{cases}$ 이므로

$\quad a=2^\alpha+2^\beta=6,\ b=\log_2\alpha \times \log_2\beta=0$

$\quad \therefore\ a+b=6+0=6$

정답 ③

예제 05 밑을 같게 할 수 있는 로그부등식의 풀이   p.213

05-1

(1) 진수의 조건에서 $2x-1>0$이므로

$\quad x>\dfrac{1}{2}$ …… ㉠

주어진 부등식을 변형하면

$\quad \log_{0.5}(2x-1)>\log_{0.5}0.5^{-2}$

$\quad \log_{0.5}(2x-1)>\log_{0.5}4$

이때, 밑이 0.5이고 $0<0.5<1$이므로

$\quad 2x-1<4 \quad \therefore\ x<\dfrac{5}{2}$ …… ㉡

㉠, ㉡의 공통 범위를 구해 보면

$\quad \dfrac{1}{2}<x<\dfrac{5}{2}$

(2) 진수의 조건에서 $\log_3 x>0$, $x>0$이므로

$\quad x>1,\ x>0 \quad \therefore\ x>1$ …… ㉠

주어진 부등식을 변형하면

$\quad \log_2 1\le\log_2(\log_3 x)<\log_2 2$

이때, 밑이 2이고 $2>1$이므로

$\quad 1\le\log_3 x<2$

마찬가지 방법으로 이 부등식을 풀면

$\quad \log_3 3\le\log_3 x<\log_3 3^2$

$\quad \therefore\ 3\le x<9$ …… ㉡

㉠, ㉡의 공통 범위를 구해 보면

$\quad 3\le x<9$

(3) 진수의 조건에서 $x-4>0$, $x-1>0$이므로

$\quad x>4$ …… ㉠

주어진 부등식을 변형하면

$\quad \log_5 10<\log_5(x-1)+\log_5(x-4)$

$\quad \log_5 10<\log_5(x-1)(x-4)$

이때, 밑이 5이고 $5>1$이므로

$\quad 10<(x-1)(x-4)$

$\quad x^2-5x-6>0$

$\quad (x+1)(x-6)>0$

$\quad \therefore\ x<-1\ 또는\ x>6$ …… ㉡

㉠, ㉡의 공통 범위를 구해 보면

$\quad x>6$

(4) 진수의 조건에서 $x-3>0$, $5-x>0$이므로

$\quad 3<x<5$ …… ㉠

주어진 부등식을 변형하면

$\quad \log_{\frac{1}{2}}(x-3)^2>\log_{\frac{1}{2}}(5-x)$

이때, 밑이 $\dfrac{1}{2}$이고 $0<\dfrac{1}{2}<1$이므로

$\quad (x-3)^2<5-x$

$\quad x^2-5x+4<0$

$\quad (x-1)(x-4)<0$

$\quad \therefore\ 1<x<4$ …… ㉡

㉠, ㉡의 공통 범위를 구해 보면

$\quad 3<x<4$

정답 (1) $\dfrac{1}{2}<x<\dfrac{5}{2}$ (2) $3\le x<9$
(3) $x>6$ (4) $3<x<4$

05-2

(1) 진수의 조건에서 $x-4>0$, $x-2>0$이므로

$\quad x>4$ …… ㉠

주어진 부등식에서 각 항의 밑을 4로 통일하면

$\quad \log_4(x-4)^2<\log_4(x-2)$

이때, 밑이 4이고 $4>1$이므로

$\quad (x-4)^2<x-2$

$\quad x^2-9x+18<0$

$\quad (x-3)(x-6)<0$

$\quad \therefore\ 3<x<6$ …… ㉡

㉠, ㉡의 공통 범위를 구해 보면

$\quad 4<x<6$

(2) 진수의 조건에서 $x-5>0$, $2x+5>0$이므로

$\quad x>5$ …… ㉠

주어진 부등식에서 각 항의 밑을 $\frac{1}{9}$로 통일하면

$$\log_{\frac{1}{9}}(x-5)^2 > \log_{\frac{1}{9}}(2x+5)$$

이때, 밑이 $\frac{1}{9}$이고 $0 < \frac{1}{9} < 1$이므로

$$(x-5)^2 < 2x+5$$
$$x^2 - 12x + 20 < 0$$
$$(x-2)(x-10) < 0$$
$$\therefore 2 < x < 10 \qquad \cdots\cdots ㉡$$

㉠, ㉡의 공통 범위를 구해 보면

$$5 < x < 10$$

정답 (1) $4 < x < 6$ (2) $5 < x < 10$

05-3

(1) (i) $\log_3 |x-3| < 4$에서 $4 = \log_3 81$이므로 주어진 부등식은

$$\log_3 |x-3| < \log_3 81$$

이때, 밑이 3이고 $3 > 1$이므로

$$|x-3| < 81, \ -81 < x-3 < 81$$
$$\therefore -78 < x < 84$$

그런데 진수의 조건에서 $|x-3| > 0$, 즉 $x \neq 3$이므로 부등식 $\log_3 |x-3| < 4$의 해는

$$-78 < x < 3 \ \text{또는} \ 3 < x < 84 \qquad \cdots\cdots ㉠$$

(ii) $\log_2 x + \log_2 (x-2) \geq 3$에서

$$\log_2 x(x-2) \geq \log_2 8$$

이때, 밑이 2이고 $2 > 1$이므로

$$x(x-2) \geq 8$$
$$x^2 - 2x - 8 \geq 0$$
$$(x+2)(x-4) \geq 0$$
$$\therefore x \leq -2 \ \text{또는} \ x \geq 4$$

그런데 진수의 조건에서 $x > 0$, $x-2 > 0$, 즉 $x > 2$이므로 부등식 $\log_2 x + \log_2 (x-2) \geq 3$의 해는

$$x \geq 4 \qquad \cdots\cdots ㉡$$

주어진 연립부등식의 해는 ㉠, ㉡의 공통 범위이므로

$$4 \leq x < 84$$

(2) (i) $2^{x+3} > 4$에서 $2^{x+3} > 2^2$

이때, 밑이 2이고 $2 > 1$이므로

$$x+3 > 2 \qquad \therefore x > -1 \qquad \cdots\cdots ㉠$$

(ii) $2\log(x+3) < \log(5x+15)$에서

$$\log(x+3)^2 < \log(5x+15)$$

이때, 밑이 10이고 $10 > 1$이므로

$$(x+3)^2 < 5x+15$$
$$x^2 + x - 6 < 0$$
$$(x+3)(x-2) < 0$$
$$\therefore -3 < x < 2$$

그런데 진수의 조건에서 $x+3 > 0$, $5x+15 > 0$, 즉 $x > -3$이므로

$$-3 < x < 2 \qquad \cdots\cdots ㉡$$

주어진 연립부등식의 해는 ㉠, ㉡의 공통 범위이므로

$$-1 < x < 2$$

정답 (1) $4 \leq x < 84$ (2) $-1 < x < 2$

예제 06 치환을 이용한 로그부등식의 풀이   p.215

06-1

(1) 진수의 조건에서 $x > 0$, $x^5 > 0$이므로

$$x > 0 \qquad \cdots\cdots ㉠$$

주어진 부등식을 변형하면

$$(\log_2 x)^2 - 5\log_2 x + 6 < 0$$

이때, $\log_2 x = t$로 놓으면

$$t^2 - 5t + 6 < 0, \ (t-2)(t-3) < 0$$
$$\therefore 2 < t < 3$$

따라서 $2 < \log_2 x < 3$이므로

$$\log_2 2^2 < \log_2 x < \log_2 2^3$$

밑이 2이고 $2 > 1$이므로 $2^2 < x < 2^3$

$$\therefore 4 < x < 8 \qquad \cdots\cdots ㉡$$

㉠, ㉡의 공통 범위를 구해 보면

$$4 < x < 8$$

(2) 진수의 조건에서 $x > 0$, $x^3 > 0$이므로

$$x > 0 \qquad \cdots\cdots ㉠$$

주어진 부등식을 변형하면

$$(\log x)^2 - 3\log x < 0$$

이때, $\log x=t$로 놓으면

$$t^2-3t<0,\ t(t-3)<0$$

$$\therefore 0<t<3$$

따라서 $0<\log x<3$이므로

$$\log 10^0<\log x<\log 10^3$$

밑이 10이고 $10>1$이므로 $10^0<x<10^3$

$$\therefore 1<x<1000 \qquad \cdots\cdots\ \text{ⓛ}$$

㉠, ㉡의 공통 범위를 구해 보면

$$1<x<1000$$

(3) 진수의 조건에서 $\dfrac{x}{3}>0,\ 9x>0$이므로

$$x>0 \qquad \cdots\cdots\ \text{㉠}$$

주어진 부등식을 변형하면

$$(\log_3 x-\log_3 3)(\log_3 9+\log_3 x)\leq 4$$

$$(\log_3 x-1)(2+\log_3 x)\leq 4$$

이때, $\log_3 x=t$로 놓으면

$$(t-1)(2+t)\leq 4,\ t^2+t-6\leq 0$$

$$(t+3)(t-2)\leq 0 \qquad \therefore -3\leq t\leq 2$$

따라서 $-3\leq \log_3 x\leq 2$이므로

$$\log_3 3^{-3}\leq \log_3 x\leq \log_3 3^2$$

밑이 3이고 $3>1$이므로 $3^{-3}\leq x\leq 3^2$

$$\therefore \frac{1}{27}\leq x\leq 9 \qquad \cdots\cdots\ \text{㉡}$$

㉠, ㉡의 공통 범위를 구해 보면

$$\frac{1}{27}\leq x\leq 9$$

(4) 진수의 조건에서 $x>0$ $\qquad \cdots\cdots\ \text{㉠}$

주어진 부등식을 변형하면

$$\log_2 x(3-\log_2 x)>-4$$

이때, $\log_2 x=t$로 놓으면

$$t(3-t)>-4,\ t^2-3t-4<0$$

$$(t+1)(t-4)<0 \qquad \therefore -1<t<4$$

따라서 $-1<\log_2 x<4$이므로

$$\log_2 2^{-1}<\log_2 x<\log_2 2^4$$

밑이 2이고 $2>1$이므로 $2^{-1}<x<2^4$

$$\therefore \frac{1}{2}<x<16 \qquad \cdots\cdots\ \text{㉡}$$

㉠, ㉡의 공통 범위를 구해 보면

$$\frac{1}{2}<x<16$$

정답 (1) $4<x<8$ (2) $1<x<1000$

(3) $\dfrac{1}{27}\leq x\leq 9$ (4) $\dfrac{1}{2}<x<16$

06-2

(1) 밑과 진수의 조건에서

$$x>0,\ x\neq 1$$

주어진 부등식을 변형하면

$$\log_2 x+\frac{6}{\log_2 x}-7<0$$

(i) $\log_2 x>0$일 때, 즉 $x>1$일 때

양변에 $\log_2 x$를 곱하여 정리하면

$$(\log_2 x)^2-7\log_2 x+6<0$$

$$(\log_2 x-1)(\log_2 x-6)<0$$

$$\therefore 1<\log_2 x<6$$

따라서 $\log_2 2<\log_2 x<\log_2 2^6$이므로

$$2<x<64$$

(ii) $\log_2 x<0$일 때, 즉 $0<x<1$일 때

양변에 $\log_2 x$를 곱하여 정리하면

$$(\log_2 x)^2-7\log_2 x+6>0$$

$$(\log_2 x-1)(\log_2 x-6)>0$$

$$\log_2 x<1\ \text{또는}\ \log_2 x>6$$

그런데 $\log_2 x<0$이므로

$$\log_2 x<0$$

$$\therefore 0<x<1$$

(i), (ii)에서 구하는 해는

$$0<x<1\ \text{또는}\ 2<x<64$$

(2) 밑과 진수의 조건에서

$$x>0,\ x\neq 1$$

주어진 부등식을 변형하면

$$\frac{3}{\log x}+\log x>4$$

(i) $\log x>0$일 때, 즉 $x>1$일 때

양변에 $\log x$를 곱하여 정리하면

$$(\log x)^2-4\log x+3>0$$

$$(\log x-1)(\log x-3)>0$$

$$\therefore \log x<1\ \text{또는}\ \log x>3$$

그런데 $\log x>0$이므로

$0 < \log x < 1$ 또는 $\log x > 3$

$\therefore 1 < x < 10$ 또는 $x > 1000$

(ⅱ) $\log x < 0$일 때, 즉 $0 < x < 1$일 때

양변에 $\log x$를 곱하여 정리하면

$(\log x)^2 - 4\log x + 3 < 0$

$(\log x - 1)(\log x - 3) < 0$

$\therefore 1 < \log x < 3$

그런데 $\log x < 0$이므로 조건을 만족시키는 x의 값은 없습니다.

(ⅰ), (ⅱ)에서 구하는 해는

$1 < x < 10$ 또는 $x > 1000$

보충 설명 위의 두 문제는 t로 치환하여 풀 수도 있습니다. 이때, t의 값의 범위를 $t > 0$, $t < 0$의 두 가지로 나누어서 풀어야 합니다. 물론 그에 따른 x의 값의 범위를 나눠서 생각해야 하는데, 여러 가지 조건들을 생각하려면 실수를 할 위험이 많으므로 치환을 하지 않고 푸는 것이 좋습니다.

정답 (1) $0 < x < 1$ 또는 $2 < x < 64$
(2) $1 < x < 10$ 또는 $x > 1000$

06-3

부등식 $2^{2x} - 2^{x+1} - 8 < 0$에서

$(2^x)^2 - 2 \times 2^x - 8 < 0$, $(2^x + 2)(2^x - 4) < 0$

이때, $2^x + 2 > 0$이므로

$2^x - 4 < 0$, $2^x < 4 = 2^2$ $\therefore x < 2$

$\therefore A = \{x \mid x < 2\}$

따라서 $A \cap B = \varnothing$, $A \cup B = \{x \mid x \leq 16\}$이 성립하려면 $B = \{x \mid 2 \leq x \leq 16\}$이어야 합니다.

부등식 $(\log_2 x)^2 - a\log_2 x + b \leq 0$에서 $\log_2 x = t$로 놓으면

$t^2 - at + b \leq 0$ ...... ㉠

한편, $2 \leq x \leq 16$에서 $1 \leq t \leq 4$이므로

$(t-1)(t-4) \leq 0$

$\therefore t^2 - 5t + 4 \leq 0$ ...... ㉡

㉠, ㉡이 같아야 하므로

$a = 5, b = 4$

$\therefore a^2 + b^2 = 25 + 16 = 41$

정답 41

예제 07 지수에 로그가 있는 부등식의 풀이 p.217

07-1

(1) 진수의 조건에서

$x > 0$ ...... ㉠

주어진 부등식의 양변에 밑이 2인 로그를 취하면

$\log_2 x^{\log_2 x} < \log_2 4x$

$\log_2 x \times \log_2 x < \log_2 4 + \log_2 x$

$\therefore (\log_2 x)^2 - \log_2 x - 2 < 0$

이때, $\log_2 x = t$로 놓으면

$t^2 - t - 2 < 0$, $(t+1)(t-2) < 0$

$\therefore -1 < t < 2$

따라서 $-1 < \log_2 x < 2$이므로

$\log_2 2^{-1} < \log_2 x < \log_2 2^2$

$\therefore \dfrac{1}{2} < x < 4$ ...... ㉡

㉠, ㉡의 공통 범위를 구해 보면

$\dfrac{1}{2} < x < 4$

(2) 진수의 조건에서

$x > 0$ ...... ㉠

주어진 부등식의 양변에 밑이 3인 로그를 취하면

$\log_3 x^{\log_3 x} < \log_3 27x^2$

$\log_3 x \times \log_3 x < \log_3 27 + \log_3 x^2$

$\therefore (\log_3 x)^2 - 2\log_3 x - 3 < 0$

이때, $\log_3 x = t$로 놓으면

$t^2 - 2t - 3 < 0$, $(t+1)(t-3) < 0$

$\therefore -1 < t < 3$

따라서 $-1 < \log_3 x < 3$이므로

$\log_3 3^{-1} < \log_3 x < \log_3 3^3$

$\therefore \dfrac{1}{3} < x < 27$ ...... ㉡

㉠, ㉡의 공통 범위를 구해 보면

$\dfrac{1}{3} < x < 27$

정답 (1) $\dfrac{1}{2} < x < 4$ (2) $\dfrac{1}{3} < x < 27$

07-2

(1) 부등식 $2^{2x} \geq 10^{2x-1}$에서 지수의 밑을 서로 같게

할 수 없으므로 양변에 상용로그를 취한 후 부등식을 풀면

$$2x\log 2 \geq 2x-1,\ (2\log 2-2)x \geq -1$$

이때, $2\log 2-2 = \log 4 - \log 100$

$$= -\log 25 < 0$$

이므로

$$x \leq \frac{1}{\log 25}$$

$$\therefore x \leq \log_{25} 10$$

(2) 부등식 $2^x < 3^{-x+1}$에서 지수의 밑을 서로 같게 할 수 없으므로 양변에 상용로그를 취한 후 부등식을 풀면

$$\log 2^x < \log 3^{-x+1}$$

$$x\log 2 < (-x+1)\log 3$$

$$(\log 2 + \log 3)x < \log 3$$

$$\therefore x < \frac{\log 3}{\log 2 + \log 3}$$

정답 $(1)\ x \leq \log_{25} 10\quad (2)\ x < \dfrac{\log 3}{\log 2 + \log 3}$

07-**3**

(1) 주어진 부등식의 양변에 밑이 3인 로그를 취하면

$$\log_3 x^{\log_3 x} \geq \log_3 \frac{x^4}{a}$$

$$\log_3 x \times \log_3 x \geq \log_3 x^4 - \log_3 a$$

$$\therefore (\log_3 x)^2 - 4\log_3 x + \log_3 a \geq 0$$

이때, $\log_3 x = t$로 놓으면

$$t^2 - 4t + \log_3 a \geq 0$$

모든 실수 t에 대하여 위의 부등식이 성립해야 하므로 이차방정식 $t^2 - 4t + \log_3 a = 0$의 판별식을 D라고 하면

$$\frac{D}{4} = 4 - \log_3 a \leq 0$$

$$\log_3 a \geq 4,\ \log_3 a \geq \log_3 3^4$$

$$\therefore a \geq 81$$

따라서 양수 a의 최솟값은 81입니다.

(2) 주어진 부등식의 양변에 밑이 4인 로그를 취하면

$$\log_4 a x^{\log_4 x} \geq \log_4 x^4$$

$$\log_4 a + \log_4 x^{\log_4 x} \geq 4\log_4 x$$

$$\therefore (\log_4 x)^2 - 4\log_4 x + \log_4 a \geq 0$$

이때, $\log_4 x = t$로 놓으면

$$t^2 - 4t + \log_4 a \geq 0$$

모든 실수 t에 대하여 위의 부등식이 성립해야 하므로 이차방정식 $t^2 - 4t + \log_4 a = 0$의 판별식을 D라고 하면

$$\frac{D}{4} = 4 - \log_4 a \leq 0$$

$$\log_4 a \geq 4,\ \log_4 a \geq \log_4 4^4$$

$$\therefore a \geq 256$$

따라서 양수 a의 최솟값은 256입니다.

정답 $(1)\ 81\quad (2)\ 256$

예제 08 상용로그의 실생활 활용　　p.219

08-**1**

$-7 = 10\log \dfrac{B}{A}$에서

$$\log \frac{B}{A} = -\frac{7}{10}$$

$$\therefore \frac{B}{A} = 10^{-\frac{7}{10}} = 10^{-1+\frac{3}{10}}$$

$$= 10^{-1} \times 10^{\frac{3}{10}} = \frac{1}{10} \times 2 = \frac{1}{5}$$

따라서 $B = \dfrac{1}{5}A$이므로 벽을 투과한 전파의 세기는 벽을 투과하기 전 전파의 세기의 $\dfrac{1}{5}$배입니다.

정답 ②

08-**2**

처음 음향의 주파수를 f_1, 벽의 단위면적당 질량을 m_1, 벽면의 음향투과손실을 L_1이라고 하면

$$L_1 = 20\log m_1 f_1 - 48 \qquad \cdots\cdots ㉠$$

음향의 주파수가 일정하고, 벽의 단위면적당 질량이 5배 증가했을 때의 음향투과손실 L은

$$L = 20\log 5m_1 f_1 - 48$$

$$= 20(\log 5 + \log m_1 f_1) - 48$$

$$= 20(\log 10 - \log 2) + 20\log m_1 f_1 - 48$$

$$= 20(1 - 0.3) + L_1 \ (\because ㉠)$$

$$= 14 + L_1$$

따라서 벽의 단위면적당 질량이 5배가 되면 벽면의 음향투과손실은 $14(\mathrm{dB})$만큼 증가합니다.

$$\therefore a=14$$

정답 14

08-3

$$K=\frac{2.3Q}{2\pi LH}\times\log\frac{L}{r} \qquad \cdots\cdots \text{㉠}$$

Q가 2배, r가 4배가 되면 K가 $\dfrac{1}{2}$배가 되므로

$$\frac{1}{2}K=\frac{2.3\times2Q}{2\pi LH}\times\log\frac{L}{4r} \qquad \cdots\cdots \text{㉡}$$

㉠÷㉡을 하면 $2=\dfrac{1}{2}\times\dfrac{\log\dfrac{L}{r}}{\log\dfrac{L}{4r}}$ 에서

$$4\log\frac{L}{4r}=\log\frac{L}{r}$$

$$4\left(\log\frac{1}{4}+\log\frac{L}{r}\right)=\log\frac{L}{r}$$

$$4\left(-0.6+\log\frac{L}{r}\right)=\log\frac{L}{r}$$

$$\left(\because \log\frac{1}{4}=-2\log2=-0.6\right)$$

$$3\log\frac{L}{r}=2.4$$

$$\log\frac{L}{r}=0.8$$

$$\therefore \frac{L}{r}=10^{0.8}$$

따라서 $n=0.8$이므로

$$100n=100\times0.8=80$$

정답 80

예제 09 **부등식을 이용한 로그함수의 활용(1)**　p.221

09-1

매년 이산화탄소 연간 총 배출량의 10 %가 줄어들면 이산화탄소 연간 총 배출량은 전년도의 90 %이므로 n년 후의 이산화탄소 연간 총 배출량은

$150000000\times0.9^n(\mathrm{TC})$이 됩니다.

n년 후 이산화탄소 연간 총 배출량이 현재의 절반 이하가 된다고 하면

$$150000000\times0.9^n\leq\frac{1}{2}\times150000000$$

$$\therefore 0.9^n\leq\frac{1}{2}$$

양변에 상용로그를 취하면

$$n\log0.9\leq\log\frac{1}{2}$$

$$n\log(9\times10^{-1})\leq\log2^{-1}$$

$$n(\log9+\log10^{-1})\leq-\log2$$

$$n(2\log3-1)\leq-\log2$$

$$n(0.954-1)\leq-0.301$$

$$-0.046n\leq-0.301$$

$$\therefore n\geq\frac{-0.301}{-0.046}=6.5\times\times\times$$

따라서 7년 후에 처음으로 이산화탄소 연간 총 배출량이 현재의 절반 이하가 됩니다.

정답 7년

09-2

0.6 m를 내려갈 때마다 빛의 세기가 10 %씩 감소하므로 표면에서 빛의 세기를 A라고 하면 0.6 m를 n번 통과했을 때 빛의 세기는 $(0.9)^n A$입니다.

이 빛의 세기가 표면에서의 빛의 세기의 10 %, 즉 $0.1A$ 이하이어야 하므로

$$(0.9)^n A\leq0.1A \qquad \therefore (0.9)^n\leq0.1$$

양변에 상용로그를 취하면

$$\log(0.9)^n\leq\log0.1, \ n\log0.9\leq\log0.1$$

$$\therefore n\geq\frac{\log0.1}{\log0.9}=\frac{\log10^{-1}}{\log(3^2\times10^{-1})}$$

$$=\frac{-1}{2\log3-1}=\frac{1}{0.04}=25$$

따라서 0.6 m를 25번 통과했으므로 구하는 바닷속의 깊이는

$$25\times0.6=15(\mathrm{m})$$

정답 15 m

09-**3**

이 기업의 2001년 매출액을 a, 2002년 매출액을 x라 하고 주어진 매출 증가율의 식에 대입하면

$$\frac{x-a}{a} \times 100 = 50 \qquad \therefore x = \frac{3}{2}a$$

즉, 전년도에 비하여 매출이 $\frac{3}{2}$배 증가했습니다.

매출 증가율은 매년 50 %로 같으므로 매해 전년도에 비하여 매출이 $\frac{3}{2}$배씩 늘어납니다. 따라서 2001년으로부터 n년 후의 매출액은 $\left(\frac{3}{2}\right)^n a$입니다. 이 값이 2001년도 매출액의 10배, 즉 $10a$보다 크려면

$$\left(\frac{3}{2}\right)^n a > 10a \qquad \therefore \left(\frac{3}{2}\right)^n > 10$$

양변에 상용로그를 취하면

$$n \log \frac{3}{2} > 1,\ n(\log 3 - \log 2) > 1$$
$$n(0.477 - 0.301) > 1,\ 0.176n > 1$$
$$\therefore n > \frac{1}{0.176} = 5.6 \times \times \times$$

따라서 6년 후인 2007년부터 2001년 매출액의 10배가 넘게 됩니다.

보충 설명 활용 문제에서는 식을 세우는 것이 가장 중요합니다. 매출 증가율 공식으로부터 2002년도 매출액을 구하면 그 다음부터는 같은 비율로 증가하므로 n년 후의 매출액을 구할 수가 있습니다. 그리고 구하는 미지수 n이 지수일 때에는 양변에 로그를 취하여 n을 로그의 계수로 만든 다음, n에 대하여 풉니다. 소수로 나누는 계산이 많으므로 계산에도 주의합니다.

정답 ③

예제 **10** 부등식을 이용한 로그함수의 활용(2)　p.223

10-**1**

매년 연봉이 10 %씩 인상되고, 물가지수는 5 %씩 상승하므로 올해 연봉을 a원이라고 하면 n년 후의

실질연봉은 $\dfrac{a(1+0.1)^n}{(1+0.05)^n}$(원)입니다.

n년 후 실질연봉이 올해 실질연봉의 2배 이상이 된다고 하면

$$\frac{a(1+0.1)^n}{(1+0.05)^n} \geq 2a$$
$$\therefore \left(\frac{1.1}{1.05}\right)^n \geq 2$$

양변에 상용로그를 취하면

$$n(\log 1.1 - \log 1.05) \geq \log 2$$
$$n(0.0414 - 0.0212) \geq 0.3010$$
$$\therefore n \geq \frac{0.3010}{0.0202} = 14.9 \times \times \times$$

따라서 15년 후에 실질연봉이 처음으로 올해 실질연봉의 2배 이상이 됩니다.

정답　15년

10-**2**

n년 후의 총 인구를 S_n, 65세 이상의 인구를 T_n이라고 하면

$$S_n = 1000 \times (1+0.003)^n (\text{만 명})$$
$$T_n = 50 \times (1+0.04)^n (\text{만 명})$$

초고령화 사회로 진입하는 시기를 구하면

$$\frac{T_n}{S_n} = \frac{50 \times 1.04^n}{1000 \times 1.003^n} \geq 0.2$$
$$\therefore \left(\frac{1.04}{1.003}\right)^n \geq 4$$

양변에 상용로그를 취하면

$$n(\log 1.04 - \log 1.003) \geq 2\log 2$$
$$n(0.0170 - 0.0013) \geq 2 \times 0.3010$$
$$\therefore n \geq \frac{0.6020}{0.0157} = 38.3 \times \times \times$$

따라서 2038년~2040년에 처음으로 초고령화 사회가 예측됩니다.

정답　④

10-**3**

이 학생이 $3n$개월 후에 제품 A를 구입할 수 있다고 하면

$$24 \times (0.9)^n - 16 \times (0.95)^n \leq \frac{1}{5} \times 16 \times (0.95)^n$$

$$120 \times (0.9)^n - 80 \times (0.95)^n \leq 16 \times (0.95)^n$$

$$120 \times (0.9)^n \leq 96 \times (0.95)^n$$

$$\left(\frac{0.9}{0.95}\right)^n \leq \frac{4}{5}$$

양변에 상용로그를 취하면

$$n\left(\log \frac{3^2}{10} - \log 0.95\right) \leq \log \frac{2^3}{10}$$

$$n(2\log 3 - 1 - \log 0.95) \leq 3\log 2 - 1$$

$$n(0.96 - 1 + 0.02) \leq 0.9 - 1$$

$$\therefore n \geq \frac{-0.1}{-0.02} = 5$$

따라서 제품 A를 구입할 수 있는 최초의 시기는
$3 \times 5 = 15$(개월) 후입니다.

정답 ②

기본 다지기

05-1 (1) $x = \log_2 3$ (2) $x = \log_3 \frac{1}{2}$ 또는 $x = \log_3 2$

(3) $x = \frac{2\log 3 + \log 2}{2\log 2 - \log 3}$ (4) $x = 49$

2 ⑤ **3** ④ **4** ① **5** ②

6 (1) $3 < x < 9$ (2) $x > 5$ (3) $1 < x < 100$

(4) $x > \frac{3\log 2 - 2\log 5}{2}$

7 (1) 68 (2) 2 **8** ④ **9** $\frac{1}{100} < a < 10$

10 20

05-1

접근 방법 앞에서 배운 방법, 즉 밑을 같게 하거나, 치환하거나, 양변에 로그를 취하여 주어진 방정식의 해를 구합니다. 즉,

(2) $3^x + 3^{-x}$을 t로 치환하여 풉니다. 이때, 산술평균과 기하평균 사이의 관계를 이용하여 t의 값의 범위를 구합니다.

(4) 주어진 식은 $\log_2 \square + 3\log_8 \triangle$ 꼴이라고 할 수 있으므로 로그의 밑을 2로 맞추어 주고 정리하여 해를 구할 수 있습니다.

상세 풀이 (1) $2^x(2^x + 5) = 24$를 정리하면

$$(2^x)^2 + 5 \times 2^x - 24 = 0$$

여기서 $2^x = t \, (t > 0)$로 놓으면

$$t^2 + 5t - 24 = 0$$

$$(t + 8)(t - 3) = 0$$

$$\therefore t = -8 \text{ 또는 } t = 3$$

그런데 $t > 0$이므로 $t = 3$

따라서 $2^x = 3$이므로 $x = \log_2 3$

(2) $3^x + 3^{-x} = t$로 놓고 $9^x + 9^{-x}$을 t에 대하여 나타내면

$$9^x + 9^{-x} = (3^x + 3^{-x})^2 - 2$$

$$\therefore 9^x + 9^{-x} = t^2 - 2$$

따라서 주어진 방정식은

$$2(t^2 - 2) - t - 6 = 0$$

$$2t^2 - t - 10 = 0$$
$$(t+2)(2t-5) = 0$$
$$\therefore t = -2 \text{ 또는 } t = \frac{5}{2}$$

이때, 치환을 했으므로 t의 값의 범위를 알아내야 합니다.

$3^x > 0$, $3^{-x} > 0$이므로 산술평균과 기하평균 사이의 관계를 이용하면

$$t = 3^x + 3^{-x} \geq 2\sqrt{3^x \times 3^{-x}} = 2$$

따라서 $t \geq 2$를 만족시키는 값은 $t = \frac{5}{2}$이므로

$3^x + 3^{-x} = \frac{5}{2}$에서 $3^x = X(X > 0)$로 놓으면

$$X + \frac{1}{X} = \frac{5}{2}$$

양변에 $2X$를 곱하여 정리하면

$$2X^2 - 5X + 2 = 0$$
$$(2X-1)(X-2) = 0$$
$$\therefore X = \frac{1}{2} \text{ 또는 } X = 2$$

따라서 $3^x = \frac{1}{2}$ 또는 $3^x = 2$이므로

$$x = \log_3 \frac{1}{2} \text{ 또는 } x = \log_3 2$$

(3) $2^{2x-1} = 3^{x+2}$의 양변에 상용로그를 취하면

$$\log 2^{2x-1} = \log 3^{x+2}$$
$$(2x-1)\log 2 = (x+2)\log 3$$
$$2x\log 2 - \log 2 = x\log 3 + 2\log 3$$
$$x(2\log 2 - \log 3) = 2\log 3 + \log 2$$
$$\therefore x = \frac{2\log 3 + \log 2}{2\log 2 - \log 3}$$

(4) 주어진 방정식의 밑을 2로 통일하면

$$\log_2(\log_3 x) + 3\log_8(\log_7 9)$$
$$= \log_2(\log_3 x) + 3 \times \frac{\log_2(\log_7 9)}{\log_2 8}$$
$$= \log_2(\log_3 x) + \log_2(\log_7 9)$$
$$= \log_2(\log_3 x \times 2\log_7 3) = 2$$
$$\therefore \log_3 x \times 2\log_7 3 = 4$$

따라서 $\log_3 x = \dfrac{2}{\log_7 3} = 2\log_3 7 = \log_3 49$

이므로
$$x = 49$$

보충 설명 (4)에서 $3\log_8(\log_7 9)$를

$\log_a b^y = \dfrac{y}{x}\log_a b$를 이용하여 바꿀 수 있습니다.

$$\therefore 3 \times \frac{1}{3}\log_2(\log_7 9) = \log_2(\log_7 9)$$

그리고 로그의 밑을 2가 아니라 8로 통일해 주어도 문제를 풀 수 있습니다.

정답 (1) $x = \log_2 3$ (2) $x = \log_3 \dfrac{1}{2}$ 또는 $x = \log_3 2$

(3) $x = \dfrac{2\log 3 + \log 2}{2\log 2 - \log 3}$ (4) $x = 49$

05-2

접근 방법 주어진 식에 $\log_2 x$의 거듭제곱이 포함되어 있으므로 $\log_2 x$를 t로 치환하여 해를 구할 수 있습니다.

상세 풀이 방정식

$(\log_2 x)^3 + 3\log_2 x = 4(\log_2 x)^2 + \log_2 x$에서

$\log_2 x = t$로 놓으면

$$t^3 + 3t = 4t^2 + t, \text{ 즉 } t^3 - 4t^2 + 2t = 0 \quad \cdots\cdots \text{㉠}$$
$$t(t^2 - 4t + 2) = 0$$
$$\therefore t = 0 \text{ 또는 } t^2 - 4t + 2 = 0$$

(i) $t = 0$일 때, $\log_2 x = 0$
$$\therefore x = 1$$

(ii) $t^2 - 4t + 2 = 0$일 때

$(\log_2 x)^2 - 4\log_2 x + 2 = 0$이므로 이 방정식의 두 근을 α, β라고 하면

$$\log_2 \alpha + \log_2 \beta = 4, \text{ 즉 } \log_2 \alpha\beta = 4$$
$$\therefore \alpha\beta = 2^4 = 16$$

(i), (ii)에서 모든 해의 곱은

$$1 \times 16 = 16$$

보충 설명 (ii) $t^2 - 4t + 2 = 0$에서
$$t = 2 \pm \sqrt{2}$$
즉, $\log_2 x = 2 + \sqrt{2}$ 또는 $\log_2 x = 2 - \sqrt{2}$

$$\therefore x=2^{2+\sqrt{2}} \text{ 또는 } x=2^{2-\sqrt{2}}$$

(i), (ii)에서 모든 해의 곱은

$$1\times 2^{2+\sqrt{2}}\times 2^{2-\sqrt{2}}=2^4=16$$

정답 ⑤

05-3

접근 방법 $\log_2 x=t$로 놓고 이차방정식의 근과 계수의 관계를 이용합니다.

상세 풀이 $\left(\dfrac{1}{2}\log_2 x\right)^2-\log_2 x^k+2=0$에서

$$\dfrac{1}{4}(\log_2 x)^2-k\log_2 x+2=0$$

$\log_2 x=t$로 놓으면

$$\dfrac{1}{4}t^2-kt+2=0$$

$$\therefore t^2-4kt+8=0 \qquad \cdots\cdots \text{㉠}$$

주어진 방정식의 두 근이 α, β이므로 이차방정식 ㉠의 두 근은 $\log_2\alpha$, $\log_2\beta$입니다. 따라서 근과 계수의 관계에 의하여

$$\log_2\alpha+\log_2\beta=4k,\ \log_2\alpha\beta=4k$$

$\alpha\beta=256=2^8$이므로

$$8=4k \qquad \therefore k=2$$

보충 설명 지수방정식이나 로그방정식에서 근과 계수의 관계를 이용하여 두 근의 합 또는 곱을 구할 수 있습니다. 지수방정식의 유형에서는 $a^\alpha a^\beta=a^{\alpha+\beta}$을 이용하여 $\alpha+\beta$의 값을 구했고, 로그방정식의 유형에서는 $\log_a\alpha+\log_a\beta=\log_a\alpha\beta$를 이용하여 $\alpha\beta$의 값을 구했습니다.

따라서 지수방정식에서 두 근의 합을, 로그방정식에서 두 근의 곱을 구할 수 있음을 기억해 두면 편리합니다.

정답 ④

05-4

접근 방법 두 번째 방정식에서 x의 지수가 $\log_2 y$이므로 양변에 밑이 2인 로그를 취해 정리하여 x, y의 관계식을 구합니다.

상세 풀이 $x^{\log_2 y}=8$의 양변에 밑이 2인 로그를 취하면

$$\log_2 x^{\log_2 y}=\log_2 8$$

$$\therefore \log_2 y\times\log_2 x=3 \qquad \cdots\cdots \text{㉠}$$

$xy=16$의 양변에 밑이 2인 로그를 취하면

$$\log_2 xy=\log_2 16$$

$$\therefore \log_2 x+\log_2 y=4 \qquad \cdots\cdots \text{㉡}$$

㉠, ㉡에서 곱해서 3이 되고 더해서 4가 되는 두 수는 1과 3입니다. 이때, 이차방정식의 근과 계수의 관계를 이용하여 최고차항의 계수가 1인 t에 대한 이차방정식으로 나타내면

$$t^2-4t+3=0$$

$$(t-1)(t-3)=0$$

$$\therefore t=1 \text{ 또는 } t=3$$

즉,

$$\begin{cases}\log_2 x=1\\ \log_2 y=3\end{cases} \text{또는} \begin{cases}\log_2 x=3\\ \log_2 y=1\end{cases}$$

$$\therefore \begin{cases}x=2\\ y=8\end{cases} \text{또는} \begin{cases}x=8\\ y=2\end{cases}$$

따라서 $\alpha=2$, $\beta=8$ 또는 $\alpha=8$, $\beta=2$이므로

$$|\alpha-\beta|=6$$

보충 설명 $\alpha+\beta=a$이고 $\alpha\beta=b$인 α, β는 근과 계수의 관계에 의하여 $x^2-ax+b=0$의 두 근임을 이용하여 구합니다. 이렇게 이차방정식을 세우면 α, β가 정수가 아닌 경우에도 쉽게 구할 수 있습니다.

정답 ①

05-5

접근 방법 첫 번째 방정식과 두 번째 방정식에서 x, y의 로그의 밑이 다르므로 밑의 변환 공식을 이용하여 $\log_2 x$, $\log_3 y$에 대한 연립방정식으로 변형한 후 풀어야 합니다.

상세 풀이 밑의 변환 공식에 의하여

$$\log_3 x\times\log_4 y=\dfrac{\log_2 x}{\log_2 3}\times\dfrac{\log_3 y}{\log_3 4}=-\dfrac{3}{2}$$

$$\therefore \log_2 x\times\log_3 y=-3$$

이때, $\log_2 x + \log_3 y = 2$이므로 $\log_2 x$와 $\log_3 y$를 두 근으로 하는 t에 대한 이차방정식은

$$t^2 - 2t - 3 = 0$$
$$(t+1)(t-3) = 0$$
$$\therefore t = -1 \text{ 또는 } t = 3$$

그런데 $a > 1$이므로

$$\log_2 x = 3, \log_3 y = -1$$
$$\therefore x = a = 8, y = \beta = \frac{1}{3}$$
$$\therefore 3a\beta = 8$$

보충 설명 두 수 a, β를 근으로 하는 이차방정식은
$$a\{x^2 - (a+\beta)x + a\beta\} = 0 \ (a \neq 0)$$
특히, x^2의 계수가 1인 이차방정식은
$$x^2 - (a+\beta)x + a\beta = 0$$

정답 ②

05-6

접근 방법 앞서 배운 방법, 즉 밑을 같게 하거나 치환하거나 양변에 로그를 취하여 주어진 부등식의 해를 구합니다. 즉,

(1)은 로그 안에 로그가 있는 경우로, 바깥쪽 로그부터 하나씩 정리하고, 이때 진수의 조건을 빠뜨리지 않도록 절대 주의합니다.

(2)는 밑의 조건과 진수의 조건을 통하여 x의 범위를 구한 다음, 밑이 $x-2$이므로 $2 = \log_{x-2}(x-2)^2$로 바꾸어 부등식을 풉니다.

(3)은 $\log x$의 제곱, 즉 $(\log x)^2$이 있으므로 치환하여 풀어야 합니다.

상세 풀이 (1) $\log_{\frac{1}{3}}(\log_2(\log_3 x)) > 0$에서

$$\log_{\frac{1}{3}}(\log_2(\log_3 x)) > \log_{\frac{1}{3}} 1$$
$$\therefore \log_2(\log_3 x) < 1$$
$$\log_2(\log_3 x) < \log_2 2 \qquad \therefore \log_3 x < 2$$
$$\log_3 x < 2\log_3 3 = \log_3 9$$
$$\therefore x < 9 \qquad \cdots\cdots \ \bigcirc$$

이때, 진수 조건에서 $\log_2(\log_3 x) > 0$이므로

$$\log_2(\log_3 x) > \log_2 1 \qquad \therefore \log_3 x > 1$$

$$\log_3 x > \log_3 3 \qquad \therefore x > 3 \qquad \cdots\cdots \ \bigcirc$$

$\bigcirc$, $\bigcirc$의 공통 범위를 구해 보면

$$3 < x < 9$$

(2) 밑의 조건에서

$$x - 2 > 0, x - 2 \neq 1$$
$$\therefore x > 2, x \neq 3 \qquad \cdots\cdots \ \bigcirc$$

또한 진수의 조건에서

$$2x^2 - 11x + 14 > 0, (x-2)(2x-7) > 0$$
$$\therefore x < 2 \text{ 또는 } x > \frac{7}{2} \qquad \cdots\cdots \ \bigcirc$$

$\bigcirc$, $\bigcirc$에서 $x > \frac{7}{2}$이므로 주어진 로그부등식의 밑 $x-2$는 1보다 크므로

$$\log_{x-2}(2x^2 - 11x + 14) > \log_{x-2}(x-2)^2$$
$$2x^2 - 11x + 14 > (x-2)^2$$
$$x^2 - 7x + 10 > 0$$
$$(x-2)(x-5) > 0$$
$$\therefore x < 2 \text{ 또는 } x > 5 \qquad \cdots\cdots \ \bigcirc$$

$\bigcirc \sim \bigcirc$의 공통 범위를 구해 보면

$$x > 5$$

(3) 진수의 조건에서 $x > 0$, $x^2 > 0$이므로

$$x > 0 \qquad \cdots\cdots \ \bigcirc$$

$(\log x)^2 < \log x^2$에서

$$(\log x)^2 < 2\log x$$
$$\therefore (\log x)^2 - 2\log x < 0$$

$\log x = t$로 놓으면

$$t^2 - 2t < 0, t(t-2) < 0 \qquad \therefore 0 < t < 2$$

따라서 $0 < \log x < 2$이므로

$$\log 10^0 < \log x < \log 10^2$$
$$1 < x < 100 \qquad \cdots\cdots \ \bigcirc$$

$\bigcirc$, $\bigcirc$의 공통 범위를 구해 보면

$$1 < x < 100$$

(4) $4 \times 5^{2x+3} > 5 \times 2^{5-2x}$의 양변에 상용로그를 취하면

$$\log(4 \times 5^{2x+3}) > \log(5 \times 2^{5-2x})$$
$$\log 4 + \log 5^{2x+3} > \log 5 + \log 2^{5-2x}$$
$$2\log 2 + (2x+3)\log 5$$
$$\qquad\qquad > \log 5 + (5-2x)\log 2$$

$$(2\log 5+2\log 2)x>\log 5+5\log 2$$
$$-2\log 2-3\log 5$$
$$(2\log 10)x>3\log 2-2\log 5$$
$$\therefore x>\frac{3\log 2-2\log 5}{2}$$

보충 설명 (1)에서 진수의 조건을 따질 때
$$\log_2(\log_3 x)>0,\ \log_3 x>0,\ x>0$$
을 모두 따져주어도 같은 결과가 나옵니다.

정답 (1) $3<x<9$ (2) $x>5$

$$(3)\ 1<x<100\quad (4)\ x>\frac{3\log 2-2\log 5}{2}$$

05-7

접근 방법 $a>1$일 때
$$\log_a f(x)<\log_a g(x)\iff 0<f(x)<g(x)$$
임을 이용합니다.

상세 풀이 (1) $\log_{16}(-2+\log_2 x)<\frac{1}{2}$에서

$$\log_{2^4}(-2+\log_2 x)<\frac{1}{2}$$이므로
$$\frac{1}{4}\log_2(-2+\log_2 x)<\log_2\sqrt{2}$$
$$\log_2(-2+\log_2 x)<\log_2(\sqrt{2})^4$$
$$\therefore -2+\log_2 x<4$$
진수의 조건에 의하여 $-2+\log_2 x>0$이므로
$$0<-2+\log_2 x<4$$
$$2<\log_2 x<6,\ 2^2<x<2^6$$
$$\therefore 4<x<64$$
따라서 $\alpha=4,\ \beta=64$이므로
$$a+\beta=4+64=68$$
(2) $\frac{1}{3}<x<9$에서

$$\log_3\frac{1}{3}<\log_3 x<\log_3 9$$
$$\therefore -1<\log_3 x<2\qquad\cdots\cdots\ \ominus$$
$(1+\log_3 x)(a-\log_3 x)>0$에서
$$(\log_3 x+1)(\log_3 x-a)<0$$
이 부등식의 해가 $\ominus$이므로 $a=2$

정답 (1) 68 (2) 2

05-8

접근 방법 $|x|\le a\ (a>0)$의 해는 $-a\le x\le a$임을 이용합니다.

상세 풀이 $|a-\log_2 x|\le 1$에서
$$-1\le a-\log_2 x\le 1$$
$$-a-1\le -\log_2 x\le -a+1$$
$$a-1\le \log_2 x\le a+1$$
$$\therefore \log_2 2^{a-1}\le \log_2 x\le \log_2 2^{a+1}$$
$$\therefore 2^{a-1}\le x\le 2^{a+1}$$
따라서 부등식을 만족시키는 x의 최댓값은 2^{a+1},
최솟값은 2^{a-1}이므로
$$2^{a+1}-2^{a-1}=24,\ 2\times 2^a-\frac{1}{2}\times 2^a=24$$
$$\frac{3}{2}\times 2^a=24$$
$$\therefore 2^a=\frac{2}{3}\times 24=16$$

정답 ④

05-9

접근 방법 이차방정식이 허근을 가지려면 판별식이 0보다 작아야 함을 이용합니다.

상세 풀이 $(3+\log a)x^2+2(1+\log a)x+1=0$
이 허근을 가지려면 이 방정식의 판별식을 D라고 할 때, $\dfrac{D}{4}<0$을 만족시켜야 하므로
$$\frac{D}{4}=(1+\log a)^2-(3+\log a)<0$$
여기서 $\log a=t$로 놓으면
$$(1+t)^2-(3+t)<0,\ t^2+t-2<0$$
$$(t+2)(t-1)<0$$
$$\therefore -2<t<1$$
$t=\log a$를 대입하면 $-2<\log a<1$이므로
$$\log 10^{-2}<\log a<\log 10$$
$$10^{-2}<a<10$$
$$\therefore \frac{1}{100}<a<10\qquad\cdots\cdots\ \ominus$$
$\ominus$은 $\log a$의 진수의 조건 $a>0$을 만족시킵니다.

한편, 주어진 식이 이차방정식이므로 x^2의 계수
인 $3+\log a \neq 0$이어야 합니다. 즉,

$$a \neq \frac{1}{1000} \qquad \cdots\cdots ㉡$$

㉠, ㉡에서 구하는 a의 값의 범위는

$$\frac{1}{100} < a < 10$$

보충 설명 이차방정식 $ax^2+bx+c=0$에서는 $a \neq 0$
이라는 조건이 꼭 필요하지만 방정식
$ax^2+bx+c=0$에서는 $a \neq 0$이라는 조건이 필요하
지 않습니다.

정답 $\dfrac{1}{100} < a < 10$

05-**10**

접근 방법 부등식 $f(x) > g(x)$의 해는 함수 $y=f(x)$
의 그래프가 $y=g(x)$의 그래프보다 위쪽에 있는 x
의 값의 범위가 됩니다.
따라서 두 함수 $y=x+1$, $y=3\log_2 x$의 그래프를
이용하여 부등식
$$2^{x+1} < x^3$$
의 해를 구할 수 있습니다.

상세 풀이 $2^{x+1} < x^3 \Longleftrightarrow x+1 < 3\log_2 x$이고 이
를 만족시키는 x의 값의 범위는 그래프에서
$$2 < x < 8$$
한편, 구하는 부등식은 $y=2^{x+1}$, $y=x^3$의 그래프
를 각각
x축의 방향으로 -1만큼
평행이동한 결과이므로 부등식 $2^{x+2} < (x+1)^3$을
만족시키는 x의 값의 범위는 $1 < x < 7$입니다.
따라서 모든 정수 x의 값의 합은
$$2+3+4+5+6=20$$

정답 20

05-11 ①   **12** ④   **13** ④   **14** ①   **15** ②

     16 ②   **17** $x=0$ 또는 $x=4$ 또는 $x=5$

     18 $\dfrac{5}{3}$ **19** $-\dfrac{1}{3} \leq a \leq 1$ **20** ㄱ, ㄴ

     21 8   **22** 30   **23** 3   **24** 17   **25** $3\sqrt{3}$

     26 18   **27** 27   **28** 10   **29** 7   **30** 8년

05-**11**

접근 방법 $k>0$이므로 진수의 조건에서 $x-1>0$,
$\dfrac{1}{2}x+k>0$을 풀면 $x>1$, $x>-2k$에서 $-2k<1$입
니다.

상세 풀이 진수의 조건에서

$$x-1>0, \quad \frac{1}{2}x+k>0 \ (k>0)$$

이므로 $x>1$ $\cdots\cdots ㉠$

$\log_5(x-1) \leq \log_5\left(\dfrac{1}{2}x+k\right)$에서

$$x-1 \leq \frac{1}{2}x+k, \quad \frac{1}{2}x \leq k+1$$

$$\therefore x \leq 2(k+1) \qquad \cdots\cdots ㉡$$

㉠, ㉡에서 $1 < x \leq 2(k+1)$이고 모든 정수 x의
개수가 3이므로

$$2(k+1)-1=2k+1=3$$

$$\therefore k=1$$

정답 ①

05-**12**

접근 방법 로그의 성질을 이용하여 주어진 부등식을
전개한 후 $\log x$를 t로 치환하여 부등식을 풉니다.

상세 풀이 $(\log ax)(\log a^2 x)+1>0$에서

$$(\log a+\log x)(2\log a+\log x)+1>0$$

$$(\log x)^2+3\log a \times \log x+2(\log a)^2+1>0$$

$\log x=t$로 놓으면 주어진 부등식은

$$t^2+3t\log a+2(\log a)^2+1>0 \qquad \cdots\cdots ㉠$$

$x>0$일 때 t는 모든 실수이므로 모든 실수 t에 대

하여 부등식 ㉠이 항상 성립해야 합니다.
이차방정식 $t^2+3t\log a+2(\log a)^2+1=0$의 판별식을 D라고 하면

$$D=9(\log a)^2-8(\log a)^2-4<0$$
$$(\log a)^2-4<0,\ (\log a+2)(\log a-2)<0$$
$$-2<\log a<2$$
$$\log 10^{-2}<\log a<\log 10^2$$
$$\therefore \frac{1}{100}<a<100$$

따라서 자연수 a의 개수는 $1, 2, 3, \cdots, 99$의 99입니다.

정답 ④

05-13

접근 방법 해를 구하는 것이 아니라 해의 개수를 구하는 것이므로 각각의 그래프를 그려 교점의 개수를 구합니다.

상세 풀이 연립방정식

$$\begin{cases} x^2+y^2=25 & \cdots\cdots ㉠ \\ \log_2 x+\log_2 y=(\log_2 xy)^2 & \cdots\cdots ㉡ \end{cases}$$

에서 ㉠은 중심의 좌표가 $(0,\ 0)$이고, 반지름의 길이가 5인 원입니다.
한편, ㉡을 로그의 성질을 이용하여 정리하면

$$\log_2 xy=(\log_2 xy)^2$$
$$(\log_2 xy)(\log_2 xy-1)=0$$
$$\therefore \log_2 xy=0 \text{ 또는 } \log_2 xy=1$$
$$\therefore xy=1 \text{ 또는 } xy=2$$

이때, 진수의 조건에서 $x>0, y>0$이므로

$$y=\frac{1}{x} \text{ 또는 } y=\frac{2}{x}\ (x>0, y>0) \ \cdots\cdots ㉢$$

따라서 ㉠, ㉢을 좌표
평면 위에 나타내면 오
른쪽 그림과 같고, 서
로 다른 4개의 교점이
존재하므로 주어진 연
립방정식의 해의 개수
도 4입니다.

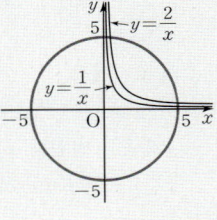

보충 설명 주어진 식이 2개, 미지수가 x, y의 2개이므로 ㉢의 $y=\frac{1}{x}$, $y=\frac{2}{x}$를 ㉠에 대입하여 해를 구할 수도 있습니다. 하지만 문제에서 구하는 것이 해의 개수이므로 그래프를 그려서 확인하는 것이 더 쉽습니다.

정답 ④

05-14

접근 방법 주어진 방정식이 서로 다른 두 개의 실근을 가진다는 것은 두 함수 $y=x(4-x)$, $y=2^k$의 그래프가 서로 다른 두 점에서 만난다는 것을 의미합니다. 따라서 두 함수 $y=x(4-x)$, $y=2^k$의 그래프를 그려서 서로 다른 두 실근을 가질 조건을 구합니다. 이때, 진수의 조건에 주의합니다.

상세 풀이 진수의 조건에서 $x>0, 4-x>0$이므로
$$0<x<4$$
주어진 방정식을 정리하면
$$\log_2 x+\log_2(4-x)=k$$
$$\log_2 x(4-x)=\log_2 2^k$$
$$\therefore x(4-x)=2^k$$
따라서 주어진 방정식이 서로 다른 두 실근을 가지려면 $0<x<4$일 때 방정식 $x(4-x)=2^k$이 서로 다른 두 실근을 가져야 합니다.
즉, 곡선 $y=x(4-x)$와 직선 $y=2^k$이 $0<x<4$에서 두 개의 교점을 가져야 하므로

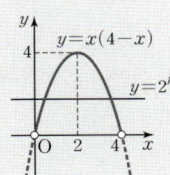

$$0<2^k<4$$
$$\therefore k<2$$

따라서 구하는 자연수 k는 1로 그 개수는 1입니다.

다른 풀이 그래프를 그리지 않고 판별식을 이용하여 자연수 k의 개수를 구할 수도 있습니다.
$x(4-x)=2^k$에서 $x^2-4x+2^k=0$이므로 이차방정식 $x^2-4x+2^k=0$의 서로 다른 두 실근이 0과 4 사이에 있어야 합니다.

(ⅰ) 이차방정식 $x^2-4x+2^k=0$의 판별식을 D라고 하면

$$\frac{D}{4}=2^2-2^k>0$$

$$2^2>2^k \quad \therefore k<2$$

(ⅱ) $f(x)=x^2-4x+2^k$이라고 하면

$$f(0)>0, f(4)>0$$

$$f(0)=2^k>0, f(4)=16-16+2^k>0$$

$$\therefore k는 모든 실수$$

(ⅲ) 축 $x=2$에서 $0<2<4$

(ⅰ)~(ⅲ)에 의하여 $k<2$이므로 구하는 자연수 k는 1로 그 개수는 1입니다.

정답 ①

05-15

[접근 방법] 주어진 방정식에서 로그 값들의 밑이 x로 같기 때문에 로그의 성질을 이용하여 정리한 후 $x=\square$로 정리하여 x가 어떤 경우에 정수 값을 가지는지 살펴봅니다.

[상세 풀이] 주어진 방정식을 정리하면

$$\log_x 2^2+\log_x 2^4+\log_x 2^6+\log_x 2^8$$
$$+\log_x 2^{10}=n$$

$$\log_x 2^{2+4+6+8+10}=n$$

$$\log_x 2^{30}=n, x^n=2^{30} \quad \therefore x=2^{\frac{30}{n}}$$

이 식에서 x가 정수이려면 n은 30의 양의 약수이어야 합니다.

따라서 $30=2^1\times 3^1\times 5^1$으로 소인수분해되므로 구하는 자연수 n의 개수는

$$(1+1)\times(1+1)\times(1+1)=8$$

[보충 설명] 2^n의 값은 n의 값에 따라 다음과 같이 나눠집니다.

$$2^n=\begin{cases} 정수 & (n은\ 음이\ 아닌\ 정수) \\ 분수(유리수) & (n은\ 음의\ 정수) \\ 무리수 & (n은\ 정수가\ 아닌\ 유리수) \end{cases}$$

정답 ②

05-16

[접근 방법] $f(t)\geq 16$으로 놓고 정리하면 구하려는 연령 t가 지수에 있고, $\log_a 5=1.4$로 계산하라는 문제의 단서가 있으므로 양변에 밑이 a인 로그를 취합니다.

[상세 풀이] $f(t)=20\{1-a^{-0.7(t+0.4)}\}\geq 16$에서

$$1-a^{-0.7(t+0.4)}\geq\frac{16}{20}=\frac{4}{5}$$

$$\therefore a^{-0.7(t+0.4)}\leq\frac{1}{5}$$

양변에 밑이 a인 로그를 취하면

$$\log_a a^{-0.7(t+0.4)}\leq\log_a 5^{-1}$$

$$-0.7(t+0.4)\leq-1.4\ (\because a>1)$$

$$t+0.4\geq 2$$

$$\therefore t\geq 1.6$$

따라서 구하는 최소 연령은 1.6입니다.

[보충 설명] 부등식에서 양변에 로그를 취할 때, 로그의 밑에 따라 부등호의 방향이 달라지는 것에 주의합니다.

(ⅰ) $a>1$일 때, $0<x<y$이면 $\log_a x<\log_a y$

(ⅱ) $0<a<1$일 때, $0<x<y$이면 $\log_a x>\log_a y$

정답 ②

05-17

[접근 방법] 진수가 같으므로 밑이 같거나 진수가 1임을 이용합니다.

[상세 풀이] 밑의 조건에서

$$x^2-4x+4>0, x^2-4x+4\neq 1$$

$$(x-2)^2>0, x^2-4x+3\neq 0$$

$$\therefore x<1\ 또는\ 1<x<2\ 또는\ 2<x<3\ 또는$$
$$x>3 \qquad\qquad \cdots\cdots ㉠$$

진수의 조건에서

$$6-x>0 \quad \therefore x<6 \qquad\qquad \cdots\cdots ㉡$$

㉠, ㉡의 공통 범위를 구하면

$$x<1\ 또는\ 1<x<2\ 또는\ 2<x<3\ 또는$$
$$3<x<6 \qquad\qquad \cdots\cdots ㉢$$

(i) $x^2-4x+4=4$일 때
$$x^2-4x=0,\ x(x-4)=0$$
$$\therefore x=0\ \text{또는}\ x=4$$
ⓒ에서 구하는 해는 $x=0$ 또는 $x=4$

(ii) $6-x=1$일 때
$$x=5$$
그런데 $x=5$는 ⓒ을 만족시킵니다.

(i), (ii)에서 구하는 해는
$$x=0\ \text{또는}\ x=4\ \text{또는}\ x=5$$

보충 설명 임의의 1이 아닌 양수 a에 대하여
$\log_a 1=0$이므로 $x=5$일 때
(좌변)$=\log_4 1=0$, (우변)$=\log_9 1=0$

정답 $x=0$ 또는 $x=4$ 또는 $x=5$

05- 18

접근 방법 두 집합 A, B의 각 부등식의 해를 구한 다음 $A \subset B$를 만족시키는 a의 값의 범위를 찾습니다.

상세 풀이 부등식 $1+\dfrac{1}{\log_3 x}-\dfrac{1}{\log_5 x}<0$에서
$$1+\log_x 3-\log_x 5<0$$
$$1<\log_x 5-\log_x 3$$
$$\therefore \log_x x<\log_x \frac{5}{3}$$

(i) $0<x<1$이면 $x>\dfrac{5}{3}$이므로 조건을 만족시키는 x는 없습니다.

(ii) $x>1$이면 $x<\dfrac{5}{3}$이므로 $1<x<\dfrac{5}{3}$

(i), (ii)에서 $A=\left\{x \,\middle|\, 1<x<\dfrac{5}{3}\right\}$

한편, 부등식 $2^a>2^{x(x-a+1)}$을 풀면
$$a>x(x-a+1),\ x^2-(a-1)x-a<0$$
$$\therefore (x-a)(x+1)<0$$
이때, $a<-1$이면 해가 $a<x<-1$인데, 이 경우에는 A와 공통 범위가 없으므로 $a>-1$이고
$$-1<x<a$$
따라서 $B=\{x \,|\, -1<x<a\}$이므로 $A \subset B$이기 위한 a의 최솟값은 $\dfrac{5}{3}$입니다.

보충 설명 부등식 $1+\dfrac{1}{\log_3 x}-\dfrac{1}{\log_5 x}<0$을 푸는 방법은 여러 가지가 있을 수 있습니다.
예를 들어, 주어진 부등식을
$$1+\log_x 3-\log_x 5<0$$
$$\log_x x+\log_x 3-\log_x 5<\log_x 1$$
$$\log_x \left(\frac{3}{5}x\right)<\log_x 1$$
과 같이 정리해도 같은 결과를 얻을 수 있습니다.

정답 $\dfrac{5}{3}$

05- 19

접근 방법 두 집합 A, B에 들어 있는 지수부등식과 로그부등식 모두 밑을 같게 해서 풀면 됩니다.

상세 풀이 $A=\{x \,|\, 2^{x(x-3a)}<2^{a(x-3a)}\}$
$\qquad =\{x \,|\, x(x-3a)<a(x-3a)\}$
$\qquad =\{x \,|\, (x-a)(x-3a)<0\}$
$B=\{x \,|\, \log_3(x^2-2x+6)<2\}$
$\qquad =\{x \,|\, x^2-2x+6<9\}$
$\qquad =\{x \,|\, x^2-2x-3<0\}$
$\qquad =\{x \,|\, -1<x<3\}$

이때, $A \subset B$가 성립해야 하므로

(i) $a>0$일 때
$A=\{x \,|\, a<x<3a\} \subset \{x \,|\, -1<x<3\}=B$
에서
$-1 \leq a,\ 3a \leq 3$이므로 $-1 \leq a \leq 1$
$$\therefore 0<a \leq 1$$

(ii) $a=0$일 때
$A=\{x \,|\, x^2<0\}=\varnothing \subset B$이므로
$$a=0$$

(iii) $a<0$일 때
$A=\{x \,|\, 3a<x<a\} \subset \{x \,|\, -1<x<3\}=B$
에서
$-1 \leq 3a,\ a \leq 3$에서 $-\dfrac{1}{3} \leq a \leq 3$
$$\therefore -\frac{1}{3} \leq a<0$$

(i)~(iii)에서 $-\dfrac{1}{3} \leq a \leq 1$

보충 설명 부분집합의 성질에서

$$A \subset B \iff B^c \subset A^c \iff A \cap B = A$$
$$\iff A \cup B = B \iff A - B = \emptyset$$

정답 $-\dfrac{1}{3} \le a \le 1$

05-20

접근 방법 방정식 $a^x = \log_b x$의 실근의 개수는 두 함수 $y = a^x$, $y = \log_b x$의 그래프의 교점의 개수와 일치합니다. 따라서 주어진 각각의 조건에 맞게 두 함수 $y = a^x$, $y = \log_b x$의 그래프를 그려 봅니다.

상세 풀이 ㄱ. 두 함수 $y = a^x$, $y = \log_b x$의 그래프는 다음 그림과 같고, 항상 한 개의 교점을 가지므로 실근이 한 개 존재합니다.

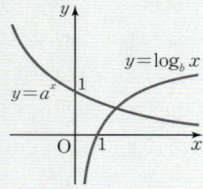

ㄴ. 두 함수 $y = a^x$, $y = \log_b x$의 그래프는 다음 그림과 같고, 항상 한 개의 교점을 가지므로 실근이 한 개 존재합니다.

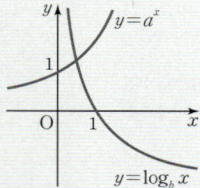

ㄷ. 두 함수 $y = a^x$, $y = \log_b x$의 그래프는 다음 그림과 같고 교점이 없는 경우, 교점이 한 개 있는 경우, 교점이 두 개 있는 경우가 존재할 수 있습니다.

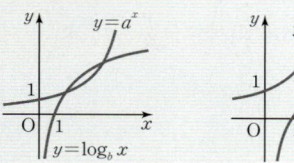

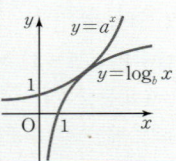

따라서 옳은 것은 ㄱ, ㄴ입니다.

정답 ㄱ, ㄴ

05-21

접근 방법 부등식 $f(x) > g(x)$의 해는 함수 $y = f(x)$의 그래프가 함수 $y = g(x)$의 그래프보다 위쪽에 있는 x의 값의 범위임을 이용합니다.

상세 풀이 부등식 $\log_{0.5} f(x) < \log_{0.5} g(x)$에서
$$f(x) > g(x)$$
문제에 주어진 그림으로 이 부등식을 풀면
$$-4 < x < 8$$
그런데 진수의 조건에 의하여 $f(x) > 0$, $g(x) > 0$이어야 하므로 부등식의 해는
$$0 < x < 8$$
이차부등식 $x^2 - ax + b < 0$의 해가 $0 < x < 8$이므로
$$x(x-8) < 0 \qquad \therefore x^2 - 8x < 0$$
이 부등식이 $x^2 - ax + b < 0$과 같으므로
$$a = 8, \, b = 0$$
$$\therefore a + b = 8$$

보충 설명 수학 〈상〉에서 배운 것처럼 이차부등식 $ax^2 + bx + c > 0 \, (ax^2 + bx + c < 0)$의 해는 이차함수 $y = ax^2 + bx + c$의 그래프가 x축보다 위쪽(아래쪽)에 있는 x의 값의 범위를 뜻합니다.
이것을 일반화하면 부등식 $f(x) > g(x)$의 해는 함수 $y = f(x)$의 그래프가 함수 $y = g(x)$의 그래프보다 위쪽에 있는 x의 값의 범위를 뜻합니다.

정답 8

05-22

접근 방법 32의 지수 $x^2+\log_{32}a$에서 $\log_{32}a$가 있으므로 양변에 밑이 32인 로그를 취하여 정리하면 식을 간단히 할 수 있습니다.

상세 풀이 주어진 부등식의 양변에 밑이 32인 로그를 취하면

$$(x^2+\log_{32}a)\log_{32}32>\log_{32}a^{-2x}$$
$$x^2+\log_{32}a>-2x\log_{32}a$$
$$\therefore \ x^2+2x\log_{32}a+\log_{32}a>0$$

이 x에 대한 부등식이 항상 성립하려면 이차방정식 $x^2+2x\log_{32}a+\log_{32}a=0$의 판별식을 D라고 할 때,

$$\frac{D}{4}=(\log_{32}a)^2-\log_{32}a<0$$
$$\log_{32}a(\log_{32}a-1)<0$$
$$\therefore \ 0<\log_{32}a<1$$
$$\therefore \ \log_{32}32^0<\log_{32}a<\log_{32}32^1$$

따라서 $1<a<32$이므로 양의 정수 a의 개수는
$$31-2+1=30$$

보충 설명 $f(x)=ax^2+bx+c \ (a>0)$에 대하여 다음은 모두 같은 뜻입니다.

부등식 $f(x)>0$이 항상 성립한다.
$\iff f(x)$의 그래프가 x축 위에 있다.
$\iff$ 방정식 $f(x)=0$의 해가 없다.
$\iff$ 판별식 $D<0$이다.

정답 30

05-23

접근 방법 $\log_2(x^2+2)$를 t로 치환하여 만든 t에 대한 이차방정식이 근을 가지는 경우를 생각하여 원래의 방정식이 서로 다른 세 실근을 가지는 경우를 찾으면 됩니다.

상세 풀이 $\{\log_2(x^2+2)\}^2-4\log_2(x^2+2)+a=0$
에서 $\log_2(x^2+2)=t$로 놓으면

$$2^t=x^2+2, \ x^2=2^t-2$$

$t=1$일 때, $x=0$의 하나의 실근

$t>1$일 때, $x=\pm\sqrt{2^t-2}$인 서로 다른 두 실근을 가집니다.

이때, 이차방정식 $t^2-4t+a=0 \ (t\geq1)$의 두 근은 $t=2$에 대하여 대칭이므로 두 근이 1, 3일 때 원래의 방정식이 서로 다른 세 실근을 가지게 됩니다.

따라서 근과 계수와의 관계에 의하여
$$a=1\times3 \quad \therefore a=3$$

보충 설명 이차함수 $f(t)=t^2-4t+a$를 생각해 보면 $f(t)=(t-2)^2-4+a$이므로 대칭축이 $t=2$입니다. 이 이차함수의 그래프가 $y=0$, 즉 t축과 만나는 점의 t좌표가 바로 방정식 $t^2-4t+a=0$의 근이므로, 두 근은 대칭축 $t=2$에 대하여 대칭임을 알 수 있습니다.

정답 3

05-24

접근 방법 절댓값 기호가 포함되어 있으므로 절댓값 기호 안의 식의 값이 양수, 0, 음수인 경우로 나누어 절댓값 기호를 없앤 다음, 조건에 맞는 순서쌍을 찾습니다.

상세 풀이 $|\log_2a-\log_2 10|+\log_2b\leq1$에서
$$\left|\log_2\frac{a}{10}\right|+\log_2b\leq1 \qquad \cdots\cdots ㉠$$

(ⅰ) $\log_2\dfrac{a}{10}>0$일 때, 즉 $\dfrac{a}{10}>1$, $a>10$인 경우

㉠에서 $\log_2\dfrac{a}{10}+\log_2b\leq1$이므로

$$\log_2\frac{ab}{10}\leq1, \ \frac{ab}{10}\leq2 \quad \therefore ab\leq20$$

이때, a, b는 모두 자연수이고 $a>10$이므로 순서쌍 (a,b)는
$$(11,1), (12,1), \cdots, (19,1), (20,1)$$
의 10개입니다.

(ⅱ) $\log_2\dfrac{a}{10}=0$일 때, 즉 $\dfrac{a}{10}=1$, $a=10$인 경우

⊙에서 $\log_2 b \leq 1$이므로 $b \leq 2$

이때, b는 자연수이므로 순서쌍 (a, b)는

$(10, 1), (10, 2)$

의 2개입니다.

(iii) $\log_2 \dfrac{a}{10} < 0$일 때, 즉 $0 < \dfrac{a}{10} < 1$, $0 < a < 10$

인 경우

⊙에서 $-\log_2 \dfrac{a}{10} + \log_2 b \leq 1$이므로

$\log_2 \dfrac{10b}{a} \leq 1$, $\dfrac{10b}{a} \leq 2$, $10b \leq 2a$

$\therefore 5b \leq a$

이때, a, b는 모두 자연수이고 $0 < a < 10$이므로 순서쌍 (a, b)는

$(9, 1), (8, 1), (7, 1), (6, 1), (5, 1)$

의 5개입니다.

(i)~(iii)에서 구하는 순서쌍의 개수는

$10 + 2 + 5 = 17$

보충 설명 일반적으로 절댓값 기호가 들어 있는 식을 풀 때에는 절댓값 기호 안의 식의 값이 양수 또는 0, 음수인 경우로 나누어 풉니다. 즉,

(i) $f(x) \geq 0$이면 $|f(x)| = f(x)$

(ii) $f(x) < 0$이면 $|f(x)| = -f(x)$

정답 17

05-25

접근 방법 방정식 $f(x) = g(x)$의 실근을 두 함수 $y = f(x)$, $y = g(x)$의 그래프의 교점으로 구합니다.

상세 풀이 함수 $y = |\log x|$와 $y = ax + b$의 그래프를 방정식 $|\log x| = ax + b$의 세 실근의 비가 $1 : 2 : 3$이 되도록 그려 보면 다음 그림과 같습니다.

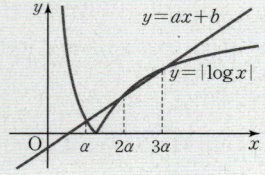

세 실근의 비가 $1 : 2 : 3$이므로 세 실근을 α, 2α, 3α $(\alpha > 0)$라고 하면 α는 $y = -\log x$와 $y = ax + b$의 그래프의 교점의 x좌표이고, 2α와 3α는 $y = \log x$와 $y = ax + b$의 그래프의 교점의 x좌표입니다.

즉, $-\log \alpha = a\alpha + b$ ...... ⊙

$\log 2\alpha = 2a\alpha + b$ ...... ㉡

$\log 3\alpha = 3a\alpha + b$ ...... ㉢

㉡-⊙에서 $\log 2\alpha^2 = a\alpha$ ...... ㉣

㉢-⊙에서 $\log 3\alpha^2 = 2a\alpha$ ...... ㉤

㉣과 ㉤에서 $2\log 2\alpha^2 = \log 3\alpha^2$이므로

$4\alpha^4 = 3\alpha^2$ $\therefore \alpha = \dfrac{\sqrt{3}}{2}$ $(\because \alpha > 0)$

따라서 세 실근은 $\dfrac{\sqrt{3}}{2}$, $\sqrt{3}$, $\dfrac{3\sqrt{3}}{2}$이므로 그 합은 $3\sqrt{3}$입니다.

정답 $3\sqrt{3}$

05-26

접근 방법 $1 \leq x \leq 20$이므로 $[\log_2 x]$의 값이 정수가 될 때를 기준으로 나누어 생각합니다.

상세 풀이 (i) $1 \leq x < 2$일 때

$f(x) = 0, f(x+10) = 3$

$\leftarrow 11 \leq x + 10 < 12$

(ii) $2 \leq x < 4$일 때

$f(x) = 1, f(x+10) = 3$

$\leftarrow 12 \leq x + 10 < 14$ (성립)

(iii) $4 \leq x < 8$일 때, $f(x) = 2$

$14 \leq x + 10 < 18$이므로 다시 경우를 나누면

$4 \leq x < 6$일 때,

$f(x+10) = 3 \leftarrow 14 \leq x + 10 < 16$

$6 \leq x < 8$일 때,

$f(x+10) = 4 \leftarrow 16 \leq x + 10 < 18$ (성립)

(iv) $8 \leq x \leq 10$일 때

$f(x) = 3, f(x+10) = 4$

$\leftarrow 18 \leq x + 10 \leq 20$

이상에서 방정식 $f(x+10)=f(x)+2$의 해는
$$2\le x<4 \text{ 또는 } 6\le x<8$$
따라서 모든 정수 x의 값의 합은
$$2+3+6+7=18$$

보충 설명 $\log_a x=n+\alpha$ (n은 정수, $0\le \alpha<1$)이므로 가우스 기호를 포함한 방정식을 풀 때에는 가우스 기호 안의 식이 정수가 될 때를 기준으로 범위를 나누어 푸는 것이 일반적입니다.

정답 18

05-27

접근 방법 로그방정식에서 좌변의 밑은 2, 우변의 밑은 $\sqrt{2}$이므로 밑을 2로 통일한 다음, $a>0$, $a\ne1$, $M>0$, $N>0$일 때 $\log_a M=\log_a N \iff M=N$을 이용하여 풉니다. 이때, x, y가 양의 정수라는 조건을 눈여겨 봐두어야 합니다.

상세 풀이 $\log_2 x^2+\log_2 y^2=\log_{\sqrt{2}}(x+y+3)$에서
$$\log_2 x^2 y^2=\log_{2^{\frac{1}{2}}}(x+y+3)$$
$$\log_2 (xy)^2=\log_2 (x+y+3)^2$$
$$(xy)^2=(x+y+3)^2$$
$$\therefore xy=x+y+3 \;(\because x,\, y \text{는 양의 정수})$$
이 식을 (다항식)$\times$(다항식)$=$(정수)의 꼴로 인수분해하면
$$(x-1)(y-1)=4$$
1×4일 때, $x=2$, $y=5 \to x^2+2y^2=54$
2×2일 때, $x=3$, $y=3 \to x^2+2y^2=27$
4×1일 때, $x=5$, $y=2 \to x^2+2y^2=33$
따라서 x^2+2y^2의 최솟값은 $x=3$, $y=3$일 때 27입니다.

보충 설명 방정식의 개수가 미지수의 개수보다 적은 방정식을 부정방정식이라고 부릅니다. 보통 부정방정식 문제에서는 제한 조건이 주어지는데, 해가 정수일 때에는 좌변을 일차식의 곱의 형태로 바꾸어 놓고, 해가 정수라는 조건을 사용하여 우변에 있는 상수의 약수를 찾아서 두 개의 연립방정식을 만들어 풀면 됩니다.

정답 27

05-28

접근 방법 $\log_3 x$, $\log_3 y$에 대한 등식이 주어졌으므로 xy의 최댓값과 최솟값을 구하기 위해 먼저 $\log_3 xy$의 최댓값과 최솟값을 구합니다. 이때, $\log_3 x=X$, $\log_3 y=Y$로 치환하여 계산합니다.

상세 풀이 주어진 식을 정리하면
$$(\log_3 x)^2+(\log_3 y)^2=2\log_9 x+2\log_9 y$$
$$(\log_3 x)^2+(\log_3 y)^2=\log_3 x+\log_3 y$$
이때, $\log_3 x=X$, $\log_3 y=Y$로 놓으면
$$X^2+Y^2=X+Y$$
$$X^2-X+\frac{1}{4}+Y^2-Y+\frac{1}{4}=\frac{1}{2}$$
$$\therefore \left(X-\frac{1}{2}\right)^2+\left(Y-\frac{1}{2}\right)^2=\frac{1}{2} \quad\cdots\cdots\; \text{㉠}$$
$\log_3 xy=\log_3 x+\log_3 y=X+Y$에서
$$X+Y-\log_3 xy=0 \quad\cdots\cdots\; \text{㉡}$$
직선 ㉡과 원 ㉠이 만나야 하므로 점과 직선 사이의 거리의 공식에 의하여
$$\frac{\left|\frac{1}{2}+\frac{1}{2}-\log_3 xy\right|}{\sqrt{1^2+1^2}} \le \frac{1}{\sqrt{2}}$$
$$|1-\log_3 xy| \le 1$$
$$-1 \le 1-\log_3 xy \le 1$$
$$-2 \le -\log_3 xy \le 0$$
$$\therefore 0 \le \log_3 xy \le 2$$
따라서 $1\le xy\le9$에서 $M=9$, $m=1$이므로
$$M+m=9+1=10$$

보충 설명 직선 $X+Y-\log_3 xy=0$이 원 $\left(X-\frac{1}{2}\right)^2+\left(Y-\frac{1}{2}\right)^2=\frac{1}{2}$과 만나는 범위 내에서 $\log_3 xy$의 최댓값과 최솟값을 구합니다.
참고로 점과 직선 사이의 거리 공식을 이용한 원과 직선의 위치 관계는 매우 중요하므로 꼭 알아둡니다.
즉, 반지름의 길이가 r인 원의 중심에서 직선까지의 거리를 d라고 하면
(ⅰ) $d<r \iff$ 두 점에서 만난다.

(ii) $d=r \iff$ 한 점에서 만난다. (접한다.)

(iii) $d>r \iff$ 만나지 않는다.

정답 10

05-29

접근 방법 과자 한 봉지의 무게가 500 g이고, 가격이 1000원일 때, 단위 무게당 가격은

$$\frac{1000}{500}=2(원)$$

이 됩니다.

상세 풀이 처음 과자 한 봉지의 무게와 가격을 각각 A g, B원이라고 하면 1번 시행 후 과자 한 봉지의 무게는 $0.9A$ g이므로 n번 시행 후 과자 한 봉지의 무게는 $0.9^n A$ g이고,

처음 과자 한 봉지의 1 g당 가격은 $\frac{B}{A}$ 원이므로 n번 시행한 후에 1 g당 가격은 $\frac{B}{0.9^n A}$ 원입니다.

n번 시행하면 과자 한 봉지의 단위 무게당 가격이 처음의 2배 이상이 되므로

$$\frac{B}{0.9^n A} \geq 2 \times \frac{B}{A}$$

$$0.9^{-n} \geq 2$$

양변에 상용로그를 취하면

$$-n \log \frac{9}{10} \geq \log 2$$

$$n(1-2\log 3) \geq \log 2$$

$$\therefore n \geq \frac{0.3010}{1-2 \times 0.4771} = \frac{0.3010}{0.0458}$$
$$=6.5 \times \times \times$$

따라서 구하는 자연수 n의 최솟값은 7입니다.

보충 설명 부등식 $n(1-2\log 3) \geq \log 2$에서 $1-2\log 3 > 0$이므로 양변을 $1-2\log 3$으로 나눌 때 부등호의 방향이 바뀌지 않습니다.

정답 7

05-30

접근 방법 여자 회원 수가 남자 회원 수보다 처음으로 많아질 때를 구하는 문제인데, 총 회원 수의 증가율과 여자 회원 수의 증가율만 나와 있으므로 n년 후에 남자 회원 수를 구하기는 어렵습니다.

따라서 여자 회원 수가 남자 회원 수보다 많아지면 전체 회원 중 여자 회원이 차지하는 비율이 50 % 초과가 되므로

$$\frac{(여자 회원 수)}{(전체 회원 수)} > \frac{1}{2}$$

임을 이용하여 식을 세울 수 있습니다.

상세 풀이 현재 회원 중 남자와 여자의 비가 $3 : 1$이므로 현재 여자 회원 수를 a라고 하면 총 회원 수는 $4a$입니다.

n년 후에 총 회원 수와 여자 회원 수를 각각 T, W라고 하면

$$T=4a(1+0.1)^n = 4a \times 1.1^n$$
$$W=a(1+0.2)^n = a \times 1.2^n$$

이때, 여자 회원 수가 남자 회원 수보다 많아지면 $\frac{W}{T} > \frac{1}{2}$이 성립하므로

$$\frac{a \times 1.2^n}{4a \times 1.1^n} > \frac{1}{2}$$

$$\therefore \left(\frac{1.2}{1.1}\right)^n > 2$$

양변에 상용로그를 취하면

$$n(\log 1.2 - \log 1.1) > \log 2$$

$$n(0.079 - 0.041) > 0.301$$

$$\therefore n > \frac{0.301}{0.038} = 7.9 \times \times \times$$

따라서 8년 후부터 여자 회원 수가 남자 회원 수보다 많아집니다.

보충 설명 총 회원 수의 증가율과 여자 회원 수의 증가율은 나와 있지만 남자 회원 수의 증가율은 나와 있지 않으므로

(남자 회원 수) = (총 회원 수) − (여자 회원 수)

로 계산할 수도 있습니다.

정답 8년

예제 01 사분면의 일반각　　　　　p.241

01-1

(1) θ가 제2사분면의 각이므로 정수 n에 대하여

$$\theta = 360° \times n + a° \quad (90° < a° < 180°)$$

$$\therefore \frac{\theta}{2} = 180° \times n + \frac{a°}{2} \quad \left(45° < \frac{a°}{2} < 90°\right)$$

(ⅰ) $n = 2k$ (k는 정수)일 때

$$\frac{\theta}{2} = 180° \times 2k + \frac{a°}{2} = 360° \times k + \frac{a°}{2}$$

따라서 $\frac{\theta}{2}$는 제1사분면의 각입니다.

(ⅱ) $n = 2k+1$ (k는 정수)일 때

$$\frac{\theta}{2} = 180° \times (2k+1) + \frac{a°}{2}$$

$$= 360° \times k + \left(180° + \frac{a°}{2}\right)$$

따라서 $\frac{\theta}{2}$는 제3사분면의 각입니다.

(ⅰ), (ⅱ)에서 $\frac{\theta}{2}$는 제1사분면 또는 제3사분면의 각입니다.

(2) θ가 제2사분면의 각이므로 정수 n에 대하여

$$\theta = 360° \times n + a° \quad (90° < a° < 180°)$$

$$\therefore \frac{\theta}{3} = 120° \times n + \frac{a°}{3} \quad \left(30° < \frac{a°}{3} < 60°\right)$$

(ⅰ) $n = 3k$ (k는 정수)일 때

$$\frac{\theta}{3} = 120° \times 3k + \frac{a°}{3} = 360° \times k + \frac{a°}{3}$$

따라서 $\frac{\theta}{3}$는 제1사분면의 각입니다.

(ⅱ) $n = 3k+1$ (k는 정수)일 때

$$\frac{\theta}{3} = 120° \times (3k+1) + \frac{a°}{3}$$

$$= 360° \times k + \left(120° + \frac{a°}{3}\right)$$

따라서 $\frac{\theta}{3}$는 제2사분면의 각입니다.

(ⅲ) $n = 3k+2$ (k는 정수)일 때

$$\frac{\theta}{3} = 120° \times (3k+2) + \frac{a°}{3}$$

$$= 360° \times k + \left(240° + \frac{a°}{3}\right)$$

따라서 $\frac{\theta}{3}$는 제4사분면의 각입니다.

(ⅰ)~(ⅲ)에서 $\frac{\theta}{3}$는 제1사분면 또는 제2사분면 또는 제4사분면의 각입니다.

정답　(1) 제1사분면 또는 제3사분면의 각
　　　(2) 제1사분면 또는 제2사분면 또는 제4사분면의 각

01-2

(1) 두 각 θ, 4θ를 나타내는 동경이 일치하므로

$$4\theta - \theta = 360° \times n$$

$$\therefore \theta = 120° \times n \text{ (단, } n\text{은 정수)}$$

이때, $90° < \theta < 180°$이므로

$$\theta = 120°$$

(2) 두 각 θ, 4θ를 나타내는 동경이 x축에 대하여 대칭이므로

$$\theta + 4\theta = 360° \times n$$

$$\therefore \theta = 72° \times n \text{ (단, } n\text{은 정수)}$$

이때, $90° < \theta < 180°$이므로

$$\theta = 144°$$

보충 설명　$\theta = 360° \times n_1 + a$

$$(n_1\text{은 정수, } 0° \le a < 360°),$$

$$4\theta = 360° \times n_2 + \beta \ (n_2\text{는 정수, } 0° \le \beta < 360°)$$

일 때, (1), (2)에서 두 각 θ, 4θ를 나타내는 동경의 위치 관계는 각각 다음과 같습니다.

(1) 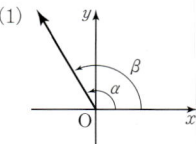　(2)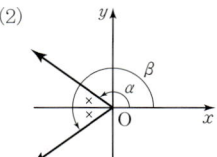

정답　(1) 120°　(2) 144°

01-3

$\alpha = 2l\pi + \theta_1$ (l은 정수, $0 \le \theta_1 < 2\pi$),

$\beta = 2m\pi + \theta_2$ (m은 정수, $0 \le \theta_2 < 2\pi$) 라고 하면

ㄱ. 두 각 α, β를 나타내는 동경이 x축에 대하여 대칭이므로 다음 그림에서

$$\theta_1 + \theta_2 = 2\pi$$

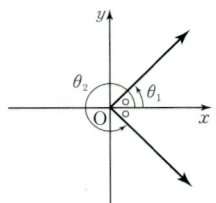

$$\therefore \alpha + \beta = 2(l+m)\pi + (\theta_1 + \theta_2)$$
$$= 2n'\pi + 2\pi \ (n' \text{은 정수})$$
$$= 2(n'+1)\pi$$
$$= 2n\pi \ (n \text{은 정수}) \ (\text{참})$$

ㄴ. 두 각 α, β를 나타내는 동경이 y축에 대하여 대칭이므로 다음 그림에서

$$\theta_1 + \theta_2 = \pi \ \text{또는} \ \theta_1 + \theta_2 = 3\pi$$

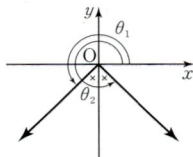

$$\alpha + \beta = 2(l+m)\pi + (\theta_1 + \theta_2) \quad \cdots\cdots \ \text{㉠}$$

㉠에서 $\theta_1 + \theta_2 = \pi$이면

$$\alpha + \beta = 2(l+m)\pi + \pi$$
$$= 2n\pi + \pi \ (n \text{은 정수})$$
$$= (2n+1)\pi$$

㉠에서 $\theta_1 + \theta_2 = 3\pi$이면

$$\alpha + \beta = 2(l+m)\pi + 3\pi$$
$$= 2n'\pi + 3\pi \ (n' \text{은 정수})$$
$$= (2n'+3)\pi$$
$$= (2n+1)\pi \ (n \text{은 정수}) \ (\text{거짓})$$

ㄷ. 두 각 α, β를 나타내는 동경이 일직선 위에 있고 방향이 반대이므로 다음 그림에서

$$\theta_1 - \theta_2 = \pi \ \text{또는} \ \theta_1 - \theta_2 = -\pi$$

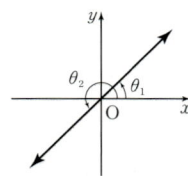

$$\alpha - \beta = (2l\pi + \theta_1) - (2m\pi + \theta_2)$$
$$= 2(l-m)\pi + (\theta_1 - \theta_2) \quad \cdots\cdots \ \text{㉡}$$

㉡에서 $\theta_1 - \theta_2 = \pi$이면

$$\alpha - \beta = 2(l-m)\pi + \pi$$
$$= 2n\pi + \pi \ (n \text{은 정수})$$
$$= (2n+1)\pi$$

㉡에서 $\theta_1 - \theta_2 = -\pi$이면

$$\alpha - \beta = 2(l-m)\pi - \pi$$
$$= 2n'\pi - \pi \ (n' \text{은 정수})$$
$$= (2n'-1)\pi$$
$$= (2n+1)\pi \ (n \text{은 정수}) \ (\text{참})$$

따라서 옳은 것은 ㄱ, ㄷ입니다.

정답 ㄱ, ㄷ

예제 02 부채꼴의 호의 길이와 넓이   p.243

02-**1**

(1) 부채꼴의 반지름의 길이를 r cm라고 하면 부채꼴의 호의 길이가 π cm이므로

$$\pi = r \times \frac{2}{3}\pi \quad \therefore r = \frac{3}{2} \text{(cm)}$$

또한 부채꼴의 넓이는

$$\frac{1}{2} \times \frac{3}{2} \times \pi = \frac{3}{4}\pi \text{(cm}^2)$$

(2) 부채꼴의 반지름의 길이를 r cm, 중심각의 크기를 θ라고 하면

부채꼴의 호의 길이가 3π cm이므로

$$3\pi = r\theta \quad\quad\quad\quad\quad \cdots\cdots \ \text{㉠}$$

또한 부채꼴의 넓이가 3π cm²이므로

$$3\pi = \frac{1}{2} \times r \times 3\pi = \frac{3}{2}r\pi \quad \cdots\cdots \ \text{㉡}$$

㉠, ㉡에서 $r = 2 \text{(cm)}$, $\theta = \frac{3}{2}\pi$

정답 (1) 반지름의 길이 : $\frac{3}{2}$ cm, 넓이 : $\frac{3}{4}\pi$ cm²

      (2) 반지름의 길이 : 2 cm, 중심각의 크기 : $\frac{3}{2}\pi$

02-**2**

부채꼴의 반지름의 길이는 2, 중심각의 크기는

$$360° - 60° = 2\pi - \frac{\pi}{3} = \frac{5}{3}\pi$$

이므로 부채꼴의 호의 길이는

$$2 \times \frac{5}{3}\pi = \frac{10}{3}\pi$$

따라서 부채꼴의 둘레의 길이는

$$\frac{10}{3}\pi + 2 + 2 = \frac{10}{3}\pi + 4$$

부채꼴의 넓이는

$$\frac{1}{2} \times 2 \times \frac{10}{3}\pi = \frac{10}{3}\pi$$

정답 둘레의 길이 : $\frac{10}{3}\pi + 4$, 넓이 : $\frac{10}{3}\pi$

02-**3**

부채꼴의 반지름의 길이를 r, 중심각의 크기를 θ, 호의 길이를 l이라고 하면 $S = \frac{1}{2}rl$에서

$$l = \frac{2S}{r}$$

이때, 부채꼴의 둘레의 길이는 $2r + l$이므로

$$2r + l = 2r + \frac{2S}{r} \geq 2\sqrt{2r \times \frac{2S}{r}} = 4\sqrt{S}$$

$$\left(\text{단, 등호는 } 2r = \frac{2S}{r}, \text{ 즉 } r^2 = S \text{일 때 성립한다.}\right)$$

따라서 부채꼴의 둘레의 길이의 최솟값은 $4\sqrt{S}$ 이고, 등호는 $r^2 = S$일 때 성립하므로 $S = \frac{1}{2}r^2\theta = \frac{1}{2}S\theta$에서 중심각의 크기는

$$\theta = 2$$

정답 둘레의 길이의 최솟값 : $4\sqrt{S}$, 중심각의 크기 : 2

예제 03 **삼각함수의 값**　　　　　　p.251

03-**1**

주어진 각을 나타내는 동경과 단위원의 교점을 각각 찾아 삼각함수의 값을 구하면

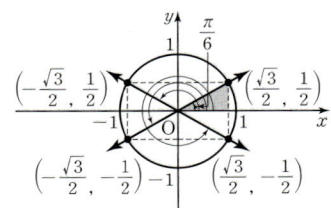

---

(1) $\sin\dfrac{\pi}{6} = \dfrac{1}{2}$, $\cos\dfrac{\pi}{6} = \dfrac{\sqrt{3}}{2}$, $\tan\dfrac{\pi}{6} = \dfrac{\sqrt{3}}{3}$

(2) $\sin\dfrac{5}{6}\pi = \dfrac{1}{2}$, $\cos\dfrac{5}{6}\pi = -\dfrac{\sqrt{3}}{2}$,

$\tan\dfrac{5}{6}\pi = -\dfrac{\sqrt{3}}{3}$

(3) $\sin\dfrac{7}{6}\pi = -\dfrac{1}{2}$, $\cos\dfrac{7}{6}\pi = -\dfrac{\sqrt{3}}{2}$,

$\tan\dfrac{7}{6}\pi = \dfrac{\sqrt{3}}{3}$

(4) $\sin\dfrac{11}{6}\pi = -\dfrac{1}{2}$, $\cos\dfrac{11}{6}\pi = \dfrac{\sqrt{3}}{2}$,

$\tan\dfrac{11}{6}\pi = -\dfrac{\sqrt{3}}{3}$

정답 풀이 참조

03-**2**

원점 O와 점 $P(-4, 3)$을 지나는 동경을 좌표평면 위에 나타내면 오른쪽 그림과 같습니다.

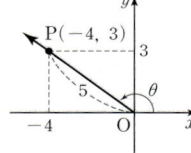

$r = \overline{\mathrm{OP}} = \sqrt{(-4)^2 + 3^2} = 5$,

$x = -4$, $y = 3$이므로

(1) $\cos\theta = \dfrac{x}{r} = -\dfrac{4}{5}$

(2) $\cos\theta = -\dfrac{4}{5}$, $\sin\theta = \dfrac{y}{r} = \dfrac{3}{5}$이므로

$$\cos^2\theta + \sin\theta = \left(-\frac{4}{5}\right)^2 + \frac{3}{5} = \frac{31}{25}$$

(3) $\sin\theta = \dfrac{3}{5}$, $\tan\theta = \dfrac{y}{x} = -\dfrac{3}{4}$이므로

$$\sin\theta\tan\theta = \frac{3}{5} \times \left(-\frac{3}{4}\right) = -\frac{9}{20}$$

정답 (1) $-\dfrac{4}{5}$ (2) $\dfrac{31}{25}$ (3) $-\dfrac{9}{20}$

03-**3**

θ가 제3사분면의 각이고

$\tan\theta = m$이므로

$$m > 0$$

즉, 점 P의 좌표를 $(-1, -m)$이라 하고 동경 OP를 좌표평면 위에 나타내면 오른쪽 그림과 같

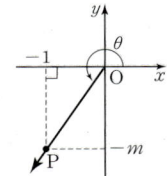

습니다.

$$\overline{\mathrm{OP}}=\sqrt{(-1)^2+(-m)^2}$$
$$=\sqrt{1+m^2}$$

이므로

$$\sin\theta=-\frac{m}{\sqrt{1+m^2}}\,,\ \cos\theta=-\frac{1}{\sqrt{1+m^2}}$$

정답 $\sin\theta=-\dfrac{m}{\sqrt{1+m^2}}\,,\ \cos\theta=-\dfrac{1}{\sqrt{1+m^2}}$

예제 04 삼각함수의 값의 부호 p.253

04-**1**

(1) $\sin\theta>0$이므로 θ는 제1사분면 또는 제2사분면의 각입니다.

  $\tan\theta<0$이므로 θ는 제2사분면 또는 제4사분면의 각입니다.

  따라서 θ는 제2사분면의 각입니다.

(2) $\sin\theta\cos\theta>0$에서

  $\begin{cases}\sin\theta>0\\\cos\theta>0\end{cases}$ 또는 $\begin{cases}\sin\theta<0\\\cos\theta<0\end{cases}$ 이므로

  θ는 제1사분면 또는 제3사분면의 각입니다.

  또한 $\cos\theta\tan\theta<0$에서

  $\begin{cases}\cos\theta<0\\\tan\theta>0\end{cases}$ 또는 $\begin{cases}\cos\theta>0\\\tan\theta<0\end{cases}$ 이므로

  θ는 제3사분면 또는 제4사분면의 각입니다.

  따라서 θ는 제3사분면의 각입니다.

정답 (1) 제2사분면의 각 (2) 제3사분면의 각

04-**2**

θ가 제2사분면의 각일 때,

$\sin\theta>0$, $\cos\theta<0$, $\tan\theta<0$입니다.

ㄱ. $\sin\theta>0$, $\cos\theta<0$이므로 $\sin\theta\cos\theta<0$ (참)

ㄴ. $\tan\theta<0$, $\cos\theta<0$이므로 $\dfrac{\tan\theta}{\cos\theta}>0$ (참)

ㄷ. $\sin\theta>0$, $\tan\theta<0$이므로 $\dfrac{\sin\theta}{\tan\theta}<0$ (거짓)

따라서 옳은 것은 ㄱ, ㄴ입니다.

정답 ㄱ, ㄴ

04-**3**

$\sqrt{\sin\theta}\,\sqrt{\cos\theta}=-\sqrt{\sin\theta\cos\theta}$ 에서

$\sin\theta<0$, $\cos\theta<0$이므로 θ는 제3사분면의 각입니다.

ㄱ. $\sin\theta+\cos\theta<0$ (참)

ㄴ. $\dfrac{\cos\theta}{\sin\theta}>0$ (참)

ㄷ. θ는 제3사분면의 각이므로 $\tan\theta>0$

  $\therefore\ \tan\theta\sin\theta<0$ (참)

따라서 옳은 것은 ㄱ, ㄴ, ㄷ입니다.

정답 ㄱ, ㄴ, ㄷ

예제 05 삼각함수 사이의 관계(1) p.255

05-**1**

(1) $\sin\theta-\cos\theta=\dfrac{\sqrt{2}}{2}$ 의 양변을 제곱하면

$$\sin^2\theta-2\sin\theta\cos\theta+\cos^2\theta=\frac{1}{2}$$
$$1-2\sin\theta\cos\theta=\frac{1}{2}$$
$$(\because\ \sin^2\theta+\cos^2\theta=1)$$
$$\therefore\ \sin\theta\cos\theta=\frac{1}{4}$$

(2) $(\sin\theta+\cos\theta)^2=\sin^2\theta+2\sin\theta\cos\theta+\cos^2\theta$
$$=1+2\sin\theta\cos\theta$$
$$=1+2\times\frac{1}{4}$$
$$=\frac{3}{2}$$

$\therefore\ \sin\theta+\cos\theta=\sqrt{\dfrac{3}{2}}=\dfrac{\sqrt{6}}{2}$ 또는

$\sin\theta+\cos\theta=-\sqrt{\dfrac{3}{2}}=-\dfrac{\sqrt{6}}{2}$

(3) $\sin^3\theta - \cos^3\theta$

$\quad = (\sin\theta - \cos\theta)^3 + 3\sin\theta\cos\theta(\sin\theta - \cos\theta)$

$\quad = \left(\dfrac{\sqrt{2}}{2}\right)^3 + 3 \times \dfrac{1}{4} \times \dfrac{\sqrt{2}}{2}$

$\quad = \dfrac{5\sqrt{2}}{8}$

정답   (1) $\dfrac{1}{4}$ (2) $\dfrac{\sqrt{6}}{2}$ 또는 $-\dfrac{\sqrt{6}}{2}$ (3) $\dfrac{5\sqrt{2}}{8}$

05-2

(1) $(\sin\theta + \cos\theta)^2$

$\quad = \sin^2\theta + 2\sin\theta\cos\theta + \cos^2\theta$

$\quad = 1 + 2\sin\theta\cos\theta \ (\because \sin^2\theta + \cos^2\theta = 1)$

$\quad = 1 + 2 \times \dfrac{1}{4} = \dfrac{3}{2}$

θ는 제1사분면의 각이므로

$\sin\theta > 0,\ \cos\theta > 0,\ 즉\ \sin\theta + \cos\theta > 0$

$\quad \therefore \sin\theta + \cos\theta = \sqrt{\dfrac{3}{2}} = \dfrac{\sqrt{6}}{2}$

(2) $(\sin\theta - \cos\theta)^2$

$\quad = \sin^2\theta - 2\sin\theta\cos\theta + \cos^2\theta$

$\quad = 1 - 2\sin\theta\cos\theta \ (\because \sin^2\theta + \cos^2\theta = 1)$

$\quad = 1 - 2 \times \dfrac{1}{4} = \dfrac{1}{2}$

$\quad \therefore \sin\theta - \cos\theta = \sqrt{\dfrac{1}{2}} = \dfrac{\sqrt{2}}{2}$ 또는

$\quad \sin\theta - \cos\theta = -\sqrt{\dfrac{1}{2}} = -\dfrac{\sqrt{2}}{2}$

(3) $\tan\theta + \dfrac{1}{\tan\theta} = \dfrac{\sin\theta}{\cos\theta} + \dfrac{\cos\theta}{\sin\theta}$

$\qquad\qquad\qquad = \dfrac{\sin^2\theta + \cos^2\theta}{\sin\theta\cos\theta}$

$\qquad\qquad\qquad = \dfrac{1}{\sin\theta\cos\theta}$

$\qquad\qquad\qquad = \dfrac{1}{\dfrac{1}{4}} = 4$

보충 설명   (2)에서 제1사분면의 각 θ에 대하여 $\sin\theta - \cos\theta > 0$일 수도 있고 $\sin\theta - \cos\theta < 0$일 수도 있음에 유의하도록 합니다.

정답   (1) $\dfrac{\sqrt{6}}{2}$ (2) $\dfrac{\sqrt{2}}{2}$ 또는 $-\dfrac{\sqrt{2}}{2}$ (3) 4

05-3

$\dfrac{1}{\sin\theta} - \dfrac{1}{\cos\theta} = \sqrt{2}$ 에서

$\quad \dfrac{\cos\theta - \sin\theta}{\sin\theta\cos\theta} = \sqrt{2}$

$\quad \therefore \sin\theta - \cos\theta = -\sqrt{2}\sin\theta\cos\theta \quad \cdots\cdots\ \bigcirc$

$\bigcirc$의 양변을 제곱하면

$\quad \sin^2\theta - 2\sin\theta\cos\theta + \cos^2\theta = 2\sin^2\theta\cos^2\theta$

$\quad 1 - 2\sin\theta\cos\theta = 2\sin^2\theta\cos^2\theta$

$\quad \therefore \sin\theta\cos\theta(1 + \sin\theta\cos\theta) = \dfrac{1}{2} \quad \cdots\cdots\ \bigcirc\!\!\!\bigcirc$

따라서 $\bigcirc$, $\bigcirc\!\!\!\bigcirc$에서 구하는 식의 값은

$\quad \sin^3\theta - \cos^3\theta$

$\quad = (\sin\theta - \cos\theta)$

$\qquad\qquad (\sin^2\theta + \sin\theta\cos\theta + \cos^2\theta)$

$\quad = (\sin\theta - \cos\theta)(1 + \sin\theta\cos\theta)$

$\quad = -\sqrt{2}\sin\theta\cos\theta(1 + \sin\theta\cos\theta) \ (\because \bigcirc)$

$\quad = -\sqrt{2} \times \dfrac{1}{2} \ (\because \bigcirc\!\!\!\bigcirc)$

$\quad = -\dfrac{\sqrt{2}}{2}$

정답 $-\dfrac{\sqrt{2}}{2}$

예제 06   삼각함수 사이의 관계(2)   p.257

06-1

(1) $\tan^2\theta - \sin^2\theta = \dfrac{\sin^2\theta}{\cos^2\theta} - \sin^2\theta$

$\qquad\qquad\qquad = \sin^2\theta\left(\dfrac{1}{\cos^2\theta} - 1\right)$

$\qquad\qquad\qquad = \sin^2\theta \times \dfrac{1 - \cos^2\theta}{\cos^2\theta}$

$\qquad\qquad\qquad = \sin^2\theta \times \dfrac{\sin^2\theta}{\cos^2\theta}$

$\qquad\qquad\qquad = \sin^2\theta\tan^2\theta$

(2) $\dfrac{1-\cos\theta}{\sin\theta}+\dfrac{\sin\theta}{1-\cos\theta}$

$=\dfrac{(1-\cos\theta)^2+\sin^2\theta}{\sin\theta(1-\cos\theta)}$

$=\dfrac{1-2\cos\theta+\cos^2\theta+\sin^2\theta}{\sin\theta(1-\cos\theta)}$

$=\dfrac{2(1-\cos\theta)}{\sin\theta(1-\cos\theta)}$

$=\dfrac{2}{\sin\theta}$

정답 풀이 참조

06-2

$\dfrac{1-\tan\theta}{1+\tan\theta}=2-\sqrt{3}$ 에서

$1-\tan\theta=(2-\sqrt{3})(1+\tan\theta)$

$1-\tan\theta=(2-\sqrt{3})+(2-\sqrt{3})\tan\theta$

$(3-\sqrt{3})\tan\theta=\sqrt{3}-1$

$\therefore \tan\theta=\dfrac{\sqrt{3}-1}{3-\sqrt{3}}$

$\qquad =\dfrac{\sqrt{3}-1}{\sqrt{3}(\sqrt{3}-1)}=\dfrac{1}{\sqrt{3}}$

$\therefore \dfrac{\tan\theta\sin\theta}{\tan\theta-\sin\theta}-\dfrac{1}{\sin\theta}$

$=\dfrac{\dfrac{\sin^2\theta}{\cos\theta}}{\dfrac{\sin\theta-\cos\theta\sin\theta}{\cos\theta}}-\dfrac{1}{\sin\theta}$

$=\dfrac{\sin^2\theta}{\sin\theta(1-\cos\theta)}-\dfrac{1}{\sin\theta}$

$=\dfrac{1-\cos^2\theta}{\sin\theta(1-\cos\theta)}-\dfrac{1}{\sin\theta}$

$=\dfrac{(1+\cos\theta)(1-\cos\theta)}{\sin\theta(1-\cos\theta)}-\dfrac{1}{\sin\theta}$

$=\dfrac{1+\cos\theta}{\sin\theta}-\dfrac{1}{\sin\theta}$

$=\dfrac{\cos\theta}{\sin\theta}$

$=\dfrac{1}{\tan\theta}=\sqrt{3}$

정답 ④

06-3

ㄱ. $\dfrac{\sin\theta}{1+\cos\theta}+\dfrac{1}{\tan\theta}$

$=\dfrac{\sin\theta}{1+\cos\theta}+\dfrac{\cos\theta}{\sin\theta}\left(\because \tan\theta=\dfrac{\sin\theta}{\cos\theta}\right)$

$=\dfrac{\sin^2\theta+\cos\theta(1+\cos\theta)}{(1+\cos\theta)\sin\theta}$

$=\dfrac{\sin^2\theta+\cos^2\theta+\cos\theta}{(1+\cos\theta)\sin\theta}$

$=\dfrac{1+\cos\theta}{(1+\cos\theta)\sin\theta}$

$=\dfrac{1}{\sin\theta}$

즉, $\dfrac{\sin\theta}{1+\cos\theta}+\dfrac{1}{\tan\theta}\ne\dfrac{1}{\cos\theta}$ 입니다. (거짓)

ㄴ. $\dfrac{1}{1+\sin\theta}+\dfrac{1}{1-\sin\theta}$

$=\dfrac{1-\sin\theta+1+\sin\theta}{(1+\sin\theta)(1-\sin\theta)}$

$=\dfrac{2}{1-\sin^2\theta}$

$=\dfrac{2}{\cos^2\theta}$

$=\dfrac{2(\sin^2\theta+\cos^2\theta)}{\cos^2\theta}$

$=2\left(\dfrac{\sin^2\theta}{\cos^2\theta}+1\right)$

$=2(1+\tan^2\theta)$ (참)

ㄷ. $\tan^2\theta+\cos^2\theta(1-\tan^4\theta)$

$=\dfrac{\sin^2\theta}{\cos^2\theta}+\cos^2\theta-\dfrac{\sin^4\theta}{\cos^2\theta}$

$=\dfrac{\sin^2\theta(1-\sin^2\theta)}{\cos^2\theta}+\cos^2\theta$

$=\dfrac{\sin^2\theta\cos^2\theta}{\cos^2\theta}+\cos^2\theta$

$=\sin^2\theta+\cos^2\theta$

$=1$ (참)

따라서 옳은 것은 ㄴ, ㄷ입니다.

정답 ㄴ, ㄷ

07-**1**

θ가 제3사분면의 각이고 $\tan\theta=\dfrac{1}{2}$이므로 점 P의 좌표를 $(-2,\ -1)$이라 하고 동경 OP를 좌표평면 위에 나타내면 오른쪽 그림과 같습니다.

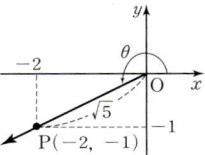

$$\sin\theta=-\frac{1}{\sqrt{5}}=-\frac{\sqrt{5}}{5}$$

$$\cos\theta=-\frac{2}{\sqrt{5}}=-\frac{2\sqrt{5}}{5}$$

(1) $\cos(\pi+\theta)=-\cos\theta$,

$\sin(2\pi-\theta)=\sin(-\theta)=-\sin\theta$

이므로

$$\cos(\pi+\theta)+\sin(2\pi-\theta)$$
$$=-\cos\theta+(-\sin\theta)$$
$$=\frac{2\sqrt{5}}{5}+\frac{\sqrt{5}}{5}=\frac{3\sqrt{5}}{5}$$

(2) $\tan(\pi-\theta)=-\tan\theta,\ \tan(3\pi+\theta)=\tan\theta$

이므로

$$\tan(\pi-\theta)+\frac{1}{\tan(3\pi+\theta)}$$
$$=-\tan\theta+\frac{1}{\tan\theta}$$
$$=-\frac{1}{2}+2=\frac{3}{2}$$

정답 (1) $\dfrac{3\sqrt{5}}{5}$ (2) $\dfrac{3}{2}$

07-**2**

(1) $\cos(\pi-\theta)=-\cos\theta,\ \sin(-\theta)=-\sin\theta$,

$\cos(-\theta)=\cos\theta,\ \sin(\pi+\theta)=-\sin\theta$

$\therefore\ \cos(\pi-\theta)\sin(-\theta)+\cos(-\theta)\sin(\pi+\theta)$

$$=(-\cos\theta)\times(-\sin\theta)+\cos\theta\times(-\sin\theta)$$
$$=\cos\theta\sin\theta-\cos\theta\sin\theta$$
$$=0$$

(2) $\sin(3\pi-\theta)=\sin(\pi-\theta)=\sin\theta$,

$\sin(-\theta)=-\sin\theta$,

$\cos(2\pi-\theta)=\cos(-\theta)=\cos\theta$,

$\cos(\pi+\theta)=-\cos\theta$

$\therefore\ \sin(3\pi-\theta)\sin(-\theta)$

$$\qquad\qquad+\cos(2\pi-\theta)\cos(\pi+\theta)$$
$$=\sin\theta\times(-\sin\theta)+\cos\theta\times(-\cos\theta)$$
$$=-\sin^2\theta-\cos^2\theta=-(\sin^2\theta+\cos^2\theta)$$
$$=-1$$

정답 (1) 0   (2) -1

07-**3**

(1) $\cos\dfrac{11}{12}\pi=\cos\left(\pi-\dfrac{\pi}{12}\right)=-\cos\dfrac{\pi}{12}$

$\cos\dfrac{10}{12}\pi=\cos\left(\pi-\dfrac{2}{12}\pi\right)=-\cos\dfrac{2}{12}\pi$

$\vdots$

$\cos\dfrac{7}{12}\pi=\cos\left(\pi-\dfrac{5}{12}\pi\right)=-\cos\dfrac{5}{12}\pi$

$\cos\dfrac{6}{12}\pi=\cos\dfrac{\pi}{2}=0$

$\therefore\ \cos\dfrac{\pi}{12}+\cos\dfrac{2}{12}\pi+\cos\dfrac{3}{12}\pi+\cdots$

$$\qquad\qquad\qquad\qquad+\cos\dfrac{11}{12}\pi$$

$$=\left(\cos\dfrac{\pi}{12}+\cos\dfrac{2}{12}\pi+\cdots+\cos\dfrac{5}{12}\pi\right)$$

$$\quad+\cos\dfrac{6}{12}\pi+\left(\cos\dfrac{7}{12}\pi+\cos\dfrac{8}{12}\pi+\cdots\right.$$

$$\qquad\qquad\qquad\qquad\left.+\cos\dfrac{11}{12}\pi\right)$$

$$=\left(\cos\dfrac{\pi}{12}+\cos\dfrac{2}{12}\pi+\cdots+\cos\dfrac{5}{12}\pi\right)+0$$

$$\quad+\left(-\cos\dfrac{5}{12}\pi-\cos\dfrac{4}{12}\pi-\cdots-\cos\dfrac{\pi}{12}\right)$$

$$=0$$

(2) $\sin 0=0$

$\sin\dfrac{23}{12}\pi=\sin\left(\pi+\dfrac{11}{12}\pi\right)=-\sin\dfrac{11}{12}\pi$

$\sin\dfrac{22}{12}\pi=\sin\left(\pi+\dfrac{10}{12}\pi\right)=-\sin\dfrac{10}{12}\pi$

$\vdots$

$\sin\dfrac{13}{12}\pi=\sin\left(\pi+\dfrac{\pi}{12}\right)=-\sin\dfrac{\pi}{12}$

$$\sin\frac{12}{12}\pi=\sin\pi=0$$

$$\therefore \sin 0+\sin\frac{\pi}{12}+\sin\frac{2}{12}\pi+\cdots+\sin\frac{23}{12}\pi$$

$$=\sin 0+\left(\sin\frac{\pi}{12}+\sin\frac{2}{12}\pi+\cdots\right.$$

$$\left.+\sin\frac{11}{12}\pi\right)+\sin\frac{12}{12}\pi+\left(\sin\frac{13}{12}\pi\right.$$

$$\left.+\sin\frac{14}{12}\pi+\cdots+\sin\frac{23}{12}\pi\right)$$

$$=0+\left(\sin\frac{\pi}{12}+\sin\frac{2}{12}\pi+\cdots+\sin\frac{11}{12}\pi\right)+0$$

$$+\left(-\sin\frac{\pi}{12}-\sin\frac{2}{12}\pi-\cdots-\sin\frac{11}{12}\pi\right)$$

$$=0$$

정답 (1) 0 (2) 0

예제 08 각 $\frac{\pi}{2}\pm\theta$, $\frac{3}{2}\pi\pm\theta$의 삼각함수 p.265

08-1

θ가 제3사분면의 각이고
$\tan\theta=\dfrac{1}{\sqrt{2}}$ 이므로 점 P의
좌표를 $(-\sqrt{2},\ -1)$이라 하
고 동경 OP를 좌표평면 위
에 나타내면 오른쪽 그림과
같습니다.

$$\sin\theta=-\frac{1}{\sqrt{3}}=-\frac{\sqrt{3}}{3}$$

$$\cos\theta=-\frac{\sqrt{2}}{\sqrt{3}}=-\frac{\sqrt{6}}{3}$$

(1) $\cos\left(\dfrac{3}{2}\pi+\theta\right)=\sin\theta$, $\sin\left(\dfrac{\pi}{2}-\theta\right)=\cos\theta$이므로

$$\cos\left(\frac{3}{2}\pi+\theta\right)+\sin\left(\frac{\pi}{2}-\theta\right)$$

$$=\sin\theta+\cos\theta$$

$$=\left(-\frac{\sqrt{3}}{3}\right)+\left(-\frac{\sqrt{6}}{3}\right)$$

$$=\frac{-\sqrt{3}-\sqrt{6}}{3}$$

---

(2) $\tan\left(\dfrac{\pi}{2}-\theta\right)=\dfrac{1}{\tan\theta}$, $\tan\left(\dfrac{\pi}{2}+\theta\right)=-\dfrac{1}{\tan\theta}$
이므로

$$\tan\left(\frac{\pi}{2}-\theta\right)+\frac{1}{\tan\left(\frac{\pi}{2}+\theta\right)}$$

$$=\frac{1}{\tan\theta}-\tan\theta$$

$$=\sqrt{2}-\frac{\sqrt{2}}{2}$$

$$=\frac{\sqrt{2}}{2}$$

정답 (1) $\dfrac{-\sqrt{3}-\sqrt{6}}{3}$ (2) $\dfrac{\sqrt{2}}{2}$

08-2

(1) $\sin\left(\dfrac{\pi}{2}+\theta\right)=\cos\theta$, $\cos\left(\dfrac{\pi}{2}-\theta\right)=\sin\theta$,

$$\tan\left(\frac{\pi}{2}-\theta\right)=\frac{1}{\tan\theta}$$

이므로

$$\frac{\sin\left(\frac{\pi}{2}+\theta\right)}{1+\cos\left(\frac{\pi}{2}-\theta\right)}+\frac{1}{\tan\left(\frac{\pi}{2}-\theta\right)}$$

$$=\frac{\cos\theta}{1+\sin\theta}+\tan\theta$$

$$=\frac{\cos\theta}{1+\sin\theta}+\frac{\sin\theta}{\cos\theta}$$

$$=\frac{\cos^2\theta+(\sin\theta+\sin^2\theta)}{(1+\sin\theta)\cos\theta}$$

$$=\frac{1+\sin\theta}{(1+\sin\theta)\cos\theta}$$

$$=\frac{1}{\cos\theta}$$

(2) $\sin\left(\dfrac{3}{2}\pi-\theta\right)=-\cos\theta$, $\cos\left(\dfrac{\pi}{2}+\theta\right)=-\sin\theta$,

$$\sin\left(\frac{3}{2}\pi+\theta\right)=-\cos\theta,\ \cos\left(\frac{\pi}{2}-\theta\right)=\sin\theta$$

이므로

$$\frac{\sin\left(\frac{3}{2}\pi-\theta\right)}{1+\cos\left(\frac{\pi}{2}+\theta\right)}+\frac{\sin\left(\frac{3}{2}\pi+\theta\right)}{1+\cos\left(\frac{\pi}{2}-\theta\right)}$$

$$=\frac{-\cos\theta}{1-\sin\theta}+\frac{-\cos\theta}{1+\sin\theta}$$

$$=\frac{-\cos\theta(1+\sin\theta)-\cos\theta(1-\sin\theta)}{(1-\sin\theta)(1+\sin\theta)}$$

$$=\frac{-\cos\theta(1+\sin\theta+1-\sin\theta)}{1-\sin^2\theta}$$

$$=\frac{-2\cos\theta}{\cos^2\theta}$$

$$=-\frac{2}{\cos\theta}$$

정답 (1) $\dfrac{1}{\cos\theta}$ (2) $-\dfrac{2}{\cos\theta}$

08-**3**

(1) $\cos\dfrac{7}{8}\pi=\cos\left(\dfrac{\pi}{2}+\dfrac{3}{8}\pi\right)=-\sin\dfrac{3}{8}\pi$

$\cos\dfrac{6}{8}\pi=\cos\left(\dfrac{\pi}{2}+\dfrac{2}{8}\pi\right)=-\sin\dfrac{2}{8}\pi$

$\cos\dfrac{5}{8}\pi=\cos\left(\dfrac{\pi}{2}+\dfrac{\pi}{8}\right)=-\sin\dfrac{\pi}{8}$

$\cos\dfrac{4}{8}\pi=\cos\dfrac{\pi}{2}=0$

$\therefore \cos^2\dfrac{\pi}{8}+\cos^2\dfrac{2}{8}\pi+\cos^2\dfrac{3}{8}\pi+\cdots+\cos^2\dfrac{7}{8}\pi$

$=\left(\cos^2\dfrac{\pi}{8}+\cos^2\dfrac{2}{8}\pi+\cos^2\dfrac{3}{8}\pi\right)+\cos^2\dfrac{4}{8}\pi$

$\qquad+\left(\cos^2\dfrac{5}{8}\pi+\cos^2\dfrac{6}{8}\pi+\cos^2\dfrac{7}{8}\pi\right)$

$=\left(\cos^2\dfrac{\pi}{8}+\cos^2\dfrac{2}{8}\pi+\cos^2\dfrac{3}{8}\pi\right)+0$

$\qquad+\left(\sin^2\dfrac{\pi}{8}+\sin^2\dfrac{2}{8}\pi+\sin^2\dfrac{3}{8}\pi\right)$

$=\left(\cos^2\dfrac{\pi}{8}+\sin^2\dfrac{\pi}{8}\right)+\left(\cos^2\dfrac{2}{8}\pi+\sin^2\dfrac{2}{8}\pi\right)$

$\qquad+\left(\cos^2\dfrac{3}{8}\pi+\sin^2\dfrac{3}{8}\pi\right)$

$=1+1+1$

$=3$

(2) $\sin\dfrac{15}{16}\pi=\sin\left(\dfrac{\pi}{2}+\dfrac{7}{16}\pi\right)=\cos\dfrac{7}{16}\pi$

$\sin\dfrac{14}{16}\pi=\sin\left(\dfrac{\pi}{2}+\dfrac{6}{16}\pi\right)=\cos\dfrac{6}{16}\pi$

$\sin\dfrac{13}{16}\pi=\sin\left(\dfrac{\pi}{2}+\dfrac{5}{16}\pi\right)=\cos\dfrac{5}{16}\pi$

$$\vdots$$

$\sin\dfrac{9}{16}\pi=\sin\left(\dfrac{\pi}{2}+\dfrac{\pi}{16}\right)=\cos\dfrac{\pi}{16}$

$\sin\dfrac{8}{16}\pi=\sin\dfrac{\pi}{2}=1$

$\therefore \sin^2\dfrac{\pi}{16}+\sin^2\dfrac{2}{16}\pi+\sin^2\dfrac{3}{16}\pi+\cdots$

$$+\sin^2\dfrac{15}{16}\pi$$

$=\left(\sin^2\dfrac{\pi}{16}+\sin^2\dfrac{2}{16}\pi+\sin^2\dfrac{3}{16}\pi+\cdots\right.$

$$\left.+\sin^2\dfrac{7}{16}\pi\right)+\sin^2\dfrac{8}{16}\pi$$

$\quad+\left(\sin^2\dfrac{9}{16}\pi+\sin^2\dfrac{10}{16}\pi+\cdots+\sin^2\dfrac{15}{16}\pi\right)$

$=\left(\sin^2\dfrac{\pi}{16}+\sin^2\dfrac{2}{16}\pi+\cdots+\sin^2\dfrac{7}{16}\pi\right)+1$

$\quad+\left(\cos^2\dfrac{\pi}{16}+\cos^2\dfrac{2}{16}\pi+\cdots+\cos^2\dfrac{7}{16}\pi\right)$

$=\left(\sin^2\dfrac{\pi}{16}+\cos^2\dfrac{\pi}{16}\right)$

$\qquad+\left(\sin^2\dfrac{2}{16}\pi+\cos^2\dfrac{2}{16}\pi\right)+\cdots$

$\qquad+\left(\sin^2\dfrac{7}{16}\pi+\cos^2\dfrac{7}{16}\pi\right)+1$

$=\underbrace{1+1+\cdots+1}_{\text{7개}}+1$

$=8$

정답 (1) 3 (2) 8

p.266~267

기본 다지기

06-1 (1) $\dfrac{\pi}{3}$ (2) $\dfrac{3}{4}\pi$ **2** $12\pi-9\sqrt{3}$ **3** 4

　　4 (1) 2 (2) $\dfrac{3\sqrt{6}}{8}$ **5** ⑤ **6** $\dfrac{39}{16}$ **7** -7

　　8 ㄱ, ㄹ 　　　**9** (1) 0 (2) 0

　　10 (1) $\dfrac{1}{\sin\theta}$ (2) $2\sin\theta\cos\theta$

06-1

접근 방법 (1) 두 각을 나타내는 동경이 일치하면 두 각의 크기의 차는 $2n\pi$ (n은 정수)입니다. 역으로 각의 크기의 차가 $2n\pi$인 각들을 나타내는 동경은 일치합니다.

(2) 두 각을 나타내는 동경이 일직선 위에 있고 방향이 반대이면 두 각의 크기의 차는 $2n\pi+\pi$ (n은 정수)입니다.

상세 풀이 (1) 두 각 θ와 7θ를 나타내는 동경이 일치하므로

$$7\theta-\theta=2n\pi$$
$$6\theta=2n\pi$$
$$\therefore \theta=\frac{n}{3}\pi \text{ (단, } n\text{은 정수)}$$

그런데 $0<\theta<\dfrac{\pi}{2}$이므로

$$\theta=\frac{\pi}{3}$$

(2) 두 각 θ와 5θ를 나타내는 동경이 일직선 위에 있고 방향이 반대이므로

$$5\theta-\theta=2n\pi+\pi$$
$$4\theta=(2n+1)\pi$$
$$\therefore \theta=\frac{2n+1}{4}\pi \text{ (단, } n\text{은 정수)}$$

그런데 $\dfrac{\pi}{2}<\theta<\pi$이므로

$$\theta=\frac{3}{4}\pi$$

보충 설명 문제의 조건을 만족시키는 θ는 θ의 값의 범위에 따라 여러 개가 나올 수도 있음에 주의합니다.

정답 (1) $\dfrac{\pi}{3}$ (2) $\dfrac{3}{4}\pi$

06-2

접근 방법 활꼴의 넓이를 구하기 위해서는 활꼴을 포함하는 부채꼴의 넓이에서 활꼴을 제외한 삼각형의 넓이를 빼면 됩니다.

상세 풀이 부채꼴 OAB의 넓이는

$$\frac{1}{2}\times 6^2\times\frac{2}{3}\pi=12\pi$$

삼각형 OAB의 넓이는

$$\frac{1}{2}\times 6^2\times\sin\left(\pi-\frac{2}{3}\pi\right)$$
$$=\frac{1}{2}\times 36\times\sin\frac{\pi}{3}$$
$$=18\times\frac{\sqrt{3}}{2}=9\sqrt{3}$$

따라서 구하는 활꼴의 넓이는

$$12\pi-9\sqrt{3}$$

보충 설명 (1) 반지름의 길이가 r이고 중심각의 크기가 θ(라디안)인 부채꼴의 넓이는 $\dfrac{1}{2}r^2\theta$

(2) 두 변의 길이가 a, b이고 그 끼인각의 크기가 θ인 삼각형의 넓이는

(ⅰ) $0<\theta\leq\dfrac{\pi}{2}$일 때, $\dfrac{1}{2}ab\sin\theta$

(ⅱ) $\dfrac{\pi}{2}\leq\theta<\pi$일 때, $\dfrac{1}{2}ab\sin(\pi-\theta)=\dfrac{1}{2}ab\sin\theta$

(ⅰ), (ⅱ)에서 삼각형의 넓이는 $\dfrac{1}{2}ab\sin\theta$

정답 $12\pi-9\sqrt{3}$

06-3

접근 방법 삼각형 OAB가 이등변삼각형이므로 점 O에서 현 AB에 수선을 내리면 현 AB를 이등분합니다. 따라서 삼각비를 이용하여 ∠AOB의 크기를 구할 수 있습니다. 또한 원 O'의 반지름의 길이는 원 O'의 둘레의 길이와 부채꼴 OAB의 호의 길이가 같음을 이용하여 구할 수 있습니다.

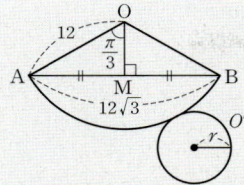

삼각형 OAB는 이등변삼각형이므로 점 O에서 현 AB에 내린 수선의 발을 M이라고 하면 선분 OM은 선분 AB를 수직이등분하므로

$$\overline{AM}=6\sqrt{3}$$

직각삼각형 OAM에서 삼각비에 의하여

$$\angle AOM=\frac{\pi}{3} \quad \therefore \angle AOB=\frac{2}{3}\pi$$

따라서 부채꼴 OAB의 호 AB의 길이는

$$12\times\frac{2}{3}\pi=8\pi$$

이때, 부채꼴의 호의 길이는 원뿔의 밑면인 원 O'의 둘레의 길이와 같으므로 원 O'의 반지름의 길이를 r라고 하면

$$2\pi r=8\pi \quad \therefore r=4$$

보충 설명 반지름의 길이가 r, 중심각의 크기가 θ(라디안)인 부채꼴의

(1) 호의 길이 l은 $l=r\theta$

(2) 넓이 S는 $S=\frac{1}{2}r^2\theta=\frac{1}{2}rl$

정답 4

06-4

접근 방법 각 θ에 대한 삼각함수의 값 중에서 하나만 알면 나머지 삼각함수의 값들도 모두 알 수 있습니다. 각 θ를 나타내는 동경과 원점을 중심으로 하는 원의 교점을 이용하거나 삼각함수 사이의 관계를 이용하여 구하면 됩니다.

상세 풀이 (1) $\sin\theta=-\frac{3}{5}$일 때

$$\cos^2\theta=1-\sin^2\theta$$
$$=1-\left(-\frac{3}{5}\right)^2=\frac{16}{25}$$

이때, θ가 제3사분면의 각이므로

$$\cos\theta=-\sqrt{\frac{16}{25}}=-\frac{4}{5}$$
$$\therefore \tan\theta=\frac{3}{4}$$
$$\therefore 5\cos\theta+8\tan\theta=5\times\left(-\frac{4}{5}\right)+8\times\frac{3}{4}$$
$$=-4+6$$
$$=2$$

(2) $\sin\theta\cos\theta=-\frac{1}{4}$이므로

$$(\sin\theta-\cos\theta)^2$$
$$=\sin^2\theta-2\sin\theta\cos\theta+\cos^2\theta$$
$$=1-2\sin\theta\cos\theta$$
$$=1-2\times\left(-\frac{1}{4}\right)=\frac{3}{2}$$

이때, θ가 제2사분면의 각이므로 $\sin\theta>0$, $\cos\theta<0$, 즉 $\sin\theta-\cos\theta>0$

$$\therefore \sin\theta-\cos\theta=\sqrt{\frac{3}{2}}=\frac{\sqrt{6}}{2}$$
$$\therefore \sin^3\theta-\cos^3\theta$$
$$=(\sin\theta-\cos\theta)$$
$$\times(\sin^2\theta+\sin\theta\cos\theta+\cos^2\theta)$$
$$=\frac{\sqrt{6}}{2}\times\left(1-\frac{1}{4}\right)=\frac{3\sqrt{6}}{8}$$

보충 설명 $x^3-y^3=(x-y)(x^2+xy+y^2)$임을 이용하여

$$\sin^3\theta-\cos^3\theta$$
$$=(\sin\theta-\cos\theta)(\sin^2\theta+\sin\theta\cos\theta+\cos^2\theta)$$
$$=(\sin\theta-\cos\theta)(1+\sin\theta\cos\theta)$$

를 얻을 수 있습니다.

정답 (1) 2 (2) $\frac{3\sqrt{6}}{8}$

06-5

접근 방법 $\sin\theta+\cos\theta=a$의 양변을 제곱하면 $\sin^2\theta+\cos^2\theta=1$을 이용하여 식을 변형할 수 있습니다.

상세 풀이 $\sin\theta+\cos\theta=a$의 양변을 제곱하면

$\sin^2\theta+2\sin\theta\cos\theta+\cos^2\theta=a^2$

$1+2\sin\theta\cos\theta=a^2$

$\therefore 2\sin\theta\cos\theta=a^2-1$

$\therefore (\sin\theta-\cos\theta)^2$

$=\sin^2\theta-2\sin\theta\cos\theta+\cos^2\theta$

$=1-2\sin\theta\cos\theta$

$=1-(a^2-1)$

$=2-a^2$

이때, θ가 제2사분면의 각이므로

$\sin\theta>0,\ \cos\theta<0,\ $즉 $\sin\theta-\cos\theta>0$

$\therefore \sin\theta-\cos\theta=\sqrt{2-a^2}$

정답 ⑤

06- 6

접근 방법 $\sin\theta$와 $\cos\theta$에 대한 식의 값을 알고 있으므로 $\tan\theta$를 $\dfrac{\sin\theta}{\cos\theta}$로 고쳐 식을 정리합니다.

상세 풀이 $\sin\theta+\cos\theta=\dfrac{1}{3}$의 양변을 제곱하면

$\sin^2\theta+2\sin\theta\cos\theta+\cos^2\theta=\dfrac{1}{9}$

$1+2\sin\theta\cos\theta=\dfrac{1}{9}$

$\therefore \sin\theta\cos\theta=-\dfrac{4}{9}$

$\therefore \dfrac{1}{\cos\theta}\left(\tan\theta+\dfrac{1}{\tan^2\theta}\right)$

$=\dfrac{1}{\cos\theta}\left(\dfrac{\sin\theta}{\cos\theta}+\dfrac{\cos^2\theta}{\sin^2\theta}\right)$

$=\dfrac{\sin^3\theta+\cos^3\theta}{\sin^2\theta\cos^2\theta}$

$=\dfrac{(\sin\theta+\cos\theta)(\sin^2\theta-\sin\theta\cos\theta+\cos^2\theta)}{\sin^2\theta\cos^2\theta}$

$=\dfrac{\dfrac{1}{3}\left\{1-\left(-\dfrac{4}{9}\right)\right\}}{\left(-\dfrac{4}{9}\right)^2}$

$=\dfrac{\dfrac{13}{27}}{\dfrac{16}{81}}=\dfrac{39}{16}$

보충 설명 (1) $\tan\theta=\dfrac{\sin\theta}{\cos\theta}$

(2) $\sin^2\theta+\cos^2\theta=1$

정답 $\dfrac{39}{16}$

06- 7

접근 방법 이차방정식의 근과 계수의 관계를 이용합니다.

상세 풀이 $\sin\theta+\cos\theta=\dfrac{1}{2}$의 양변을 제곱하면

$\sin^2\theta+2\sin\theta\cos\theta+\cos^2\theta=\dfrac{1}{4}$

$1+2\sin\theta\cos\theta=\dfrac{1}{4}$

$\therefore \sin\theta\cos\theta=-\dfrac{3}{8}$

이차방정식 $x^2+ax+b=0$의 두 근이 $\sin\theta,$ $\cos\theta$이므로 이차방정식의 근과 계수의 관계에 의하여

$\sin\theta+\cos\theta=-a=\dfrac{1}{2}$

$\therefore a=-\dfrac{1}{2}$

$\sin\theta\cos\theta=b=-\dfrac{3}{8}$

$\therefore 8(a+b)=8\left(-\dfrac{1}{2}-\dfrac{3}{8}\right)=-7$

보충 설명 $\sin\theta\pm\cos\theta=a$의 형태로 식이 주어졌을 때, 양변을 제곱하여 $\sin^2\theta+\cos^2\theta=1$임을 이용하면 $\sin\theta\cos\theta$의 값을 구할 수 있습니다.

정답 -7

06- 8

접근 방법 삼각함수의 성질을 이용하여 주어진 삼각함수를 간단히 합니다.

상세 풀이 삼각함수의 성질에서

$$\cos(\pi-\theta)=-\cos\theta$$

ㄱ. $\sin\left(\dfrac{3}{2}\pi-\theta\right)=-\cos\theta$

ㄴ. $\cos(2\pi-\theta)=\cos(-\theta)=\cos\theta$

ㄷ. $\cos\left(\dfrac{3}{2}\pi+\theta\right)=\sin\theta$

ㄹ. $\cos(\pi+\theta)=-\cos\theta$

따라서 $\cos(\pi-\theta)$와 같은 값을 가지는 것은 ㄱ, ㄹ입니다.

정답 ㄱ, ㄹ

$\sin(-\theta)=-\sin\theta$에서

$\sin^2(-\theta)=(-\sin\theta)^2=\sin^2\theta$이므로

$$\cos^2(\pi+\theta)\tan(-\theta)+\dfrac{\sin^2(-\theta)}{\tan(\pi+\theta)}$$

$$=\cos^2\theta\times(-\tan\theta)+\dfrac{\sin^2\theta}{\tan\theta}$$

$$=\cos^2\theta\times\left(-\dfrac{\sin\theta}{\cos\theta}\right)+\dfrac{\cos\theta}{\sin\theta}\times\sin^2\theta$$

$$=-\cos\theta\sin\theta+\cos\theta\sin\theta$$

$$=0$$

정답 (1) 0 (2) 0

06-9

접근 방법 삼각함수의 성질에서

$$\sin(\pi\pm\theta)=\mp\sin\theta,\ \cos(\pi\pm\theta)=-\cos\theta,$$
$$\tan(\pi\pm\theta)=\pm\tan\theta\,(\text{복부호동순})$$

임을 이용합니다.

상세 풀이 (1) $\sin(-\theta)=-\sin\theta$,

$\sin(\pi-\theta)=\sin\theta,\ \cos(-\theta)=\cos\theta,$

$\cos(5\pi+\theta)=\cos\{4\pi+(\pi+\theta)\}$

$\qquad\qquad\quad=\cos(\pi+\theta)$

$\qquad\qquad\quad=-\cos\theta$

이므로

$\{1+\sin(-\theta)\}\{1+\sin(\pi-\theta)\}$

$\qquad\qquad+\cos(-\theta)\cos(5\pi+\theta)$

$=(1-\sin\theta)(1+\sin\theta)$

$\qquad\qquad+\cos\theta\times(-\cos\theta)$

$=(1-\sin^2\theta)-\cos^2\theta$

$=1-(\sin^2\theta+\cos^2\theta)$

$=1-1$

$=0$

(2) $\cos(\pi+\theta)=-\cos\theta$에서

$\cos^2(\pi+\theta)=(-\cos\theta)^2=\cos^2\theta$이고

$\tan(-\theta)=-\tan\theta$

$\tan(\pi+\theta)=\tan\theta$

06-10

접근 방법 삼각함수의 성질을 이용하여 $\dfrac{n}{2}\pi\pm\theta$ (n은 홀수) 꼴의 각의 삼각함수를 간단히 할 수 있습니다.

상세 풀이 (1) $\cos\left(\dfrac{3}{2}\pi+\theta\right)=\sin\theta,$

$\sin\left(\dfrac{\pi}{2}-\theta\right)=\cos\theta,\ \tan\left(\dfrac{3}{2}\pi-\theta\right)=\dfrac{1}{\tan\theta}$

$\therefore\ \dfrac{\cos\left(\dfrac{3}{2}\pi+\theta\right)}{1+\sin\left(\dfrac{\pi}{2}-\theta\right)}+\tan\left(\dfrac{3}{2}\pi-\theta\right)$

$=\dfrac{\sin\theta}{1+\cos\theta}+\dfrac{1}{\tan\theta}$

$=\dfrac{\sin\theta\tan\theta+(1+\cos\theta)}{(1+\cos\theta)\tan\theta}$

$=\dfrac{\sin\theta\times\dfrac{\sin\theta}{\cos\theta}+1+\cos\theta}{(1+\cos\theta)\times\dfrac{\sin\theta}{\cos\theta}}$

$=\dfrac{\sin^2\theta+\cos\theta+\cos^2\theta}{(1+\cos\theta)\sin\theta}$

$=\dfrac{1+\cos\theta}{(1+\cos\theta)\sin\theta}$

$=\dfrac{1}{\sin\theta}$

(2) $\cos\left(\dfrac{\pi}{2}+\theta\right)=-\sin\theta,\ \tan\left(\dfrac{\pi}{2}-\theta\right)=\dfrac{1}{\tan\theta}$,

$\sin\left(\dfrac{3}{2}\pi+\theta\right)=-\cos\theta$,

$\tan\left(\dfrac{3}{2}\pi-\theta\right)=\dfrac{1}{\tan\theta}$

$\therefore \cos^2\left(\dfrac{\pi}{2}+\theta\right)\tan\left(\dfrac{\pi}{2}-\theta\right)$

$\qquad +\dfrac{\sin^2\left(\dfrac{3}{2}\pi+\theta\right)}{\tan\left(\dfrac{3}{2}\pi-\theta\right)}$

$=\sin^2\theta\times\dfrac{1}{\tan\theta}+\cos^2\theta\times\tan\theta$

$=\sin^2\theta\times\dfrac{\cos\theta}{\sin\theta}+\cos^2\theta\times\dfrac{\sin\theta}{\cos\theta}$

$=\sin\theta\cos\theta+\sin\theta\cos\theta$

$=2\sin\theta\cos\theta$

보충 설명 $n\pi\pm\theta$, $\dfrac{n}{2}\pi\pm\theta$ 꼴의 각의 삼각함수를 간단히 할 때, 각 θ는 항상 제1사분면의 각으로 취급하여 부호를 결정합니다.

정답 (1) $\dfrac{1}{\sin\theta}$ (2) $2\sin\theta\cos\theta$

---

p.268~269

실력 다지기

06-11 $180°$ **12** ① **13** ② **14** ⑤ **15** 30π
16 ② **17** ③ **18** ⑤ **19** -1
20 (1) 23 (2) $\dfrac{89}{2}$

06-11

접근 방법 두 각을 나타내는 동경이 x축에 대하여 대칭일 때, 두 각의 크기의 합은 $360°\times n$ (n은 정수)이 됨을 이용하면 각 θ의 크기를 구할 수 있습니다.

상세 풀이 각 θ를 나타내는 동경과 각 11θ를 나타내는 동경이 x축에 대하여 대칭이므로

$\qquad 11\theta+\theta=360°\times n$

$\qquad 12\theta=360°\times n$

$\qquad \therefore \theta=30°\times n$ (단, n은 정수)

$0°<\theta<180°$이므로

$\qquad \theta=30°,\ 60°,\ 90°,\ 120°,\ 150°$

따라서 각 θ 중에서 크기가 최소인 것은 $30°$, 최대인 것은 $150°$이므로

$\qquad \alpha=30°,\ \beta=150°$

$\qquad \therefore \alpha+\beta=30°+150°=180°$

보충 설명 두 각을 나타내는 동경이 y축에 대하여 대칭이면 두 각의 크기의 합은 $360°\times n+180°$ (n은 정수)가 됨을 함께 기억해 둡니다.

정답 $180°$

06-12

접근 방법 $\tan\theta=\sqrt{\dfrac{1-a}{a}}$ 의 양변을 제곱하여 정리하면 $\cos^2\theta=a$임을 알 수 있습니다. 따라서 주어진 식을 통분하여 정리하고 $\cos^2\theta=a$를 이용합니다.

상세 풀이 $\tan\theta=\sqrt{\dfrac{1-a}{a}}$ $(0<a<1)$의 양변을 제곱하면

$\qquad \tan^2\theta=\dfrac{1-a}{a}$

$$a\tan^2\theta = 1-a$$
$$a\tan^2\theta + a = 1$$
$$a(1+\tan^2\theta) = 1$$
$$a\left(1+\frac{\sin^2\theta}{\cos^2\theta}\right) = 1$$
$$a \times \frac{\cos^2\theta + \sin^2\theta}{\cos^2\theta} = 1$$
$$a \times \frac{1}{\cos^2\theta} = 1$$
$$\therefore \cos^2\theta = a$$
$$\therefore \frac{\sin^2\theta}{a+\cos\theta} + \frac{\sin^2\theta}{a-\cos\theta}$$
$$= \frac{\sin^2\theta(a-\cos\theta) + \sin^2\theta(a+\cos\theta)}{(a+\cos\theta)(a-\cos\theta)}$$
$$= \frac{2a\sin^2\theta}{a^2-\cos^2\theta}$$
$$= \frac{2a(1-\cos^2\theta)}{a^2-\cos^2\theta}$$
$$= \frac{2a(1-a)}{a^2-a}$$
$$= \frac{-2a(a-1)}{a(a-1)}$$
$$= -2$$

정답 ①

06-13

접근 방법 이차방정식의 근과 계수의 관계를 이용하여 삼각함수와 k에 대한 식을 세웁니다.

상세 풀이 이차방정식 $x^2+x+k=0$의 두 근이 $\sin\theta + \cos\theta$, $\sin\theta - \cos\theta$이므로 이차방정식의 근과 계수의 관계에 의하여
$$(\sin\theta + \cos\theta) + (\sin\theta - \cos\theta)$$
$$= 2\sin\theta$$
$$= -1$$
$$\therefore \sin\theta = -\frac{1}{2}$$

$$\therefore k = (\sin\theta + \cos\theta)(\sin\theta - \cos\theta)$$
$$= \sin^2\theta - \cos^2\theta$$
$$= \sin^2\theta - (1-\sin^2\theta)$$
$$= 2\sin^2\theta - 1$$
$$= 2 \times \left(-\frac{1}{2}\right)^2 - 1$$
$$= -\frac{1}{2}$$

정답 ②

06-14

접근 방법 삼각형 ABC의 넓이와 부채꼴 BOC의 넓이가 같게 될 때의 θ에 대한 식을 구하는 것이므로
(삼각형 ABC의 넓이) = (부채꼴 BOC의 넓이)
라고 식을 세워서 정리합니다.

상세 풀이 주어진 반원의 반지름의 길이를 r이라고 하면

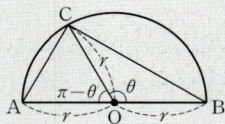

삼각형 ABC의 넓이는
$$\triangle ABC = \triangle OBC + \triangle OAC$$
$$= \frac{1}{2}r^2\sin\theta + \frac{1}{2}r^2\sin(\pi-\theta)$$
$$= \frac{1}{2}r^2\sin\theta + \frac{1}{2}r^2\sin\theta$$
$$= r^2\sin\theta \qquad \cdots\cdots \text{㉠}$$
부채꼴 BOC의 넓이는
$$\frac{1}{2}r^2\theta \qquad \cdots\cdots \text{㉡}$$
㉠, ㉡이 같으므로
$$r^2\sin\theta = \frac{1}{2}r^2\theta$$
$$\therefore \theta = 2\sin\theta$$

보충 설명 $\triangle ABC = \triangle OBC + \triangle OAC$입니다. 두 삼각형 OBC, OAC의 두 변의 길이와 그 끼인각의 크

기가 각각 주어져 있으므로 넓이를 구할 수 있습니다.

정답 ⑤

06-15

접근 방법 실의 한 끝을 고정하고 실을 팽팽하게 유지하면서 구의 표면을 따라 실의 나머지 한 끝을 돌리면 실 끝이 그리는 도형은 원이 됩니다. 구의 단면을 통하여 이 원의 반지름의 길이를 구해 봅니다.

상세 풀이 오른쪽 그림과 같이 구의 표면 위에서 실의 나머지 한 끝이 놓인 지점을 M이라고 하면 구의 중심 O에 대하여

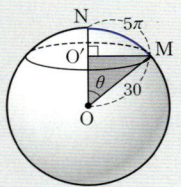

$$\overline{ON}=\overline{OM}=30$$

이고, 움직이는 점 M이 그리는 도형은 원입니다. ∠NOM$=\theta$라고 하면 부채꼴 NOM의 호 NM의 길이는 실의 길이 5π와 같으므로

$$30\theta=5\pi \quad \therefore \theta=\frac{\pi}{6}$$

이때, 점 M이 그리는 원의 중심을 O′이라고 하면 원의 반지름 O′M의 길이는 삼각형 OO′M에서

$$\overline{O'M}=\overline{OM}\times\sin\frac{\pi}{6}$$
$$=30\times\frac{1}{2}=15$$

따라서 점 M이 그리는 도형, 즉 반지름의 길이가 15인 원의 둘레의 길이는

$$2\pi\times15=30\pi$$

보충 설명 원의 반지름을 한 변으로 하는 직각삼각형을 찾아야 점 M이 그리는 원의 둘레를 구할 수 있습니다.

정답 30π

06-16

접근 방법 점 A의 좌표를 (x, y)라 하고 $\cos(\pi-\theta)$를 x, y로 나타냅니다.

상세 풀이 점 A의 좌표를 (x, y)라고 하면

$$x=\cos\theta, y=\sin\theta$$

이때, $\cos(\pi-\theta)=-\cos\theta=-x$ ······ ㉠

한편, 호 AC의 원주각이 직각이므로 선분 AC는 원의 지름이고 원점 O를 지납니다.

이때, 원점 O는 선분 AC의 중점이므로 점 C와 점 A는 원점에 대하여 대칭입니다. 즉,

$$C(-x, -y)$$

㉠에서 $\cos(\pi-\theta)$는 점 C의 x좌표와 같습니다.

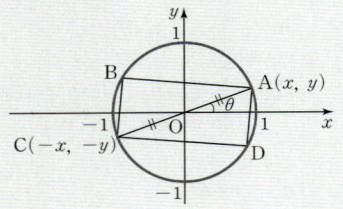

보충 설명 직사각형 ABCD의 두 대각선의 교점은 원점이고, 두 대각선은 서로 다른 것을 이등분하므로 점 A와 점 C는 원점에 대하여 대칭입니다.

정답 ②

06-17

접근 방법 근호 안에 제곱이 있으므로 근호를 없애고 식을 간단히 할 수 있습니다. 이때, 주어진 θ의 값의 범위에서 절댓값 기호 안의 식의 값이 양수인지 음수인지를 판단해야 합니다.

상세 풀이 $|1+\sin(\pi-\theta)|+\sqrt{\cos^2(3\pi+\theta)}$
$$\qquad\qquad -\sqrt{(\cos\theta-\sin\theta)^2}$$
$$=|1+\sin\theta|+\sqrt{\cos^2\theta}-\sqrt{(\cos\theta-\sin\theta)^2}$$
$$=|1+\sin\theta|+|\cos\theta|-|\cos\theta-\sin\theta|$$
$$=(1+\sin\theta)+(-\cos\theta)-\{-(\cos\theta-\sin\theta)\}$$
$$=1+\sin\theta-\cos\theta+\cos\theta-\sin\theta$$
$$=1\left(\because \frac{\pi}{2}<\theta<\pi일 때, \sin\theta>0,\right.$$
$$\left.\cos\theta<0, \cos\theta-\sin\theta<0\right)$$

보충 설명 $a<0$일 때, $\sqrt{a^2}=|a|=-a$

정답 ③

06-18

접근 방법 도형 CAB의 넓이는 삼각형 OAB, 삼각형 OCA, 부채꼴 OBC의 넓이의 합과 같습니다.

상세 풀이 오른쪽 그림에서 중심각의 크기는 원주각의 크기의 2배이므로

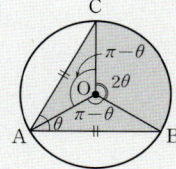

$$\angle BOC = 2\angle CAB$$
$$= 2\theta$$

$$\therefore \angle AOB = \angle AOC \ (\because \overline{AB} = \overline{AC})$$
$$= \frac{1}{2}(2\pi - 2\theta)$$
$$= \pi - \theta$$

부채꼴 OBC의 넓이는

$$\frac{1}{2} \times 1^2 \times 2\theta = \theta$$

삼각형 OAB의 넓이는

$$\frac{1}{2} \times 1^2 \times \sin(\pi - \theta) = \frac{1}{2}\sin\theta$$

$\therefore$ (색칠한 도형의 넓이)

$$= (부채꼴 \ OBC의 \ 넓이) + \triangle OAB + \triangle OCA$$
$$= (부채꼴 \ OBC의 \ 넓이) + 2\triangle OAB$$
$$= \theta + 2 \times \frac{1}{2}\sin\theta$$
$$= \theta + \sin\theta$$

원 O의 넓이는

$$\pi \times 1^2 = \pi$$

이때, 색칠한 도형의 넓이는 원 O의 넓이의 $\frac{1}{2}$과 같으므로

$$\theta + \sin\theta = \frac{\pi}{2} \qquad \therefore \sin\theta = \frac{\pi}{2} - \theta$$

정답 ⑤

06-19

접근 방법 점 P_0과 점 P_5, 점 P_1과 점 P_4, 점 P_2와 점 P_3, 점 P_6과 점 P_9, 점 P_7과 점 P_8이 각각 y축에 대하여 대칭임을 이용합니다.

상세 풀이 주어진 그림에서 점 P_0과 점 P_5, 점 P_1과 점 P_4, 점 P_2와 점 P_3, 점 P_6과 점 P_9, 점 P_7과 점 P_8이 각각 y축에 대하여 대칭이므로 이 점들의 x좌표는 절댓값이 같고 부호가 서로 반대입니다.

이때, 삼각함수의 정의에 의하여 점 P_1의 x좌표는 $\cos\theta$, 점 P_4의 x좌표는 $\cos 4\theta$이므로

$$\cos\theta + \cos 4\theta = 0$$

마찬가지 방법으로

$$\cos 2\theta + \cos 3\theta = 0,$$
$$\cos 6\theta + \cos 9\theta = 0,$$
$$\cos 7\theta + \cos 8\theta = 0$$

이므로

$$\cos\theta + \cos 2\theta + \cos 3\theta + \cdots + \cos 9\theta$$
$$= \cos 5\theta$$

$10\theta = 2\pi$에서 $5\theta = \pi$이므로

$$\cos 5\theta = \cos\pi = -1$$

다른 풀이 $10\theta = 2\pi$이므로

$$\cos 6\theta = \cos(2\pi - 4\theta) = \cos 4\theta,$$
$$\cos 7\theta = \cos(2\pi - 3\theta) = \cos 3\theta$$
$$\cos 8\theta = \cos(2\pi - 2\theta) = \cos 2\theta,$$
$$\cos 9\theta = \cos(2\pi - \theta) = \cos\theta$$

$$\therefore \cos\theta + \cos 2\theta + \cos 3\theta + \cdots + \cos 9\theta$$
$$= 2(\cos\theta + \cos 2\theta + \cos 3\theta + \cos 4\theta)$$
$$\qquad\qquad + \cos 5\theta$$
$$= 2\{\cos\theta + \cos 2\theta + \cos(\pi - 2\theta)$$
$$\qquad\qquad + \cos(\pi - \theta)\} + \cos 5\theta$$
$$(\because 10\theta = 2\pi에서 \ 5\theta = \pi이므로$$
$$\qquad\qquad 3\theta = \pi - 2\theta, \ 4\theta = \pi - \theta)$$
$$= 2(\cos\theta + \cos 2\theta - \cos 2\theta - \cos\theta)$$
$$\qquad\qquad + \cos 5\theta$$
$$= \cos 5\theta = \cos\pi$$
$$= -1$$

보충 설명 $10\theta = 2\pi$이므로 $\theta = \dfrac{\pi}{5}$는 특수각이 아닙니다. 따라서 각각의 삼각함수의 값을 직접 구할 수 없으므로 삼각함수의 정의와 점의 대칭성을 이용하여 풀어야 합니다.

정답 -1

06-20

접근 방법 주어진 식이 각각 $\sin^2\theta$, $\cos^2\theta$의 합의 꼴로 이루어져 있으므로

$$\sin(90°-\theta)=\cos\theta, \cos(90°-\theta)=\sin\theta$$

임을 이용하여 $\sin^2\theta+\cos^2\theta$의 꼴을 만듭니다.

상세 풀이 (1) $\sin 88°=\sin(90°-2°)=\cos 2°$

$\sin 86°=\sin(90°-4°)=\cos 4°$

$\sin 84°=\sin(90°-6°)=\cos 6°$

$$\vdots$$

$\sin 46°=\sin(90°-44°)=\cos 44°$

$\therefore \sin^2 2°+\sin^2 4°+\sin^2 6°+\cdots$
$$+\sin^2 88°+\sin^2 90°$$
$$=(\sin^2 2°+\sin^2 88°)+(\sin^2 4°+\sin^2 86°)$$
$$+\cdots+(\sin^2 44°+\sin^2 46°)+\sin^2 90°$$
$$=(\sin^2 2°+\cos^2 2°)+(\sin^2 4°+\cos^2 4°)$$
$$+\cdots+(\sin^2 44°+\cos^2 44°)+\sin^2 90°$$
$$=\underbrace{1+1+1+\cdots+1}_{22개}+1^2$$
$$=22+1=23$$

(2) $\cos 89°=\cos(90°-1°)=\sin 1°$

$\cos 88°=\cos(90°-2°)=\sin 2°$

$\cos 87°=\cos(90°-3°)=\sin 3°$

$$\vdots$$

$\cos 46°=\cos(90°-44°)=\sin 44°$

$\therefore \cos^2 1°+\cos^2 2°+\cos^2 3°+\cdots+\cos^2 90°$
$$=(\cos^2 1°+\cos^2 89°)+(\cos^2 2°+\cos^2 88°)$$
$$+\cdots+(\cos^2 44°+\cos^2 46°)+\cos^2 45°$$
$$+\cos^2 90°$$
$$=(\cos^2 1°+\sin^2 1°)+(\cos^2 2°+\sin^2 2°)$$
$$+\cdots+(\cos^2 44°+\sin^2 44°)+\cos^2 45°$$
$$+\cos^2 90°$$
$$=\underbrace{1+1+1+\cdots+1}_{44개}+\left(\frac{\sqrt{2}}{2}\right)^2+0^2$$
$$=\frac{89}{2}$$

정답 (1) 23 (2) $\dfrac{89}{2}$

예제 01 삼각함수의 그래프   p.285

01-**1**

(1) 함수 $y=\dfrac{1}{2}\sin x$의 그래프는 함수 $y=\sin x$의 그래프를 x축을 기준으로 y축의 방향으로 $\dfrac{1}{2}$배 한 것입니다.

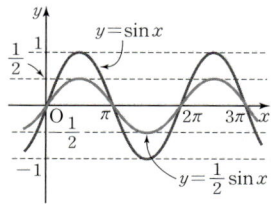

따라서 그래프는 위의 그림과 같고, 최댓값은 $\dfrac{1}{2}$, 최솟값은 $-\dfrac{1}{2}$, 주기는 2π입니다.

(2) 함수 $y=\cos\dfrac{1}{3}x$의 그래프는 함수 $y=\cos x$의 그래프를 y축을 기준으로 x축의 방향으로 3배 한 것입니다.

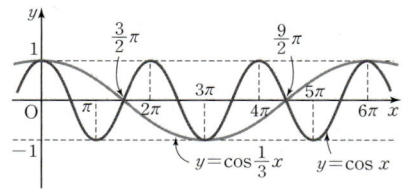

따라서 그래프는 위의 그림과 같고, 최댓값은 1, 최솟값은 -1, 주기는 6π입니다.

정답 풀이 참조

01-**2**

함수 $y=3\sin 2x$의 주기는 $\dfrac{2\pi}{|2|}=\pi$입니다.

$\therefore a=\pi$

함수 $y=\dfrac{1}{2}\cos 3x$의 주기는 $\dfrac{2\pi}{|3|}=\dfrac{2}{3}\pi$입니다.

$\therefore b=\dfrac{2}{3}\pi$

함수 $y=2\tan\dfrac{1}{2}x$의 주기는 $\dfrac{\pi}{\left|\dfrac{1}{2}\right|}=2\pi$입니다.

따라서 $c=2\pi$이므로

$c>a>b$

정답 ⑤

01-**3**

(1) $y=|\sin x|$에서

$\sin x\geq 0$일 때 $y=\sin x$

$\sin x<0$일 때 $y=-\sin x$

즉, 함수 $y=|\sin x|$의 그래프는 함수 $y=\sin x$의 그래프에서 x축의 아래에 있는 부분을 x축에 대하여 대칭이동한 그래프입니다.

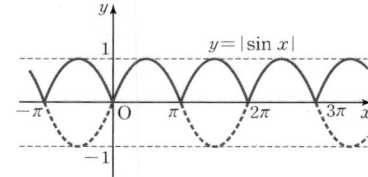

따라서 그래프는 위의 그림과 같고, 최댓값은 1, 최솟값은 0, 주기는 π입니다.

(2) $y=\cos|x|$

$=\begin{cases}\cos x & (x\geq 0)\\ \cos(-x) & (x<0)\end{cases}$

$=\cos x\ (\because \cos(-x)=\cos x)$

즉, 함수 $y=\cos|x|$의 그래프는 함수 $y=\cos x$의 그래프와 일치합니다.

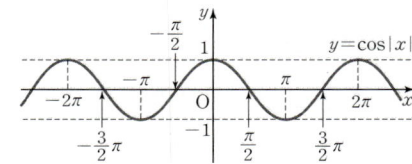

따라서 그래프는 위의 그림과 같고, 최댓값은 1, 최솟값은 -1, 주기는 2π입니다.

(3) $y=|\tan 2x|$에서

$\tan 2x\geq 0$일 때 $y=\tan 2x$

$\tan 2x<0$일 때 $y=-\tan 2x$

즉, 함수 $y=|\tan 2x|$의 그래프는 함수 $y=\tan 2x$의 그래프에서 x축의 아래에 있는 부분을 x축에 대하여 대칭이동한 그래프입니다.

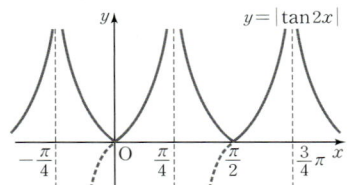

따라서 그래프는 위의 그림과 같고, 최댓값은 없고, 최솟값은 0, 주기는 $\dfrac{\pi}{2}$입니다.

정답 풀이 참조

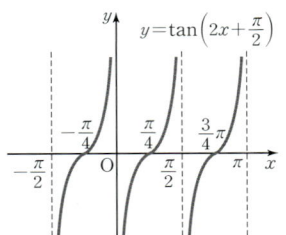

따라서 그래프는 위의 그림과 같고, 주기는 $\dfrac{\pi}{2}$, 최댓값과 최솟값은 없습니다.

정답 풀이 참조

예제 02 삼각함수의 그래프의 평행이동   p.287

02-1

(1) $y=2\cos\left(\dfrac{1}{2}x-\dfrac{\pi}{2}\right)-1=2\cos\dfrac{1}{2}(x-\pi)-1$이므로 함수 $y=2\cos\left(\dfrac{1}{2}x-\dfrac{\pi}{2}\right)-1$의 그래프는 함수 $y=2\cos\dfrac{1}{2}x$의 그래프를 x축의 방향으로 π만큼, y축의 방향으로 -1만큼 평행이동한 것입니다.

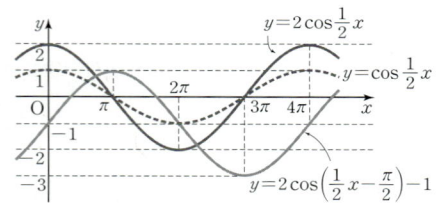

따라서 그래프는 위의 그림과 같고, 최댓값은 1, 최솟값은 -3, 주기는 4π입니다.

(2) $y=\tan\left(2x+\dfrac{\pi}{2}\right)=\tan 2\left(x+\dfrac{\pi}{4}\right)$이므로 함수 $y=\tan\left(2x+\dfrac{\pi}{2}\right)$의 그래프는 함수 $y=\tan 2x$의 그래프를 x축의 방향으로 $-\dfrac{\pi}{4}$만큼 평행이동한 것입니다.

02-2

(1) $y=3\sin(2x-\pi)=3\sin 2\left(x-\dfrac{\pi}{2}\right)$이므로 함수 $y=3\sin(2x-\pi)$의 그래프는 함수 $y=3\sin 2x$의 그래프를 x축의 방향으로 $\boxed{\dfrac{\pi}{2}}$만큼 평행이동한 것이고, 주기는 $\dfrac{2\pi}{|2|}=\boxed{\pi}$입니다.

(2) $y=2\cos\left(\dfrac{x}{2}-\dfrac{\pi}{4}\right)+1=2\cos\dfrac{1}{2}\left(x-\dfrac{\pi}{2}\right)+1$이므로 함수 $y=2\cos\left(\dfrac{x}{2}-\dfrac{\pi}{4}\right)+1$의 그래프는 함수 $y=2\cos\dfrac{x}{2}$의 그래프를 x축의 방향으로 $\boxed{\dfrac{\pi}{2}}$만큼, y축의 방향으로 $\boxed{1}$만큼 평행이동한 것이고, 주기는 $\dfrac{2\pi}{\left|\dfrac{1}{2}\right|}=\boxed{4\pi}$입니다.

정답 (1) $\dfrac{\pi}{2}$, π (2) $\dfrac{\pi}{2}$, 1, 4π

02-3

ㄱ. 함수 $f(x)=3\cos\left(2x-\dfrac{\pi}{3}\right)+1$의 주기는 $\dfrac{2\pi}{|2|}=\pi$이므로 임의의 실수 x에 대하여 $f(x+\pi)=f(x)$가 성립합니다. (참)

ㄴ. 함수 $f(x)=3\cos\left(2x-\dfrac{\pi}{3}\right)+1$의 최댓값은

$3+1=4$, 최솟값은 $-3+1=-2$입니다. (참)

ㄷ. $f\left(\dfrac{\pi}{6}-x\right)=3\cos\left\{2\left(\dfrac{\pi}{6}-x\right)-\dfrac{\pi}{3}\right\}+1$

$\qquad\qquad =3\cos\left(\dfrac{\pi}{3}-2x-\dfrac{\pi}{3}\right)+1$

$\qquad\qquad =3\cos(-2x)+1$

$\qquad\qquad =3\cos 2x+1$

$f\left(\dfrac{\pi}{6}+x\right)=3\cos\left\{2\left(\dfrac{\pi}{6}+x\right)-\dfrac{\pi}{3}\right\}+1$

$\qquad\qquad =3\cos\left(\dfrac{\pi}{3}+2x-\dfrac{\pi}{3}\right)+1$

$\qquad\qquad =3\cos 2x+1$

즉, $f\left(\dfrac{\pi}{6}-x\right)=f\left(\dfrac{\pi}{6}+x\right)$이므로 함수 $y=f(x)$의

그래프는 직선 $x=\dfrac{\pi}{6}$에 대하여 대칭입니다. (참)

따라서 옳은 것은 ㄱ, ㄴ, ㄷ입니다.

> 보충 설명] 함수 $f(x)$가 모든 실수 x에 대하여
> $f(a-x)=f(a+x)$를 만족시키면 함수 $y=f(x)$의
> 그래프는 직선 $x=a$에 대하여 대칭입니다.

정답] ㄱ, ㄴ, ㄷ

예제 03 미정계수의 결정   p.289

03-**1**

주어진 그래프에서 함수 $y=a\cos(bx+c)$의 최댓

값이 4, 최솟값이 -4이므로

$\qquad |a|=4 \qquad \therefore a=4 \,(\because a>0)$

주기가 π이므로 ← 그래프에서 $\dfrac{2}{3}\pi-\left(-\dfrac{\pi}{3}\right)=\pi$가 주기입니다.

$\qquad \dfrac{2\pi}{|b|}=\pi \qquad \therefore b=2 \,(\because b>0)$

따라서 주어진 함수의 식은 $y=4\cos(2x+c)$이고,

이 그래프는 점 $\left(\dfrac{\pi}{6}, 4\right)$를 지나므로

$\qquad 4=4\cos\left(\dfrac{\pi}{3}+c\right), \cos\left(\dfrac{\pi}{3}+c\right)=1$

$\qquad \therefore c=-\dfrac{\pi}{3} \,(\because -\pi<c\leq\pi)$

정답] $a=4, b=2, c=-\dfrac{\pi}{3}$

03-**2**

(1) 함수 $f(x)=a\sin bx+c$의 최댓값이 4, 최솟값이

-2이므로

$\qquad |a|+c=4, -|a|+c=-2$

$\qquad \therefore a+c=4, -a+c=-2 \,(\because a>0)$

위의 식을 연립하여 풀면 $a=3, c=1$

또한 $f(x)$의 주기가 π이므로

$\qquad \dfrac{2\pi}{|b|}=\pi \qquad \therefore b=2 \,(\because b>0)$

$\qquad \therefore abc=3\times2\times1=6$

(2) 함수 $f(x)=a\cos bx+c$의 최댓값이 3, 최솟값이

-1이므로

$\qquad |a|+c=3, -|a|+c=-1$

$\qquad \therefore a+c=3, -a+c=-1 \,(\because a>0)$

위의 식을 연립하여 풀면 $a=2, c=1$

또한 $f(x)$의 주기가 $\dfrac{\pi}{2}$이므로

$\qquad \dfrac{2\pi}{|b|}=\dfrac{\pi}{2} \qquad \therefore b=4 \,(\because b>0)$

$\qquad \therefore a+b+c=2+4+1=7$

정답] (1) 6 (2) 7

03-**3**

주어진 그래프에서 함수 $y=a\cos(bx-c)+d$의 최

댓값이 1, 최솟값이 -3이므로

$\qquad |a|+d=1, -|a|+d=-3$

$\qquad \therefore a+d=1, -a+d=-3 \,(\because a>0)$

위의 식을 연립하여 풀면

$\qquad a=2, d=-1$

주기가 π이므로 ← 그래프에서 $\dfrac{\pi}{2}-0=\dfrac{\pi}{2}$가 주기의 절반입니다.

$\qquad \dfrac{2\pi}{|b|}=\pi \qquad \therefore b=2 \,(\because b>0)$

따라서 주어진 함수의 식은 $y=2\cos(2x-c)-1$이

고, 이 그래프는 점 $\left(\dfrac{\pi}{2}, 1\right)$을 지나므로

$\qquad 1=2\cos(\pi-c)-1, \cos(\pi-c)=1$

$$\therefore c = \pi$$
$$\therefore abcd = 2 \times 2 \times \pi \times (-1) = -4\pi$$

정답 -4π

예제 04   삼각함수의 최대, 최소   p.291

04-**1**

(1) $y = \sin^2 x + 2\cos x - 1$
  $= (1 - \cos^2 x) + 2\cos x - 1$
  $= -\cos^2 x + 2\cos x$

$\cos x = t$로 놓으면 $-1 \le t \le 1$이고, 주어진 함수는
$$y = -t^2 + 2t$$
$$= -(t-1)^2 + 1 \ (-1 \le t \le 1) \quad \cdots\cdots \ \bigcirc$$

이때, $\bigcirc$의 그래프는
오른쪽 그림과 같습
니다.
따라서 이 함수는
$t = 1$일 때 최댓값 1,
$t = -1$일 때 최솟값
-3을 가집니다.

(2) $y = \sin^2 x - \cos^2 x + 2\sin x$
  $= \sin^2 x - (1 - \sin^2 x) + 2\sin x$
  $= 2\sin^2 x + 2\sin x - 1$

$\sin x = t$로 놓으면 $-1 \le t \le 1$이고, 주어진 함수는
$$y = 2t^2 + 2t - 1$$
$$= 2\left(t + \frac{1}{2}\right)^2 - \frac{3}{2} \ (-1 \le t \le 1) \quad \cdots\cdots \ \bigcirc$$

이때, $\bigcirc$의 그래프는
오른쪽 그림과 같습
니다.
따라서 이 함수는
$t = 1$일 때 최댓값 3,
$t = -\dfrac{1}{2}$일 때, 최솟
값 $-\dfrac{3}{2}$을 가집니다.

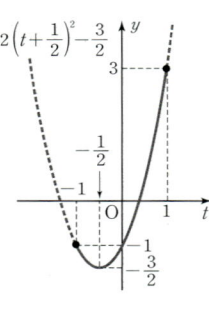

정답   (1) 최댓값 : 1, 최솟값 : -3
(2) 최댓값 : 3, 최솟값 : $-\dfrac{3}{2}$

04-**2**

$y = a\sin^2 x - a\cos x + b$
  $= a(1 - \cos^2 x) - a\cos x + b$
  $= -a\cos^2 x - a\cos x + a + b$

$\cos x = t$로 놓으면 $-1 \le t \le 1$이고, 주어진 함수는
$$y = -at^2 - at + a + b \ (-1 \le t \le 1) \quad \cdots\cdots \ \bigcirc$$

이때, $a > 0$이고 축의 방정식이
$$t = -\frac{-a}{2 \times (-a)} = -\frac{1}{2}$$

이므로 $\bigcirc$의 그래프는 다음 그림과 같습니다.

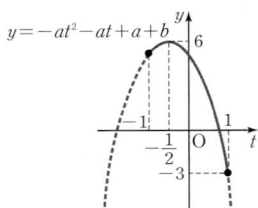

따라서 이 함수는 $t = -\dfrac{1}{2}$일 때 최댓값
$$\frac{5}{4}a + b = 6 \quad \cdots\cdots \ \bigcirc$$

을 가지고, $t = 1$일 때 최솟값
$$-a + b = -3 \quad \cdots\cdots \ \boxdot$$

을 가지므로 $\bigcirc$, $\boxdot$을 연립하여 풀면
$$a = 4, \ b = 1$$
$$\therefore a + b = 4 + 1 = 5$$

정답   5

04-**3**

이차방정식 $x^2 - (\sin\theta)x + \cos\theta - 2 = 0$의 두 근이
α, β이므로 이차방정식의 근과 계수의 관계에 의하여
$$\alpha + \beta = \sin\theta, \ \alpha\beta = \cos\theta - 2$$
$$\therefore \alpha^2 + \beta^2 = (\alpha + \beta)^2 - 2\alpha\beta$$
$$= \sin^2\theta - 2(\cos\theta - 2)$$
$$= (1 - \cos^2\theta) - 2\cos\theta + 4$$
$$= -\cos^2\theta - 2\cos\theta + 5$$

$\cos\theta=t$로 놓으면 $-1\leq t\leq 1$이고,

$$\alpha^2+\beta^2=-t^2-2t+5$$
$$=-(t+1)^2+6 \ (-1\leq t\leq 1)$$

따라서 $\alpha^2+\beta^2$은 $t=1$일
때 최솟값 2를 가집니다.

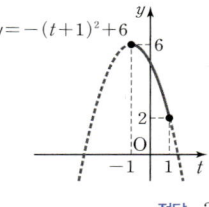

$y=-(t+1)^2+6$

정답 2

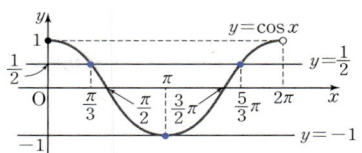

따라서 위의 그림에서 주어진 방정식의 해는

$$x=\frac{\pi}{3} \ \text{또는} \ x=\pi \ \text{또는} \ x=\frac{5}{3}\pi$$

정답 (1) $x=\dfrac{\pi}{6}$ 또는 $x=\dfrac{\pi}{2}$ 또는 $x=\dfrac{5}{6}\pi$

(2) $x=\dfrac{\pi}{3}$ 또는 $x=\pi$ 또는 $x=\dfrac{5}{3}\pi$

예제 05 삼각방정식의 풀이 　　　　　　　p.299

05-**1**

(1) $2\cos^2 x+3\sin x-3=0$에서

$$2(1-\sin^2 x)+3\sin x-3=0$$
$$2\sin^2 x-3\sin x+1=0$$
$$(2\sin x-1)(\sin x-1)=0$$
$$\therefore \sin x=\frac{1}{2} \ \text{또는} \ \sin x=1$$

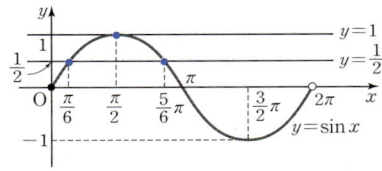

따라서 위의 그림에서 주어진 방정식의 해는

$$x=\frac{\pi}{6} \ \text{또는} \ x=\frac{\pi}{2} \ \text{또는} \ x=\frac{5}{6}\pi$$

(2) $2\sin^2 x=\cos x+1$에서

$$2(1-\cos^2 x)=\cos x+1$$
$$2\cos^2 x+\cos x-1=0$$
$$(\cos x+1)(2\cos x-1)=0$$
$$\therefore \cos x=-1 \ \text{또는} \ \cos x=\frac{1}{2}$$

05-**2**

(1) $\sin x=\tan x$에서

$$\sin x-\tan x=0$$
$$\sin x-\frac{\sin x}{\cos x}=0$$
$$\sin x\left(1-\frac{1}{\cos x}\right)=0$$
$$\therefore \sin x=0 \ \text{또는} \ \cos x=1$$

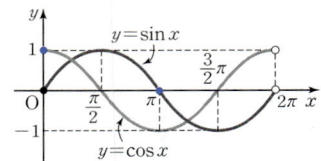

따라서 위의 그림에서 주어진 방정식의 해는

$$x=0 \ \text{또는} \ x=\pi$$

(2) $\tan x+\dfrac{1}{\tan x}=\dfrac{4}{\sqrt{3}}$에서

$$\sqrt{3}\tan^2 x-4\tan x+\sqrt{3}=0$$
$$(\tan x-\sqrt{3})(\sqrt{3}\tan x-1)=0$$
$$\therefore \tan x=\sqrt{3} \ \text{또는} \ \tan x=\frac{1}{\sqrt{3}}$$

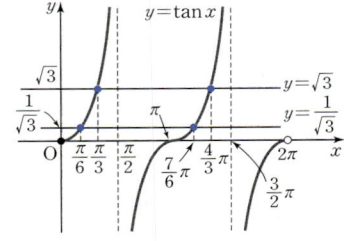

따라서 위의 그림에서 주어진 방정식의 해는
$$x=\frac{\pi}{6} \text{ 또는 } x=\frac{\pi}{3} \text{ 또는 } x=\frac{7}{6}\pi \text{ 또는 } x=\frac{4}{3}\pi$$

정답 (1) $x=0$ 또는 $x=\pi$

(2) $x=\frac{\pi}{6}$ 또는 $x=\frac{\pi}{3}$ 또는 $x=\frac{7}{6}\pi$ 또는 $x=\frac{4}{3}\pi$

05-3

$\beta=\pi-\alpha$, $\gamma=2\pi+\alpha$이므로
$$\begin{aligned}\sin(\alpha+\beta+\gamma)&=\sin\{\alpha+(\pi-\alpha)+(2\pi+\alpha)\}\\&=\sin(3\pi+\alpha)\\&=-\sin\alpha\\&=-\frac{3}{5}\end{aligned}$$

정답 $-\frac{3}{5}$

예제 06 삼각방정식의 실근의 개수 p.301

06-1

함수 $y=\cos 2x$의 주기는 $\frac{2\pi}{|2|}=\pi$이고, 최댓값은 1, 최솟값은 -1입니다.

이때, 함수 $y=\cos 2x$의 그래프와 직선 $y=\frac{1}{3\pi}x$는 다음 그림과 같습니다.

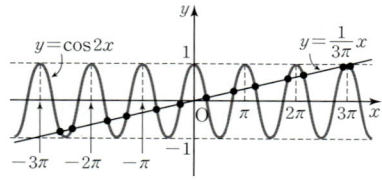

따라서 함수의 그래프와 직선의 교점이 13개이므로 구하는 실근의 개수는 13입니다.

보충 설명 $|\cos 2x|\leq 1$이므로 $|y|>1$인 범위에서는 함수 $y=\cos 2x$의 그래프와 직선 $y=\frac{1}{3\pi}x$의 교점이 존재하지 않습니다.

정답 13

06-2

(1) 함수 $y=3\cos\pi x$의 주기는 $\frac{2\pi}{|\pi|}=2$이고, 최댓값은 3, 최솟값은 -3입니다.

또한 함수 $y=\sin\frac{\pi}{3}x$의 주기는 $\frac{2\pi}{\left|\frac{\pi}{3}\right|}=6$이고, 최댓값은 1, 최솟값은 -1입니다.

이때, $0\leq x\leq 7$에서 두 함수 $y=3\cos\pi x$, $y=\sin\frac{\pi}{3}x$의 그래프는 다음 그림과 같습니다.

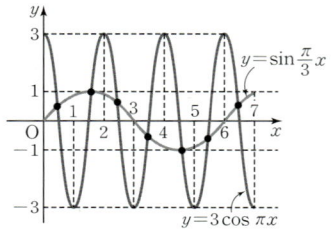

따라서 $0\leq x\leq 7$에서 두 함수의 그래프의 교점이 7개이므로 구하는 실근의 개수는 7입니다.

(2) $x\sin x=1$에서
$$\sin x=\frac{1}{x} \text{ (단, } x\neq 0)$$

이때, $-5\pi\leq x\leq 5\pi$에서 두 함수 $y=\sin x$, $y=\frac{1}{x}$의 그래프는 다음 그림과 같습니다.

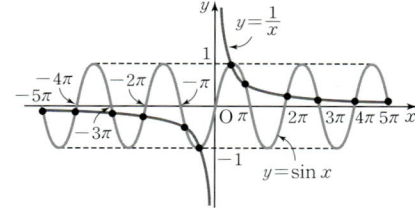

또한 $x=0$일 때, $0\times\sin 0=1$에서 $0\neq 1$이므로 등식이 성립하지 않습니다.

따라서 $-5\pi \le x \le 5\pi$에서 두 함수의 그래프의 교점이 12개이므로 구하는 실근의 개수는 12입니다.

정답 (1) 7 (2) 12

06-3

(i) 함수 $y = \sin \dfrac{\pi}{2}x$의 주기는 $\dfrac{2\pi}{\left|\dfrac{\pi}{2}\right|} = 4$이고, 최댓값은 1, 최솟값은 -1입니다.

이때, 함수 $y = \sin \dfrac{\pi}{2}x$의 그래프와 직선 $y = \dfrac{1}{10}x$는 다음 그림과 같습니다.

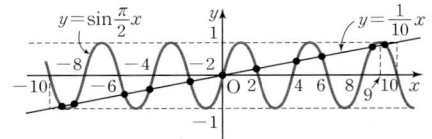

따라서 함수의 그래프와 직선의 교점이 11개이므로 구하는 실근의 개수는 11입니다.

$$\therefore a = 11$$

(ii) 방정식 $\sin \dfrac{\pi}{2}x = \dfrac{1}{10}x$의 한 근을 $x = \alpha$라고 하면 $\sin \dfrac{\pi}{2}\alpha = \dfrac{1}{10}\alpha$이고 $x = -\alpha$에서

$$\sin\left\{\dfrac{\pi}{2} \times (-\alpha)\right\} - \dfrac{1}{10} \times (-\alpha)$$
$$= -\sin \dfrac{\pi}{2}\alpha + \dfrac{1}{10}\alpha$$
$$= -\left(\sin \dfrac{\pi}{2}\alpha - \dfrac{1}{10}\alpha\right) = 0$$

이므로 $x = -\alpha$도 주어진 방정식의 근이 됩니다.

또한 $x = 0$일 때, $\sin\left(\dfrac{\pi}{2} \times 0\right) = \dfrac{1}{10} \times 0 = 0$이므로 $x = 0$은 방정식 $\sin \dfrac{\pi}{2}x = \dfrac{1}{10}x$의 근입니다.

따라서 주어진 방정식의 모든 실근의 합과 곱은 모두 0입니다.

$$\therefore b = 0, \ c = 0$$

(i), (ii)에서

$$a + b + c = 11 + 0 + 0 = 11$$

정답 11

예제 07 삼각부등식의 풀이   p.303

07-1

(1) $2\cos^2 x + 5\sin x - 4 > 0$에서

$$2(1 - \sin^2 x) + 5\sin x - 4 > 0$$
$$-2\sin^2 x + 5\sin x - 2 > 0$$
$$2\sin^2 x - 5\sin x + 2 < 0$$
$$(2\sin x - 1)(\sin x - 2) < 0$$
$$\therefore \dfrac{1}{2} < \sin x < 2$$

그런데 $-1 \le \sin x \le 1$이므로

$$\dfrac{1}{2} < \sin x \le 1$$

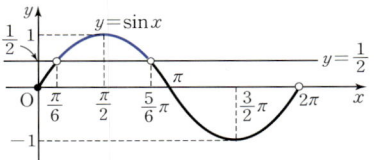

따라서 위의 그림에서 주어진 부등식의 해는

$$\dfrac{\pi}{6} < x < \dfrac{5}{6}\pi$$

(2) $\sin^2 x + \cos x - 1 \ge 0$에서

$$(1 - \cos^2 x) + \cos x - 1 \ge 0$$
$$-\cos^2 x + \cos x \ge 0$$
$$\cos^2 x - \cos x \le 0$$
$$\cos x(\cos x - 1) \le 0$$
$$\therefore 0 \le \cos x \le 1$$

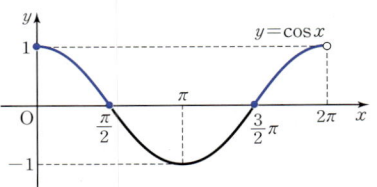

따라서 위의 그림에서 주어진 부등식의 해는

$$0 \le x \le \dfrac{\pi}{2} \ \text{또는} \ \dfrac{3}{2}\pi \le x < 2\pi$$

정답 (1) $\dfrac{\pi}{6} < x < \dfrac{5}{6}\pi$

(2) $0 \le x \le \dfrac{\pi}{2}$ 또는 $\dfrac{3}{2}\pi \le x < 2\pi$

07-2

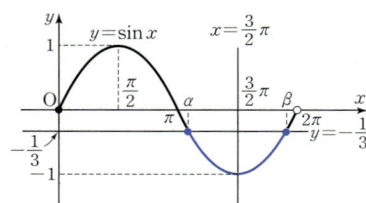

위의 그림에서 부등식 $\sin x \le -\dfrac{1}{3}$ $(0 \le x < 2\pi)$의

해 $\alpha \le x \le \beta$에서 α, β는 직선 $x = \dfrac{3}{2}\pi$에 대하여 대칭

인 점의 x좌표이므로

$$\dfrac{\alpha + \beta}{2} = \dfrac{3}{2}\pi \quad \therefore \alpha + \beta = 3\pi$$

$$\therefore \cos\dfrac{\alpha + \beta}{4} = \cos\dfrac{3}{4}\pi = -\dfrac{\sqrt{2}}{2}$$

정답 $-\dfrac{\sqrt{2}}{2}$

07-3

x에 대한 이차부등식

$$x^2 - 2x\cos\theta + 2\cos\theta > 0$$

이 모든 실수 x에 대하여 성립해야 하므로 이차방정식

$x^2 - 2x\cos\theta + 2\cos\theta = 0$의 판별식을 D라고 하면

$$\dfrac{D}{4} = \cos^2\theta - 2\cos\theta < 0$$

$$\cos\theta(\cos\theta - 2) < 0$$

$$\therefore 0 < \cos\theta < 2$$

그런데 $-1 \le \cos\theta \le 1$이므로

$$0 < \cos\theta \le 1$$

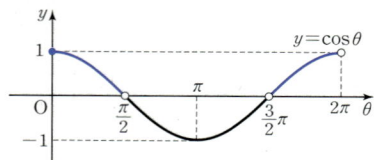

따라서 위의 그림에서 구하는 θ의 값의 범위는

$$0 \le \theta < \dfrac{\pi}{2} \text{ 또는 } \dfrac{3}{2}\pi < \theta < 2\pi$$

정답 $0 \le \theta < \dfrac{\pi}{2}$ 또는 $\dfrac{3}{2}\pi < \theta < 2\pi$

기본 다지기

07-1 ④　　**2** (가) $\dfrac{\pi}{2}$　(나) $y = -\cos x$　**3** ④

4 (1) $\sqrt{2}$　(2) $\dfrac{\pi}{3}$　(3) 1　　　**5** ㄱ, ㄴ

6 $\dfrac{7}{2}$　**7** 32　**8** (1) -1　(2) $\dfrac{1}{2}$

9 (1) $\theta = \dfrac{2}{3}\pi$ 또는 $\theta = \dfrac{4}{3}\pi$

　　(2) $0 \le \theta \le \dfrac{2}{3}\pi$ 또는 $\dfrac{4}{3}\pi \le \theta < 2\pi$

10 $0 \le \theta < \dfrac{\pi}{4}$ 또는 $\dfrac{3}{4}\pi < \theta < \dfrac{5}{4}\pi$ 또는

　　$\dfrac{7}{4}\pi < \theta < 2\pi$

07-1

접근 방법 주어진 함수의 그래프에서 주기를 계산하면 a의 값을 구할 수 있습니다. 주기를 계산할 때에는 그래프의 대칭성을 이용합니다.

상세 풀이 다음 그림에서 점 A의 x좌표는

$$\dfrac{\pi}{6} + \dfrac{\pi}{3} = \dfrac{\pi}{2}$$

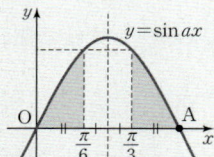

따라서 함수 $y = \sin ax$의 주기는

$$\dfrac{\pi}{2} \times 2 = \pi$$

이므로

$$\dfrac{2\pi}{|a|} = \pi \quad \therefore |a| = 2$$

그런데 주어진 그래프에서 $a > 0$이므로

$$a = 2$$

보충 설명 함수

$$y = \sin(-2x)$$
$$= -\sin 2x$$

의 그래프, 즉 $a < 0$일 때의 그래프는 오른쪽 그림과 같습니다.

정답 ④

07-**2**

접근 방법 함수 $y=\sin(x-a)$의 그래프는 $y=\sin x$의 그래프를 x축의 방향으로 a만큼 평행이동한 것입니다.

상세 풀이 함수 $y=\sin\left(x-\dfrac{\pi}{2}\right)$의 그래프는 함수 $y=\sin x$의 그래프를 x축의 방향으로 $\boxed{\dfrac{\pi}{2}}$만큼 평행이동한 것입니다.

또한 $\sin\left(x-\dfrac{\pi}{2}\right)=-\cos x$이므로 함수 $y=\sin\left(x-\dfrac{\pi}{2}\right)$의 그래프는 함수 $\boxed{y=-\cos x}$의 그래프와 일치합니다.

보충 설명 일반적으로 함수 $y=f(x)$의 그래프를 x축의 방향으로 a만큼, y축의 방향으로 b만큼 평행이동한 그래프의 함수의 식은 $y-b=f(x-a)$입니다.

정답 (개) $\dfrac{\pi}{2}$ (내) $y=-\cos x$

07-**3**

접근 방법 함수 $f(x)$의 최댓값이 5이고 $f\left(\dfrac{\pi}{3}\right)=\dfrac{7}{2}$인 것으로부터 a, b에 대한 연립일차방정식을 만들 수 있습니다.

상세 풀이 함수 $f(x)=a\sin\dfrac{x}{2}+b$의 최댓값이 5이므로

$$|a|+b=5$$
$$\therefore a+b=5\;(\because a>0) \qquad\cdots\cdots\;\bigcirc$$

또한

$$f\left(\dfrac{\pi}{3}\right)=a\sin\dfrac{\pi}{6}+b$$
$$=\dfrac{1}{2}a+b=\dfrac{7}{2} \qquad\cdots\cdots\;\bigcirc\!\!\bigcirc$$

$\bigcirc$, $\bigcirc\!\!\bigcirc$을 연립하여 풀면

$$a=3,\,b=2$$
$$\therefore ab=3\times 2=6$$

보충 설명 함수 $y=a\sin(bx+c)+d$의 최댓값은 $|a|+d$, 최솟값은 $-|a|+d$입니다.

정답 ④

07-**4**

접근 방법 정의역에 속하는 모든 실수 x에 대하여 $f(x+a)=f(x)$를 만족시키는 양수 a의 최솟값은 함수 $f(x)$의 주기입니다.

상세 풀이 정의역에 속하는 모든 실수 x에 대하여 $f(x+a)=f(x)$를 만족시키는 양수 a의 최솟값은 함수 $f(x)$의 주기이므로 주어진 함수의 주기를 찾으면 됩니다.

(1) 함수 $f(x)=\cos(\sqrt{2}\pi x)$의 주기는

$$\dfrac{2\pi}{|\sqrt{2}\pi|}=\sqrt{2}$$

이므로 구하는 양수 a의 최솟값은 $\sqrt{2}$입니다.

(2) 함수 $y=\sin 3x$의 주기는 $\dfrac{2}{3}\pi$이고, 함수 $y=|\sin 3x|$의 그래프는 함수 $y=\sin 3x$의 그래프에서 x축의 아래에 있는 부분을 x축에 대하여 대칭이동한 것이므로 다음 그림과 같습니다.

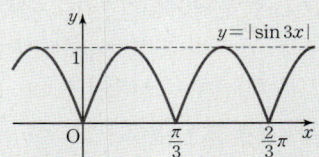

따라서 함수 $f(x)=|\sin 3x|$의 주기는 $\dfrac{\pi}{3}$이므로 구하는 양수 a의 최솟값은 $\dfrac{\pi}{3}$입니다.

(3) 함수 $f(x)=\tan\left(\pi x-\dfrac{\pi}{2}\right)$의 주기는

$$\dfrac{\pi}{|\pi|}=1$$

이므로 구하는 양수 a의 최솟값은 1입니다.

보충 설명 정의역에 속하는 모든 실수 x에 대하여

$$f(x+p)=f(x)\,(p>0) \qquad\cdots\cdots\;\bigcirc$$

라고 해서 함수 $f(x)$의 주기가 p인 것은 아닙니다.

함수 $f(x)$의 주기가 t이면 주기의 정수배 nt(n은 정수) 역시 $f(x+nt)=f(x)$를 만족시킬 수 있기 때문입니다.

따라서 ㉠을 만족시키는 양수 p 중에서 가장 작은 값을 주기라고 정의하는 것입니다.

정답 (1) $\sqrt{2}$ (2) $\dfrac{\pi}{3}$ (3) 1

07-5

접근 방법 함수 $f(x)=|\tan 2x|$의 그래프를 그린 후, 보기의 참, 거짓을 확인해 봅시다.

상세 풀이 함수 $y=|\tan 2x|$의 그래프는 함수 $y=\tan x$의 그래프를 y축을 기준으로 x축의 방향으로 $\dfrac{1}{2}$배 한 후, x축의 아래에 있는 부분을 x축에 대하여 대칭이동한 것이므로 다음 그림과 같습니다.

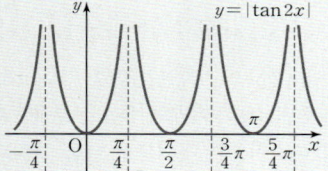

ㄱ. 함수 $f(x)=|\tan 2x|$의 주기는 $\dfrac{\pi}{2}$입니다. (참)

ㄴ. 함수 $y=f(x)$의 그래프가 y축에 대하여 대칭이므로 $f(-x)=f(x)$입니다. (참)

ㄷ. 그래프에서 점근선은 직선 $x=\dfrac{n}{2}\pi+\dfrac{\pi}{4}$ (n은 정수)입니다. (거짓)

따라서 옳은 것은 ㄱ, ㄴ입니다.

보충 설명 함수 $y=|f(x)|$의 그래프는 함수 $y=f(x)$의 그래프에서 x축의 아래에 있는 부분을 x축에 대하여 대칭이동한(접어올린) 그래프입니다.

정답 ㄱ, ㄴ

07-6

접근 방법 함수의 주기를 이용하여 b의 값을 구하고, 최댓값, 최솟값을 이용하여 a, c의 값을 구합니다.

상세 풀이 주어진 그래프에서 함수 $y=a\sin bx+c$의 최댓값이 3, 최솟값이 -1이므로

$$|a|+c=3, \ -|a|+c=-1$$
$$\therefore a+c=3, \ -a+c=-1 \ (\because a>0)$$

위의 식을 연립하여 풀면

$$a=2, \ c=1$$

또한 주기가 4π이므로   ← 그래프에서 $3\pi-(-\pi)=4\pi$가 주기입니다.

$$\dfrac{2\pi}{|b|}=4\pi \qquad \therefore b=\dfrac{1}{2} \ (\because b>0)$$

$$\therefore a+b+c=2+\dfrac{1}{2}+1=\dfrac{7}{2}$$

보충 설명 사인함수, 코사인함수의 그래프에서 주기를 찾을 때에는 최댓값을 가지는 이웃한 두 점 사이의 거리나 최솟값을 가지는 이웃한 두 점 사이의 거리를 구하면 됩니다.

정답 $\dfrac{7}{2}$

07-7

접근 방법 밑변 BC의 길이가 주어져 있으므로 직사각형의 높이만 구하면 넓이를 구할 수 있습니다. 직사각형의 높이를 구하기 위해서는 점 B 또는 점 C의 x좌표를 구해야 하는데, 이는 삼각함수의 주기를 이용하여 구하면 됩니다.

상세 풀이 함수 $y=8\sin\dfrac{\pi}{12}x$의 주기는

$$\dfrac{2\pi}{\left|\dfrac{\pi}{12}\right|}=24$$

이므로 두 점 B, C는 직선 $x=6$에 대하여 대칭입니다.

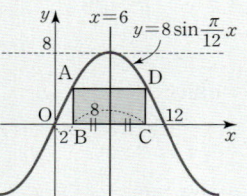

이때, $\overline{BC}=8$이므로 두 점 A, B의 x좌표는 2이고, 선분 AB의 길이는 점 A의 y좌표와 같으므로

$$\overline{AB}=8\sin\left(\frac{\pi}{12}\times2\right)$$
$$=8\sin\frac{\pi}{6}$$
$$=8\times\frac{1}{2}=4$$

따라서 직사각형 ABCD의 넓이는
$$\overline{AB}\times\overline{BC}=4\times8=32$$

정답 32

07-8

접근 방법 삼각방정식의 두 근 α, β의 정확한 값을 구할 수는 없지만, α, β가 그래프에서 어떤 직선에 대하여 대칭인지 알면 $\alpha+\beta$의 값을 구할 수 있습니다.

상세 풀이 (1) $0\le x<2\pi$에서 함수 $y=\sin x$의 그래프와 직선 $y=\frac{\sqrt{3}}{3}$을 그리면 다음 그림과 같습니다.

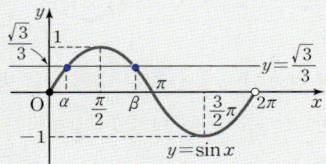

$\sin x=\frac{\sqrt{3}}{3}$ $(0\le x<2\pi)$의 두 근을 각각 α, β라고 하면 α, β는 직선 $x=\frac{\pi}{2}$에 대하여 대칭이므로
$$\frac{\alpha+\beta}{2}=\frac{\pi}{2} \qquad \therefore \alpha+\beta=\pi$$
$$\therefore \cos(\alpha+\beta)=\cos\pi=-1$$

(2) $0\le x<2\pi$에서 함수 $y=\cos x$의 그래프와 직선 $y=\frac{1}{4}$을 그리면 다음 그림과 같습니다.

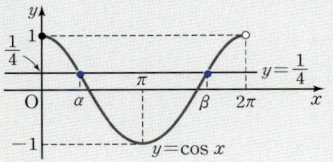

$\cos x=\frac{1}{4}$ $(0\le x<2\pi)$의 두 근을 각각 α, β라고 하면 $\theta=\alpha+\beta$이고 α, β는 직선 $x=\pi$에 대하여 대칭이므로
$$\frac{\alpha+\beta}{2}=\pi \qquad \therefore \theta=\alpha+\beta=2\pi$$
$$\therefore \cos\frac{\theta}{6}=\cos\frac{\pi}{3}=\frac{1}{2}$$

보충 설명 삼각방정식의 여러 근들이 어떤 직선에 대하여 대칭인지는 상황마다 다르므로 삼각방정식의 근을 좌표평면 위의 그래프의 교점으로 나타내면 근이 어떤 직선에 대하여 대칭인지 비교적 쉽게 알 수 있습니다. 이러한 대칭성을 이용하면 삼각방정식의 여러 근의 합을 쉽게 구할 수 있습니다.

한편, (1)에서 $\pi-\beta=\alpha-0=\alpha$임을 이용하여 $\alpha+\beta=\pi$임을 구할 수도 있습니다.

정답 (1) -1 (2) $\frac{1}{2}$

07-9

접근 방법 이차방정식이 중근 또는 실근을 가지기 위한 판별식의 조건을 이용하면 삼각방정식 또는 삼각부등식을 얻을 수 있습니다.

상세 풀이 (1) 이차방정식
$x^2-2\sqrt{2}x\sin\theta-3\cos\theta=0$이 중근을 가지므로 이 이차방정식의 판별식을 D라고 하면
$$\frac{D}{4}=(\sqrt{2}\sin\theta)^2-(-3\cos\theta)=0$$
$$2\sin^2\theta+3\cos\theta=0$$
$$2(1-\cos^2\theta)+3\cos\theta=0$$
$$2\cos^2\theta-3\cos\theta-2=0$$
$$(2\cos\theta+1)(\cos\theta-2)=0$$
$$\therefore \cos\theta=-\frac{1}{2} \text{ 또는 } \cos\theta=2$$

그런데 $-1\le\cos\theta\le1$이므로
$$\cos\theta=-\frac{1}{2}$$

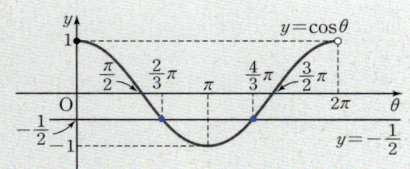

따라서 위의 그림에서 구하는 θ의 값은

$$\theta = \frac{2}{3}\pi \ \text{또는} \ \theta = \frac{4}{3}\pi$$

(2) 이차방정식 $x^2 - 2x\sin\theta - \frac{3}{2}\cos\theta = 0$이 실근을 가지려면 이 이차방정식의 판별식을 D라고 할 때,

$$\frac{D}{4} = \sin^2\theta + \frac{3}{2}\cos\theta \geq 0$$

$$(1 - \cos^2\theta) + \frac{3}{2}\cos\theta \geq 0$$

$$2\cos^2\theta - 3\cos\theta - 2 \leq 0$$

$$(2\cos\theta + 1)(\cos\theta - 2) \leq 0$$

$$\therefore -\frac{1}{2} \leq \cos\theta \leq 2$$

그런데 $-1 \leq \cos\theta \leq 1$이므로

$$-\frac{1}{2} \leq \cos\theta \leq 1$$

따라서 위의 그림에서 구하는 θ의 값의 범위는

$$0 \leq \theta \leq \frac{2}{3}\pi \ \text{또는} \ \frac{4}{3}\pi \leq \theta < 2\pi$$

보충 설명 이차방정식의 근의 판별

계수가 실수인 이차방정식 $ax^2 + bx + c = 0$의 판별식 $D = b^2 - 4ac$에 대하여

(ⅰ) $D > 0$이면 이차방정식은 서로 다른 두 실근을 가집니다.

(ⅱ) $D = 0$이면 이차방정식은 중근을 가집니다.

(ⅲ) $D < 0$이면 이차방정식은 서로 다른 두 허근을 가집니다.

정답 (1) $\theta = \frac{2}{3}\pi$ 또는 $\theta = \frac{4}{3}\pi$

　　　(2) $0 \leq \theta \leq \frac{2}{3}\pi$ 또는 $\frac{4}{3}\pi \leq \theta < 2\pi$

07- **10**

접근 방법 모든 실수 x에 대하여 이차부등식 $f(x) > 0$이 성립하기 위해서는 이차함수 $y = f(x)$의 그래프가 x축보다 위에 있는 영역에 그려져야 합니다. 즉, 이차항의 계수가 양수이고, x축과 만나지 않아야 하므로 이차방정식 $f(x) = 0$의 판별식이 0보다 작아야 합니다.

상세 풀이 모든 실수 x에 대하여 이차부등식 $x^2 - 2\sqrt{2}x\sin\theta + 1 > 0$이 성립하므로 이차방정식 $x^2 - 2\sqrt{2}x\sin\theta + 1 = 0$의 판별식을 D라고 하면

$$\frac{D}{4} = (\sqrt{2}\sin\theta)^2 - 1 < 0$$

$$(\sqrt{2}\sin\theta + 1)(\sqrt{2}\sin\theta - 1) < 0$$

$$\therefore -\frac{1}{\sqrt{2}} < \sin\theta < \frac{1}{\sqrt{2}}$$

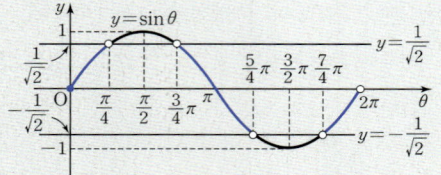

따라서 위의 그림에서 구하는 θ의 값의 범위는

$$0 \leq \theta < \frac{\pi}{4} \ \text{또는} \ \frac{3}{4}\pi < \theta < \frac{5}{4}\pi \ \text{또는}$$

$$\frac{7}{4}\pi < \theta < 2\pi$$

보충 설명 이차부등식이 항상 성립할 조건

(1) 이차부등식 $ax^2 + bx + c > 0$이 모든 실수 x에 대하여 성립하려면 $a > 0$, $D < 0$이어야 합니다.

(2) 이차부등식 $ax^2 + bx + c < 0$이 모든 실수 x에 대하여 성립하려면 $a < 0$, $D < 0$이어야 합니다.

정답 $0 \leq \theta < \frac{\pi}{4}$ 또는 $\frac{3}{4}\pi < \theta < \frac{5}{4}\pi$ 또는 $\frac{7}{4}\pi < \theta < 2\pi$

실력 다지기

07-11 ④

　12 풀이 참조　　**13** $\dfrac{2}{3}\pi$　**14** 5　　**15** 1

　16 (1) 5π　(2) 50　**17** 8　　**18** (1) 2π　(2) 8π

　19 (1) $0\le\theta\le\pi$ 또는 $\theta=\dfrac{3}{2}\pi$　(2) $a<-1$

　20 $\dfrac{5}{6}\pi\le\theta\le\pi$

07-**11**

[접근 방법] 함수 $y=a\sin x$의 그래프는 함수 $y=\sin x$의 그래프를 x축을 기준으로 y축의 방향으로 a배 한 그래프이고, 함수 $y=\dfrac{1}{3}\cos bx$는 함수 $y=\cos x$의 그래프를 x축을 기준으로 y축의 방향으로 $\dfrac{1}{3}$배, y축을 기준으로 x축의 방향으로 $\dfrac{1}{b}$배 한 것임을 이용합니다.

[상세 풀이] 그림에서 함수 $y=a\sin x$의 최댓값은 함수 $y=\dfrac{1}{3}\cos bx$의 최댓값인 $\dfrac{1}{3}$의 3배이므로

$$a=\dfrac{1}{3}\times 3=1$$

함수 $y=\sin x$의 주기는 2π이고, 주어진 그래프에서 함수 $y=\dfrac{1}{3}\cos bx$의 주기는 2π의 절반인 π이므로

$$\dfrac{2\pi}{|b|}=\pi$$

$$\therefore b=2\ (\because b>0)$$

$$\therefore ab=1\times 2=2$$

정답 ④

07-**12**

[접근 방법] 절댓값이 포함된 함수의 그래프는 절댓값 기호 안의 식의 값이 양수일 때와 음수일 때로 나누어 그립니다.

[상세 풀이] (1) $y=\sin x+|\sin x|$에서

　(ⅰ) $\sin x\ge 0$일 때

$$y=\sin x+\sin x=2\sin x$$

　(ⅱ) $\sin x<0$일 때

$$y=\sin x-\sin x=0$$

따라서 함수 $y=\sin x+|\sin x|$의 그래프는 다음 그림과 같습니다.

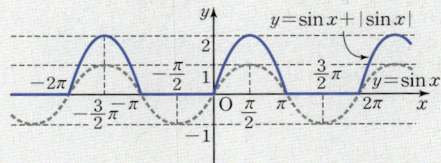

따라서 최댓값은 2, 최솟값은 0, 주기는 2π입니다.

(2) $y=\cos x-|\cos x|$에서

　(ⅰ) $\cos x\ge 0$일 때

$$y=\cos x-\cos x=0$$

　(ⅱ) $\cos x<0$일 때

$$y=\cos x-(-\cos x)=2\cos x$$

따라서 함수 $y=\cos x-|\cos x|$의 그래프는 다음 그림과 같습니다.

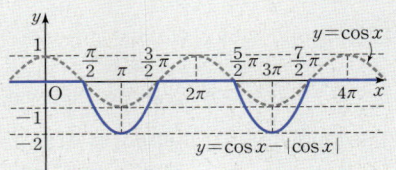

따라서 최댓값은 0, 최솟값은 -2, 주기는 2π입니다.

[보충 설명] 함수 $f(x)$에 대하여

$$y=f(x)+|f(x)|$$
$$=\begin{cases}2f(x) & (f(x)\ge 0)\\ 0 & (f(x)<0)\end{cases}$$

$$y=f(x)-|f(x)|$$
$$=\begin{cases}0 & (f(x)\ge 0)\\ 2f(x) & (f(x)<0)\end{cases}$$

정답 풀이 참조

07-13

접근 방법 함수 $y=\cos x$의 주기는 2π이고, 그래프는 직선 $x=n\pi$ (n은 정수)에 대하여 대칭입니다. 이를 이용하여 a, b에 대한 연립일차방정식을 세웁니다.

상세 풀이 a와 $4b$는 직선 $x=\pi$에 대하여 대칭이므로

$$\frac{a+4b}{2}=\pi \qquad \therefore a+4b=2\pi$$

$4b$와 $5b$는 직선 $x=2\pi$에 대하여 대칭이므로

$$\frac{4b+5b}{2}=2\pi \qquad \therefore 4b+5b=9b=4\pi$$

$$\therefore b=\frac{4}{9}\pi, \ a=\frac{2}{9}\pi$$

$$\therefore a+b=\frac{2}{9}\pi+\frac{4}{9}\pi=\frac{2}{3}\pi$$

보충 설명 두 점 $A(x_1, 0)$, $B(x_2, 0)$이 직선 $x=a$에 대하여 대칭이면

$$\frac{x_1+x_2}{2}=a$$

가 성립합니다.

정답 $\dfrac{2}{3}\pi$

07-14

접근 방법 주어진 원이 단위원이므로 $\cos\theta=\dfrac{x}{1}=x$, $\sin\theta=\dfrac{y}{1}=y$임을 알 수 있습니다. 이를 이용하여 $f(\theta)$를 θ에 대한 함수로 나타내어 봅니다.

상세 풀이 주어진 원이 단위원이므로

$$x=\cos\theta, \ y=\sin\theta$$
$$\therefore f(\theta)=4x^2+4y$$
$$=4\cos^2\theta+4\sin\theta$$
$$=4(1-\sin^2\theta)+4\sin\theta$$
$$=-4\sin^2\theta+4\sin\theta+4$$

이때, $\sin\theta=t$로 놓으면 $-1\leq t\leq 1$이고

$$f(\theta)=-4t^2+4t+4$$
$$=-4\left(t-\frac{1}{2}\right)^2+5 \ (-1\leq t\leq 1)$$

따라서 $f(\theta)$는 $t=\dfrac{1}{2}$일 때 최댓값 5를 가집니다.

보충 설명 $f(\theta)$를 $\sin\theta$에 대한 이차함수로 보고 최댓값을 구할 때, $-1\leq\sin\theta\leq 1$임을 항상 고려해야 합니다.

이 문제에서는 $t=\sin\theta=\dfrac{1}{2}$이 $-1\leq t\leq 1$에 포함되므로 $f(\theta)$는 $t=\sin\theta=\dfrac{1}{2}$일 때 최댓값을 가집니다.

정답 5

07-15

접근 방법 삼각함수의 여러 가지 공식을 이용하여 함수 $f(\theta)$를 $\sin\theta$에 대한 이차함수로 나타냅니다. 그런 다음 치환을 통하여 최댓값과 최솟값을 구합니다.

상세 풀이 삼각함수의 성질에 의하여

$$\cos\left(\theta+\frac{\pi}{2}\right)=-\sin\theta, \ \sin(\theta+\pi)=-\sin\theta$$

이므로

$$f(\theta)=\cos^2\left(\theta+\frac{\pi}{2}\right)-3\cos^2\theta+4\sin(\theta+\pi)$$
$$=(-\sin\theta)^2-3\cos^2\theta-4\sin\theta$$
$$=\sin^2\theta-3(1-\sin^2\theta)-4\sin\theta$$
$$=4\sin^2\theta-4\sin\theta-3$$

이때, $\sin\theta=t$로 놓으면 $-1\leq t\leq 1$이고

$$f(\theta)=4t^2-4t-3$$
$$=4\left(t-\frac{1}{2}\right)^2-4 \ (-1\leq t\leq 1)$$

따라서 $f(\theta)$는 $t=-1$일 때 최댓값 5, $t=\dfrac{1}{2}$일 때 최솟값 -4를 가지므로 최댓값과 최솟값의 합은

$$5+(-4)=1$$

입니다.

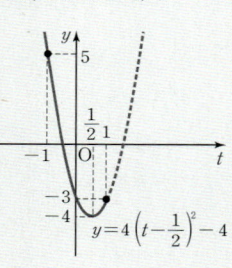

정답 1

07-16

접근 방법 방정식의 실근을 그래프의 교점으로 나타

내고 그래프의 대칭성을 이용합니다.

상세 풀이 (1) 함수 $y=\sin 2x$의 주기는 $\dfrac{2\pi}{|2|}=\pi$

이므로 $0\leq x<2\pi$에서 함수 $y=\sin 2x$의 그
래프는 다음 그림과 같습니다.

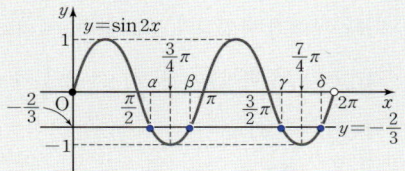

방정식 $\sin 2x=-\dfrac{2}{3}$ $(0\leq x<2\pi)$의 네 실근

을 $\alpha,\beta,\gamma,\delta$ $(\alpha<\beta<\gamma<\delta)$라고 하면

α,β는 직선 $x=\dfrac{3}{4}\pi$에 대하여 대칭이므로

$\dfrac{\alpha+\beta}{2}=\dfrac{3}{4}\pi$ $\therefore \alpha+\beta=\dfrac{3}{2}\pi$

γ,δ는 직선 $x=\dfrac{7}{4}\pi$에 대하여 대칭이므로

$\dfrac{\gamma+\delta}{2}=\dfrac{7}{4}\pi$ $\therefore \gamma+\delta=\dfrac{7}{2}\pi$

$\therefore \alpha+\beta+\gamma+\delta=\dfrac{3}{2}\pi+\dfrac{7}{2}\pi=5\pi$

(2) $0<a<1$이므로 $0<a\pi<\pi$

$\therefore -1<\cos a\pi<1$

또한 함수 $y=\cos\pi x$의 주기는 $\dfrac{2\pi}{|\pi|}=2$이므
로 함수 $y=\cos\pi x$의 그래프와 직선
$y=\cos a\pi$는 다음 그림과 같습니다.

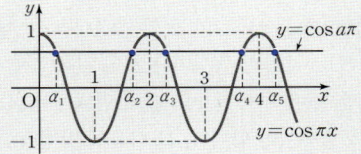

이때, $0\leq x\leq 2$에서 함수 $y=\cos\pi x$의 그래프
와 직선 $y=\cos a\pi$의 교점의 개수, 즉 방정식
$\cos\pi x=\cos a\pi$ $(0\leq x\leq 2)$의 실근은 2개이
므로 방정식 $\cos\pi x=\cos a\pi$ $(0\leq x\leq 10)$의
실근은 10개입니다. 이것을 크기 순서대로
$\alpha_1,\alpha_2,\alpha_3,\cdots,\alpha_{10}$이라고 하면

α_1,α_2는 직선 $x=1$에 대하여 대칭이므로

$\dfrac{\alpha_1+\alpha_2}{2}=1$

α_3,α_4는 직선 $x=3$에 대하여 대칭이므로

$\dfrac{\alpha_3+\alpha_4}{2}=3$

α_5,α_6은 직선 $x=5$에 대하여 대칭이므로

$\dfrac{\alpha_5+\alpha_6}{2}=5$

α_7,α_8은 직선 $x=7$에 대하여 대칭이므로

$\dfrac{\alpha_7+\alpha_8}{2}=7$

α_9,α_{10}은 직선 $x=9$에 대하여 대칭이므로

$\dfrac{\alpha_9+\alpha_{10}}{2}=9$

$\therefore \alpha_1+\alpha_2+\alpha_3+\cdots+\alpha_{10}$
$=2(1+3+5+7+9)$
$=50$

보충 설명 (2)에서 직선 $y=\cos a\pi$는 a의 값과 관계
없이 직선 $y=-1$과 $y=1$ 사이에 위치하므로 이 직
선과 함수 $y=\cos\pi x$ $(0\leq x\leq 10)$의 그래프의 교점
은 10개입니다.

정답 (1) 5π (2) 50

07-17

접근 방법 $|\cos x|=t$로 놓고 먼저 $\sin t=\dfrac{1}{2}$을 만족
시키는 t의 값을 찾은 후 $|\cos x|=t$를 풉니다.
이때, t의 값의 범위가 $0\leq t\leq 1$임에 주의합니다.

상세 풀이 $|\cos x|=t$로 놓으면 $-2\pi\leq x\leq 2\pi$에
서 $-1\leq\cos x\leq 1$이므로

$0\leq t\leq 1$

이때, $\sin t=\dfrac{1}{2}$이므로

$t=\dfrac{\pi}{6}$ $(\because 0\leq t\leq 1)$

즉, $|\cos x|=\dfrac{\pi}{6}$ $(-2\pi\leq x\leq 2\pi)$를 만족시키는
x의 개수를 구해야 합니다.

다음 그림과 같이 $-2\pi\le x\le 2\pi$에서 함수 $y=|\cos x|$의 그래프와 직선 $y=\dfrac{\pi}{6}$의 교점은 8개 이므로 방정식 $|\cos x|=\dfrac{\pi}{6}$의 실근의 개수는 8입니다.

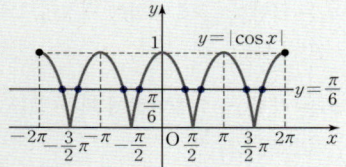

따라서 방정식 $\sin|\cos x|=\dfrac{1}{2}$의 실근의 개수는 8입니다.

보충 설명 $|\cos x|$를 t로 치환하여 문제를 풀 때에는 t의 값의 범위에 주의하여야 합니다.

정답 8

07- **18**

접근 방법 $(f\circ g)(x)=f(g(x))=k$에서 $g(x)=t$로 놓고 $f(t)=k$를 만족시키는 t의 값을 구한 후 다시 $g(x)=t$를 풉니다. 이때, t의 값의 범위에 유의합니다.

상세 풀이 (1) $\pi\cos x=t$로 놓으면 $0\le x<2\pi$에서 $-1\le\cos x\le 1$이므로 $-\pi\le t\le\pi$

이때, $\sin t=1$이므로

$$t=\frac{\pi}{2}\ (\because -\pi\le t\le\pi)$$

$$\therefore \cos x=\frac{1}{2}\ (\text{단},\ 0\le x<2\pi)$$

따라서 방정식 $\sin(\pi\cos x)=1$의 근은 $x=\dfrac{\pi}{3}$ 또는 $x=\dfrac{5}{3}\pi$이므로 모든 x의 값의 합은

$$\frac{\pi}{3}+\frac{5}{3}\pi=2\pi$$

(2) $2\pi\sin x=t$로 놓으면 $0\le x<2\pi$에서 $-1\le\sin x\le 1$이므로

$$-2\pi\le t\le 2\pi$$

이때, $\cos t=0$이므로

$$t=-\frac{3}{2}\pi,\ -\frac{\pi}{2},\ \frac{\pi}{2},\ \frac{3}{2}\pi$$

$$(\because -2\pi\le t\le 2\pi)$$

$$\therefore \sin x=-\frac{3}{4},\ -\frac{1}{4},\ \frac{1}{4},\ \frac{3}{4}$$

이때, 주어진 방정식의 근은 함수 $y=\sin x$의 그래프와 네 직선 $y=\pm\dfrac{3}{4}$, $y=\pm\dfrac{1}{4}$의 교점의 x좌표와 같다.

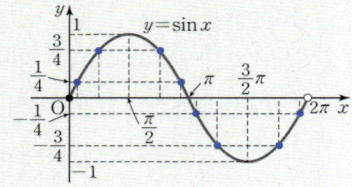

(ⅰ) $\sin x=\dfrac{1}{4}$인 x의 값은 직선 $x=\dfrac{\pi}{2}$에 대하여 대칭이므로 x의 값의 합은 π

(ⅱ) $\sin x=\dfrac{3}{4}$인 x의 값은 직선 $x=\dfrac{\pi}{2}$에 대하여 대칭이므로 x의 값의 합은 π

(ⅲ) $\sin x=-\dfrac{1}{4}$인 x의 값은 직선 $x=\dfrac{3}{2}\pi$에 대하여 대칭이므로 x의 값의 합은 3π

(ⅳ) $\sin x=-\dfrac{3}{4}$인 x의 값은 직선 $x=\dfrac{3}{2}\pi$에 대하여 대칭이므로 x의 값의 합은 3π

(ⅰ)~(ⅳ)에서 모든 x의 값의 합은

$$\pi+\pi+3\pi+3\pi=8\pi$$

보충 설명 $f(g(x))=A$ 꼴의 방정식을 풀 때에는 먼저 $f(B)=A$를 만족시키는 B의 값을 찾습니다. 이때, B의 값은 주어진 x의 값의 범위에서 $g(x)$의 치역에 포함되어야 합니다. 그 다음에 방정식 $g(x)=B$를 풉니다.

정답 (1) 2π (2) 8π

07- **19**

접근 방법 (1) 주어진 이차부등식이 항상 성립하기 위해서는 이차함수의 그래프가 x축과 접하거나 x축

보다 위에 있는 영역에 그려져야 하므로 이차방정식의 판별식 D에 대하여 $D \leq 0$이어야 합니다.

(2) 주어진 부등식을 정리하여 얻은 $\sin x$에 대한 이차부등식이 모든 실수 x에 대하여 성립하기 위해서는 $\sin x$의 최솟값을 따져 보아야 합니다.

상세 풀이 (1) 임의의 실수 x에 대하여 이차부등식
$x^2 - 2x\cos\theta + \sin\theta + 1 \geq 0$이 성립해야 하므로 이차방정식 $x^2 - 2x\cos\theta + \sin\theta + 1 = 0$의 판별식을 D라고 하면

$$\frac{D}{4} = \cos^2\theta - (\sin\theta + 1) \leq 0$$
$$(1 - \sin^2\theta) - \sin\theta - 1 \leq 0$$
$$\sin^2\theta + \sin\theta \geq 0$$
$$\sin\theta(\sin\theta + 1) \geq 0$$
$$\therefore \sin\theta \leq -1 \text{ 또는 } \sin\theta \geq 0$$

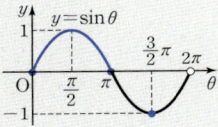

따라서 위의 그림에서 구하는 θ의 값의 범위는
$$0 \leq \theta \leq \pi \text{ 또는 } \theta = \frac{3}{2}\pi$$

(2) $\cos^2 x + (a+2)\sin x - (2a+1) > 0$에서
$$(1 - \sin^2 x) + (a+2)\sin x - (2a+1) > 0$$
$$\sin^2 x - (a+2)\sin x + 2a < 0$$
$$(\sin x - 2)(\sin x - a) < 0$$
$$\sin x - a > 0 \; (\because \sin x - 2 < 0)$$
$$\therefore \sin x > a$$

따라서 이 부등식이 모든 실수 x에 대하여 성립하려면 $a < -1$이어야 합니다.

보충 설명 (2)에서 $-1 \leq \sin x \leq 1$이므로 모든 실수 x에 대하여 $\sin x > a$가 성립하기 위한 a의 값의 범위는 $\sin x$의 최솟값인 -1보다 작은 범위, 즉 $a < -1$입니다. 만일 $a = -1$이면 $\sin\dfrac{3}{2}\pi = -1$이므로 $\sin x > a$를 만족시키지 않는 x가 존재하게 됩니다. 따라서 $a \leq -1$이 아님에 주의합니다.

정답 (1) $0 \leq \theta \leq \pi$ 또는 $\theta = \dfrac{3}{2}\pi$ (2) $a < -1$

07-20

접근 방법 주어진 이차방정식이 두 개의 실근을 가지려면 판별식 D가 0보다 크거나 같아야 합니다. 이때, 두 실근이 모두 양수이려면 두 근의 합과 곱이 모두 0보다 크면 됩니다.

상세 풀이 x에 대한 이차방정식
$x^2 + 2x\cos\theta + \sin^2\theta - \sin\theta + 1 = 0$이 두 개의 양의 실근을 가지므로 이 이차방정식의 판별식을 D라고 하면

$$\frac{D}{4} = \cos^2\theta - (\sin^2\theta - \sin\theta + 1) \geq 0$$
$$(1 - \sin^2\theta) - \sin^2\theta + \sin\theta - 1 \geq 0$$
$$2\sin^2\theta - \sin\theta \leq 0$$
$$\sin\theta(2\sin\theta - 1) \leq 0$$
$$\therefore 0 \leq \sin\theta \leq \frac{1}{2}$$

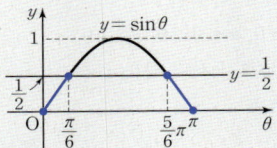

즉, 위의 그림에서 $0 \leq \theta \leq \pi$에서 부등식
$0 \leq \sin\theta \leq \dfrac{1}{2}$을 만족시키는 θ의 값의 범위는
$$0 \leq \theta \leq \frac{\pi}{6} \text{ 또는 } \frac{5}{6}\pi \leq \theta \leq \pi \qquad \cdots\cdots \text{㉠}$$
또한 이차방정식의 근과 계수의 관계에 의하여
(두 근의 합) > 0, (두 근의 곱) > 0
이어야 하므로
$$-2\cos\theta > 0 \qquad \cdots\cdots \text{㉡}$$
$$\sin^2\theta - \sin\theta + 1 > 0 \qquad \cdots\cdots \text{㉢}$$
㉡에서 $\cos\theta < 0$

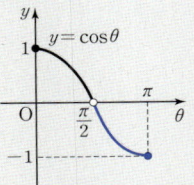

즉, 위의 그림에서

$0 \leq \theta \leq \pi$에서 부등식 $\cos\theta < 0$을 만족시키는 θ의 값의 범위는

$$\frac{\pi}{2} < \theta \leq \pi \qquad \cdots\cdots ㉣$$

㉢에서 $\left(\sin\theta - \dfrac{1}{2}\right)^2 + \dfrac{3}{4} > 0$이므로 임의의 θ에 대하여 항상 성립합니다. $\qquad \cdots\cdots ㉤$

따라서 ㉠, ㉣, ㉤을 동시에 만족시키는 θ의 값의 범위는

$$\frac{5}{6}\pi \leq \theta \leq \pi$$

보충 설명 이차방정식의 근의 존재 범위

이차방정식 $ax^2 + bx + c = 0$의 판별식을 D, 두 근을 α, β라고 하면

(1) 두 근이 모두 양수일 조건
$$D \geq 0,\ \alpha + \beta > 0,\ \alpha\beta > 0$$

(2) 두 근이 모두 음수일 조건
$$D \geq 0,\ \alpha + \beta < 0,\ \alpha\beta > 0$$

(3) 두 근의 부호가 서로 다를 조건
$$\alpha\beta < 0$$

정답 $\dfrac{5}{6}\pi \leq \theta \leq \pi$

예제 01   사인법칙 (1)   p.317

01-**1**

(1) $A+B+C=180°$이므로

$$A=180°-(45°+105°)=30°$$

사인법칙에 의하여

$$\frac{a}{\sin 30°}=\frac{4}{\sin 45°}=2R$$

이므로

$$a=\frac{4\sin 30°}{\sin 45°}=4\times\frac{1}{2}\times\sqrt{2}=2\sqrt{2}$$

$$2R=\frac{4}{\sin 45°}=\frac{4}{\frac{1}{\sqrt{2}}}=4\sqrt{2}$$

$$\therefore R=2\sqrt{2}$$

(2) 사인법칙에 의하여 $\dfrac{1}{\sin 30°}=\dfrac{\sqrt{3}}{\sin C}=2R$이므로

$$\sin C=\sqrt{3}\sin 30°$$

$$=\sqrt{3}\times\frac{1}{2}$$

$$=\frac{\sqrt{3}}{2}$$

$0°<C<180°$이므로 $C=60°$ 또는 $C=120°$

$$2R=\frac{1}{\sin 30°}=\frac{1}{\frac{1}{2}}=2$$

$$\therefore R=1$$

(i) $C=60°$일 때

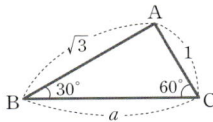

$$A=180°-(30°+60°)=90°$$

$a=2R\sin 90°$에서

$$a=2$$

(ii) $C=120°$일 때

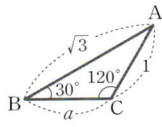

$$A=180°-(30°+120°)=30°$$

즉, $A=B=30°$이므로 삼각형 ABC는 이등변삼각형입니다.

$$\therefore a=1$$

(i), (ii)에서 $a=1$ 또는 $a=2$

정답 (1) $a=2\sqrt{2}$, $R=2\sqrt{2}$ (2) $a=1$ 또는 $a=2$, $R=1$

01-**2**

(1) $(a+b):(b+c):(c+a)=5:6:7$이므로 $a+b=5k$, $b+c=6k$, $c+a=7k$ $(k>0)$라 하고, 위의 세 식을 변끼리 더하면

$$2(a+b+c)=18k \quad \therefore a+b+c=9k$$

$$\therefore a=3k,\ b=2k,\ c=4k$$

삼각형 ABC에서 외접원의 반지름의 길이를 R 라고 하면 사인법칙에 의하여

$$\sin A:\sin B:\sin C=\frac{a}{2R}:\frac{b}{2R}:\frac{c}{2R}$$

$$=a:b:c$$

$$=3k:2k:4k$$

$$=3:2:4$$

(2) $A+B+C=180°$이므로

$$A=180°\times\frac{1}{4}=45°,\ B=180°\times\frac{1}{4}=45°,$$

$$C=180°\times\frac{2}{4}=90°$$

삼각형 ABC에서 외접원의 반지름의 길이를 R 라고 하면 사인법칙에 의하여

$$a:b:c=2R\sin A:2R\sin B:2R\sin C$$

$$=\sin A:\sin B:\sin C$$

$$=\sin 45°:\sin 45°:\sin 90°$$

$$=\frac{1}{\sqrt{2}}:\frac{1}{\sqrt{2}}:1$$

$$=1:1:\sqrt{2}$$

정답 (1) $3:2:4$ (2) $1:1:\sqrt{2}$

01-**3**

삼각형 ABC에서

$$C=180°-(A+B)$$

$$=60°$$

이때, 삼각형 APC에서 사인법칙에 의하여

$$\frac{\overline{CP}}{\sin(\angle CAP)} = \frac{\overline{AP}}{\sin C} \qquad \cdots\cdots \ \text{㉠}$$

이고, $\sin C = \sin 60° = \dfrac{\sqrt{3}}{2}$ 으로 일정하므로 ㉠이 최

소가 되는 것은 선분 AP의 길이가 최소일 때, 즉 선분 AP가 점 A에서 변 BC에 내린 수선일 때입니다. 이때, 점 A에서 변 BC에 내린 수선의 발을 H라고 하면

$$\frac{\overline{AH}}{\sin C} = \frac{\overline{AB}\sin 45°}{\sin 60°} = \frac{4\sqrt{3} \times \frac{\sqrt{2}}{2}}{\frac{\sqrt{3}}{2}} = 4\sqrt{2}$$

따라서 구하는 최솟값은 $4\sqrt{2}$ 입니다.

정답 $4\sqrt{2}$

예제 02 사인법칙 (2)
p.319

02-1

$\overline{BC} = a$, $\overline{AB} = c$ 라고 하면

$A + B + C = 180°$에서

$\qquad C = 180° - (75° + 45°) = 60°$

이므로 사인법칙에 의하여

$$\frac{2\sqrt{3}}{\sin 45°} = \frac{c}{\sin 60°}$$

$$\therefore c = \frac{2\sqrt{3}\sin 60°}{\sin 45°}$$

$$= 3\sqrt{2}$$

이때, 점 A에서 변 BC에 내린 수선의 발을 H라고 하면

$$a = \overline{BH} + \overline{HC}$$

이므로

$$a = 3\sqrt{2}\cos 45° + 2\sqrt{3}\cos 60°$$

$$= 3 + \sqrt{3}$$

정답 $3 + \sqrt{3}$

02-2

$\cos B = \dfrac{1}{2}$, $\cos C = \dfrac{\sqrt{5}}{3}$ 에서

$$\sin B = \sqrt{1 - \cos^2 B} = \frac{\sqrt{3}}{2}$$

$$\sin C = \sqrt{1 - \cos^2 C} = \frac{2}{3}$$

삼각형 ABC에서 사인법칙에 의하여

$$\frac{\overline{AC}}{\sin B} = \frac{\overline{AB}}{\sin C}$$

$$\therefore \overline{AC} = \frac{\overline{AB}\sin B}{\sin C}$$

$$= \frac{4 \times \frac{\sqrt{3}}{2}}{\frac{2}{3}} = 3\sqrt{3}$$

또한 $\overline{BC} = \overline{AB}\cos B + \overline{AC}\cos C$이므로

$$\overline{BC} = 4 \times \frac{1}{2} + 3\sqrt{3} \times \frac{\sqrt{5}}{3}$$

$$= 2 + \sqrt{15}$$

정답 ④

02-3

삼각형 ABC의 외접원의 반지름의 길이가 2이므로 사인법칙에 의하여

$$\frac{\overline{BC}}{\sin 60°} = \frac{\overline{AC}}{\sin 45°} = 4$$

$$\therefore \overline{AC} = 4\sin 45° = 2\sqrt{2}, \ \overline{BC} = 4\sin 60° = 2\sqrt{3}$$

이때, 삼각형 ABC에서

$\overline{AB} = \overline{AC}\cos 60° + \overline{BC}\cos 45°$이므로

$$\overline{AB} = 2\sqrt{2} \times \frac{1}{2} + 2\sqrt{3} \times \frac{\sqrt{2}}{2}$$

$$= \sqrt{2} + \sqrt{6}$$

다른 풀이 삼각형 ABC에서 $A = 60°$이고, 사인법칙에 의하여 $\overline{AC} = 2\sqrt{2}$, $\overline{BC} = 2\sqrt{3}$이므로 $\overline{AB} = x$라고 하면 코사인법칙에 의하여

$$(2\sqrt{3})^2 = (2\sqrt{2})^2 + x^2 - 2 \times 2\sqrt{2} \times x \times \cos 60°$$

$$x^2 - 2\sqrt{2}x - 4 = 0$$

$$\therefore x = \sqrt{2} + \sqrt{(\sqrt{2})^2 - (-4)} = \sqrt{2} + \sqrt{6}$$

정답 $\sqrt{2} + \sqrt{6}$

03-1

(1) 삼각형 ABC에서 코사인법칙에 의하여
$$b^2 = (\sqrt{3})^2 + 2^2 - 2 \times \sqrt{3} \times 2 \times \cos 45°$$
$$= 7 - 2\sqrt{6}$$

(2) 삼각형 ABC에서 코사인법칙의 변형에 의하여
$$\cos A : \cos B : \cos C$$
$$= \frac{b^2+c^2-a^2}{2bc} : \frac{c^2+a^2-b^2}{2ca} : \frac{a^2+b^2-c^2}{2ab}$$
$$= \frac{5^2+6^2-4^2}{2\times5\times6} : \frac{6^2+4^2-5^2}{2\times6\times4} : \frac{4^2+5^2-6^2}{2\times4\times5}$$
$$= 12 : 9 : 2$$

정답 (1) $7-2\sqrt{6}$ (2) $12:9:2$

03-2

정사각형의 한 변의 길이가 3이므로
$$\overline{BE} = \overline{FD} = 1, \overline{EC} = \overline{CF} = 2$$
$$\therefore \overline{AE} = \overline{AF} = \sqrt{3^2+1^2} = \sqrt{10},$$
$$\overline{EF} = \sqrt{2^2+2^2} = 2\sqrt{2}$$
따라서 삼각형 AEF에서 코사인법칙의 변형에 의하여
$$\cos\theta = \frac{(\sqrt{10})^2+(\sqrt{10})^2-(2\sqrt{2})^2}{2\times\sqrt{10}\times\sqrt{10}} = \frac{3}{5}$$

정답 ④

03-3

$\angle ABC = 60°$이고,
$\angle ABC + \angle CDA = 180°$이므로
$$\angle CDA = 120°$$
오른쪽 그림과 같이 선분
AC를 그어 만들어진 삼각
형 ACD에서 코사인법칙에
의하여

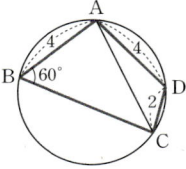

$$\overline{AC}^2 = 4^2 + 2^2 - 2 \times 4 \times 2 \times \cos 120°$$
$$= 20 - 16 \times \left(-\frac{1}{2}\right) = 28$$
$$\therefore \overline{AC} = \sqrt{28} = 2\sqrt{7}$$
또한 삼각형 ABC에서 $\overline{BC} = x$라고 하면 코사인법
칙에 의하여

$$\overline{AC}^2 = 4^2 + x^2 - 2 \times 4 \times x \times \cos 60°$$
$$= 16 + x^2 - 8x \times \frac{1}{2} = x^2 - 4x + 16$$
그런데 $\overline{AC} = 2\sqrt{7}$이므로
$$28 = x^2 - 4x + 16, \ x^2 - 4x - 12 = 0$$
$$(x+2)(x-6) = 0 \quad \therefore x = 6 \ (\because x > 0)$$

정답 6

04-1

코사인법칙의 변형에 의하여
$$\cos C = \frac{3^2+5^2-7^2}{2\times3\times5} = -\frac{1}{2}$$
$$\sin C = \sqrt{1-\cos^2 C} = \sqrt{1-\left(-\frac{1}{2}\right)^2}$$
$$= \frac{\sqrt{3}}{2} \ (\because 0° < C < 180°)$$
삼각형 ABC의 외접원의 반지름의 길이를 R라고
하면 사인법칙에 의하여
$$\frac{c}{\sin C} = 2R$$
$$\therefore R = \frac{7}{2\times\frac{\sqrt{3}}{2}} = \frac{7\sqrt{3}}{3}$$
따라서 구하는 장신구의 반지름의 길이는 $\dfrac{7\sqrt{3}}{3}$ cm
입니다.

정답 $\dfrac{7\sqrt{3}}{3}$ cm

04-2

오른쪽 그림과 같이 세 지점
A, B, C를 꼭짓점으로 하는
삼각형 ABC에서
$$C = 180° - (30° + 105°)$$
$$= 45°$$

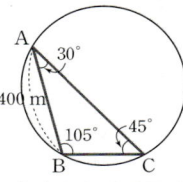

이때, 삼각형 ABC의 외접원의 반지름의 길이를 R
라고 하면 사인법칙에 의하여
$$\frac{400}{\sin C} = \frac{400}{\sin 45°} = 2R$$

$$\therefore R = 200\sqrt{2}$$

따라서 구하는 호수의 지름의 길이는

$$2 \times 200\sqrt{2} = 400\sqrt{2}\,(\text{m})$$

정답 $400\sqrt{2}$ m

04-**3**

다음 그림과 같이 나무의 바닥 지점을 O, 바닥에서 1 m 위의 지점을 A, 각도 측정기의 위치를 B, 나무의 꼭대기를 C 라고 하면

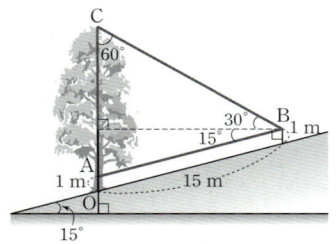

삼각형 ABC에서 $\overline{AB} = 15$ m, $\angle ACB = 60°$, $\angle ABC = 45°$이므로 사인법칙에 의하여

$$\frac{\overline{AC}}{\sin 45°} = \frac{15}{\sin 60°}, \quad \frac{\overline{AC}}{\frac{\sqrt{2}}{2}} = \frac{15}{\frac{\sqrt{3}}{2}}$$

$$\therefore \overline{AC} = \frac{15\sqrt{2}}{\sqrt{3}} = 5\sqrt{6}$$
$$= 5 \times 2.45 = 12.25\,(\text{m})$$

따라서 나무의 높이는 선분 OC의 길이와 같으므로

$$\overline{OC} = \overline{OA} + \overline{AC}$$
$$= 1 + 12.25 = 13.25\,(\text{m})$$

정답 13.25 m

예제 05   코사인법칙의 활용   p.325

05-**1**

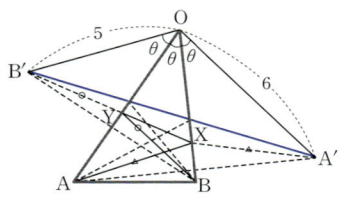

선분 OA에 대한 점 B의 대칭점을 B′, 선분 OB에 대한 점 A의 대칭점을 A′이라고 하면 두 선분 OB, OA 위의 임의의 두 점 X, Y에 대하여

$$\overline{AX} = \overline{A'X}, \quad \overline{BY} = \overline{B'Y}$$

이므로 위의 그림에서 점 P가 이동한 거리는

$$\overline{AX} + \overline{XY} + \overline{BY} = \overline{A'X} + \overline{XY} + \overline{B'Y}$$

이고, 그 최솟값은 네 점 B′, Y, X, A′이 한 직선 위에 있을 때이므로

$$\overline{AX} + \overline{XY} + \overline{BY} \geq \overline{A'B'}$$

이때, $\overline{A'B'} = \sqrt{91}$ 이므로 삼각형 OB′A′에서 코사인법칙의 변형에 의하여

$$\cos 3\theta = \frac{5^2 + 6^2 - (\sqrt{91})^2}{2 \times 5 \times 6} = -\frac{1}{2}$$

$$\therefore 3\theta = \frac{2}{3}\pi \left(\because 0 < \theta < \frac{\pi}{4} \right)$$

$$\therefore \theta = \frac{2}{9}\pi$$

정답 $\dfrac{2}{9}\pi$

05-**2**

다음 그림과 같이

$$\angle AOP = \angle AOS, \quad \angle BOP = \angle BOT$$

가 되도록 부채꼴 AOS, BOT를 붙여 생각해 보면

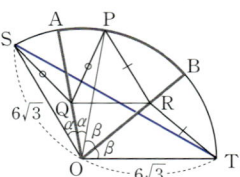

$\triangle QOP \equiv \triangle QOS$, $\triangle ROP \equiv \triangle ROT$ 이므로

$$\overline{PQ} = \overline{SQ}, \quad \overline{PR} = \overline{TR}$$

즉, 삼각형 PQR의 둘레의 길이는

$$\overline{PQ} + \overline{QR} + \overline{RP} = \overline{SQ} + \overline{QR} + \overline{RT}$$

이고, 그 최솟값은 네 점 S, Q, R, T 가 한 직선 위에 있을 때이므로

$$\overline{PQ} + \overline{QR} + \overline{RP} \geq \overline{ST}$$

또한 $\angle AOB = 60°$이므로

$$\angle SOT = 120°$$

이때, 삼각형 SOT에서 코사인법칙에 의하여
$$\overline{ST}^2=(6\sqrt{3})^2+(6\sqrt{3})^2-2\times(6\sqrt{3})^2\times\cos120°$$
$$=(6\sqrt{3})^2\times3=6^2\times3^2$$
$$\therefore \overline{ST}=6\times3=18$$
따라서 삼각형 PQR의 둘레의 길이의 최솟값은 18 입니다.

정답 18

05-3

주어진 원뿔의 옆면의 전개도를 그려 보면 다음 그림과 같습니다.

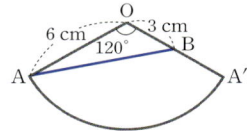

밑면의 반지름의 길이가 2 cm이므로 호 AA'의 길이는 4π cm입니다.
이때, 부채꼴 OAA'에서
$$12\pi\times\frac{\angle AOA'}{360°}=4\pi$$이므로
$$\angle AOA'=120°$$
따라서 구하는 실의 길이의 최솟값은 선분 AB의 길이와 같으므로 코사인법칙에 의하여
$$\overline{AB}^2=6^2+3^2-2\times6\times3\times\cos120°$$
$$=36+9-2\times6\times3\times\left(-\frac{1}{2}\right)=63$$
$$\therefore \overline{AB}=3\sqrt{7}\,(cm)$$

정답 $3\sqrt{7}$ cm

예제 06 삼각형의 넓이   p.331

06-1

(1) $a=3$, $b=5$, $c=7$이므로 코사인법칙의 변형에 의하여
$$\cos C=\frac{a^2+b^2-c^2}{2ab}=\frac{3^2+5^2-7^2}{2\times3\times5}=-\frac{1}{2}$$
이때, $0<C<\pi$이므로

$$C=\frac{2}{3}\pi$$
$$\therefore S=\frac{1}{2}ab\sin C$$
$$=\frac{1}{2}\times3\times5\times\frac{\sqrt{3}}{2}=\frac{15\sqrt{3}}{4}$$

(2) 삼각형 ABC에서 사인법칙에 의하여

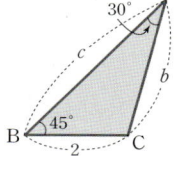

$$\frac{2}{\sin30°}=\frac{b}{\sin45°}$$
$$\frac{2}{\frac{1}{2}}=\frac{b}{\frac{1}{\sqrt{2}}}$$
$$\therefore b=2\sqrt{2}$$
또한 $\overline{AB}=\overline{BC}\cos45°+\overline{AC}\cos30°$이므로
$$c=2\cos45°+2\sqrt{2}\cos30°=\sqrt{2}+\sqrt{6}$$
$$\therefore S=\frac{1}{2}\times(\sqrt{2}+\sqrt{6})\times2\times\sin45°$$
$$=1+\sqrt{3}$$

다른 풀이 (1) 헤론의 공식을 이용하면
$a=3$, $b=5$, $c=7$에서
$$s=\frac{3+5+7}{2}=\frac{15}{2}$$
$$s-a=\frac{15}{2}-3=\frac{9}{2},\ s-b=\frac{15}{2}-5=\frac{5}{2},$$
$$s-c=\frac{15}{2}-7=\frac{1}{2}$$
$$\therefore S=\sqrt{s(s-a)(s-b)(s-c)}$$
$$=\sqrt{\frac{15}{2}\times\frac{9}{2}\times\frac{5}{2}\times\frac{1}{2}}=\frac{15\sqrt{3}}{4}$$

정답 (1) $\dfrac{15\sqrt{3}}{4}$ (2) $1+\sqrt{3}$

06-2

(1) $A=60°$, $B=30°$이므로 $C=90°$
사인법칙에 의하여
$$a=2R\sin A=2\times2\times\sin60°=2\sqrt{3},$$
$$b=2R\sin B=2\times2\times\sin30°=2$$
따라서 삼각형 ABC의 넓이는
$$\frac{1}{2}ab\sin C=\frac{1}{2}\times2\sqrt{3}\times2\times1=2\sqrt{3}$$

(2) $a:b:c=3:4:5$에서
$a=3k$, $b=4k$, $c=5k$ ($k>0$)라고 하면 삼각형

ABC에서 코사인법칙의 변형에 의하여

$$\cos C = \frac{(3k)^2 + (4k)^2 - (5k)^2}{2 \times 3k \times 4k} = 0$$

$$\therefore C = 90°$$

$$c = 2R\sin C = 2 \times 2 \times \sin 90° = 4$$

$5k = 4$ 에서 $k = \dfrac{4}{5}$

$$\therefore a = \frac{12}{5}, \ b = \frac{16}{5}$$

$$\therefore S = \frac{1}{2} \times \frac{12}{5} \times \frac{16}{5} \times \sin 90° = \frac{96}{25}$$

정답 (1) $2\sqrt{3}$ (2) $\dfrac{96}{25}$

06-3

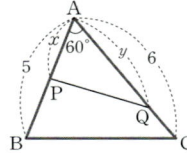

$\overline{AP} = x$, $\overline{AQ} = y$ 라고 하면

$$\triangle APQ = \frac{1}{2}xy \sin 60°$$

$$= \frac{\sqrt{3}}{4}xy$$

그런데 삼각형 APQ의 넓이

는 삼각형 ABC의 넓이의 $\dfrac{1}{2}$이므로

$$\frac{\sqrt{3}}{4}xy = \frac{1}{2} \times \frac{1}{2} \times 5 \times 6 \times \sin 60°$$

$$\therefore xy = 15$$

삼각형 APQ에서 코사인법칙과 산술평균과 기하평
균의 관계에 의하여

$$\overline{PQ}^2 = x^2 + y^2 - 2xy \cos 60°$$

$$= x^2 + y^2 - 15$$

$$\geq 2xy - 15 = 30 - 15 = 15$$

(단, 등호는 $x = y$일 때 성립)

따라서 선분 PQ의 길이의 최솟값은 $\sqrt{15}$입니다.

정답 $\sqrt{15}$

예제 07 삼각형의 내접원의 반지름의 길이와 넓이 p.333

07-1

다음 그림과 같이 두 점 O, A를 잇는 선분을 그어 생
각해 보면 삼각형 ABC의 넓이는 두 삼각형 ABO,

ACO의 넓이의 합과 같습니다.

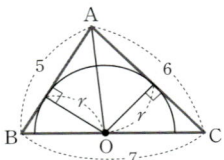

즉, △ABC = △ABO + △ACO 이므로 삼각형
ABC의 넓이를 헤론의 공식을 이용하여 구하면

$$s = \frac{5 + 6 + 7}{2} = 9$$

$$\therefore \triangle ABC$$

$$= \sqrt{9 \times (9-5) \times (9-6) \times (9-7)} = 6\sqrt{6}$$

반원의 반지름의 길이를 r라고 하면

$$\triangle ABO = \frac{5}{2}r, \ \triangle ACO = 3r$$ 이므로

$$\frac{5}{2}r + 3r = 6\sqrt{6}$$

$$\therefore r = \frac{12\sqrt{6}}{11}$$

정답 $\dfrac{12\sqrt{6}}{11}$

07-2

직각삼각형 ABC의 빗변은
외접원의 지름과 같으므로

$$\overline{AB} = 2 \times 3 = 6$$

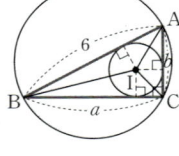

$\overline{BC} = a$, $\overline{AC} = b$ 라고 하면
삼각형 ABC가 직각삼각형
이므로

$$a^2 + b^2 = 6^2 = 36 \qquad \cdots\cdots \ \boxdot$$

또한 내접원의 반지름의 길이가 1 이므로

$$\triangle ABC = \triangle ABI + \triangle BCI + \triangle ACI$$

에서

$$\frac{1}{2}ab = \frac{1}{2}(a + b + 6)$$

$$\therefore a + b = ab - 6 \qquad \cdots\cdots \ \boxdot$$

$\boxdot$의 양변을 제곱하면

$$a^2 + b^2 + 2ab = (ab)^2 - 12ab + 36$$

$\boxdot$을 대입하면

$$36 + 2ab = (ab)^2 - 12ab + 36$$

$$(ab)^2 - 14ab = 0$$
$$ab(ab - 14) = 0$$
$$\therefore ab = 14 \ (\because ab > 0)$$

따라서 직각삼각형 ABC의 넓이 S는

$$S = \frac{1}{2}ab = 7$$

정답 7

07-**3**

두 원이 외접할 때 두 원의 중심 사이의 거리는 반지름의 길이의 합과 같으므로 세 변 AB, BC, CA의 길이는 각각 14, 15, 13 입니다.

삼각형 ABC에서 코사인법칙의 변형에 의하여

$$\cos B = \frac{14^2 + 15^2 - 13^2}{2 \times 14 \times 15} = \frac{3}{5}$$

$$\sin B = \sqrt{1 - \cos^2 B} = \sqrt{1 - \left(\frac{3}{5}\right)^2} = \frac{4}{5}$$

이때, 삼각형 ABC의 외접원의 반지름의 길이를 R라고 하면 사인법칙에 의하여

$$\frac{\overline{AC}}{\sin B} = 2R$$

$$13 \times \frac{5}{4} = 2R \qquad \therefore R = \frac{65}{8}$$

또한 삼각형 ABC의 내접원의 반지름의 길이를 r, 삼각형 ABC의 넓이를 S라고 하면

$$S = \frac{1}{2} \times \overline{AB} \times \overline{BC} \times \sin B$$

$$= \frac{1}{2} \times 14 \times 15 \times \frac{4}{5} = 84$$

또한 $S = \frac{r}{2}(13 + 14 + 15) = 21r$ 이므로

$$21r = 84 \qquad \therefore r = 4$$

따라서 삼각형 ABC의 외접원의 반지름의 길이와 내접원의 반지름의 길이의 차는

$$R - r = \frac{65}{8} - 4 = \frac{33}{8}$$

정답 $\frac{33}{8}$

기본 다지기 p.334~335

08-1 $\frac{3}{2}$ **2** (1) $-\frac{1}{4}$ (2) $\frac{\sqrt{3}}{2}$ **3** $\frac{3}{2}$

4 $\frac{1}{5}$ **5** 7 m **6** ④ **7** $\frac{3\sqrt{3}}{4}$

8 (1) $2\sqrt{3}$ (2) $2\sqrt{3}$ **9** (1) $8\sqrt{3}$ (2) $6\sqrt{3}$

10 24

08-**1**

접근 방법 주어진 삼각형에서 외접원의 반지름의 길이를 R라고 하면 사인법칙을 이용할 수 있습니다.

상세 풀이 삼각형 ABC의 외접원의 반지름의 길이를 R라고 하면 사인법칙에 의하여

$$\frac{\overline{BC}}{\sin A} = \frac{\overline{CA}}{\sin B} = \frac{\overline{AB}}{\sin C} = 2R$$

이므로

$$\sin A = \frac{\overline{BC}}{2R}, \ \sin C = \frac{\overline{AB}}{2R}$$

$$\therefore \frac{\sin A}{\sin C} = \frac{\overline{BC}}{\overline{AB}} = \frac{6}{4} = \frac{3}{2}$$

보충 설명 삼각형 ABC에서 사인법칙에 의하여 다음 등식이 성립합니다.

$$\frac{\sin A}{\sin B} = \frac{a}{b}, \ \frac{\sin B}{\sin C} = \frac{b}{c}, \ \frac{\sin C}{\sin A} = \frac{c}{a}$$

이 등식으로부터 두 각에 대한 사인값의 비는 두 각의 대변의 길이의 비와 같음을 알 수 있습니다.

정답 $\frac{3}{2}$

08-**2**

접근 방법 사인법칙에 의하여 삼각형의 세 변의 길이와 세 각의 크기 사이에는

$a : b : c = \sin A : \sin B : \sin C$의 관계가 성립함을 알 수 있습니다.

상세 풀이 (1) $\dfrac{\sin A}{2} = \dfrac{\sin B}{3} = \dfrac{\sin C}{4} = k$

(k는 양의 상수)

라고 하면

$\sin A = 2k,\ \sin B = 3k,\ \sin C = 4k$

이때, 삼각형 ABC에서 사인법칙에 의하여

$$a:b:c = \sin A : \sin B : \sin C$$
$$= 2k : 3k : 4k$$
$$= 2 : 3 : 4$$

이므로 $a=2t,\ b=3t,\ c=4t$ (t는 양수)라고 하면 코사인법칙의 변형에 의하여

$$\cos C = \frac{(2t)^2 + (3t)^2 - (4t)^2}{2 \times 2t \times 3t}$$
$$= \frac{-3t^2}{12t^2} = -\frac{1}{4}$$

(2) $6\sin A = 2\sqrt{3}\sin B = 3\sin C = k$ (k는 양수)라고 하면

$$\sin A = \frac{k}{6},\ \sin B = \frac{k}{2\sqrt{3}},\ \sin C = \frac{k}{3}$$

이때, 삼각형 ABC에서 사인법칙에 의하여

$$a:b:c = \sin A : \sin B : \sin C$$
$$= \frac{k}{6} : \frac{k}{2\sqrt{3}} : \frac{k}{3}$$
$$= 1 : \sqrt{3} : 2$$

이므로 $a=t,\ b=\sqrt{3}t,\ c=2t$ (t는 양수)라고 하면 코사인법칙의 변형에 의하여

$$\cos A = \frac{(\sqrt{3}t)^2 + (2t)^2 - t^2}{2 \times \sqrt{3}t \times 2t}$$
$$= \frac{6t^2}{4\sqrt{3}t^2} = \frac{\sqrt{3}}{2}$$

보충 설명 코사인법칙을 변형하면 다음과 같은 식을 얻을 수 있습니다.

$$\cos A = \frac{b^2 + c^2 - a^2}{2bc}$$
$$\cos B = \frac{c^2 + a^2 - b^2}{2ca}$$
$$\cos C = \frac{a^2 + b^2 - c^2}{2ab}$$

정답 (1) $-\dfrac{1}{4}$ (2) $\dfrac{\sqrt{3}}{2}$

08-**3**

접근 방법 삼각형 ABC의 외접원의 반지름의 길이가 주어졌을 때, 사인법칙에 의하여 a, b, c에 대한 관계식을 구할 수 있습니다.

상세 풀이 삼각형 ABC의 둘레의 길이가 12이므로

$$a+b+c=12 \qquad \cdots\cdots \text{㉠}$$

사인법칙에 의하여

$$\frac{a}{\sin A} = \frac{b}{\sin B} = \frac{c}{\sin C} = 2R = 8$$
$$\therefore a=8\sin A,\ b=8\sin B,\ c=8\sin C$$

㉠에서

$$a+b+c=8(\sin A + \sin B + \sin C)=12$$
$$\therefore \sin A + \sin B + \sin C = \frac{3}{2}$$

보충 설명 삼각형 ABC의 외접원의 반지름의 길이를 R라고 하면 사인법칙에 의하여

$$\frac{a}{\sin A} = \frac{b}{\sin B} = \frac{c}{\sin C} = 2R$$

$$\Longleftrightarrow \begin{cases} a:b:c = \sin A : \sin B : \sin C \\ \sin A = \dfrac{a}{2R},\ \sin B = \dfrac{b}{2R},\ \sin C = \dfrac{c}{2R} \end{cases}$$

정답 $\dfrac{3}{2}$

08-**4**

접근 방법 정사각형의 한 변의 길이를 $2k$ (k는 양수)라 하고, 피타고라스 정리를 이용하면 삼각형 AMN의 세 변의 길이를 구할 수 있습니다. 이 세 변의 길이에 코사인법칙의 변형을 적용하면 $\cos\theta$의 값을 구할 수 있습니다. 또한 $\sin^2\theta + \cos^2\theta = 1$임을 이용하면 $\sin\theta$의 값도 구할 수 있습니다.

상세 풀이 $\overline{AB} = 2k$ (k는 양수)라고 하면

$$\overline{AM} = \overline{AN} = \sqrt{(2k)^2 + k^2} = \sqrt{5}k$$
$$\overline{MN} = \sqrt{k^2 + k^2} = \sqrt{2}k$$

삼각형 AMN에서 코사인법칙의 변형에 의하여

$$\cos\theta = \frac{(\sqrt{5}k)^2 + (\sqrt{5}k)^2 - (\sqrt{2}k)^2}{2 \times \sqrt{5}k \times \sqrt{5}k} = \frac{4}{5}$$

또한 $0° < \theta < 90°$이므로

$$\sin\theta = \sqrt{1 - \cos^2\theta} = \sqrt{1 - \left(\frac{4}{5}\right)^2} = \frac{3}{5}$$

$$\therefore \cos\theta - \sin\theta = \frac{4}{5} - \frac{3}{5} = \frac{1}{5}$$

다른 풀이 삼각형 AMN의 넓이를 이용하여 $\sin\theta$의 값을 구할 수도 있습니다.

$$\triangle AMN = (2k)^2 - 2 \times \frac{1}{2} \times 2k \times k - \frac{1}{2} \times k \times k$$
$$= \frac{3}{2}k^2 \qquad \cdots\cdots \, \bigcirc$$

$$\triangle AMN = \frac{1}{2} \times \sqrt{5}k \times \sqrt{5}k \times \sin\theta$$
$$= \frac{5}{2}k^2 \sin\theta \qquad \cdots\cdots \, \bigcirc$$

$\bigcirc$, $\bigcirc$에서 $\frac{5}{2}k^2 \sin\theta = \frac{3}{2}k^2$

$$\therefore \sin\theta = \frac{3}{5}$$

정답 $\frac{1}{5}$

08-5

접근 방법 두 지점 A, B와 중계용 카메라의 위치를 세 꼭짓점으로 하는 삼각형에서 코사인법칙을 적용하면 선분 AB의 길이를 구할 수 있습니다.

상세 풀이 오른쪽 그림과 같이 중계용 카메라의 위치를 O라 고 하면
$$\overline{OA} = 5 \, m, \overline{OB} = 8 \, m,$$
$$\angle AOB = 60°$$
삼각형 OBA에서 코사인법
칙에 의하여
$$\overline{AB}^2 = \overline{OA}^2 + \overline{OB}^2 - 2 \times \overline{OA} \times \overline{OB} \times \cos 60°$$
$$= 5^2 + 8^2 - 2 \times 5 \times 8 \times \frac{1}{2}$$
$$= 49$$
$$\therefore \overline{AB} = 7(m)$$
따라서 축구 선수가 달려간 거리는 7 m입니다.

정답 7 m

08-6

접근 방법 주어진 원의 중심을 O라고 하면 원의 반지름의 길이와 호 BP의 길이가 주어져 있으므로 $\angle BOP$의 크기를 구할 수 있습니다. 따라서 $\angle AOP$의 크기를 구할 수 있으므로 삼각형 OPA에서 코사인법칙을 적용하면 $\overline{AP}^2$의 값을 구할 수 있습니다.

상세 풀이 주어진 원의 중심을 O라 하고, 중심 O와 점 P를 이은 선분에 의하여 만든 부채꼴 OBP의 중심각의 크기를 θ라고 하면

$\overline{OB} = 1$이고, $\overparen{BP} = \frac{\pi}{4}$이므로

$$1 \times \theta = \frac{\pi}{4}$$

$$\therefore \theta = \frac{\pi}{4}$$

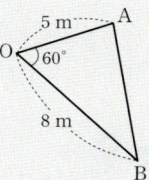

또한 $\overline{OA} = \overline{OP} = 1$이고,
$$\angle AOP = \pi - \frac{\pi}{4} = \frac{3}{4}\pi$$
이므로 삼각형 OPA에서 코사인법칙에 의하여
$$\overline{AP}^2 = \overline{OP}^2 + \overline{OA}^2 - 2 \times \overline{OP} \times \overline{OA} \cos\frac{3}{4}\pi$$
$$= 1^2 + 1^2 - 2 \times 1 \times 1 \times \left(-\frac{\sqrt{2}}{2}\right)$$
$$= 2 + \sqrt{2}$$

보충 설명 반지름의 길이가 r, 중심각의 크기가 θ(라디안)인 부채꼴의 호의 길이를 l이라고 하면 다음이 성립합니다.
$$l = r\theta, \theta = \frac{l}{r}$$

정답 ④

08-7

접근 방법 부채꼴에서 반지름의 길이와 호의 길이를 이용하여 $\angle AOB$의 크기를 구할 수 있으므로 삼각형 OAC의 두 변의 길이와 그 끼인각의 크기를 알 수 있습니다. 즉, 삼각형의 넓이를 구할 수 있습니다.

상세 풀이 부채꼴 OAB에서 $\angle AOB = \theta$라고 하면
$$\overparen{AB} = \overline{OA} \times \theta, \pi = 3\theta$$
$$\therefore \theta = \frac{\pi}{3}$$

$\therefore \triangle OAC = \dfrac{1}{2} \times \overline{OA} \times \overline{OC} \sin \theta$

$\qquad = \dfrac{1}{2} \times 3 \times 1 \times \sin \dfrac{\pi}{3}$

$\qquad = \dfrac{3\sqrt{3}}{4}$

보충 설명 부채꼴 OAB에서 반지름의 길이가 r, 호의 길이가 l일 때, 중심각의 크기 θ(라디안)는

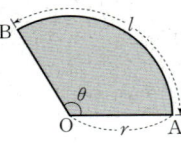

$\theta = \dfrac{l}{r}$

정답 $\dfrac{3\sqrt{3}}{4}$

08-8

접근 방법 (1) 삼각형의 두 변의 길이가 주어져 있으므로 두 변의 끼인각의 크기를 알면 $\triangle ABC = \dfrac{1}{2} ab \sin C$를 적용하여 넓이를 구할 수 있습니다.

(2) 삼각형 ABC에서 사인법칙을 이용하면 변 BC의 길이의 범위를 구할 수 있으므로 $\triangle ABC = \dfrac{1}{2} ab \sin C$를 이용하여 삼각형의 넓이를 구합니다.

상세 풀이 (1) 삼각형 ABC에서

$A + B + C = 180°$이므로

$\qquad A + B = 180° - C$

$\qquad \therefore \sin(A+B) = \sin(180° - C) = \sin C$

따라서 $3\sin(A+B)\sin C = 3\sin^2 C = 1$

이므로 $\sin^2 C = \dfrac{1}{3}$

$\qquad \therefore \sin C = \dfrac{1}{\sqrt{3}} = \dfrac{\sqrt{3}}{3}$ $(\because 0 < C < \pi)$

그런데 삼각형 ABC에서 두 변 BC, AC의 끼인각이 $\angle C$이므로

$\qquad \triangle ABC = \dfrac{1}{2} \times \overline{BC} \times \overline{AC} \times \sin C$

$\qquad\qquad = \dfrac{1}{2} \times 4 \times 3 \times \dfrac{\sqrt{3}}{3}$

$\qquad\qquad = 2\sqrt{3}$

(2) 삼각형 ABC에서 사인법칙에 의하여

$\qquad \dfrac{\overline{BC}}{\sin 30°} = \dfrac{4}{\sin C}$

$\qquad \therefore \overline{BC} = \dfrac{4\sin 30°}{\sin C} = \dfrac{2}{\sin C}$

그런데 $0 < \sin C \le 1$이므로 변 BC의 길이는 $\sin C = 1$일 때, 최소가 됩니다.

즉, $C = 90°$, $\overline{BC} = 2$일 때,

$\qquad B = 180° - (30° + 90°) = 60°$

이므로

$\qquad \triangle ABC = \dfrac{1}{2} \times \overline{AB} \times \overline{BC} \times \sin B$

$\qquad\qquad = \dfrac{1}{2} \times 4 \times 2 \times \dfrac{\sqrt{3}}{2}$

$\qquad\qquad = 2\sqrt{3}$

보충 설명 (2)에서 코사인법칙을 이용하면 변 BC의 길이의 최솟값을 구할 수 있습니다.

$\qquad \overline{BC}^2 = \overline{AC}^2 + 4^2 - 2 \times \overline{AC} \times 4 \times \cos 30°$

$\qquad\qquad = \overline{AC}^2 - 4\sqrt{3} \times \overline{AC} + 16$

$\qquad\qquad = (\overline{AC} - 2\sqrt{3})^2 + 4$

이므로 $\overline{AC} = 2\sqrt{3}$일 때, $\overline{BC} = 2$로 최소가 됩니다.

정답 (1) $2\sqrt{3}$ (2) $2\sqrt{3}$

08-9

접근 방법 (1) 평행사변형의 성질에 의하여 네 삼각형 OAB, OAD, OBC, OCD는 모두 직각삼각형이고 합동이므로 하나의 삼각형의 넓이를 구한 다음 평행사변형의 넓이를 구합니다.

(2) 대각선에 평행하고 네 꼭짓점 A, B, C, D를 지나는 선분을 그어 만들어진 평행사변형 PQRS에 대하여

$\qquad \square ABCD = \dfrac{1}{2} \square PQRS$

임을 이용합니다.

상세 풀이 (1) [그림 1]에서 $\overline{AD} /\!/ \overline{BC}$이므로

$\qquad \angle OCB = \angle OAD = 60°$ (엇각)

즉, $\angle BOC = 90°$이
고, 평행사변형의 성
질에 의하여 네 삼각
형 OAB, OAD,
OCB, OCD는 모두 합동인 직각삼각형입니
다.

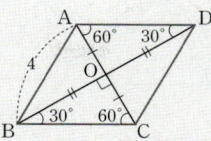

즉,
$$\triangle OAB \equiv \triangle OAD \equiv \triangle OCB \equiv \triangle OCD$$
이므로 삼각형 OBC에서
$$\overline{BC} = \overline{AB} = 4$$
$$\therefore \overline{OB} = 4\cos 30° = 2\sqrt{3}$$
$$\overline{OC} = 4\sin 30° = 2$$
$$\therefore \triangle OBC = \frac{1}{2} \times \overline{OB} \times \overline{OC}$$
$$= \frac{1}{2} \times 2\sqrt{3} \times 2 = 2\sqrt{3}$$
이때, 구하는 평행사변형 ABCD의 넓이는
$4\triangle OBC$이므로
$$\square ABCD = 4\triangle OBC$$
$$= 4 \times 2\sqrt{3} = 8\sqrt{3}$$

(2) 다음 그림과 같이 사각형 ABCD의 네 꼭짓점
A, B, C, D를 지나고, 대각선에 평행한 선분
을 그어 그 선분들의 교점을 각각 P, Q, R, S
라고 합시다.

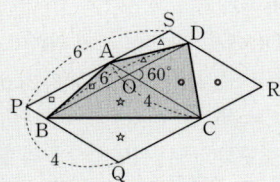

이때, $\triangle AOB = \triangle APB$, $\triangle AOD = \triangle ASD$
$\triangle DOC = \triangle DRC$, $\triangle BOC = \triangle BQC$
이므로
$$\square ABCD = \frac{1}{2}\square PQRS$$
따라서 사각형 ABCD의 넓이 S는
$$S = \frac{1}{2} \times \overline{PQ} \times \overline{PS} \times \sin 60°$$
$$= \frac{1}{2} \times 4 \times 6 \times \frac{\sqrt{3}}{2} = 6\sqrt{3}$$

【보충 설명】 이웃한 두 변의 길이가 a, b이고 그 끼인각
의 크기가 θ인 평행사변형의 밑변의 길이를 a, 높이
를 h라고 하면 평행사변형의 넓이 S는
$$S = (\text{밑변의 길이}) \times (\text{높이}) = ah$$
그런데 $h = b\sin\theta$이므로
$$S = ab\sin\theta$$
입니다.

【정답】 (1) $8\sqrt{3}$ (2) $6\sqrt{3}$

08- 10

【접근 방법】 외접원의 반지름의 길이가 주어졌으므로
사인법칙을 이용합니다. 사인법칙으로부터 얻은 식
을 삼각형의 넓이를 구하는 식에 대입하면 세 변의
길이의 곱을 구할 수 있습니다.

【상세 풀이】 삼각형 ABC의 외접원의 반지름의 길
이가 2이므로 사인법칙에 의하여
$$\frac{a}{\sin A} = \frac{b}{\sin B} = \frac{c}{\sin C} = 4$$
삼각형 ABC의 넓이가 3이므로
$$\frac{1}{2}ab\sin C = 3$$
$$\therefore ab\sin C = 6$$
이때, $\sin C = \frac{c}{4}$이므로
$$ab\sin C = ab \times \frac{c}{4}$$
$$= \frac{abc}{4} = 6$$
$$\therefore abc = 24$$

【보충 설명】 삼각형 ABC의 외접원의 반지름의 길이를
R라고 하면 사인법칙에 의하여 다음이 성립합니다.
$$\triangle ABC = \frac{1}{2}ab\sin C = \frac{1}{2}ab\frac{c}{2R} = \frac{abc}{4R}$$

【정답】 24

  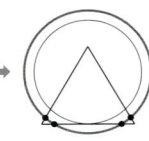

[그림 1]　　　　　　[그림 2]

(ⅰ) 외접원의 반지름의 길이가 주어진 원의 반지름의

길이보다 크면 [그림 1]과 같이 최대 6개의 교점

이 생깁니다.

(ⅱ) 외접원의 반지름의 길이가 주어진 원의 반지름의

길이보다 작거나 같으면 [그림 2]와 같이 최대 4

개의 교점이 생깁니다.

정답　③

08-11

접근 방법 사인법칙을 이용하여 한 변의 길이가 3인 정삼각형의 외접원의 반지름의 길이를 구해 봅시다. 이 외접원의 반지름의 길이가 2보다 큰지 작은지에 따라 생길 수 있는 교점의 최대 개수가 달라집니다.

상세 풀이 한 변의 길이가 3인 정삼각형의 외접원의 반지름의 길이를 R라고 하면 사인법칙에 의하여

$$\frac{3}{\sin 60°}=2R$$

$$\therefore R=\frac{1}{2}\times 3\times \frac{2}{\sqrt{3}}=\sqrt{3}$$

즉, 정삼각형의 외접원의 반지름의 길이가 주어진 원의 반지름의 길이보다 작으므로 다음 그림과 같습니다.

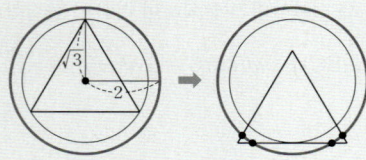

따라서 주어진 정삼각형과 원이 만나서 생길 수 있는 교점의 최대 개수는 4입니다.

보충 설명 정삼각형에 외접하는 원의 반지름의 길이에 따른 교점의 최대 개수는 다음과 같습니다.

08-12

접근 방법 삼각형 ABC에서 사인법칙을 적용하면 외접원의 반지름의 길이를 구할 수 있는데, 사인법칙을 적용하려면 한 각에 대한 사인함수의 값과 그 대변의 길이가 필요합니다. 주어진 조건과 코사인법칙을 이용하여 대변의 길이를 구하고 사인법칙을 적용해 봅시다.

상세 풀이 삼각형 ABD에서 코사인법칙에 의하여

$$\overline{\text{AB}}^2=2^2+(2\sqrt{2})^2-2\times 2\times 2\sqrt{2}\cos 135°$$

$$=20$$

$$\therefore \overline{\text{AB}}=2\sqrt{5}$$

삼각형 ADC에서 코사인법칙에 의하여

$$\overline{\text{AC}}^2=1^2+(2\sqrt{2})^2-2\times 1\times 2\sqrt{2}\cos 45°=5$$

$$\therefore \overline{\text{AC}}=\sqrt{5}$$

또한 삼각형 ADC에서 사인법칙에 의하여

$$\frac{\overline{\text{AD}}}{\sin C}=\frac{\overline{\text{AC}}}{\sin 45°}$$

$$\therefore \sin C=\frac{\overline{\text{AD}}}{\overline{\text{AC}}}\sin 45°$$

$$=\frac{2\sqrt{2}}{\sqrt{5}}\times \frac{\sqrt{2}}{2}=\frac{2}{\sqrt{5}}$$

따라서 삼각형 ABC의 외접원의 반지름의 길이를 R라고 하면 사인법칙에 의하여

$$2R=\frac{\overline{\text{AB}}}{\sin C}=\frac{2\sqrt{5}}{\frac{2}{\sqrt{5}}}=5 \quad \therefore R=\frac{5}{2}$$

보충 설명 코사인법칙은 다음과 같이 피타고라스 정리를 이용하여 확인할 수 있습니다.

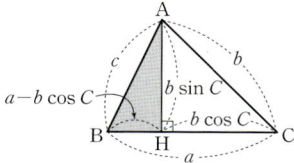

직각삼각형 ABH에서 피타고라스 정리에 의하여
$$c^2 = (a - b\cos C)^2 + (b\sin C)^2$$
$$= a^2 + b^2 - 2ab\cos C$$

정답 $\dfrac{5}{2}$

08-**13**

접근 방법 삼각형의 모양을 판별하기 위해서는 삼각형의 세 변의 길이에 관한 정보가 필요하므로 사인법칙 또는 코사인법칙을 이용하여 주어진 조건을 세 변의 길이 a, b, c에 대한 식으로 나타내어 봅시다.

상세 풀이 (1) 삼각형 ABC의 외접원의 반지름의 길이를 R라고 하면 사인법칙에 의하여
$$\sin A = \frac{a}{2R}, \ \sin B = \frac{b}{2R} \quad \cdots\cdots \ \bigcirc$$
코사인법칙의 변형에 의하여
$$\cos C = \frac{a^2 + b^2 - c^2}{2ab} \quad \cdots\cdots \ \bigcirc$$
$\bigcirc$, $\bigcirc$을 $\sin A = 2\sin B\cos C$에 대입하면
$$\frac{a}{2R} = 2 \times \frac{b}{2R} \times \frac{a^2 + b^2 - c^2}{2ab}$$
위의 식을 정리하면
$$b^2 - c^2 = 0 \quad \therefore (b+c)(b-c) = 0$$
그런데 $b > 0$, $c > 0$이므로
$$b - c = 0 \quad \therefore b = c$$
따라서 삼각형 ABC는 $b = c$인 이등변삼각형입니다.

(2) 코사인법칙의 변형에 의하여
$$\cos A = \frac{b^2 + c^2 - a^2}{2bc}, \ \cos B = \frac{c^2 + a^2 - b^2}{2ca}$$
이것을 $a\cos A = b\cos B$에 대입하면

$$a \times \frac{b^2 + c^2 - a^2}{2bc} = b \times \frac{c^2 + a^2 - b^2}{2ca}$$
$$a^2(b^2 + c^2 - a^2) = b^2(c^2 + a^2 - b^2)$$
$$a^2 c^2 - a^4 - b^2 c^2 + b^4 = 0$$
$$\therefore (a+b)(a-b)(c^2 - a^2 - b^2) = 0$$
그런데 $a > 0$, $b > 0$이므로
$$a = b \ \text{또는} \ c^2 = a^2 + b^2$$
따라서 삼각형 ABC는 $a = b$인 이등변삼각형 또는 $C = 90°$인 직각삼각형입니다.

보충 설명 (2)에서 $a^2 c^2 - a^4 - b^2 c^2 + b^4 = 0$과 같이 복잡한 식의 인수분해는 차수가 가장 낮은 문자에 대하여 내림차순으로 정리합니다. c의 차수가 가장 낮으므로 c에 대하여 정리하면
$$(a^2 - b^2)c^2 - (a^4 - b^4) = 0$$
$$(a^2 - b^2)c^2 - (a^2 + b^2)(a^2 - b^2) = 0$$
$$(a^2 - b^2)(c^2 - a^2 - b^2) = 0$$
$$(a+b)(a-b)(c^2 - a^2 - b^2) = 0$$

정답 (1) $b = c$인 이등변삼각형
　　 (2) $a = b$인 이등변삼각형 또는 $C = 90°$인 직각삼각형

08-**14**

접근 방법 삼각형 ABC의 넓이는
(ⅰ) 두 변의 길이와 그 끼인각의 크기를 알 때
(ⅱ) 밑변의 길이와 높이를 알 때
의 두 가지 방법으로 구할 수 있고, 두 가지 방법에 의하여 구한 넓이가 서로 같음을 이용하여 선분 AD의 길이를 구합니다.

상세 풀이 $\triangle ABC = \dfrac{1}{2} \times 3 \times 2 \times \sin 60° = \dfrac{3\sqrt{3}}{2}$
$$\cdots\cdots \ \bigcirc$$
코사인법칙에 의하여
$$\overline{BC}^2 = 3^2 + 2^2 - 2 \times 3 \times 2 \times \cos 60°$$
$$= 9 + 4 - 6 = 7$$
$$\therefore \overline{BC} = \sqrt{7}$$
$$\therefore \triangle ABC = \frac{1}{2} \times \sqrt{7} \times \overline{AD} = \frac{\sqrt{7}}{2}\overline{AD}$$
$$\cdots\cdots \ \bigcirc$$

⊙=ⓛ이므로

$$\frac{\sqrt{7}}{2}\overline{AD}=\frac{3\sqrt{3}}{2}$$

$$\therefore \overline{AD}=\frac{3\sqrt{3}}{\sqrt{7}}=\frac{3\sqrt{21}}{7}$$

다른 풀이 삼각형 ABC에서 사인법칙에 의하여

$$\frac{\overline{BC}}{\sin A}=\frac{\overline{AC}}{\sin B}$$ 이고

$\overline{AC}=2, \overline{BC}=\sqrt{7}, A=60°$이므로

$$\frac{\sqrt{7}}{\sin 60°}=\frac{2}{\sin B}$$

$$\therefore \sin B=\frac{\sqrt{3}}{\sqrt{7}}$$

$$\therefore \overline{AD}=3\sin B=3\times\frac{\sqrt{3}}{\sqrt{7}}=\frac{3\sqrt{21}}{7}$$

정답 $\dfrac{3\sqrt{21}}{7}$

08- 15

접근 방법 삼각형 ABC는 주어진 원에 내접합니다. 그리고 ∠ABC의 크기가 주어져 있으므로 주어진 원의 지름의 길이를 구하면 사인법칙에 의하여 ∠ABC의 대변인 선분 AC의 길이도 구할 수 있습니다.

상세 풀이 삼각형 ABD에서 ∠ABD=50°, ∠ADB=40°이므로

$$∠BAD=90°$$

따라서 현 BD는 주어진 원의 지름이므로 삼각형 ABC의 외접원의 반지름의 길이를 R라고 하면 사인법칙에 의하여

$$\frac{\overline{AC}}{\sin(∠ABC)}=2R=\overline{BD}$$

$$\therefore \overline{AC}=8\sqrt{3}\times\sin 120°$$

$$=8\sqrt{3}\times\frac{\sqrt{3}}{2}$$

$$=12$$

보충 설명 반원 또는 지름에 대한 원주각의 크기는 90°이므로 선분 BD가 삼각형 ABC의 외접원의 지름임을 알 수 있습니다.

정답 12

08- 16

접근 방법 삼각형 ABD에서 ∠ABD=45°, $\overline{AB}=4$이므로 ∠ADB의 크기를 알 수 있으면 사인법칙에 의하여 선분 AD의 길이를 구할 수 있습니다.

상세 풀이 삼각형 ABC의 꼭짓점 A, B에서 대변에 내린 두 수선의 발을 각각 H_1, H_2라고 하면 사각형 DH_1CH_2에서

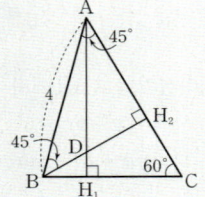

$$∠H_1DH_2=120°$$

이므로 삼각형 ABD에서

$$∠BDA=120°$$

이때, 삼각형 ABD에서 사인법칙에 의하여

$$\frac{4}{\sin 120°}=\frac{\overline{AD}}{\sin 45°}$$

$$\therefore \overline{AD}=\frac{4}{\sin 120°}\times\sin 45°$$

$$=\frac{4}{\frac{\sqrt{3}}{2}}\times\frac{\sqrt{2}}{2}$$

$$=\frac{4\sqrt{6}}{3}$$

정답 $\dfrac{4\sqrt{6}}{3}$

08- 17

접근 방법 점 D를 지나고 변 AB와 평행하게 그은 선분이 변 BC와 만나는 점을 E라고 하면 사각형 ABED는 평행사변형이고 선분 BD는 평행사변형의 대각선입니다. 이 대각선의 길이를 구하기 위해서는 ∠DAB의 크기를 알아야 하는데, 이는 삼각형 CDE에서 코사인법칙을 적용하여 구합니다.

상세 풀이 오른쪽 그림과 같이 점 D를 지나고 선분 AB와 평행한 직선이 선분 BC와 만나는 점을 E라고 하면

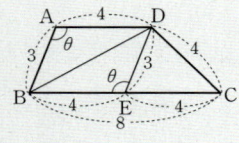

$\overline{DE}=\overline{AB}=3$, $\overline{BE}=\overline{AD}=4$

$\overline{EC}=\overline{BC}-\overline{BE}=4$

또한 $\angle DAB=\theta$ 라고 하면 $\angle DEC=\pi-\theta$이므로 삼각형 DEC에서 코사인법칙의 변형에 의하여

$$\cos(\pi-\theta)=\frac{3^2+4^2-4^2}{2\times3\times4}=\frac{3}{8}$$

$$-\cos\theta=\frac{3}{8}$$

$$\therefore \cos\theta=-\frac{3}{8}$$

따라서 삼각형 ABD에서 코사인법칙에 의하여

$$\overline{BD}^2=4^2+3^2-2\times4\times3\cos\theta$$
$$=16+9+9=34$$
$$\therefore \overline{BD}=\sqrt{34}$$

보충 설명 임의의 실수 a에 대하여 다음이 성립합니다.

$$\cos(\pi-a)=-\cos a$$

정답 $\sqrt{34}$

08- 18

접근 방법 사각형 ABCD가 원에 내접하므로 $C=120°$임을 알 수 있습니다. 두 삼각형 ABD, BCD에서 코사인법칙을 이용하면 선분 BC의 길이를 구할 수 있습니다.

상세 풀이 사각형 ABCD가 원에 내접하고, $A=60°$이므로 $C=120°$입니다.
이때, $\overline{BC}:\overline{CD}=1:2$이므로 $\overline{BC}=a$, $\overline{CD}=2a$라고 하면 삼각형 BCD에서 코사인법칙에 의하여

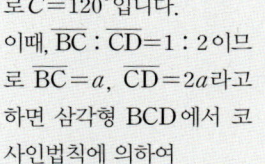
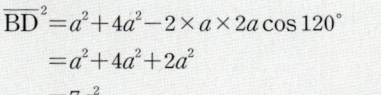

$$\overline{BD}^2=a^2+4a^2-2\times a\times2a\cos120°$$
$$=a^2+4a^2+2a^2$$
$$=7a^2 \qquad \cdots\cdots \text{㉠}$$

또한 삼각형 ABD에서 코사인법칙에 의하여

$$\overline{BD}^2=3^2+8^2-2\times3\times8\cos60°$$
$$=9+64-24$$
$$=49 \qquad \cdots\cdots \text{㉡}$$

㉠, ㉡에서

$$7a^2=49, \ a^2=7$$

$$\therefore a=\sqrt{7}$$

따라서 선분 BC의 길이는 $\sqrt{7}$입니다.

정답 $\sqrt{7}$

08- 19

접근 방법 (1) 삼각형의 세 변의 길이가 $a>b>c$이면 대각의 크기는 $A>B>C$이므로 삼각형에서 가장 큰 내각은 가장 긴 변에 대한 대각입니다. 따라서 길이가 7인 변의 대각이 가장 큰 내각입니다.

(2) 삼각형의 세 변의 길이가 주어졌을 때, 코사인법칙의 변형을 이용하면 $\cos C$를 a, b, c에 대한 식으로 나타낼 수 있습니다. 이 식에 주어진 $a^2+b^2=3c^2$을 대입한 후, 최솟값을 구해 봅시다.

상세 풀이 (1) 길이가 최대인 변에 대한 대각이 가장 큰 내각이므로 세 변의 길이를 $a=3$, $b=5$, $c=7$이라고 하면 $\angle C$의 크기가 가장 큽니다. 즉, $\theta=C$이므로 코사인법칙의 변형에 의하여

$$\cos\theta=\frac{a^2+b^2-c^2}{2ab}$$
$$=\frac{3^2+5^2-7^2}{2\times3\times5}$$
$$=-\frac{1}{2}$$

(2) 코사인법칙의 변형에 의하여

$$\cos C=\frac{a^2+b^2-c^2}{2ab}$$

$a^2+b^2=3c^2$에서 $c^2=\dfrac{a^2+b^2}{3}$이므로

$$\frac{a^2+b^2-\dfrac{a^2+b^2}{3}}{2ab}=\frac{a^2+b^2}{3ab}$$
$$=\frac{1}{3}\left(\frac{a}{b}+\frac{b}{a}\right)$$

이때, $\dfrac{a}{b}>0$, $\dfrac{b}{a}>0$이므로 산술평균과 기하평균의 관계에 의하여

$$\cos C = \frac{1}{3}\left(\frac{a}{b}+\frac{b}{a}\right) \geq \frac{1}{3} \times 2\sqrt{\frac{a}{b} \times \frac{b}{a}} = \frac{2}{3}$$

$$\left(\text{단, 등호는 } \frac{a}{b}=\frac{b}{a}\text{일 때 성립}\right)$$

따라서 구하는 $\cos C$ 의 최솟값은 $\frac{2}{3}$ 입니다.

정답 (1) $-\frac{1}{2}$ (2) $\frac{2}{3}$

08-**20**

접근 방법 ㄱ은 삼각형의 세 내각의 크기의 합은 $180°$ 임을 이용하고, ㄴ은 사인법칙을 이용하여 주어진 길이에 대한 부등식을 $\sin$ 에 대한 부등식으로 나타내어 봅시다. ㄷ은 $0° < \theta < 180°$ 의 범위에서 코사인함수는 θ 의 값이 증가하면 함숫값이 감소함을 이용합니다.

상세 풀이 ㄱ. 삼각형 ABC에서

$A + B = 180° - C$이므로

$\cos(A+B) = \cos(180°-C) = -\cos C$

$\therefore \cos(A+B) + \cos C = 0$ (참)

ㄴ. 삼각형 ABC의 외접원의 반지름의 길이를 R 라고 하면 사인법칙에 의하여

$a = 2R\sin A, b = 2R\sin B, c = 2R\sin C$

이므로 $a < b < c$에서

$2R\sin A < 2R\sin B < 2R\sin C$

이때, $2R > 0$이므로

$\sin A < \sin B < \sin C$ (참)

ㄷ. $0° < \theta < 180°$에서 코사인함수 $y = \cos\theta$는 θ 의 값이 증가하면 y의 값이 감소합니다.

이때, 삼각형 ABC에서

$a < b < c$이면 $A < B < C$

$\therefore \cos A > \cos B > \cos C$ (참)

따라서 옳은 것은 ㄱ, ㄴ, ㄷ입니다.

보충 설명 (1) 삼각형 ABC에서 외접원의 반지름의 길이를 R라고 하면

(i) $a > b > c$일 때, 사인법칙에 의하여

$a = 2R\sin A, b = 2R\sin B, c = 2R\sin C$

이므로

$\sin A > \sin B > \sin C$

(ii) $a > b > c$일 때, 대각의 크기가

$180° > A > B > C$이므로 함수 $y = \cos\theta$의 그래프에 의하여

$\cos A < \cos B < \cos C$

(2) $a > 0$, $b > 0$일 때, 산술평균, 기하평균, 조화평균의 관계는 다음과 같습니다.

$$\frac{a+b}{2} \geq \sqrt{ab} \geq \frac{2ab}{a+b}$$

(단, 등호는 $a = b$일 때 성립한다.)

정답 ㄱ, ㄴ, ㄷ

08-**21**

접근 방법 피타고라스 정리를 이용하여 삼각형 AFC의 세 변의 길이를 구합니다. 이렇게 구한 삼각형의 세 변의 길이에 코사인법칙의 변형을 적용하여 $\cos A$ 의 값을 구하고, 다시 $\sin A$의 값을 구해 주어진 삼각형의 넓이를 구합니다.

상세 풀이 세 삼각형 ABC, AFB, BFC가 직각삼각형이므로 피타고라스 정리에 의하여

$\overline{AC} = \sqrt{4^2 + 3^2} = 5$,

$\overline{AF} = \sqrt{4^2 + 2^2} = 2\sqrt{5}$,

$\overline{FC} = \sqrt{3^2 + 2^2} = \sqrt{13}$

삼각형 AFC에서 코사인법칙의 변형에 의하여

$$\cos A = \frac{(2\sqrt{5})^2 + 5^2 - (\sqrt{13})^2}{2 \times 2\sqrt{5} \times 5}$$

$$= \frac{8}{5\sqrt{5}} = \frac{8\sqrt{5}}{25}$$

따라서

$$\sin A = \sqrt{1 - \cos^2 A} = \sqrt{1 - \left(\frac{8\sqrt{5}}{25}\right)^2}$$

$$= \frac{\sqrt{305}}{25}$$

이므로

$$\triangle AFC = \frac{1}{2} \times \overline{AF} \times \overline{AC} \times \sin A$$

$$= \frac{1}{2} \times 2\sqrt{5} \times 5 \times \frac{\sqrt{305}}{25} = \sqrt{61}$$

보충 설명 세 변의 길이가 주어진 삼각형의 넓이는 헤론의 공식을 이용할 수도 있으나, 위와 같이 세 변의 길이 중에 무리수가 있는 경우 오히려 헤론의 공식이 더 복잡합니다. 따라서 이런 경우 코사인법칙을 이용하여 코사인함수의 값을 구한 후, $\sin^2 x + \cos^2 x = 1$임을 이용하여 사인함수의 값을 구한 다음 삼각형의 넓이를 구합니다.

정답 $\sqrt{61}$

08-**22**

접근 방법 삼각형 ABC에서 두 변의 길이와 그 끼인각의 크기를 알 때의 삼각형의 넓이를 구하는 공식을 이용하여 세 삼각형 AB_1C_1, BC_1A_1, CA_1B_1의 넓이를 구해 봅시다. $\sin(\pi - x) = \sin x$임을 이용하면 세 삼각형 AB_1C_1, BC_1A_1, CA_1B_1의 넓이와 삼각형 ABC의 넓이의 관계를 구할 수 있습니다.

상세 풀이

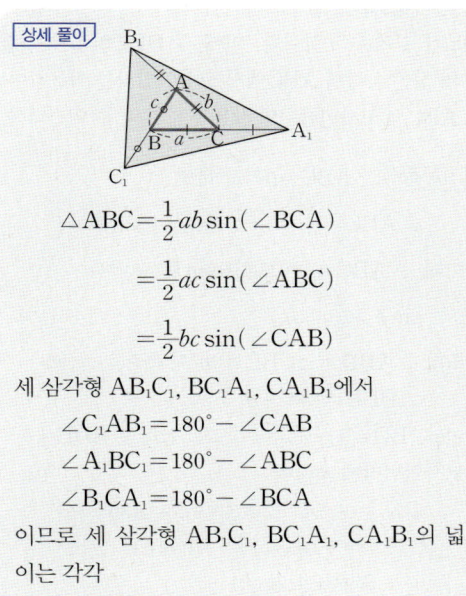

$$\triangle ABC = \frac{1}{2}ab\sin(\angle BCA)$$
$$= \frac{1}{2}ac\sin(\angle ABC)$$
$$= \frac{1}{2}bc\sin(\angle CAB)$$

세 삼각형 AB_1C_1, BC_1A_1, CA_1B_1에서
$$\angle C_1AB_1 = 180° - \angle CAB$$
$$\angle A_1BC_1 = 180° - \angle ABC$$
$$\angle B_1CA_1 = 180° - \angle BCA$$

이므로 세 삼각형 AB_1C_1, BC_1A_1, CA_1B_1의 넓이는 각각

$$\triangle AB_1C_1$$
$$= \frac{1}{2} \times b \times 2c \times \sin(180° - \angle CAB)$$
$$= bc\sin(\angle CAB) = 2\triangle ABC$$

$$\triangle BC_1A_1$$
$$= \frac{1}{2} \times 2a \times c \times \sin(180° - \angle ABC)$$
$$= ac\sin(\angle ABC) = 2\triangle ABC$$

$$\triangle CA_1B_1$$
$$= \frac{1}{2} \times 2b \times a \times \sin(180° - \angle BCA)$$
$$= ab\sin(\angle BCA) = 2\triangle ABC$$

$$\therefore \triangle A_1B_1C_1$$
$$= \triangle AB_1C_1 + \triangle BC_1A_1 + \triangle CA_1B_1$$
$$\qquad\qquad + \triangle ABC$$
$$= 7\triangle ABC$$

이때, 삼각형 ABC의 넓이가 3이므로
$$\triangle A_1B_1C_1 = 7 \times 3 = 21$$

다른 풀이 삼각형은 한 꼭짓점에서 그은 중선에 의하여 넓이가 이등분됩니다. 따라서 오른쪽 그림과 같이 보조선을 그으면 7개의 삼각형의 넓이가 모두 같음을 알 수 있습니다.

$$\therefore \triangle A_1B_1C_1 = 7\triangle ABC = 7 \times 3 = 21$$

정답 21

08-**23**

접근 방법 각의 이등분선이 주어졌을 때, 닮음의 성질에 의하여 $\overline{BD} : \overline{DC}$를 구할 수 있고, 이를 이용하면 $\overline{BD} : \overline{BC}$를 구할 수 있습니다. 두 선분 BD, BC의 길이의 비와 두 삼각형 ABD, ABC의 넓이의 비는 같으므로 삼각형 ABC의 넓이를 구하면 삼각형 ABD의 넓이를 구할 수 있습니다.

상세 풀이 선분 AD가 ∠A의 이등분선이므로
$$\overline{BD} : \overline{DC} = \overline{AB} : \overline{AC} = 6 : 4 = 3 : 2$$
$$\therefore \overline{BD} = \frac{3}{5}\overline{BC} \qquad \cdots\cdots ㉠$$

또한 두 삼각형 ABD, ABC는 높이가 같고 밑변의 길이의 비가 ㉠과 같으므로

$$\triangle ABD = \frac{3}{5}\triangle ABC$$
$$= \frac{3}{5} \times \frac{1}{2} \times \overline{AB} \times \overline{AC} \times \sin 45°$$
$$= \frac{3}{5} \times \frac{1}{2} \times 6 \times 4 \times \frac{\sqrt{2}}{2}$$
$$= \frac{18\sqrt{2}}{5}$$

보충 설명 삼각형 ABC에서 ∠A의 이등분선이 변 BC와 만나는 점을 D라고 할 때, 변 AB의 연장선과 점 C에서 선분 AD에 평행하게 그은 선이 만나는 점을 E라고 하면

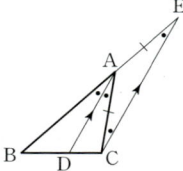

두 삼각형 ABD, EBC가 서로 닮음이므로
$$\overline{AB} : \overline{AE} = \overline{BD} : \overline{DC}$$
그런데 삼각형 ACE가 이등변삼각형이므로
$$\overline{AE} = \overline{AC}$$
$$\therefore \overline{AB} : \overline{AC} = \overline{BD} : \overline{DC}$$

정답 ②

08-24

접근 방법 삼각형 ABC의 넓이는 두 삼각형 ABD, ADC의 넓이의 합과 같음을 이용하여 선분 AD의 길이를 구할 수 있으므로 $\overline{AD}=x$라 하고 두 변의 길이와 그 끼인각의 크기를 이용하여 각각의 삼각형의 넓이를 구해 봅시다.

상세 풀이 $\overline{AD}=x$라고 하면
$$\triangle ABC = \frac{1}{2} \times 5 \times 3 \times \sin 120°$$
$$\triangle ABD = \frac{1}{2} \times 5 \times x \times \sin 60°$$
$$\triangle ADC = \frac{1}{2} \times x \times 3 \times \sin 60°$$
이고, 삼각형 ABC의 넓이는 두 삼각형 ABD, ADC의 넓이의 합과 같으므로

$$\frac{1}{2} \times 5 \times 3 \times \sin 120°$$
$$= \frac{1}{2} \times 5 \times x \times \sin 60° + \frac{1}{2} \times x \times 3 \times \sin 60°$$
$$\frac{15\sqrt{3}}{4} = \frac{5\sqrt{3}}{4}x + \frac{3\sqrt{3}}{4}x$$
$$2\sqrt{3}x = \frac{15\sqrt{3}}{4} \qquad \therefore x = \frac{15}{8}$$

보충 설명 삼각형 ABC에서 코사인법칙을 이용하여 변 BC의 길이를 구한 다음 각의 이등분선의 성질을 이용하면 선분 BD의 길이를 구할 수 있습니다. 이 선분 BD의 길이를 삼각형 ABD에서 코사인법칙에 대입하여 선분 AD의 길이를 구할 수도 있습니다.

정답 $\frac{15}{8}$

08-25

접근 방법 정사각형 HIED의 넓이는 $\overline{DE}^2$과 같으므로 삼각형 BDE에서 코사인법칙을 이용하여 선분 DE의 길이를 구합니다. 이때, ∠DBE의 코사인함수의 값은 삼각형 ABC에서 코사인법칙을 이용하여 ∠ABC의 코사인함수의 값을 구하면 알 수 있습니다.

상세 풀이 ∠ABC=θ라고 하면
$$\triangle ABC = \frac{1}{2} \times 3 \times 4 \sin\theta = 6\sin\theta$$
이때, $\triangle ABC = 4$이므로 $6\sin\theta = 4$에서
$$\sin\theta = \frac{2}{3} \qquad \qquad \cdots\cdots ㉠$$
또한 ∠ABD=∠CBE=90°이므로
$$\angle DBE = 180° - \theta$$
이고, $\overline{BD}=3$, $\overline{BE}=4$이므로 삼각형 BDE에서 코사인법칙에 의하여
$$\overline{DE}^2 = 3^2 + 4^2 - 2 \times 3 \times 4\cos(180° - \theta)$$
$$= 9 + 16 - 24 \times (-\cos\theta)$$
$$= 25 + 24\cos\theta$$
㉠에서 $\sin\theta = \frac{2}{3}$이고 θ는 예각이므로
$$\cos\theta = \sqrt{1 - \sin^2\theta} = \frac{\sqrt{5}}{3}$$

$$\therefore \overline{DE}^2 = 25 + 24 \times \frac{\sqrt{5}}{3} = 25 + 8\sqrt{5}$$

따라서 정사각형 HIED의 넓이는 $25 + 8\sqrt{5}$입니다.

보충 설명 오른쪽 그림과 같은 삼각형 ABC에서 넓이를 S라고 하면

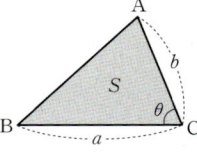

$$S = \frac{1}{2} ab \sin \theta$$

$$\therefore \sin \theta = \frac{2S}{ab}$$

정답 $25 + 8\sqrt{5}$

08-26

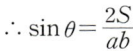

접근 방법 삼각형 ABC가 이등변삼각형이므로 $\angle C$의 크기를 쉽게 구할 수 있습니다. $\overline{CP} = x$라 하고 코사인법칙을 이용하면 $\overline{BP}^2 + \overline{CP}^2$을 x에 대한 이차식으로 나타낼 수 있습니다.

상세 풀이 이등변삼각형 ABC에서 $A = 120°$이므로

$$C = 30°$$

삼각형 BCP에서 $\overline{CP} = x$라고 하면 코사인법칙에 의하여

$$\overline{BP}^2 = x^2 + 8^2 - 2 \times x \times 8 \cos 30°$$
$$= x^2 - 8\sqrt{3}x + 64$$
$$\therefore \overline{BP}^2 + \overline{CP}^2 = (x^2 - 8\sqrt{3}x + 64) + x^2$$
$$= 2x^2 - 8\sqrt{3}x + 64$$
$$= 2(x - 2\sqrt{3})^2 + 40$$

따라서 $x = 2\sqrt{3}$일 때 구하는 최솟값은 40입니다.

보충 설명 꼭짓점 A에서 변 BC에 내린 수선의 발을 D라고 하면 삼각형 ADC는 $\angle CAD = 60°$인 직각삼각형이므로 $\overline{AC} : \overline{AD} : \overline{CD} = 2 : 1 : \sqrt{3}$입니다. $\overline{CD} = 4$이므로

$$\overline{AC} = 4 \times \frac{2}{\sqrt{3}} = \frac{8\sqrt{3}}{3}$$

따라서 x의 값의 범위는 $0 \le x \le \frac{8\sqrt{3}}{3}$이고, $x = 2\sqrt{3}$은 범위 안에 들어가므로 $x = 2\sqrt{3}$에서 최솟값을 가짐을 알 수 있습니다.

정답   40

08-27

접근 방법 입체도형에서의 최단거리는 그 입체도형의 전개도에서 직선 거리와 같습니다.

상세 풀이 주어진 정삼각뿔의 전개도를 생각해 보면 다음 그림과 같습니다.

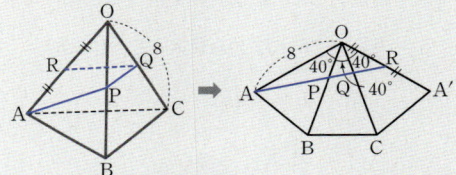

즉, 점 A를 출발하여 두 점 P, Q를 지나서 모서리 OA의 중점 R에 이르는 최단거리는 네 점 A, P, Q, R가 한 직선 위에 있을 때이므로 최단거리는 삼각형 OAR에서 선분 AR의 길이입니다. 따라서 삼각형 OAR에서 코사인법칙에 의하여

$$\overline{AR}^2 = 8^2 + 4^2 - 2 \times 8 \times 4 \times \cos 120°$$
$$= 80 - 64 \times \left(-\frac{1}{2}\right) = 112$$
$$\therefore \overline{AR} = 4\sqrt{7}$$

보충 설명 입체도형에서 두 점을 잇는 최단거리는 전개도에서 두 점을 잇는 직선 거리와 같으므로 각의 크기와 변의 길이를 코사인법칙에 적용하여 최단거리를 구합니다.

정답 $4\sqrt{7}$

08-28

접근 방법 두 점 A, D를 잇는 선분을 긋고, $\angle ADB = \theta$라 하면 삼각형 ADC에서 코사인법칙과 삼각형 ABC에서 피타고라스 정리에 의하여 두 선분 AD, AC에 대한 연립방정식을 얻을 수 있습니다.

상세 풀이 두 점 A, D를
잇는 선분을 긋고,
$\angle ADB=\theta$라고 하면
삼각형 ABD는
$\overline{AB}=\overline{AD}$인 이등변삼각

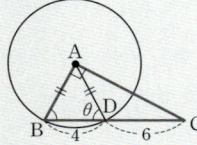

형이므로

$$\angle ABD=\angle ADB=\theta$$
$$\therefore \cos\theta=\frac{\overline{AB}}{10}=\frac{\overline{AD}}{10} \qquad \cdots\cdots ㉠$$

삼각형 ADC에서 코사인법칙에 의하여

$$\overline{AC}^2$$
$$=\overline{AD}^2+6^2-2\times\overline{AD}\times6\times\cos(180°-\theta)$$
$$=\overline{AD}^2+36-12\times\overline{AD}\times(-\cos\theta)$$
$$=\overline{AD}^2+36-12\times\overline{AD}\times\frac{\overline{AD}}{10} \ (\because ㉠)$$
$$=\overline{AD}^2+36+\frac{6}{5}\overline{AD}^2$$
$$\therefore \overline{AC}^2-\frac{11}{5}\overline{AD}^2=36 \qquad \cdots\cdots ㉡$$

또한 삼각형 ABC는 직각삼각형이고,
$\overline{AD}=\overline{AB}$이므로
$\overline{AB}^2+\overline{AC}^2=10^2$에서

$$\overline{AD}^2+\overline{AC}^2=100 \qquad \cdots\cdots ㉢$$

㉡, ㉢을 연립하여 풀면

$$\overline{AD}^2=20,\ \overline{AC}^2=80$$
$$\therefore \overline{AC}=4\sqrt{5}$$

정답 $4\sqrt{5}$

08-**29**

접근 방법 삼각형 ABC의 넓이는 $\frac{1}{2}ab\sin C$로 구한
것과 삼각형의 내접원의 반지름의 길이를 이용하여
구한 것이 같으므로 이를 이용하여 주어진 식의 값을
구합니다.

상세 풀이 삼각형 ABC의 외접원의 반지름의 길
이가 3이므로 사인법칙에 의하여

$$\frac{a}{\sin A}=\frac{b}{\sin B}=\frac{c}{\sin C}=2\times3=6$$
$$\therefore a=6\sin A,\ b=6\sin B,\ c=6\sin C$$

즉,

$$\triangle ABC=\frac{1}{2}ab\sin C$$
$$=\frac{1}{2}\times6\sin A\times6\sin B\times\sin C$$
$$=18\sin A\sin B\sin C \qquad \cdots\cdots ㉠$$

이고, 내접원의 반지름의 길이가 1이므로

$$\triangle ABC=\frac{1}{2}\times1\times(a+b+c)$$
$$=\frac{1}{2}(6\sin A+6\sin B+6\sin C)$$
$$=3(\sin A+\sin B+\sin C)$$
$$\qquad \cdots\cdots ㉡$$

㉠=㉡이므로

$$18\sin A\sin B\sin C$$
$$=3(\sin A+\sin B+\sin C)$$
$$\therefore \frac{\sin A+\sin B+\sin C}{\sin A\sin B\sin C}=\frac{18}{3}$$
$$=6$$

보충 설명 삼각형 ABC의 세 변의 길이와 내접원의
반지름의 길이가 다음 그림과 같을 때, 외접원의 반
지름의 길이를 R라고 하면

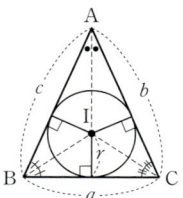

$$\triangle ABC=\triangle IBC+\triangle ICA+\triangle IAB$$
$$=\frac{1}{2}ar+\frac{1}{2}br+\frac{1}{2}cr$$
$$=\frac{1}{2}r(a+b+c)$$
$$=\frac{1}{2}r(2R\sin A+2R\sin B+2R\sin C)$$
$$=rR(\sin A+\sin B+\sin C)$$

가 성립합니다.

정답 6

08-**30**

접근 방법 주어진 그림에서 삼각형 ABC를 점 C를 중심으로 시계 방향으로 60°만큼 회전시켜 만든 삼각형 A′B′C와 그 내부의 점 P′에 대하여 $\overline{AP}+\overline{BP}+\overline{CP}$가 최소가 될 때의 두 점 P, P′의 위치를 찾아봅시다.

상세 풀이

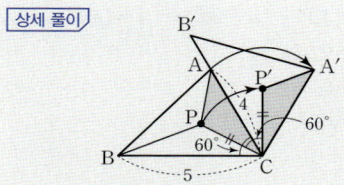

위의 그림과 같이 삼각형 ABC와 그 내부의 점 P를 점 C를 중심으로 시계 방향으로 60°만큼 회전시켜 삼각형 A′B′C와 점 P′을 만들면 두 삼각형 APC, A′P′C는 서로 합동입니다.

즉, $\overline{AP}=\overline{A′P′}$, $\overline{CP}=\overline{CP′}$이고 ∠PCP′=60°이므로 삼각형 PCP′은 정삼각형입니다.

이때, $\overline{CP}=\overline{CP′}=\overline{PP′}$이므로
$$\overline{AP}+\overline{BP}+\overline{CP}=\overline{A′P′}+\overline{BP}+\overline{PP′}$$
이고, 그 최솟값은 네 점 B, P, P′, A′이 한 직선 위에 있을 때이므로
$$\overline{AP}+\overline{BP}+\overline{CP}\geq\overline{BA′}$$
즉, $\overline{AP}+\overline{BP}+\overline{CP}$의 최솟값은 삼각형 A′BC에서 선분 BA′의 길이와 같습니다.

이때, $\overline{BC}=5$, $\overline{CA′}=\overline{CA}=4$이고
$$∠A′CB=∠ACB+∠ACA′=120°$$
이므로 코사인법칙에 의하여
$$\overline{BA′}^{2}$$
$$=\overline{BC}^{2}+\overline{CA′}^{2}-2\times\overline{BC}\times\overline{CA′}\times\cos 120°$$
$$=25+16-2\times 5\times 4\times\left(-\frac{1}{2}\right)=61$$
$$\therefore \overline{BA′}=\sqrt{61}$$
따라서 구하는 최솟값은 $\sqrt{61}$입니다.

보충 설명 삼각형 ABC의 내부의 한 점 P에 대하여 $\overline{AP}^{2}+\overline{BP}^{2}+\overline{CP}^{2}$이 최소일 때에는 점 P가 삼각형 ABC의 무게중심일 때입니다.

정답 $\sqrt{61}$

예제 01 등차수열의 항 구하기   p.351

01-1

(1) 첫째항을 a, 공차를 d, 일반항을 a_n이라고 하면
$$a_n = a + (n-1)d$$
$a_2 = 8$에서 $a+d=8$ ······ ㉠
$a_{10} = 24$에서 $a+9d=24$ ······ ㉡
㉠, ㉡을 연립하여 풀면
$$a=6, d=2$$
따라서 $a_n = 6 + (n-1) \times 2 = 2n+4$이므로
$$a_{20} = 2 \times 20 + 4 = 44$$

(2) 일반항을 a_n이라고 하면
$$a_n = -2005 + (n-1) \times 4 = 4n - 2009$$
처음으로 양수가 되는 항은 $a_n > 0$을 만족시키는 최초의 항이므로
$4n - 2009 > 0$에서 $4n > 2009$
$$\therefore n > \frac{2009}{4} = 502.25$$
따라서 $a_n > 0$을 만족시키는 자연수 n의 최솟값은 503이므로 처음으로 양수가 되는 항은 제503항입니다.

정답 (1) 44 (2) 제503항

01-2

(1) 첫째항을 a, 공차를 d라고 하면
$$a_2 = a + d = 5$$ ······ ㉠
$$a_{10} = a + 9d = -11$$ ······ ㉡
㉠, ㉡을 연립하여 풀면
$$a=7, d=-2$$
따라서 $a_n = 7 + (n-1) \times (-2) = -2n + 9$이므로
$-2n + 9 = -31$ $\therefore n = 20$

(2) 첫째항을 a, 공차를 d라고 하면
$$a_3 = a + 2d = 11$$ ······ ㉠
또한 $a_6 : a_{10} = 5 : 8$에서 $5a_{10} = 8a_6$이므로
$$5(a + 9d) = 8(a + 5d)$$
$$5a + 45d = 8a + 40d$$
$$\therefore 3a - 5d = 0$$ ······ ㉡
㉠, ㉡을 연립하여 풀면
$$a=5, d=3$$

따라서 $a_n = 5 + (n-1) \times 3 = 3n + 2$이므로
$$a_{20} = 3 \times 20 + 2 = 62$$

(3) 첫째항을 a, 공차를 d라고 하면
$$a_1 + a_7 + a_{13} = a + (a + 6d) + (a + 12d)$$
$$= 3a + 18d = 12$$
$$\therefore a + 6d = 4$$ ······ ㉠
$$a_5 + a_{10} + a_{15}$$
$$= (a + 4d) + (a + 9d) + (a + 14d)$$
$$= 3a + 27d = 21$$
$$\therefore a + 9d = 7$$ ······ ㉡
㉠, ㉡을 연립하여 풀면
$$a=-2, d=1$$
따라서 $a_n = -2 + (n-1) \times 1 = n - 3$이므로
$$a_7 + a_{10} = (7 - 3) + (10 - 3) = 11$$

(4) 첫째항을 a, 공차를 d라고 하면
$$a_5 + a_7 = (a + 4d) + (a + 6d)$$
$$= 2a + 10d = 12$$
$$\therefore a + 5d = 6$$
$$\therefore a_3 + a_6 + a_9$$
$$= (a + 2d) + (a + 5d) + (a + 8d)$$
$$= 3a + 15d = 3(a + 5d)$$
$$= 3 \times 6 = 18$$

다른 풀이 (3)의 경우 등차중항을 이용하여 풀 수도 있습니다. 즉,
$a_1 + a_{13} = 2a_7$이므로 $3a_7 = 12$ $\therefore a_7 = 4$
$a_5 + a_{15} = 2a_{10}$이므로 $3a_{10} = 21$ $\therefore a_{10} = 7$
$$\therefore a_7 + a_{10} = 4 + 7 = 11$$

정답 (1) 20 (2) 62 (3) 11 (4) 18

01-3

첫째항을 a라고 하면
$$a_{23} = a + 22 \times 4 = 23$$ $\therefore a = -65$
$$\therefore a_n = -65 + (n-1) \times 4 = 4n - 69$$
처음으로 양수가 되는 항은 $a_n > 0$을 만족시키는 최초의 항이므로
$4n - 69 > 0$에서 $4n > 69$
$$\therefore n > \frac{69}{4} = 17.25$$

이때, $a_n>0$을 만족시키는 자연수 n의 최솟값은 18이므로 제18항부터 양수입니다.

$$|a_1|>|a_2|>\cdots>|a_{17}|,\ |a_{18}|<|a_{19}|<\cdots$$

그런데 $a_{17}=4\times17-69=-1$, $a_{18}=4\times18-69=3$이므로

$$|a_{17}|<|a_{18}|$$

따라서 $|a_n|$의 값이 최소가 되도록 하는 자연수 n의 값은 17입니다.

정답 17

예제 02 등차수열을 이루는 세 수   p.353

02-1

등차수열을 이루는 세 수를 $a-d$, a, $a+d$라고 하면 세 수의 합이 15이므로

$$(a-d)+a+(a+d)=15$$
$$3a=15 \qquad \therefore a=5$$

또한 세 수의 곱이 105이므로

$$(a-d)\times a\times(a+d)=105 \qquad \cdots\cdots ㉠$$

$a=5$를 ㉠에 대입하면

$$(5-d)\times5\times(5+d)=105$$
$$25-d^2=21,\ d^2=4$$
$$\therefore d=\pm2$$

따라서 세 수는 3, 5, 7이므로 구하는 제곱의 합은

$$3^2+5^2+7^2=9+25+49=83$$

정답 83

02-2

삼차방정식 $x^3-15x^2+kx-75=0$의 세 실근이 등차수열을 이루므로 세 실근을 $a-d$, a, $a+d$라고 하면 삼차방정식의 근과 계수의 관계에 의하여

$$(a-d)+a+(a+d)=15$$
$$3a=15 \qquad \therefore a=5$$

따라서 주어진 삼차방정식의 한 실근이 5이므로 방정식에 $x=5$를 대입하면

$$5^3-15\times5^2+5\times k-75=0,\ 5k=325$$
$$\therefore k=65$$

정답 ③

02-3

등차수열을 이루는 네 수를 $a-3d$, $a-d$, $a+d$, $a+3d$라고 하면 네 수의 합이 28이므로

$$(a-3d)+(a-d)+(a+d)+(a+3d)=28$$
$$4a=28 \qquad \therefore a=7$$

이때, 가장 큰 수와 가장 작은 수의 곱은 나머지 두 수의 곱보다 32만큼 작으므로

$$(a-3d)(a+3d)=(a-d)(a+d)-32$$
$$\cdots\cdots ㉠$$

$a=7$을 ㉠에 대입하면

$$(7-3d)(7+3d)=(7-d)(7+d)-32$$
$$49-9d^2=49-d^2-32$$
$$8d^2=32,\ d^2=4 \qquad \therefore d=\pm2$$

따라서 네 수는 1, 5, 9, 13이므로 구하는 가장 큰 수는 13입니다.

정답 13

예제 03 조화수열   p.355

03-1

$\dfrac{1}{17}$, x, y, z, $\dfrac{1}{5}$이 이 순서대로 조화수열을 이루므로 각 항의 역수로 이루어진 수열 17, $\dfrac{1}{x}$, $\dfrac{1}{y}$, $\dfrac{1}{z}$, 5는 이 순서대로 등차수열을 이룹니다.

이 등차수열의 공차를 d라고 하면 첫째항은 17, 제5항은 5이므로

$$17+4d=5,\ 4d=-12 \qquad \therefore d=-3$$

따라서 수열 17, $\dfrac{1}{x}$, $\dfrac{1}{y}$, $\dfrac{1}{z}$, 5는 첫째항이 17, 공차가 -3인 등차수열이므로

$$\frac{1}{x}=14,\ \frac{1}{y}=11,\ \frac{1}{z}=8$$
$$\therefore x=\frac{1}{14},\ y=\frac{1}{11},\ z=\frac{1}{8}$$

정답 $x=\dfrac{1}{14},\ y=\dfrac{1}{11},\ z=\dfrac{1}{8}$

03-**2**

a와 b의 등차중항이 10이므로

$$10=\dfrac{a+b}{2} \qquad \therefore a+b=20 \qquad \cdots\cdots \text{㉠}$$

a와 b의 조화중항이 5이므로 $\dfrac{1}{a}$과 $\dfrac{1}{b}$의 등차중항이

$\dfrac{1}{5}$입니다. 즉,

$$\dfrac{1}{5}=\dfrac{1}{2}\left(\dfrac{1}{a}+\dfrac{1}{b}\right), \ \dfrac{1}{5}=\dfrac{a+b}{2ab}$$

$$\dfrac{1}{5}=\dfrac{20}{2ab} \qquad \therefore ab=50 \qquad \cdots\cdots \text{㉡}$$

㉠, ㉡에서

$$\begin{aligned}a^2+b^2&=(a+b)^2-2ab\\&=20^2-2\times50=300\end{aligned}$$

정답 300

03-**3**

$\dfrac{2}{a_{n+1}}=\dfrac{1}{a_n}+\dfrac{1}{a_{n+2}}\ (n=1,\,2,\,3,\,\cdots)$에서

$\dfrac{1}{a_{n+1}}-\dfrac{1}{a_n}=\dfrac{1}{a_{n+2}}-\dfrac{1}{a_{n+1}}$이므로 수열 $\left\{\dfrac{1}{a_n}\right\}$은 등

차수열입니다.

이때, 등차수열 $\left\{\dfrac{1}{a_n}\right\}$의 공차를 d라고 하면

$$\dfrac{1}{a_n}=\dfrac{1}{a_1}+(n-1)d$$

이고, $d=\dfrac{1}{a_2}-\dfrac{1}{a_1}=\dfrac{1}{2}-\dfrac{1}{3}=\dfrac{1}{6}$이므로

$$\begin{aligned}\dfrac{1}{a_n}&=\dfrac{1}{3}+(n-1)\times\dfrac{1}{6}\\&=\dfrac{2+n-1}{6}=\dfrac{n+1}{6}\end{aligned}$$

따라서 $a_n=\dfrac{6}{n+1}$이므로

$$a_{11}=\dfrac{6}{12}=\dfrac{1}{2}$$

정답 ④

예제 04 등차수열의 합 p.363

04-**1**

등차수열 $\{a_n\}$의 첫째항을 a, 공차를 d라고 하면

$$a_4=a+3d=14 \qquad \cdots\cdots \text{㉠}$$
$$a_7=a+6d=23 \qquad \cdots\cdots \text{㉡}$$

㉡−㉠을 하면

$$3d=9 \qquad \therefore d=3$$

$d=3$을 ㉠에 대입하면 $a=5$

따라서 등차수열 $\{a_n\}$은 첫째항이 5, 공차가 3이므로

첫째항부터 제20항까지의 합은

$$\dfrac{20\{2\times5+(20-1)\times3\}}{2}=670$$

정답 670

04-**2**

첫째항이 50, 제n항이 -10인 등차수열 $\{a_n\}$의 첫째

항부터 제n항까지의 합이 420이므로

$$\dfrac{n\{50+(-10)\}}{2}=420,\ 20n=420$$

$$\therefore n=21$$

즉, $a_{21}=-10$이므로 공차를 d라고 하면

$$50+20d=-10,\ 20d=-60$$

$$\therefore d=-3$$

따라서 등차수열 $\{a_n\}$은 첫째항이 50, 공차가 -3이

므로

$$a_{30}=50+29\times(-3)=-37$$

정답 ④

04-**3**

(1) 100 이하의 자연수 중에서 3으로 나누었을 때의 나

머지가 1인 수를 작은 것부터 차례대로 나열하면

$$1,\ 4,\ 7,\ 10,\ \cdots,\ 97,\ 100$$

이때, $100=1+33\times3$에서 구하는 값은 첫째항이

1, 끝항이 100, 항의 개수가 34인 등차수열의 합과

같으므로

$$\dfrac{34(1+100)}{2}=1717$$

(2) 100보다 크고 200보다 작은 자연수 중에서 8로

나누어떨어지는 수를 작은 것부터 차례대로 나열

하면

$$104,\ 112,\ 120,\ \cdots,\ 192$$

이때, $192 = 104 + 11 \times 8$에서 구하는 값은 첫째항이 104, 끝항이 192, 항의 개수가 12인 등차수열의 합과 같으므로

$$\frac{12(104 + 192)}{2} = 1776$$

보충 설명 3의 배수를 작은 것부터 차례대로 나열하면 공차가 3인 등차수열인 것처럼 3으로 나누었을 때의 나머지가 1이거나 2인 수들도 각각 작은 것부터 차례대로 나열하면 공차가 3인 등차수열입니다.
일반적으로 n의 배수를 작은 것부터 차례대로 나열하면 공차가 n인 등차수열인 것처럼 n으로 나누었을 때의 나머지가 1인 수들, 나머지가 2인 수들, $\cdots$, 나머지가 $n-1$인 수들도 각각 작은 것부터 차례대로 나열하면 공차가 n인 등차수열입니다.

정답 (1) 1717 (2) 1776

예제 05 등차수열의 합과 일반항 사이의 관계   p.365

05-**1**

(1) $n \geq 2$일 때

$$\begin{aligned}
a_n &= S_n - S_{n-1} \\
&= 3n^2 + 2n - \{3(n-1)^2 + 2(n-1)\} \\
&= 6n - 1 \qquad \cdots\cdots \ \text{㉠}
\end{aligned}$$

$n = 1$일 때, $a_1 = S_1 = 3 \times 1^2 + 2 \times 1 = 5$
이것은 ㉠에 $n = 1$을 대입하여 얻은 값과 같으므로 $\leftarrow 6 \times 1 - 1 = 5$

$$a_n = 6n - 1$$

(2) $n \geq 2$일 때

$$\begin{aligned}
a_n &= S_n - S_{n-1} \\
&= 2n^2 - n - 1 - \{2(n-1)^2 - (n-1) - 1\} \\
&= 4n - 3 \qquad \cdots\cdots \ \text{㉠}
\end{aligned}$$

$n = 1$일 때, $a_1 = S_1 = 2 \times 1^2 - 1 - 1 = 0$
이것은 ㉠에 $n = 1$을 대입하여 얻은 값과 다르므로 $\leftarrow 4 \times 1 - 3 = 1 \neq 0$

$$a_1 = 0, \ a_n = 4n - 3 \ (n \geq 2)$$

정답 (1) $a_n = 6n - 1$ (2) $a_1 = 0$, $a_n = 4n - 3 \ (n \geq 2)$

05-**2**

$n \geq 2$일 때

$$\begin{aligned}
a_n &= S_n - S_{n-1} \\
&= n^2 + 2n - \{(n-1)^2 + 2(n-1)\} \\
&= 2n + 1 \qquad \cdots\cdots \ \text{㉠}
\end{aligned}$$

$n = 1$일 때, $a_1 = S_1 = 1^2 + 2 \times 1 = 3$
이것은 ㉠에 $n = 1$을 대입하여 얻은 값과 같으므로 $2 \times 1 + 1 = 3$

$$a_n = 2n + 1$$

따라서 $a_1 = 3, a_3 = 7, a_5 = 11, \cdots, a_{99} = 199$이므로 $a_1 + a_3 + a_5 + \cdots + a_{99}$는 첫째항이 3, 끝항이 199, 항의 개수가 50인 등차수열의 합과 같습니다.

$$\begin{aligned}
\therefore a_1 + a_3 + a_5 + \cdots + a_{99} &= \frac{50(3 + 199)}{2} \\
&= 5050
\end{aligned}$$

정답 ②

05-**3**

두 수열 $\{a_n\}$, $\{b_n\}$의 첫째항부터 제n항까지의 합을 각각 S_n, T_n이라고 하면

$$S_n = n^2 + kn, \ T_n = 2n^2 - 3n$$

이때, $a_{10} = b_{10}$이므로

$$\begin{aligned}
S_{10} - S_9 &= T_{10} - T_9 \\
(10^2 + 10k) - (9^2 + 9k) &= (2 \times 10^2 - 3 \times 10) - (2 \times 9^2 - 3 \times 9) \\
19 + k &= 35 \\
\therefore k &= 16
\end{aligned}$$

정답 16

예제 06 등차수열의 합의 최대, 최소   p.367

06-**1**

첫째항이 -11, 공차가 2이므로 주어진 등차수열의 일반항 a_n은

$$a_n = -11 + (n-1) \times 2 = 2n - 13$$

처음으로 양수가 되는 항은 $a_n > 0$을 만족시키는 최초의 항이므로

$$2n - 13 > 0, \ 2n > 13$$

$$\therefore n > \frac{13}{2} = 6.5$$

즉, 등차수열 $\{a_n\}$은 첫째항부터 제6항까지가 음수이고 제7항부터는 양수이므로 첫째항부터 제6항까지의 합이 최소가 됩니다.

따라서 구하는 최솟값은

$$S_6 = \frac{6\{2 \times (-11) + (6-1) \times 2\}}{2}$$

$$= -36$$

다른 풀이 첫째항이 -11, 공차가 2이므로

$$S_n = \frac{n\{2 \times (-11) + (n-1) \times 2\}}{2}$$

$$= n^2 - 12n$$

$$= (n-6)^2 - 36$$

따라서 $n = 6$일 때 S_n은 최솟값 -36을 가집니다.

정답 -36

06-**2**

첫째항을 a, 공차를 d라고 하면

$$a_7 = a + 6d = 2 \qquad \cdots\cdots \ \unicode{x1D4F8}$$

$$a_{10} = a + 9d = -7 \qquad \cdots\cdots \ \unicode{x1D4F9}$$

$\unicode{x1D4F8}$, $\unicode{x1D4F9}$을 연립하여 풀면

$$a = 20, \ d = -3$$

$$\therefore a_n = 20 + (n-1) \times (-3)$$

$$= -3n + 23$$

처음으로 음수가 되는 항은 $a_n < 0$을 만족시키는 최초의 항이므로

$$-3n + 23 < 0, \ -3n < -23$$

$$\therefore n > \frac{23}{3} = 7.66\cdots$$

즉, 등차수열 $\{a_n\}$은 첫째항부터 제7항까지가 양수이고 제8항부터는 음수이므로 첫째항부터 제7항까지의 합이 최대가 됩니다.

따라서 S_n의 최댓값은

$$S_7 = \frac{7\{2 \times 20 + (7-1) \times (-3)\}}{2} = 77$$

정답   ④

06-**3**

$n \geq 2$일 때

$$a_n = S_n - S_{n-1}$$

$$= 2n^2 - 39n - \{2(n-1)^2 - 39(n-1)\}$$

$$= 4n - 41 \qquad \cdots\cdots \ \unicode{x1D4F8}$$

$n = 1$일 때, $a_1 = S_1 = 2 \times 1^2 - 39 \times 1 = -37$

이것은 $\unicode{x1D4F8}$에 $n = 1$을 대입하여 얻은 값과 같으므로

$$a_n = 4n - 41 \qquad \boxed{4 \times 1 - 41 = -37}$$

처음으로 양수가 되는 항은 $a_n > 0$을 만족시키는 최초의 항이므로

$$4n - 41 > 0, \ 4n > 41$$

$$\therefore n > \frac{41}{4} = 10.25$$

즉, 수열 $\{a_n\}$은 첫째항부터 제10항까지가 음수이고 제11항부터는 양수입니다.

이때, $a_{10} = -1$, $a_{11} = 3$, $a_{20} = 39$이므로

$$|a_1| + |a_2| + |a_3| + \cdots + |a_{20}|$$

$$= -(a_1 + a_2 + \cdots + a_{10}) + (a_{11} + a_{12} + \cdots + a_{20})$$

$$= -\{-37 + (-33) + \cdots + (-1)\}$$

$$\qquad\qquad\qquad + (3 + 7 + \cdots + 39)$$

$$= -\frac{10\{-37 + (-1)\}}{2} + \frac{10(3 + 39)}{2}$$

$$= \frac{380 + 420}{2} = 400$$

정답   400

예제 07 부분의 합이 주어진 등차수열의 합   p.369

07-**1**

등차수열 $\{a_n\}$에서 차례대로 5개씩 묶어 그 합을 구하면 이 합은 등차수열을 이룹니다. 즉,

$$A = a_1 + a_2 + \cdots + a_5$$

$$B = a_6 + a_7 + \cdots + a_{10}$$

$$C = a_{11} + a_{12} + \cdots + a_{15}$$

라고 하면 A, B, C는 이 순서대로 등차수열을 이룹니다.

이때, $S_5=140$, $S_{10}=480$이므로

$$A=S_5=140$$

$$B=S_{10}-S_5=480-140=340$$

따라서 $B-A=340-140=200$에서

$C=B+200=340+200=540$이므로

$$S_{15}=A+B+C$$
$$=140+340+540=1020$$

다른 풀이 등차수열 $\{a_n\}$의 첫째항을 a, 공차를 d라고 하면

$$S_5=\frac{5\{2a+(5-1)d\}}{2}=140$$

$$\therefore a+2d=28 \qquad \cdots\cdots \text{㉠}$$

$$S_{10}=\frac{10\{2a+(10-1)d\}}{2}=480$$

$$\therefore 2a+9d=96 \qquad \cdots\cdots \text{㉡}$$

㉠, ㉡을 연립하여 풀면

$$a=12, \ d=8$$

$$\therefore S_{15}=\frac{15\{2\times12+(15-1)\times8\}}{2}=1020$$

정답 1020

07-2

등차수열 $\{a_n\}$의 첫째항을 a, 공차를 d, 첫째항부터 제n항까지의 합을 S_n이라고 하면

$$S_5=\frac{5\{2a+(5-1)d\}}{2}=70$$

$$\therefore a+2d=14 \qquad \cdots\cdots \text{㉠}$$

또한 제6항부터 제15항까지의 합이 290이므로 첫째항부터 제15항까지의 합은 $70+290=360$입니다. 즉,

$$S_{15}=\frac{15\{2a+(15-1)d\}}{2}=360$$

$$\therefore a+7d=24 \qquad \cdots\cdots \text{㉡}$$

㉠, ㉡을 연립하여 풀면

$$a=10, \ d=2$$

따라서 제11항부터 제25항까지의 합은

$$S_{25}-S_{10}=\frac{25\{2\times10+(25-1)\times2\}}{2}$$
$$-\frac{10\{2\times10+(10-1)\times2\}}{2}$$
$$=850-190=660$$

다른 풀이 등차수열 $\{a_n\}$에서 차례대로 5개씩 묶어 그 합을 구하면 이 합은 등차수열을 이룹니다. 이 수열의 공차를 k라고 하면

$$S_5=a_1+a_2+\cdots+a_5=70$$

$$S_{10}-S_5=a_6+a_7+\cdots+a_{10}=70+k$$

$$S_{15}-S_{10}=a_{11}+a_{12}+\cdots+a_{15}=70+2k$$

$$S_{20}-S_{15}=a_{16}+a_{17}+\cdots+a_{20}=70+3k$$

$$S_{25}-S_{20}=a_{21}+a_{22}+\cdots+a_{25}=70+4k$$

입니다.

이때, 제6항부터 제15항까지의 합이 290이므로

$$S_{15}-S_5=(S_{10}-S_5)+(S_{15}-S_{10})$$
$$=(70+k)+(70+2k)$$
$$=140+3k=290$$

$$\therefore k=50$$

따라서 제11항부터 제25항까지의 합은

$$S_{25}-S_{10}$$
$$=(S_{15}-S_{10})+(S_{20}-S_{15})+(S_{25}-S_{20})$$
$$=(70+2k)+(70+3k)+(70+4k)$$
$$=210+9k$$
$$=210+9\times50=660$$

정답 ④

07-3

첫째항을 a, 공차를 d라고 하면

$$S_k=\frac{k\{2a+(k-1)d\}}{2}$$

$$S_{3k}=\frac{3k\{2a+(3k-1)d\}}{2}$$

이때, $S_{3k}=9S_k$이므로

$$\frac{3k\{2a+(3k-1)d\}}{2}=9\times\frac{k\{2a+(k-1)d\}}{2}$$

양변에 $\dfrac{2}{3k}$를 곱하면

$$2a+(3k-1)d=3\{2a+(k-1)d\}$$

$$2a+(3k-1)d=6a+3(k-1)d$$

$$2d=4a$$

$$\therefore d=2a \qquad \cdots\cdots \text{㉠}$$

S_{5k}가 S_k의 몇 배인지 구하기 위하여 $\dfrac{S_{5k}}{S_k}$ 의 값을 구해 보면

$$\frac{S_{5k}}{S_k} = \frac{\dfrac{5k\{2a+(5k-1)d\}}{2}}{\dfrac{k\{2a+(k-1)d\}}{2}}$$

$$= \frac{5\{2a+(5k-1)d\}}{2a+(k-1)d}$$

$$= \frac{5\{2a+(5k-1)\times 2a\}}{2a+(k-1)\times 2a} \ (\because \bigcirc)$$

$$= \frac{50ak}{2ak} = 25$$

따라서 S_{5k}는 S_k의 25배입니다.

정답   25배

예제 08   두 수 사이에 수를 넣어서 만든 등차수열   p.371

08-**1**

등차수열 $1, a_1, a_2, a_3, \cdots, a_{15}, 10$의 공차를 p라고 하면 첫째항이 1, 제17항이 10이므로

$$1+(17-1)p=10, \ 16p=9$$

$$\therefore p = \frac{9}{16}$$

이때, a_{15}, a_1은 각각 이 등차수열의 제16항, 제2항이므로

$$a_{15}-a_1 = (1+15p)-(1+p)$$

$$= 14p$$

$$= 14 \times \frac{9}{16}$$

$$= \frac{63}{8}$$

또한 등차수열 $1, b_1, b_2, b_3, \cdots, b_{30}, 10$의 공차를 q라고 하면 첫째항이 1, 제32항이 10이므로

$$1+(32-1)q=10, \ 31q=9$$

$$\therefore q = \frac{9}{31}$$

이때, b_{30}, b_{16}은 각각 이 등차수열의 제31항, 제17항이므로

$$b_{30}-b_{16} = (1+30q)-(1+16q)$$

$$= 14q = 14 \times \frac{9}{31}$$

$$= \frac{126}{31}$$

$$\therefore \frac{b_{30}-b_{16}}{a_{15}-a_1} = \frac{\dfrac{126}{31}}{\dfrac{63}{8}} = \frac{16}{31}$$

정답 $\dfrac{16}{31}$

08-**2**

수열 $-5, a_1, a_2, a_3, \cdots, a_n, 20$은 첫째항이 -5, 끝항이 20, 항의 개수가 $n+2$인 등차수열입니다.

이때, 이 수열의 모든 항의 합이 120이므로

$$\frac{(n+2)(-5+20)}{2} = 120$$

$$\therefore n = 14$$

정답   14

08-**3**

주어진 등차수열의 공차를 d라고 하면

수열 $4, a_1, a_2, \cdots, a_m, 20$에서 20은 제$(m+2)$항이므로

$$4+(m+1)d=20$$

$$\therefore d = \frac{16}{m+1} \qquad \cdots\cdots \bigcirc$$

또한 수열 $20, b_1, b_2, \cdots, b_n, 52$에서 52는 제$(n+2)$항이므로

$$20+(n+1)d=52$$

$$\therefore d = \frac{32}{n+1} \qquad \cdots\cdots \bigcirc\!\!\!\!\bigcirc$$

$\bigcirc$, $\bigcirc\!\!\!\!\bigcirc$에서 $\dfrac{16}{m+1} = \dfrac{32}{n+1}$ 이므로

$$16(n+1)=32(m+1)$$

$$n+1=2(m+1)$$

$$\therefore n=2m+1$$

정답   ②

기본 다지기　　　　　　　　　p.372~373

09-1 1 19　　2 ⑤　　3 5　　4 34　　5 11
　　　　　6 43　　7 ①　　8 198　　9 400　　10 51

09-1

접근 방법 두 등차수열 $\{a_n\}$, $\{b_n\}$의 일반항을 각각 구하여 $a_k=3b_k$에 대입합니다.

상세 풀이 두 등차수열 $\{a_n\}$, $\{b_n\}$의 일반항을 각각 구해 보면
$$a_n=6+(n-1)\times(-2)=-2n+8$$
$$b_n=8+(n-1)\times(-1)=-n+9$$
이때, $a_k=3b_k$이므로
$$-2k+8=3(-k+9)\qquad\therefore k=19$$

보충 설명 수열은 자연수 전체의 집합에서 실수 전체의 집합으로의 함수로도 정의할 수 있는데, 함수에서 $f(x)=2x-1$과 $f(a)=2a-1$이 서로 같은 함수인 것처럼 수열에서 일반항이 $a_n=-2n+8$인 수열과 $a_k=-2k+8$인 수열도 서로 같은 수열입니다.

　　　　　　　　　　　　　　정답 19

09-2

접근 방법 수열의 각 항을 첫째항이 a_1, 공차가 d_1인 등차수열의 일반항을 이용하여 나타내어 봅시다.

상세 풀이 수열 a_1+a_2, a_3+a_4, a_5+a_6, $\cdots$의 공차가 d_2이므로
$$\begin{aligned}d_2&=(a_3+a_4)-(a_1+a_2)\\&=(a_1+2d_1+a_1+3d_1)-(a_1+a_1+d_1)\\&=4d_1\end{aligned}$$
수열 $a_1+a_2+a_3$, $a_4+a_5+a_6$, $a_7+a_8+a_9$, $\cdots$의 공차가 d_3이므로
$$\begin{aligned}d_3&=(a_4+a_5+a_6)-(a_1+a_2+a_3)\\&=(a_1+3d_1+a_1+4d_1+a_1+5d_1)\\&\qquad-(a_1+a_1+d_1+a_1+2d_1)\\&=9d_1\end{aligned}$$
따라서 $d_2:d_3=4:9$이므로 옳은 것은 ⑤ $9d_2=4d_3$입니다.

보충 설명 두 번째 수열에서 $a_1+a_2+a_3$과 $a_4+a_5+a_6$의 합해진 각 항들을 순서대로 비교해 보면 각각 $3d_1$만큼 더했음을 알 수 있습니다. 따라서 전체적으로는 $9d_1$만큼 더한 것임을 확인할 수 있습니다.

　　　　　　　　　　　　　　정답 ⑤

09-3

접근 방법 세 변의 길이를 짧은 것부터 차례대로 나열하면 등차수열을 이루므로 세 변의 길이를 각각 $a-d$, a, $a+d$로 나타냅니다.

상세 풀이 직각삼각형의 세 변의 길이가 공차가 $d(d>0)$인 등차수열을 이룬다고 하면 두 번째로 긴 변의 길이는 4이므로 세 변의 길이를 각각
$$4-d,\ 4,\ 4+d\quad(0<d<2)$$
라고 할 수 있습니다. 이때, 직각삼각형이므로 피타고라스 정리에 의하여
$$(4-d)^2+4^2=(4+d)^2$$
$$16d=16\qquad\therefore d=1$$
따라서 가장 긴 변의 길이는
$$4+1=5$$

보충 설명 미지수를 정할 때에는 항상 미지수의 범위에 주의해야 합니다. 즉, $d>0$에서
(i) 삼각형의 세 변의 길이는 양수이므로
$$4-d>0,\ 4>0,\ 4+d>0$$
$$\therefore 0<d<4\ (\because d>0)$$
(ii) 짧은 두 변의 길이의 합이 가장 긴 변의 길이보다 커야 하므로
$$(4-d)+4>4+d$$
$$\therefore d<2$$
(i), (ii)에서 $d>0$일 때, 공차 d의 값의 범위가 $0<d<2$임을 알 수 있습니다.
또한 $d<0$일 때는 세 변의 길이를 짧은 것부터 차례대로 나열하면 $4+d$, 4, $4-d$라고 할 수 있으므로 $d>0$일 때와 마찬가지 방법으로 $d<0$일 때, 공차 d의 값의 범위는 $-2<d<0$임을 알 수 있습니다.

　　　　　　　　　　　　　　정답 5

09-4

접근 방법 4와 109 사이에 k개의 수를 넣는다면 109는 제$(k+2)$항이 됩니다.

상세 풀이 주어진 등차수열의 공차를 d라고 하면 109는 제$(k+2)$항이므로

$$4+(k+1)d=109$$
$$\therefore (k+1)d=105=3\times5\times7$$

이때, 공차가 1이 아닌 최소의 자연수이므로

$$d=3$$

따라서 $k+1=5\times7=35$이므로

$$k=34$$

정답 34

09-5

접근 방법 새로운 등차수열은 첫째항이 -2, 끝항이 25, 항의 개수가 $(n+2)$이므로 첫째항과 끝항을 알 때의 등차수열의 합의 공식을 이용하여 n의 값을 구하고 등차수열의 일반항을 이용하여 d의 값을 구합니다.

상세 풀이 등차수열 -2, a_1, a_2, $\cdots$, a_n, 25에서 첫째항이 -2, 끝항이 25, 항의 개수가 $(n+2)$이고 모든 항의 합이 115이므로

$$\frac{(n+2)(-2+25)}{2}=115$$
$$(n+2)\times23=230,\ n+2=10$$
$$\therefore n=8$$

따라서 25는 주어진 수열의 제$(n+2)$항, 즉 제10항이므로

$$-2+9d=25 \qquad \therefore d=3$$
$$\therefore d+n=3+8=11$$

보충 설명 수열 -2, a_1, a_2, $\cdots$, a_n, 25에서 25를 주어진 모습만 보고 제$(n+1)$항이라고 판단하지 않도록 주의합니다.

정답 11

09-6

접근 방법 연속한 6개의 자연수는 공차가 1인 등차수열로 생각할 수 있습니다.

상세 풀이 주어진 7개의 연속한 자연수의 합은

$$36+37+\cdots+42=\frac{7(36+42)}{2}$$
$$=273$$
$$\therefore a_1+a_2+\cdots+a_6=273$$

이때, 연속한 6개의 자연수 a_1, a_2, $\cdots$, a_6은 공차가 1인 등차수열이므로

$$\frac{6(a_1+a_6)}{2}=\frac{6(a_1+a_1+5)}{2}$$
$$=273$$
$$2a_1+5=91$$
$$\therefore a_1=43$$

정답 43

09-7

접근 방법 주어진 등차수열의 첫째항을 a, 공차를 d라 하고, S와 T를 구합니다.

상세 풀이 주어진 등차수열의 첫째항을 a, 공차를 d라고 하면 S는 첫째항이 a, 공차가 $2d$, 항의 개수가 11인 등차수열의 합이므로

$$S=a_1+a_3+\cdots+a_{21}$$
$$=\frac{11\{2a+(11-1)\times2d\}}{2}$$
$$=\frac{11(2a+20d)}{2}$$

T는 첫째항이 $a+d$, 공차가 $2d$, 항의 개수가 10인 등차수열의 합이므로

$$T=a_2+a_4+\cdots+a_{20}$$
$$=\frac{10\{2(a+d)+(10-1)\times2d\}}{2}$$
$$=\frac{10(2a+20d)}{2}$$
$$\therefore S:T=11:10$$

보충 설명 특별한 제한이 없고 모든 항이 양수인 등차수열 $\{a_n\}$에 대하여 S와 T의 비를 구하는 것이므로 간단한 등차수열

$$1, 2, 3, 4, 5, 6, \cdots, 20, 21$$

에서 S, T의 값을 구하여 비를 구할 수도 있습니다.

정답 ①

09-8

접근 방법 홀수 번째 항들의 합을 이용해야 하므로 등차수열 $a_1, a_2, a_3, \cdots, a_{99}$를

$$a, a+d, a+2d, \cdots, a+98d$$

라고 하는 것보다는

$$a-49d, \cdots, a-d, a, a+d, \cdots, a+49d$$

라고 하는 것이 합을 구했을 때 d가 없어지므로 계산이 편리합니다.

> **상세 풀이** 주어진 등차수열을
> $$a-49d, \cdots, a-d, a, a+d, \cdots, a+49d$$
> 라고 하면 홀수 번째 항들의 합은
> $$(a-49d)+(a-47d)+\cdots+(a-d)$$
> $$+(a+d)+\cdots+(a+49d)$$
> $$=50a=100$$
> $$\therefore a=2$$
> $$\therefore a_1+a_2+a_3+\cdots+a_{99}=99a=198$$

다른 풀이 등차수열 $a_1, a_2, a_3, \cdots, a_{99}$의 첫째항을 a, 공차를 d라고 하면 홀수 번째 항들로 이루어진 수열 $a_1, a_3, a_5, \cdots, a_{99}$는 첫째항이 a, 공차가 $2d$인 등차수열입니다. 홀수 번째 항들의 합이 100이므로

$$\frac{50\{2a+(50-1)\times 2d\}}{2}=100$$

$$\therefore a+49d=2 \qquad\qquad \cdots\cdots ㉠$$

$$\therefore a_1+a_2+a_3+\cdots+a_{99}$$

$$=\frac{99\{2a+(99-1)\times d\}}{2}$$

$$=99(a+49d)$$

$$=99\times 2 \ (\because ㉠)$$

$$=198$$

보충 설명 이 문제에서는 홀수 번째 항들의 합이 주어져 있으므로 공차와 관계없이 전체 수열의 합 $a_1+a_2+a_3+\cdots+a_{99}$는 일정합니다.

즉, 주어진 등차수열의 공차를 구할 수 없습니다.
이것은 첫째항 a와 제n항 l이 주어졌을 때의 등차수열의 첫째항부터 제n항까지의 합의 공식이

$$S_n=\frac{n(a+l)}{2}$$

임을 생각하면 쉽게 이해할 수 있습니다.

정답 198

09-9

접근 방법 주어진 조건이 등차수열 $\{a_n\}$의 첫째항부터 제$2n$항까지의 항들 중 짝수 번째 항들의 합임을 이용하여 공차를 찾습니다.

> **상세 풀이** 등차수열 $\{a_n\}$의 첫째항을 a, 공차를 d라고 하면 수열 $a_2, a_4, a_6, \cdots, a_{2n}$은 첫째항이 $a+d$, 공차가 $2d$, 항의 개수가 n인 등차수열이므로
> $$a_2+a_4+a_6+\cdots+a_{2n}$$
> $$=\frac{n\{2(a+d)+(n-1)\times 2d\}}{2}$$
> $$=n(a+d)+n(n-1)d$$
> $$=dn^2+an$$
> 이때, $a_2+a_4+a_6+\cdots+a_{2n}=2n^2+n$이므로
> $$dn^2+an=2n^2+n$$
> $$\therefore a=1, d=2$$
> 따라서 등차수열 $\{a_n\}$은 첫째항이 1, 공차가 2이므로
> $$a_1+a_2+a_3+\cdots+a_{20}$$
> $$=\frac{20\{2\times 1+(20-1)\times 2\}}{2}=400$$

다른 풀이 $n=1$일 때, $a_2=3$
$n=2$일 때, $a_2+a_4=10$ $\quad \therefore a_4=7$
이때, 등차수열 $\{a_n\}$의 공차를 d라고 하면
$$2d=a_4-a_2=7-3=4$$
$$\therefore d=2$$

$a_2=3$, $d=2$에서

$$a_1=a_2-d=3-2=1$$
$$\therefore a_1+a_2+a_3+\cdots+a_{20}$$
$$=\frac{20\{2\times1+(20-1)\times2\}}{2}=400$$

정답 400

09- 10

접근 방법 등차수열을 이루도록 하기 위하여 가로, 세로, 대각선 방향에서 두 항 이상이 주어진 곳을 찾은 다음, 등차중항을 이용하여 빈칸을 채웁니다.

상세 풀이 6개의 수 a, b, c, d, e, f를 오른쪽 표와 같이 넣고, 등차중항을 이용하여 빈칸을 채우면 a는 3과 7의 등차중항이므로

3	a	7
b	c	d
e	11	f

$$2a=3+7 \qquad \therefore a=5$$

c는 a와 11, 즉 5와 11의 등차중항이므로
$$2c=5+11 \qquad \therefore c=8$$

c, 즉 8은 3과 f의 등차중항이므로
$$2\times8=3+f \qquad \therefore f=13$$

c, 즉 8은 7과 e의 등차중항이므로
$$2\times8=7+e \qquad \therefore e=9$$

b는 3과 e, 즉 3과 9의 등차중항이므로
$$2b=3+9 \qquad \therefore b=6$$

d는 7과 f, 즉 7과 13의 등차중항이므로
$$2d=7+13 \qquad \therefore d=10$$

따라서 구하는 6개의 수의 합은
$$a+b+c+d+e+f$$
$$=5+6+8+10+9+13=51$$

정답 51

p.374~377

실력 다지기

09- 11 ②　12 ⑤　13 ③　14 ⑤　15 ②
　　16 8　17 6　18 3　19 150　20 216
　　21 30　22 15　23 100　24 6번　25 46
　　26 315　27 $\dfrac{\sqrt{2}}{2}$　28 $\sqrt{2}$　29 150

09- 11

접근 방법 등차수열 $\{a_n\}$의 일반항을 구하여 주어진 식에 대입합니다.

상세 풀이 등차수열 $\{a_n\}$의 공차가 2이므로
$$a_n=a_1+(n-1)\times2$$
$$\therefore \frac{2^{a_4}+2^{a_6}}{2^{a_1}+2^{a_3}}=\frac{2^{a_1+6}+2^{a_1+10}}{2^{a_1}+2^{a_1+4}}$$
$$=\frac{2^{a_1}\times2^6+2^{a_1}\times2^{10}}{2^{a_1}+2^{a_1}\times2^4}$$
$$=\frac{2^{a_1}\times2^6(1+2^4)}{2^{a_1}(1+2^4)}=2^6$$
$$\therefore \log_4 N=\log_4 2^6=\log_4 4^3=3$$

보충 설명 첫째항이 주어져 있지 않고 식을 정리하는 과정에서 2^{a_1}이 약분되므로 계산하기 편리하게 $a_1=1$이라고 해도 정답에는 영향을 주지 않습니다.

정답 ②

09- 12

접근 방법 두 수열에 공통으로 들어 있는 수의 일반항은 두 수열의 적당한 두 자연수를 가정하여 구한 그 일반항으로부터 구합니다.

상세 풀이 두 등차수열 $\{a_n\}$, $\{b_n\}$의 일반항은 각각
$$a_n=1+(n-1)\times4=4n-3$$
$$b_n=6+(n-1)\times5=5n+1$$
이므로 두 수열에 공통으로 들어 있는 수는 적당한 자연수 l, m에 대하여
$$a_l=4l-3=5m+1=b_m$$
$$4l-4=5m$$
$$\therefore 4(l-1)=5m$$

이때, $l-1$이 5로 나누어떨어져야 하므로

$l-1=5k$ (k는 자연수)라고 할 수 있습니다.

$$\therefore l=5k+1$$
$$\therefore a_l=4l-3=4(5k+1)-3$$
$$=20k+1$$

따라서 두 수열에 공통으로 들어 있는 수는 첫째항이 21, 공차가 20인 등차수열을 이룹니다.

이때, $21+6\times20=141$, $21+7\times20=161$이므로 구하는 수들의 합은 첫째항이 21, 공차가 20인 등차수열의 첫째항부터 제7항까지의 합입니다. 즉,

$$\frac{7(21+141)}{2}=567$$

보충 설명 두 자연수 x, y에 대하여 등식 $px=qy$ (p와 q는 서로소)가 주어졌을 때, y는 p로 나누어떨어져야 하므로 y는 p의 배수가 됩니다. 마찬가지로 x는 q의 배수가 됩니다.

일반적으로 등차수열 $\{a_n\}$, $\{b_n\}$의 공차를 각각 d_1, d_2는 $d_1\neq d_2$인 자연수라고 하면 두 수열에 공통으로 들어 있는 수는 등차수열을 이루며 이 수열의 공차는 d_1, d_2의 최소공배수와 같습니다.

그런데 두 등차수열에 공통으로 들어 있는 수 역시 등차수열을 이루므로 이 문제처럼 두 등차수열에 공통으로 들어 있는 수로 이루어진 수열의 일반항을 구할 때에는 다음과 같이 두 등차수열을 나열한 후에 공통인 수를 찾아서 구할 수도 있습니다.

$\{a_n\}$: 1, 5, 9, 13, 17, 21, 25, 29, 33, 37, 41, 45, $\cdots$, 149

$\{b_n\}$: 6, 11, 16, 21, 26, 31, 36, 41, 46, 51, $\cdots$, 151

정답 ⑤

09-13

접근 방법 등차중항과 조화중항을 이용하여 a, b, c 사이의 관계식을 구한 다음 그 관계식을 이용하여 $\dfrac{b}{a}+\dfrac{c}{b}+\dfrac{a}{c}$ 를 간단히 합니다.

상세 풀이 b가 a와 c의 등차중항이므로

$2b=a+c$ $\therefore c=2b-a$ $\cdots\cdots$ ㉠

c는 b와 a의 조화중항이므로

$\dfrac{1}{c}$이 $\dfrac{1}{b}$과 $\dfrac{1}{a}$의 등차중항입니다. 즉,

$$\frac{2}{c}=\frac{1}{b}+\frac{1}{a} \therefore c=\frac{2ba}{b+a} \cdots\cdots ㉡$$

㉠을 ㉡에 대입하면

$$2b-a=\frac{2ba}{b+a}, a^2+ab-2b^2=0$$
$$(a+2b)(a-b)=0$$
$$\therefore a=-2b \text{ 또는 } a=b$$

이때, a, b, c는 서로 다른 수이므로

$$a=-2b$$

$a=-2b$를 ㉠에 대입하면

$$c=4b$$

$$\therefore \frac{b}{a}+\frac{c}{b}+\frac{a}{c}=\frac{b}{-2b}+\frac{4b}{b}+\frac{-2b}{4b}$$
$$=-\frac{1}{2}+4-\frac{1}{2}=3$$

보충 설명 주어진 조건을 이용하면 a, c를 각각 b에 대한 식으로 나타낼 수 있기 때문에 a, b, c의 값을 정확히 구하지 않아도 $\dfrac{b}{a}+\dfrac{c}{b}+\dfrac{a}{c}$의 값을 구할 수 있습니다.

정답 ③

09-14

접근 방법 S의 값 중에서 가장 작은 값과 가장 큰 값을 구하고 서로 다른 10개의 짝수의 합은 다시 짝수임을 이용합니다.

상세 풀이 S의 값 중 가장 작은 값은 2부터 100까지의 짝수 중에서 작은 순서대로 10개를 더한 것이므로

$$2+4+\cdots+18+20$$
$$=\frac{10(2+20)}{2}=110$$

한편, S의 값 중 가장 큰 값은 2부터 100까지의 짝수 중에서 큰 순서대로 10개를 더한 것이므로

$$100+98+\cdots+84+82$$
$$=\frac{10(100+82)}{2}=910$$

이때, 서로 다른 10개의 짝수의 합은 110 이상 910 이하의 모든 짝수인 값을 가지므로 수열 $\{a_n\}$ 은 첫째항이 110, 공차가 2인 등차수열입니다.

$$\therefore a_{50}=110+(50-1)\times2=208$$

보충 설명 S의 값 중 가장 작은 값은

$$a_1=2+4+\cdots+16+18+20=110$$

S의 값 중 두 번째로 작은 값은

$$a_2=2+4+\cdots+16+18+22$$
$$=a_1+2=112$$

S의 값 중 세 번째로 작은 값은

$$a_3=2+4+\cdots+16+18+24$$
$$=2+4+\cdots+16+20+22$$
$$=a_2+2=114$$
$$\vdots$$

따라서 수열 $\{a_n\}$은 공차가 2인 등차수열임을 확인할 수 있습니다.

정답 ⑤

09-15

접근 방법 $a_7=A_7-A_6$, $b_7=B_7-B_6$임을 이용합니다.

상세 풀이 등차수열의 합은 상수항이 없는 n에 대한 이차식이므로 주어진 비례식

$$A_n:B_n=(3n+6):(7n+2)$$

에서 0이 아닌 상수 k에 대하여

$$A_n=kn(3n+6)=k(3n^2+6n)$$
$$B_n=kn(7n+2)=k(7n^2+2n)$$

입니다. 이때, $a_7=A_7-A_6$, $b_7=B_7-B_6$이므로

$$a_7=189k-144k=45k$$
$$b_7=357k-264k=93k$$
$$\therefore a_7:b_7=45k:93k=15:31$$

다른 풀이 첫째항부터 제13항까지 나열할 때, 가운데 항이 제7항이므로

$$A_{13}=\frac{13(a_1+a_{13})}{2}=\frac{13(a_2+a_{12})}{2}$$
$$=\cdots=\frac{13(a_7+a_7)}{2}=13a_7$$
$$B_{13}=\frac{13(b_1+b_{13})}{2}=\frac{13(b_2+b_{12})}{2}$$
$$=\cdots=\frac{13(b_7+b_7)}{2}=13b_7$$
$$\therefore a_7:b_7=A_{13}:B_{13}=45:93=15:31$$

보충 설명 첫째항이 a, 공차가 d인 등차수열의 첫째항부터 제n항까지의 합 $S_n=\dfrac{n\{2a+(n-1)d\}}{2}$는 상수항이 없는 이차식이지만 문제에서 주어진

$$A_n:B_n=(3n+6):(7n+2)$$

의 비에서는 n에 대한 일차식으로 나타났습니다. 즉, 두 식 A_n, B_n이 공통으로 kn을 인수로 가짐을 알 수 있습니다.

정답 ②

09-16

접근 방법 등차수열의 합의 공식을 이용하여 S_n, T_n을 각각 n에 대한 이차식으로 나타낸 후 양변에서 사차항의 계수를 비교하여 d_1d_2의 값을 구합니다.

상세 풀이 두 등차수열 $\{a_n\}$, $\{b_n\}$의 첫째항을 각각 a, b라고 하면

$$S_n=\frac{n\{2a+(n-1)d_1\}}{2}$$
$$T_n=\frac{n\{2b+(n-1)d_2\}}{2}$$

이고

$$S_nT_n=n^2(n+1)(2n+3)$$

이므로

$$\frac{n\{2a+(n-1)d_1\}}{2}\times\frac{n\{2b+(n-1)d_2\}}{2}$$
$$=n^2(n+1)(2n+3)$$

이때, 이 등식은 모든 자연수 n에 대하여 성립하고 좌변에서 n^4의 계수는 $\dfrac{d_1}{2}\times\dfrac{d_2}{2}$, 우변에서 n^4의 계수는 2이므로 양변에서 n^4의 계수를 비교하면

$$\frac{d_1}{2} \times \frac{d_2}{2} = 2$$

$$\frac{d_1 d_2}{4} = 2 \qquad \therefore d_1 d_2 = 8$$

보충 설명 공차가 d $(d \neq 0)$인 등차수열 $\{a_n\}$의 일반항은 n에 대한 일차식이며 이때의 n의 계수는 d입니다. 또한 등차수열 $\{a_n\}$의 첫째항부터 제n항까지의 합은 상수항이 없는 n에 대한 이차식이며 이때의 n^2의 계수는 $\frac{d}{2}$입니다.

정답 8

09- 17

접근 방법 S_n을 첫째항부터 제n항까지의 합이라고 하면 제$(n+1)$항부터 제$2n$항까지의 합을 첫째항부터의 합을 기준으로 생각할 수 있습니다. 즉, 제$(n+1)$항부터 제$2n$항까지의 합은 $S_{2n} - S_n$임을 이용하여 풉니다.

상세 풀이 등차수열 $\{a_n\}$의 첫째항부터 제n항까지의 합을 S_n이라고 하면 첫째항부터 제n항까지의 합의 3배가 제$(n+1)$항부터 제$2n$항까지의 합과 같으므로

$$3S_n = S_{2n} - S_n \qquad \therefore 4S_n = S_{2n}$$

이때, 등차수열 $\{a_n\}$의 공차를 d라고 하면 등차수열의 합의 공식에 의하여

$$4 \times \frac{n\{2 \times 3 + (n-1)d\}}{2}$$

$$= \frac{2n\{2 \times 3 + (2n-1)d\}}{2}$$

$$2n(6 + nd - d) = n(6 + 2nd - d)$$

$$6n = nd$$

$$\therefore d = 6 \ (\because n \neq 0)$$

정답 6

09- 18

접근 방법 등차중항을 이용하여 a, b, c 사이의 관계식을 구합니다.

상세 풀이 b가 a와 c의 등차중항이므로

$$b = \frac{a+c}{2} \qquad\qquad \cdots\cdots \ \bigcirc$$

c^2이 b^2과 a^2의 등차중항이므로

$$c^2 = \frac{b^2 + a^2}{2} \qquad \therefore 2c^2 = b^2 + a^2 \qquad \cdots\cdots \ \bigcirc$$

$\bigcirc$을 $\bigcirc$에 대입하면

$$2c^2 = \left(\frac{a+c}{2}\right)^2 + a^2, \ 7c^2 - 2ac - 5a^2 = 0$$

$$(7c + 5a)(c - a) = 0$$

$$\therefore c = -\frac{5}{7}a \ (\because c \neq a)$$

이때, c가 정수이므로 a는 7의 배수이고 $0 < a < 10$이므로

$$a = 7, \ c = -5$$

이것을 $\bigcirc$에 대입하면 $b = \dfrac{7 + (-5)}{2} = 1$

$$\therefore a + b + c = 7 + 1 + (-5) = 3$$

정답 3

09- 19

접근 방법 첫째항이 a, 공차가 d인 등차수열 $\{a_n\}$의 첫째항부터 제50항까지의 합 S_{50}은 $\dfrac{50(a + a_{50})}{2}$입니다.

상세 풀이 등차수열 $\{a_n\}$의 첫째항은 a, 공차는 2이므로

$$a_n = a + 2(n-1)$$

$$\therefore a_{50} = a + 98$$

$$\therefore S_{50} = \frac{50(a + a_{50})}{2}$$

$$= \frac{50\{a + (a + 98)\}}{2}$$

$$= \frac{50(2a + 98)}{2}$$

$$= 50(a + 49)$$

이때, $S_{50} < 10000$이므로

$$50(a + 49) < 10000, \ a + 49 < 200$$

$\therefore a < 151$

따라서 주어진 부등식을 만족시키는 자연수 a의 최댓값은 150입니다.

정답 150

09-20

접근 방법 등차수열의 첫째항 a와 공차 d를 이용하여 조건 (가)를 a와 d에 대한 식으로 나타냅니다. 이때, 조건 (나)에서 $a_n > 100$을 만족시키는 n의 최솟값이 14라는 것은 $a_{13} \leq 100$, $a_{14} > 100$임을 의미하므로 이를 이용하여 공차 d의 값의 범위를 구합니다.

상세 풀이 등차수열 $\{a_n\}$의 첫째항이 a, 공차가 d이므로

$$a_n = a + (n-1)d$$

조건 (가)에서

$$a_2 + a_4 + a_6$$
$$= (a+d) + (a+3d) + (a+5d)$$
$$= 3(a+3d) = 102$$
$$\therefore a + 3d = 34 \qquad \cdots\cdots \ ㉠$$

조건 (나)에서 $a_{13} \leq 100$, $a_{14} > 100$이므로

$$a_{13} = a + 12d \leq 100 \qquad \cdots\cdots \ ㉡$$
$$a_{14} = a + 13d > 100 \qquad \cdots\cdots \ ㉢$$

㉠, ㉡에서

$$a_{13} = a + 12d$$
$$= (a+3d) + 9d$$
$$= 34 + 9d \leq 100$$
$$9d \leq 66 \qquad \therefore d \leq 7.33\cdots \qquad \cdots\cdots \ ㉣$$

㉠, ㉢에서

$$a_{14} = a + 13d$$
$$= (a+3d) + 10d$$
$$= 34 + 10d > 100$$
$$10d > 66 \qquad \therefore d > 6.6 \qquad \cdots\cdots \ ㉤$$

㉣, ㉤에서 $6.6 < d \leq 7.33\cdots$

이때, d가 정수이므로 $d = 7$

이것을 ㉠에 대입하면 $a = 13$

$$\therefore a_{30} = 13 + (30-1) \times 7 = 216$$

보충 설명 위의 문제에서 $a = 13$, $d = 7$이므로

$$a_{13} = 13 + 12 \times 7 = 97$$
$$a_{14} = 13 + 13 \times 7 = 104$$

따라서 조건 (나)를 만족시킴을 확인할 수 있습니다.

정답 216

09-21

접근 방법 첫째항이 양수, 공차가 음수인 등차수열에서 합이 최대이려면 첫째항부터 양수인 항까지의 합을 구해야 합니다. 따라서 등차수열 $\{a_n\}$에서 처음으로 음수가 되는 항을 찾아야 합니다.

상세 풀이 $S_{40} = S_{20}$이므로

$$a_1 + a_2 + \cdots + a_{20} + a_{21} + \cdots + a_{40}$$
$$= a_1 + a_2 + \cdots + a_{20}$$
$$\therefore a_{21} + a_{22} + a_{23} + \cdots + a_{40} = 0$$

이때, 등차수열의 합의 공식을 이용하면

$$a_{21} + a_{22} + a_{23} + \cdots + a_{40}$$
$$= \frac{20(a_{21} + a_{40})}{2} = \frac{20(a_{22} + a_{39})}{2}$$
$$= \cdots = \frac{20(a_{30} + a_{31})}{2} = 0$$

이므로 $a_{30} + a_{31} = 0$

한편, $a_1 > 0$이므로 등차수열 $\{a_n\}$의 공차 d는

$$d < 0$$

따라서 $a_{30} + a_{31} = 0$에서

$$a_1 > a_2 > \cdots > a_{30} > 0, \ 0 > a_{31} > a_{32} > \cdots$$

가 성립하므로 $n = 30$일 때 S_n은 최댓값을 가집니다.

보충 설명 만약 $d \geq 0$이라면 첫째항이 양수이므로 등차수열 $\{a_n\}$의 모든 항은 양수가 됩니다. 즉, $a_{21} + a_{22} + a_{23} + \cdots + a_{40} = 0$이 성립할 수 없습니다.

정답 30

09-22

접근 방법 등차수열의 합의 공식을 이용하여 n과 d 사이의 관계식을 찾아낸 후 n이 3 이상의 자연수임을 이용하여 자연수 d의 값을 구합니다.

상세 풀이 $S_n=94$이므로

$$\frac{n\{2\times1+(n-1)d\}}{2}=94$$

$$n\{2+(n-1)d\}=2^2\times47 \quad\cdots\cdots\ \text{㉠}$$

이때, n은 $n\geq3$인 자연수이므로 n의 값이 될 수 있는 것은

$$4,\ 47,\ 94,\ 188$$

$n=4$를 ㉠에 대입하면

$$2+(4-1)d=47,\ 3d=45$$

$$\therefore d=15$$

$n=47$을 ㉠에 대입하면

$$2+(47-1)d=4,\ 46d=2$$

$$\therefore d=\frac{1}{23}$$

$n=94$를 ㉠에 대입하면

$$2+(94-1)d=2,\ 93d=0$$

$$\therefore d=0$$

$n=188$을 ㉠에 대입하면

$$2+(188-1)d=1,\ 187d=-1$$

$$\therefore d=-\frac{1}{187}$$

따라서 $n=4$인 경우에만 d가 자연수이므로 구하는 d의 값은 15입니다.

정답 15

09-23

접근 방법 자연수 전체의 집합에서 연속하는 홀수는 공차가 2인 등차수열을 이룹니다.

상세 풀이 연속하는 20개의 홀수 중 가장 작은 홀수를 a, 그 합을 S라고 하면 연속하는 홀수는 공차가 2인 등차수열을 이루므로

$$S=a+(a+2)+(a+4)+\cdots+(a+38)$$

$$=\frac{20(a+a+38)}{2}$$

$$=20(a+19)$$

$$=2^2\times5\times(a+19)$$

이때, $S=n^3$(n은 자연수) 꼴이라고 하였으므로 S는 기본적으로 2^3과 5^3을 포함해야 합니다. 따라서 이를 만족시키는 S의 최솟값은 $(2\times5)^3$입니다.

즉, $(2\times5)^3=2^2\times5\times(a+19)$에서

$$a+19=2\times5^2=50 \quad \therefore a=31$$

따라서 가장 작은 수는 31, 가장 큰 수는 $31+38=69$이므로 구하는 합은

$$31+69=100$$

정답 100

09-24

접근 방법 일정한 규칙으로 수가 나열되었으므로 각 가로줄에서 어떤 규칙이 적용되었는지 찾아봅니다.

상세 풀이 주어진 수들을 가로로 첫 번째 줄부터 자세히 살펴보면

$$1\quad2\quad3\quad4\quad5\ \cdots\ \Leftarrow\text{공차가 1인 등차수열}$$
$$1\quad4\quad7\quad10\quad13\ \cdots\ \Leftarrow\text{공차가 3인 등차수열}$$
$$1\quad6\quad11\quad16\quad21\ \cdots\ \Leftarrow\text{공차가 5인 등차수열}$$

이 다음에 오는 가로줄은 공차가 7인 등차수열임을 짐작할 수 있고, 문제에 주어진 수들은 공차가 홀수인 등차수열들을 위에서부터 차례대로 나열한 것임을 알 수 있습니다.

이때, 첫째항이 1, 공차가 3인 등차수열의 일반항은 $3n-2$이므로

$$3n-2=100001 \quad \therefore 3n=100003$$

즉, 첫째항이 1, 공차가 3인 등차수열에서는 100001이 되는 항이 없다는 것을 알 수 있습니다. 그러나 첫째항이 1, 공차가 5인 등차수열의 일반항은 $5n-4$이므로

$$5n-4=100001,\ 5n=100005$$

$$\therefore n=20001$$

즉, 첫째항이 1, 공차가 5인 등차수열에서는 100001이 되는 항이 있습니다.

따라서 k번째 가로줄의 등차수열의 일반항을 구하여 100001이 되는 항이 있는지를 조사합니다.

k번째 가로줄의 수열은 첫째항이 1, 공차가 $2k-1$인 등차수열이므로, k번째 가로줄의 n번째 수를 a_n이라고 하면

$$a_n=1+(n-1)(2k-1)\ (단,\ n,\ k는\ 자연수)$$

$a_n=100001$이면

$$(n-1)(2k-1)=100000 \qquad \cdots\cdots \text{㉠}$$

이때, $100000=2^5\times5^5$이고, 자연수 n, k에 대하여 $2k-1$은 홀수이므로 ㉠을 만족시키는 $n-1$, $2k-1$의 순서쌍 $(n-1,\ 2k-1)$은

$$(2^5\times5^5,\ 1),\ (2^5\times5^4,\ 5),\ (2^5\times5^3,\ 5^2),$$
$$(2^5\times5^2,\ 5^3),\ (2^5\times5,\ 5^4),\ (2^5,\ 5^5)$$

의 6가지입니다.

따라서 순서쌍 $(n,\ k)$도 6가지이므로 100001은 모두 6번 나타납니다.

[보충 설명] k가 자연수이므로 $2k-1$은 홀수가 됩니다. $(n-1)(2k-1)=2^5\times5^5$에서 홀수인 인수는 1, 5, 5^2, 5^3, 5^4, 5^5의 6개입니다.

정답 6번

09-25

[접근 방법] 등차수열을 이루는 수들의 합에 대한 조건이 주어져 있으므로 다섯 사람이 받는 빵의 개수를

$$a-2d,\ a-d,\ a,\ a+d,\ a+2d$$

라고 합니다.

[상세 풀이] 다섯 사람이 받는 빵의 개수를

$$a-2d,\ a-d,\ a,\ a+d,\ a+2d$$

라고 하면

$$a-2d+a-d+a+a+d+a+2d$$
$$=5a=120$$
$$\therefore a=24 \qquad \cdots\cdots \text{㉠}$$

또한 가장 적게 받는 사람과 그 다음으로 적게 받는 사람의 빵의 개수의 합이 나머지 세 사람이 받는 빵의 개수의 합의 $\frac{1}{7}$이므로

$$(a-2d)+(a-d)$$
$$=\frac{1}{7}\{a+(a+d)+(a+2d)\}$$

$$2a-3d=\frac{1}{7}(3a+3d)$$
$$\therefore 11a=24d$$

㉠을 위의 식에 대입하면

$$d=11$$

따라서 가장 많이 받는 사람의 빵의 개수는

$$a+2d=24+2\times11=46$$

정답 46

09-26

[접근 방법] 두 등차수열 $\{a_n\}$, $\{b_n\}$에 대하여 수열 $\{a_n-b_n\}$도 등차수열이 됩니다.

한편, 일반항이 $a_n=2n+1$인 등차수열 $\{a_n\}$은 일차함수 $f(x)=2x+1$에서 x 대신에 자연수 n을 대입한 것으로 볼 수 있습니다.

즉, 오른쪽 그림과 같이 x축에서 직선 $y=2x+1$까지 x축에서 일정한 간격으로 y축에 평행한 선분을 그었을 때, 그 선분의 길이는 등차수열을 이룹니다.

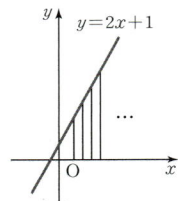

[상세 풀이] x좌표가 t인 점에서의 선분의 길이를 $f(t)$라고 하면 $f(t)$는

$$f(t)=a(t-1)-t$$
$$=at-a-t$$
$$=(a-1)t-a$$

즉, 주어진 14개의 선분의 길이는 등차수열을 이룹니다.

따라서 구하는 선분의 길이의 합은 첫째항이 3이고 제14항이 42인 등차수열의 첫째항부터 제14항까지의 합이므로

$$\frac{14(3+42)}{2}=315$$

[보충 설명] 등차수열의 일반항은 n에 대한 일차식이므로 등차수열은 자연수 전체의 집합에서 실수 전체의 집합으로의 일차함수입니다. 즉, 도형 문제에서 일차함수의 그래프(직선)를 따라 일정하게 커지거나

작아지는 것은 등차수열에 대한 문제로 바꾸어 생각할 수 있습니다.

예를 들어, 오른쪽 그림과 같이 밑변 AB의 길이가 40인 직각삼각형 ABC에서 변 AC를 11등분한 점에서 변 AB와 평행한 10개의 선분을 그려 그 길이를 각각 a_1, a_2, a_3, $\cdots$, a_{10} 이라고 하면

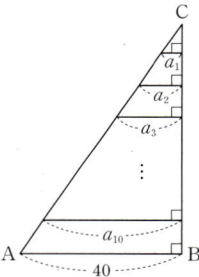

$$a_1 + a_{10} = 40, \ a_2 + a_9 = 40, \ \cdots, \ a_5 + a_6 = 40$$

이므로

$$a_1 + a_2 + a_3 + \cdots + a_{10} = 40 \times 5 = 200$$

정답 315

09-27

접근 방법 $\overline{AD} = a$, $\overline{BD} = b$, $\overline{CD} = c$라 하고 세 삼각형 CAD, CDB, CAB의 넓이를 각각 구한 다음 등차중항을 이용합니다.

상세 풀이 세 삼각형 CAD, CDB, CAB의 넓이가 이 순서대로 등차수열을 이루므로

$$2 \triangle CDB = \triangle CAD + \triangle CAB$$

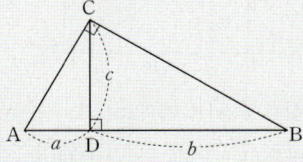

이때, $\overline{AD} = a$, $\overline{BD} = b$, $\overline{CD} = c$라고 하면

$$2 \times \frac{1}{2} bc = \frac{1}{2} ac + \frac{1}{2}(a+b)c$$

$$\therefore b = 2a \qquad \cdots\cdots \ \bigcirc$$

또한 $\triangle ADC \backsim \triangle CDB$이므로

$$a : c = c : b$$

$$\therefore ab = c^2 \qquad \cdots\cdots \ \bigcirc$$

$\bigcirc$을 $\bigcirc$에 대입하면

$$2a^2 = c^2 \quad \therefore c = \sqrt{2}a \ (\because a > 0, \ c > 0)$$

$$\therefore \tan B = \frac{c}{b} = \frac{\sqrt{2}a}{2a} = \frac{\sqrt{2}}{2}$$

보충 설명 오른쪽 그림과 같이 $\angle A = 90°$인 직각삼각형 ABC의 꼭짓점 A에서 빗변 BC에 내린 수선의 발을 H라고 하면

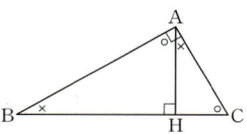

(1) $\triangle ABC \backsim \triangle HBA \backsim \triangle HAC$

(2) $\overline{AB}^2 = \overline{BH} \times \overline{BC}$,

$\overline{AC}^2 = \overline{CH} \times \overline{CB}$,

$\overline{AH}^2 = \overline{BH} \times \overline{HC}$

정답 $\dfrac{\sqrt{2}}{2}$

09-28

접근 방법 이 문제의 경우 직선의 기울기만을 묻고 있으므로 A, B, C, D, E의 다섯 개의 점이 어느 위치에 있든 주어진 조건을 만족시키기만 하면 결과는 같습니다.

즉, 직선 AB의 기울기를 m이라고 하면 기울기는 $\dfrac{(y\text{의 값의 증가량})}{(x\text{의 값의 증가량})}$이므로 점 A의 좌표를 임의로 $(-1, 0)$이라 하고 다른 점들의 좌표를 m으로 간단하게 나타낼 수 있습니다.

상세 풀이 점 A의 좌표를 $(-1, 0)$이라 하고 직선 AB의 기울기를 $m \ (m > 1)$이라고 하면 점 B의 좌표는 $(0, m)$입니다.

또한 선분 AB와 선분 BC가 수직이므로 직선 BC의 기울기는 $-\dfrac{1}{m}$입니다.

점 C의 좌표를 $(x, 0)$이라고 하면 직선 BC의 기울기는 $\dfrac{0-m}{x-0}$이므로 $\dfrac{0-m}{x-0} = -\dfrac{1}{m}$에서

$$x = m^2 \quad \therefore C(m^2, 0)$$

나머지 두 점 D와 E의 좌표도 마찬가지 방법으로 구하면

$$D(0, -m^3), \ E(-m^4, 0)$$

그런데 세 선분 AO, OC, EA의 길이가 이 순서대로 등차수열을 이루므로

$$2\overline{OC} = \overline{AO} + \overline{EA}$$

이때, $m>1$이므로 $\overline{EA}=m^4-1$, 즉
$$2m^2=1+(m^4-1)$$
따라서 $m^4=2m^2$에서 $m>0$이므로
$$m=\sqrt{2}$$

정답 $\sqrt{2}$

09-29

접근 방법 주어진 삼각형에서 변 AB에 수직인 선분들의 길이는 등차수열을 이룹니다.

상세 풀이 다음 그림과 같이 꼭짓점 C에서 변 AB에 내린 수선의 발을 H라고 합시다.

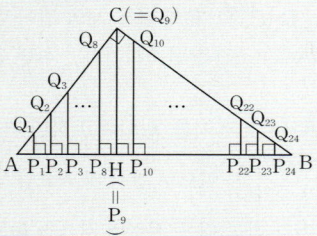

$\overline{AC}=15$, $\overline{BC}=20$이므로 직각삼각형 ABC에서
$$\overline{AB}=\sqrt{15^2+20^2}=\sqrt{625}=25$$
변 AB를 25등분하였으므로 자연수 n에 대하여
$$\overline{AP_n}=n$$
이때, 직각삼각형 ABC의 넓이는
$$\frac{1}{2}\times15\times20=\frac{1}{2}\times25\times\overline{CH}$$
$$\therefore \overline{CH}=\frac{15\times20}{25}=12$$
또한 $\overline{AH}=\sqrt{15^2-12^2}=9$에서 $\overline{AH}=\overline{AP_9}$이므로 두 점 P_9, Q_9가 각각 두 점 H, C와 일치합니다.
$$\therefore \overline{P_9Q_9}=\overline{CH}=12$$
한편, $n<9$에서 $\triangle Q_1AP_1 \backsim \triangle Q_nAP_n$이고 $\overline{P_nQ_n}=n\times\overline{P_1Q_1}$이므로 $\overline{P_1Q_1}$, $\overline{P_2Q_2}$, $\cdots$, $\overline{P_8Q_8}$은 공차가 $\overline{P_1Q_1}$인 등차수열을 이룹니다.
$$\therefore \overline{P_1Q_1}+\overline{P_8Q_8}=\overline{P_1Q_1}+8\overline{P_1Q_1}$$
$$=9\overline{P_1Q_1}$$
$$=\overline{P_9Q_9}=12$$

$$\therefore \overline{P_1Q_1}+\overline{P_2Q_2}+\cdots+\overline{P_8Q_8}=\frac{8\times12}{2}$$
$$=48 \quad \cdots\cdots \text{㉠}$$
또한 $9<n\leq24$에서 $\triangle Q_{24}P_{24}B \backsim \triangle Q_nP_nB$이고 $\overline{P_nQ_n}=(25-n)\times\overline{P_{24}Q_{24}}$이므로 $\overline{P_{10}Q_{10}}$, $\overline{P_{11}Q_{11}}$, $\cdots$, $\overline{P_{24}Q_{24}}$는 공차가 $\overline{P_{24}Q_{24}}$인 등차수열을 이룹니다.
$$\therefore \overline{P_{10}Q_{10}}+\overline{P_{24}Q_{24}}=15\overline{P_{24}Q_{24}}+\overline{P_{24}Q_{24}}$$
$$=16\overline{P_{24}Q_{24}}=\overline{P_9Q_9}=12$$
$$\therefore \overline{P_{10}Q_{10}}+\overline{P_{11}Q_{11}}+\cdots+\overline{P_{24}Q_{24}}=\frac{15\times12}{2}$$
$$=90$$
$$\cdots\cdots \text{㉡}$$
㉠, ㉡에서 구하는 값은
$$(\overline{P_1Q_1}+\overline{P_2Q_2}+\cdots+\overline{P_8Q_8})+\overline{P_9Q_9}$$
$$+(\overline{P_{10}Q_{10}}+\overline{P_{11}Q_{11}}+\cdots+\overline{P_{24}Q_{24}})$$
$$=48+12+90$$
$$=150$$

다른 풀이 $\overline{AC}=15$, $\overline{BC}=20$이고 상세 풀이 에서 $\overline{CH}=12$, $\overline{AH}=9$임을 알았으므로 직각삼각형 ABC는 다음과 같습니다.

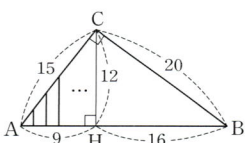

이때, 직각삼각형 AHC에서 $\tan A=\dfrac{12}{9}=\dfrac{4}{3}$이므로
$$\overline{P_1Q_1}+\overline{P_2Q_2}+\overline{P_3Q_3}+\cdots+\overline{P_9Q_9}$$
$$=(1+2+3+\cdots+9)\times\tan A$$
$$=\frac{9\times10}{2}\times\frac{4}{3}=60$$
또한 직각삼각형 BHC에서 $\tan B=\dfrac{12}{16}=\dfrac{3}{4}$이므로
$$\overline{P_{10}Q_{10}}+\overline{P_{11}Q_{11}}+\cdots+\overline{P_{24}Q_{24}}$$
$$=(15+14+\cdots+1)\times\tan B$$
$$=\frac{15\times16}{2}\times\frac{3}{4}=90$$
$$\therefore \overline{P_1Q_1}+\overline{P_2Q_2}+\overline{P_3Q_3}+\cdots+\overline{P_{24}Q_{24}}$$
$$=60+90=150$$

정답 150

01-1

(1) 주어진 등비수열을 $\{a_n\}$이라고 하면 첫째항은 4, 공비는 -3이므로
$$a_n = 4 \times (-3)^{n-1}$$
-972를 제n항이라고 하면
$$4 \times (-3)^{n-1} = -972$$
$$(-3)^{n-1} = -243 = (-3)^5 \quad \therefore n = 6$$
따라서 -972는 제6항입니다.

(2) 첫째항을 a, 공비를 r라고 하면
$a_4 = 54$에서 $ar^3 = 54$ ...... ㉠
$a_6 = 486$에서 $ar^5 = 486$ ...... ㉡
㉡÷㉠을 하면
$$r^2 = 9 \quad \therefore r = 3 \ (\because r > 0)$$
$r = 3$을 ㉠에 대입하면
$$27a = 54 \quad \therefore a = 2$$
$$\therefore a + r = 2 + 3 = 5$$

(3) 주어진 등비수열을 $\{a_n\}$이라 하고, 첫째항을 a, 공비를 r라고 하면
$a_2 = 6$에서 $ar = 6$ ...... ㉠
$a_5 = 48$에서 $ar^4 = 48$ ...... ㉡
㉡÷㉠을 하면
$$r^3 = 8 \quad \therefore r = 2 \ (\because r\text{는 실수})$$
$r = 2$를 ㉠에 대입하면
$$2a = 6 \quad \therefore a = 3$$
등비수열 $\{a_n\}$의 첫째항은 3, 공비는 2이므로
$$a_n = 3 \times 2^{n-1}$$
1536을 제n항이라고 하면
$$3 \times 2^{n-1} = 1536$$
$$2^{n-1} = 512 = 2^9 \quad \therefore n = 10$$
따라서 1536은 제10항입니다.

(4) 공비를 r라고 하면
$a_1 + a_2 + a_3 + a_4 = 4$에서
$$a_1 + a_1 r + a_1 r^2 + a_1 r^3 = 4$$
$$\therefore a_1(1 + r + r^2 + r^3) = 4 \quad \cdots\cdots ㉠$$
$a_5 + a_6 + a_7 + a_8 = 32$에서
$$a_1 r^4 + a_1 r^5 + a_1 r^6 + a_1 r^7 = 32$$
$$\therefore a_1 r^4 (1 + r + r^2 + r^3) = 32 \quad \cdots\cdots ㉡$$
㉡÷㉠을 하면 $r^4 = 8$
$$\therefore \frac{a_5 + a_8}{a_1 + a_4} = \frac{a_1 r^4 + a_1 r^7}{a_1 + a_1 r^3} = \frac{a_1 r^4(1 + r^3)}{a_1(1 + r^3)}$$
$$= r^4 = 8$$

정답 (1) 제6항 (2) 5 (3) 제10항 (4) 8

01-2

주어진 등비수열을 $\{a_k\}$라 하고, 첫째항을 a, 공비를 r라고 하면 $a_k = ar^{k-1}$이므로
$$a_m = ar^{m-1} = n \quad \therefore r^m = \frac{nr}{a}$$
$$a_n = ar^{n-1} = m \quad \therefore r^n = \frac{mr}{a}$$
따라서 등비수열 $\{a_k\}$의 제$(2m-n)$항은
$$a_{2m-n} = ar^{2m-n-1} = \frac{a}{r} \times \frac{(r^m)^2}{r^n}$$
$$= \frac{a}{r} \times \frac{\left(\dfrac{nr}{a}\right)^2}{\dfrac{mr}{a}}$$
$$= \frac{a}{r} \times \frac{n^2 r^2}{a^2} \times \frac{a}{mr} = \frac{n^2}{m}$$

정답 ③

01-3

등비수열 $\{a_n\}$의 공비를 r_1이라고 하면
$a_2 = a_1 r_1$, $a_9 = a_1 r_1^8$, $a_{16} = a_1 r_1^{15}$이므로
$$\frac{a_9}{a_2} = r_1^7 = \frac{a_{16}}{a_9}$$
$$\therefore a_2 = \frac{a_9^2}{a_{16}} \quad \cdots\cdots ㉠$$
또한 등비수열 $\{b_n\}$의 공비를 r_2라고 하면
$b_4 = b_1 r_2^3$, $b_{12} = b_1 r_2^{11}$, $b_{20} = b_1 r_2^{19}$이므로
$$\frac{b_{12}}{b_4} = r_2^8 = \frac{b_{20}}{b_{12}}$$
$$\therefore b_4 = \frac{b_{12}^2}{b_{20}} \quad \cdots\cdots ㉡$$
㉠, ㉡에서
$$a_2 b_4 = \frac{(a_9 b_{12})^2}{a_{16} b_{20}} = \frac{10^2}{20} = \frac{100}{20} = 5$$

다른 풀이 두 등비수열 $\{a_n\}$, $\{b_n\}$의 첫째항을 각각 a, b, 공비를 각각 r_1, r_2라고 하면

$a_9 b_{12}=10$에서

$$(ar_1^8)(br_2^{11})=abr_1^8 r_2^{11}=10 \quad\cdots\cdots\ ㉠$$

$a_{16}b_{20}=20$에서

$$(ar_1^{15})(br_2^{19})=abr_1^{15}r_2^{19}=20 \quad\cdots\cdots\ ㉡$$

㉡$\div$㉠을 하면 $r_1^7 r_2^8=2 \quad\cdots\cdots\ ㉢$

㉠$\div$㉢을 하면 $abr_1 r_2^3=5$

$$\therefore\ a_2 b_4=(ar_1)(br_2^3)=abr_1 r_2^3=5$$

정답 ④

예제 02 등비중항 p.387

02-1

(1) x가 p, y의 등비중항이므로

$$x^2=py \quad\cdots\cdots\ ㉠$$

또한 y가 x, z의 등비중항이므로

$$y^2=xz \quad\cdots\cdots\ ㉡$$

또한 z가 y, q의 등비중항이므로

$$z^2=yq \quad\cdots\cdots\ ㉢$$

㉡을 제곱한 다음 ㉠, ㉢을 대입하면

$$y^4=x^2 z^2=py\times yq=pqy^2,\ y^2=pq$$

$$\therefore\ y=p^{\frac12}q^{\frac12}$$

이것을 ㉠, ㉢에 대입하면

$$x^2=p(p^{\frac12}q^{\frac12})=p^{\frac32}q^{\frac12} \quad\therefore\ x=p^{\frac34}q^{\frac14}$$

$$z^2=(p^{\frac12}q^{\frac12})q=p^{\frac12}q^{\frac32} \quad\therefore\ z=p^{\frac14}q^{\frac34}$$

(2) $p=16$, $q=81$이므로

$$x=16^{\frac34}\times 81^{\frac14}=(2^4)^{\frac34}\times(3^4)^{\frac14}$$
$$=2^3\times 3=24$$
$$y=16^{\frac12}\times 81^{\frac12}=(2^4)^{\frac12}\times(3^4)^{\frac12}$$
$$=2^2\times 3^2=36$$
$$z=16^{\frac14}\times 81^{\frac34}=(2^4)^{\frac14}\times(3^4)^{\frac34}$$
$$=2\times 3^3=54$$

정답 (1) $x=p^{\frac34}q^{\frac14}$, $y=p^{\frac12}q^{\frac12}$, $z=p^{\frac14}q^{\frac34}$

(2) $x=24$, $y=36$, $z=54$

02-2

(1) x는 1과 5의 등차중항이므로

$$2x=1+5=6 \quad\therefore\ x=3$$

또한 y는 1과 5의 등비중항이므로

$$y^2=1\times 5=5$$

$$\therefore\ x^2+y^2=9+5=14$$

(2) b는 10과 90의 등차중항이므로

$$b=\frac{10+90}{2}=50$$

e는 10과 90의 등비중항이고 양수이므로

$$e=\sqrt{10\times 90}=30$$

$$\therefore\ b+e=50+30=80$$

정답 (1) 14 (2) 80

02-3

세 수 4, p, q는 등차수열을 이루므로

$$p=\frac{4+q}{2} \quad\cdots\cdots\ ㉠$$

또한 세 수 p, q, 4는 등비수열을 이루므로

$$q^2=4p \quad\cdots\cdots\ ㉡$$

㉠을 ㉡에 대입하면

$$q^2=4\times\frac{4+q}{2},\ q^2-2q-8=0$$
$$(q+2)(q-4)=0$$
$$\therefore\ q=-2\ \text{또는}\ q=4$$

따라서 $\begin{cases} p=1 \\ q=-2 \end{cases}$ $(\because p\ne q)$이므로

$$pq=1\times(-2)=-2$$

보충 설명 두 양수 a, b에 대하여 $\dfrac{a+b}{2}$, $\sqrt{ab}$, $\dfrac{2ab}{a+b}$ 는 각각 a, b의 등차중항, 등비중항, 조화중항이고 이는 두 양수 a, b의 산술평균, 기하평균, 조화평균이므로 다음이 성립합니다.

$$\frac{a+b}{2}\ge\sqrt{ab}\ge\frac{2ab}{a+b}$$

(단, 등호는 $a=b$일 때 성립한다.)

이때, 세 수 $\dfrac{a+b}{2}$, $\sqrt{ab}$, $\dfrac{2ab}{a+b}$에 대하여

$$\frac{a+b}{2}\times\frac{2ab}{a+b}=(\sqrt{ab})^2 \quad \leftarrow \sqrt{ab}\text{는 }\frac{a+b}{2}\text{와 }\frac{2ab}{a+b}\text{의 등비중항}$$

이므로 세 수 $\dfrac{a+b}{2}$, $\sqrt{ab}$, $\dfrac{2ab}{a+b}$ 는 이 순서대로 등비수열을 이룹니다.

정답 -2

예제 03   등비수열을 이루는 세 수   p.389

03-1

세 근을 a, ar, ar^2이라고 하면 삼차방정식의 근과 계수의 관계에 의하여

$a+ar+ar^2=p$ $\cdots\cdots$ ㉠

$a \times ar + ar \times ar^2 + ar^2 \times a = 105$ $\cdots\cdots$ ㉡

$a \times ar \times ar^2 = 125$ $\cdots\cdots$ ㉢

㉢에서 $(ar)^3 = 125$이므로

$ar = 5$ $\cdots\cdots$ ㉣

㉡에서 $ar(a+ar+ar^2) = 105$

따라서 ㉠과 ㉣에서

$5p = 105$ $\therefore p = 21$

정답 21

03-2

두 곡선 $y = x^3 + 8$, $y = kx^2 + 6x$의 서로 다른 세 교점의 x좌표는 삼차방정식 $x^3 + 8 = kx^2 + 6x$의 서로 다른 세 근이 됩니다.

즉, 방정식 $x^3 - kx^2 - 6x + 8 = 0$의 서로 다른 세 근이 등비수열을 이루므로 세 근을 a, ar, ar^2이라고 하면 근과 계수의 관계에 의하여

$a + ar + ar^2 = a(1+r+r^2) = k$ $\cdots\cdots$ ㉠

$a \times ar + ar \times ar^2 + ar^2 \times a = a^2 r(1+r+r^2)$
$\qquad\qquad\qquad\qquad\qquad\qquad = -6$ $\cdots\cdots$ ㉡

$a \times ar \times ar^2 = (ar)^3 = -8$ $\cdots\cdots$ ㉢

㉢에서 $ar = -2$이므로 이것을 ㉡에 대입하면

$-2a(1+r+r^2) = -6$

$\therefore a(1+r+r^2) = 3$

$\therefore k = 3 \ (\because ㉠)$

정답 ⑤

03-3

등비수열을 이루는 세 실수를 a, ar, ar^2이라고 하면

$\begin{cases} a+ar+ar^2=7 & \cdots\cdots ㉠ \\ a^3 r^3 = 8 & \cdots\cdots ㉡ \end{cases}$

㉡에서 $ar = 2$이므로 $a = \dfrac{2}{r}$ $\cdots\cdots$ ㉢

㉢을 ㉠에 대입하여 풀면

$\dfrac{2}{r} + \dfrac{2}{r} \times r + \dfrac{2}{r} \times r^2 = 7$, $\dfrac{2}{r} + 2 + 2r = 7$

$2r^2 - 5r + 2 = 0$, $(2r-1)(r-2) = 0$

$\therefore r = \dfrac{1}{2}$ 또는 $r = 2$

㉢에서 $r = \dfrac{1}{2}$일 때 $a = 4$이고, $r = 2$일 때 $a = 1$이므로 세 실수는

4, 2, 1 또는 1, 2, 4

따라서 구하는 세 실수의 제곱의 합은

$4^2 + 2^2 + 1^2 = 16 + 4 + 1 = 21$

정답 21

예제 04   등비수열의 합   p.397

04-1

첫째항을 a, 공비를 r라고 하면

$a_2 + a_4 = ar + ar^3$
$\qquad\quad = ar(1+r^2) = 30$ $\cdots\cdots$ ㉠

$a_4 + a_6 = ar^3 + ar^5$
$\qquad\quad = ar^3(1+r^2) = 270$ $\cdots\cdots$ ㉡

㉡÷㉠을 하면

$r^2 = 9$ $\therefore r = 3 \ (\because r > 0)$

$r = 3$을 ㉠에 대입하면

$30a = 30$ $\therefore a = 1$

따라서 첫째항이 1, 공비가 3인 등비수열 $\{a_n\}$의 첫째항부터 제10항까지의 합은

$\dfrac{1(3^{10}-1)}{3-1} = \dfrac{1}{2}(3^{10}-1)$

정답 $\dfrac{1}{2}(3^{10}-1)$

04-**2**

(1) 등비수열 $\{a_n\}$의 첫째항이 3, 공비가 2이므로
$$S_n = \frac{3(2^n-1)}{2-1} = 3(2^n-1)$$
이때, $S_n = 189$이므로
$$3(2^n-1) = 189, \quad 2^n-1 = 63$$
$$2^n = 64 = 2^6 \qquad \therefore n = 6$$

(2) 등비수열 $\{a_n\}$의 공비를 r라고 하면
$$r = \frac{a_2}{a_1} = \frac{3-\sqrt{3}}{\sqrt{3}-1} = \frac{\sqrt{3}(\sqrt{3}-1)}{\sqrt{3}-1} = \sqrt{3}$$
따라서 수열 $\{a_n\}$은 첫째항이 $\sqrt{3}-1$, 공비가 $\sqrt{3}$인 등비수열이므로
$$S_8 = \frac{(\sqrt{3}-1)\{(\sqrt{3})^8-1\}}{\sqrt{3}-1} = 3^4-1 = 80$$

(3) 등비수열 $\{a_n\}$의 첫째항을 a, 공비를 r라고 하면
$$S_2 = \frac{a(r^2-1)}{r-1} = 10 \qquad \cdots\cdots \text{㉠}$$
$$S_4 = \frac{a(r^4-1)}{r-1} = 2570 \qquad \cdots\cdots \text{㉡}$$
㉡÷㉠을 하면
$$\frac{r^4-1}{r^2-1} = \frac{(r^2+1)(r^2-1)}{r^2-1}$$
$$= r^2+1 = 257$$
$$\therefore r^2 = 256 = 2^8$$
이때, 공비가 자연수이므로
$$r = 2^4 = 16$$

정답 (1) 6 (2) 80 (3) 16

04-**3**

등비수열 $\{a_n\}$의 첫째항을 a, 공비를 r라고 하면
첫째항과 제4항의 합이 27이므로
$$a+ar^3 = a(1+r^3) = 27 \qquad \cdots\cdots \text{㉠}$$
첫째항부터 제4항까지의 합이 45이므로
$$\frac{a(1-r^4)}{1-r} = 45 \qquad \cdots\cdots \text{㉡}$$
㉠에서
$$a(1+r^3) = a(1+r)(1-r+r^2) = 27 \quad \cdots\cdots \text{㉢}$$
㉡에서

$$\frac{a(1-r^4)}{1-r} = \frac{a(1-r)(1+r)(1+r^2)}{1-r}$$
$$= a(1+r)(1+r^2) = 45 \qquad \cdots\cdots \text{㉣}$$
㉢÷㉣을 하면
$$\frac{1-r+r^2}{1+r^2} = \frac{3}{5}, \quad 5-5r+5r^2 = 3+3r^2$$
$$2r^2-5r+2 = 0, \quad (2r-1)(r-2) = 0$$
$$\therefore r = \frac{1}{2} \ \text{또는} \ r = 2$$

(ⅰ) $r = \frac{1}{2}$일 때, ㉠에서
$$\frac{9}{8}a = 27 \qquad \therefore a = 24$$
$$\therefore a_1+a_2 = 24+24\times\frac{1}{2} = 36$$

(ⅱ) $r = 2$일 때, ㉠에서
$$9a = 27 \qquad \therefore a = 3$$
$$\therefore a_1+a_2 = 3+3\times 2 = 9$$

정답 9 또는 36

예제 05 부분의 합이 주어진 등비수열의 합   p.399

05-**1**

등비수열 $\{a_n\}$에서 차례대로 5개의 수를 각각 묶어 그 합을 구하면 이 합은 등비수열을 이룹니다. 즉,
$$A = a_1+a_2+\cdots+a_5,$$
$$B = a_6+a_7+\cdots+a_{10},$$
$$C = a_{11}+a_{12}+\cdots+a_{15},$$
$$D = a_{16}+a_{17}+\cdots+a_{20}$$
이라고 하면 A, B, C, D는 이 순서대로 등비수열을 이룹니다.
이때, $S_5 = 5$, $S_{10} = 20$이므로
$$A = S_5 = 5$$
$$B = S_{10}-S_5 = 20-5 = 15$$
따라서 $\dfrac{B}{A} = \dfrac{15}{5} = 3$에서
$$C = 15\times 3 = 45, \quad D = 45\times 3 = 135$$
이므로

$$S_{20}=A+B+C+D$$
$$=5+15+45+135=200$$

다른 풀이 등비수열 $\{a_n\}$의 첫째항을 a, 공비를 r라고 하면

$$S_5=\frac{a(1-r^5)}{1-r}=5 \qquad \cdots\cdots ㉠$$

$$S_{10}=\frac{a(1-r^{10})}{1-r}$$

$$=\frac{a(1-r^5)(1+r^5)}{1-r}=20 \qquad \cdots\cdots ㉡$$

㉡ ÷ ㉠을 하면

$$1+r^5=4 \qquad \therefore r^5=3$$

$$\therefore S_{20}=\frac{a(1-r^{20})}{1-r}$$

$$=\frac{a(1-r^{10})}{1-r}\times(1+r^{10})$$

$$=20\times(1+9)=200$$

정답 200

05-2

등비수열 $\{a_n\}$의 첫째항을 a, 공비를 r라 하고 첫째항부터 제n항까지의 합을 T_1, 제$(n+1)$항부터 제$2n$항까지의 합을 T_2, 제$(2n+1)$항부터 제$3n$항까지의 합을 T_3이라고 하면

$$T_1=a+ar+ar^2+\cdots+ar^{n-1}$$
$$=a(1+r+r^2+\cdots+r^{n-1})$$
$$T_2=ar^n+ar^{n+1}+ar^{n+2}+\cdots+ar^{2n-1}$$
$$=ar^n(1+r+r^2+\cdots+r^{n-1})$$
$$T_3=ar^{2n}+ar^{2n+1}+ar^{2n+2}+\cdots+ar^{3n-1}$$
$$=ar^{2n}(1+r+r^2+\cdots+r^{n-1})$$

따라서 T_1, T_2, T_3은 이 순서대로 공비가 r^n인 등비수열을 이루므로 $T_2{}^2=T_1T_3$에서

$$T_3=\frac{T_2{}^2}{T_1}=\frac{144^2}{36}=576$$

정답 576

05-3

$S_{2k}=4S_k$에서

$$\frac{a(1-r^{2k})}{1-r}=4\times\frac{a(1-r^k)}{1-r}$$

이 등식의 양변을 $\dfrac{a}{1-r}$로 나누면

$$1-r^{2k}=4(1-r^k)$$
$$(1+r^k)(1-r^k)=4(1-r^k)$$
$$1+r^k=4$$
$$\therefore r^k=3 \qquad \cdots\cdots ㉠$$

이때,

$$S_{4k}=\frac{a(1-r^{4k})}{1-r}$$

$$=\frac{a(1-r^k)(1+r^k)(1+r^{2k})}{1-r}$$

$$=\frac{a(1-r^k)}{1-r}\times(1+r^k)(1+r^{2k}) \qquad \cdots\cdots ㉡$$

이므로 ㉠을 ㉡에 대입하면

$$S_{4k}=S_k(1+3)(1+9)=40S_k$$

따라서 S_{4k}는 S_k의 40배입니다.

다른 풀이 수열 S_k, $S_{2k}-S_k$, $S_{3k}-S_{2k}$, $S_{4k}-S_{3k}$가 공비가 r^k인 등비수열을 이루므로 $S_k=p$ (p는 상수)라고 하면

$S_{2k}=4S_k=4p$에서

$$S_{2k}-S_k=4p-p=3p$$

이때, $r^k=3$이므로

$$S_{3k}-S_{2k}=3p\times3=9p$$
$$S_{4k}-S_{3k}=9p\times3=27p$$
$$\therefore S_{4k}=27p+S_{3k}=27p+(9p+S_{2k})$$
$$=36p+4p=40p=40S_k$$

정답 ⑤

예제 06 등비수열의 합과 일반항 사이의 관계   p.401

06-1

$n\geq2$일 때,

$$a_n=S_n-S_{n-1}$$
$$=3^{n+k}-3-(3^{n-1+k}-3)$$
$$=3^{n+k}-3^{n-1+k}$$
$$=3^{n-1+k}(3-1)$$
$$=2\times3^{n-1+k} \qquad \cdots\cdots ㉠$$

$n=1$일 때, $a_1=S_1=3^{1+k}-3 \qquad \cdots\cdots ㉡$

수열 $\{a_n\}$이 첫째항부터 등비수열을 이루려면 ㉠에

$n=1$을 대입하여 얻은 값이 ㉡과 같아야 하므로

$$2\times3^k=3^{1+k}-3,\ 3^k=3$$
$$\therefore k=1$$

정답 1

06-2

$\log(S_n+1)=n$에서

$$S_n+1=10^n \qquad \therefore S_n=10^n-1$$

$n\geq2$일 때,

$$\begin{aligned}a_n&=S_n-S_{n-1}\\&=10^n-1-(10^{n-1}-1)\\&=10^n-10^{n-1}\\&=10^{n-1}(10-1)\\&=9\times10^{n-1}\qquad\cdots\cdots㉠\end{aligned}$$

$n=1$일 때, $a_1=S_1=10-1=9$

이것은 ㉠에 $n=1$을 대입하여 얻은 값과 같으므로

$$a_n=9\times10^{n-1}\underset{\llcorner\ 9\times10^0=9\times1=9}{}$$

따라서 $p=9,\ q=10$이므로

$$p+q=9+10=19$$

정답 ⑤

06-3

$a_1a_2a_3\cdots a_n=2^{n^2+2n}$에서 $\qquad\cdots\cdots㉠$

$n\geq2$일 때, n 대신 $n-1$을 ㉠에 대입하면

$$a_1a_2a_3\cdots a_{n-1}=2^{(n-1)^2+2(n-1)}=2^{n^2-1}\quad\cdots\cdots㉡$$

㉠÷㉡을 하면

$$\begin{aligned}a_n&=2^{2n+1}=2^{2(n-1)+3}\\&=8\times4^{n-1}\ (n\geq2)\qquad\cdots\cdots㉢\end{aligned}$$

이때, $n=1$을 ㉠의 양변에 대입하면

$$a_1=2^{1+2}=8$$

이것은 ㉢에 $n=1$을 대입하여 얻은 값과 같으므로

$$a_n=8\times4^{n-1}\underset{\llcorner\ 8\times4^0=8\times1=8}{}$$

따라서 등비수열 $\{a_n\}$의 첫째항은 8, 공비는 4이므로 구하는 첫째항과 공비의 합은

$$8+4=12$$

정답 12

예제 07 등차수열과 등비수열 사이의 관계 p.403

07-1

(1) 수열 $\{a_n\}$이 첫째항이 1, 공차가 -2인 등차수열 이므로

$$a_n=1+(n-1)\times(-2)=-2n+3$$

양변에 밑이 3인 지수를 취하면

$$b_n=3^{a_n}=3^{-2n+3}=3\times3^{-2(n-1)}=3\times\left(\frac{1}{9}\right)^{n-1}$$

따라서 수열 $\{b_n\}$은 첫째항이 3, 공비가 $\frac{1}{9}$인 등비수열입니다.

(2) 수열 $\{a_n\}$이 첫째항이 1, 공비가 $\frac{1}{2}$인 등비수열이므로

$$a_n=\left(\frac{1}{2}\right)^{n-1}$$

양변에 상용로그를 취하면

$$b_n=\log a_n=\log\left(\frac{1}{2}\right)^{n-1}=(n-1)\log\frac{1}{2}$$

따라서 수열 $\{b_n\}$은 첫째항이 0, 공차가 $\log\frac{1}{2}$인 등차수열입니다.

정답 (1) 첫째항이 3, 공비가 $\frac{1}{9}$인 등비수열
(2) 첫째항이 0, 공차가 $\log\frac{1}{2}$인 등차수열

07-2

등비수열 $\{a_n\}$의 첫째항을 a, 공비를 r라고 하면

$$a_n=ar^{n-1},\ S_n=\frac{a(1-r^n)}{1-r}$$

ㄱ. $b_n=a_{5n}=ar^{5n-1}$
$$=ar^{5(n-1)+4}=ar^4(r^5)^{n-1}$$

이므로 수열 $\{b_n\}$은 첫째항이 ar^4, 공비가 r^5인 등비수열입니다.

ㄴ. $c_n=a_{n+1}-a_n=ar^n-ar^{n-1}=a(r-1)r^{n-1}$

이므로 수열 $\{c_n\}$은 첫째항이 $a(r-1)$, 공비가 r인 등비수열입니다.

ㄷ. 주어진 식의 양변에 n 대신 1부터 차례대로 대입하면

$$d_1 = S_{10} - S_5$$
$$= \frac{a(1-r^{10})}{1-r} - \frac{a(1-r^5)}{1-r}$$
$$= \frac{a}{1-r}(1-r^{10}-1+r^5)$$
$$= \frac{a(1-r^5)}{1-r} \times r^5$$
$$d_2 = S_{15} - S_{10} = \frac{a(1-r^5)}{1-r} \times r^{10}$$
$$d_3 = S_{20} - S_{15} = \frac{a(1-r^5)}{1-r} \times r^{15}$$
$$\vdots$$

즉, 수열 $\{d_n\}$은 첫째항이 $\dfrac{a(1-r^5)}{1-r} \times r^5$, 공비

가 r^5인 등비수열입니다.

따라서 등비수열인 것은 ㄱ, ㄴ, ㄷ입니다.

정답 ㄱ, ㄴ, ㄷ

07-3

등비수열 $\{a_n\}$의 일반항이 $a_n = 3^{n-1}$이므로 수열 $\{a_n\}$
은

$$1, 3, 3^2, 3^3, 3^4, 3^5, 3^6, 3^7, 3^8, 3^9, 3^{10}, \cdots$$

이때, 이 수열의 각 항을 5로 나누었을 때의 나머지
를 차례대로 쓰면

$$1, 3, 4, 2, 1, 3, 4, 2, 1, 3, \cdots$$

과 같이 1, 3, 4, 2가 이 순서대로 반복되어 나타나므
로 수열 $\{b_n\}$의 항을 차례대로 나열하면

$$3^2, 3^6, 3^{10}, \cdots$$

즉, 수열 $\{b_n\}$은 첫째항이 3^2이고, 공비가 3^4인 등비수
열이므로

$$b_n = 3^2 \times (3^4)^{n-1} = 3^{4n-2}$$
$$\therefore \log_3 b_n = \log_3 3^{4n-2} = 4n-2$$

따라서 구하는 식의 값은 첫째항이 2이고, 공차가 4
인 등차수열의 첫째항부터 제20항까지의 합과 같으
므로

$$\log_3 b_1 + \log_3 b_2 + \cdots + \log_3 b_{20}$$
$$= \frac{20\{2 \times 2 + (20-1) \times 4\}}{2} = 800$$

정답 800

예제 08 원리합계　　　　　　　p.405

08-1

(1) 매년 초에 10만 원씩 적립한 금액의 2031년 말의
원리합계를 그림으로 나타내면 다음과 같습니다.

(단위 : 만 원)

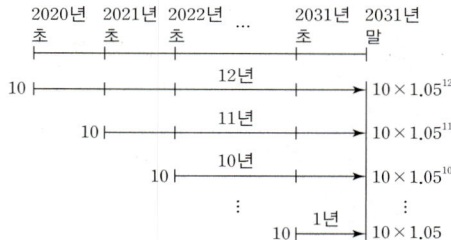

따라서 2031년 말의 적립금의 원리합계를 S만 원
이라고 하면

$$S = 10 \times 1.05^{12} + 10 \times 1.05^{11} + 10 \times 1.05^{10}$$
$$+ \cdots + 10 \times 1.05$$

이것은 첫째항이 10×1.05, 공비가 1.05인 등비
수열의 첫째항부터 제12항까지의 합이므로

$$S = \frac{10 \times 1.05 \times (1.05^{12}-1)}{1.05-1}$$
$$= \frac{10 \times 1.05 \times (1.8-1)}{0.05}$$
$$= 168 (만 원)$$

(2) 매년 말에 10만 원씩 적립한 금액의 2031년 말의
원리합계를 그림으로 나타내면 다음과 같습니다.

(단위 : 만 원)

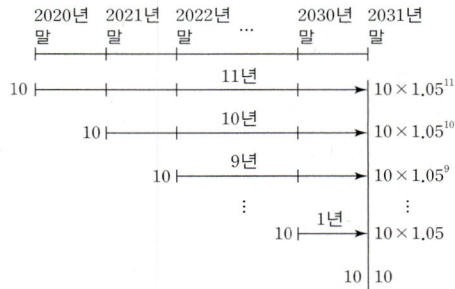

따라서 2031년 말의 적립금의 원리합계를 S만 원
이라고 하면

$$S = 10 \times 1.05^{11} + 10 \times 1.05^{10} + 10 \times 1.05^9$$
$$+ \cdots + 10$$

이것은 첫째항이 10, 공비가 1.05인 등비수열의 첫째항부터 제12항까지의 합이므로

$$S = \frac{10 \times (1.05^{12} - 1)}{1.05 - 1}$$

$$= \frac{10 \times (1.8 - 1)}{0.05} = 160(\text{만 원})$$

정답 (1) 168만 원 (2) 160만 원

08-2

매월 초에 a만 원씩 적립하여 5년, 즉 60개월 후 월말의 원리합계를 그림으로 나타내면 다음과 같습니다.

(단위 : 만 원)

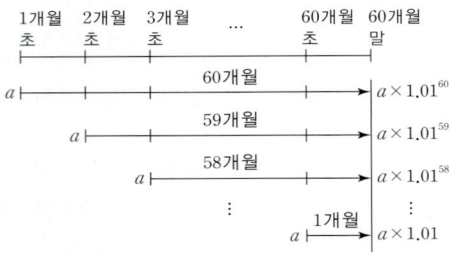

즉, 60개월 후 월말의 원리합계는

$$a \times 1.01^{60} + a \times 1.01^{59} + a \times 1.01^{58}$$
$$+ \cdots + a \times 1.01$$

$$= \frac{a \times 1.01 \times (1.01^{60} - 1)}{1.01 - 1}$$

$$= \frac{a \times 1.01 \times (1.8 - 1)}{0.01} = 80.8a(\text{만 원})$$

따라서 $80.8a = 404$이어야 하므로

$$a = 5$$

정답 5

08-3

매달 10만 원씩 적립한 금액의 지급일의 원리합계를 그림으로 나타내면 다음과 같습니다.

(단위 : 만 원)

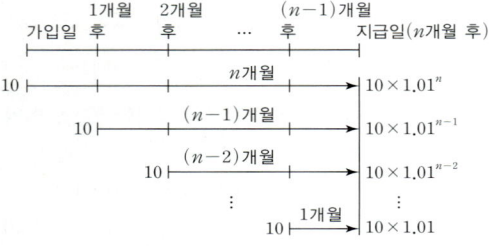

지급일의 적립금의 원리합계를 S만 원이라고 하면 1010만 원 이상이어야 하므로

$$S = 10 \times 1.01 + 10 \times 1.01^2 + \cdots + 10 \times 1.01^n$$

$$= \frac{10 \times 1.01(1.01^n - 1)}{1.01 - 1}$$

$$= \frac{10.1(1.01^n - 1)}{0.01} \geq 1010$$

$$1.01^n - 1 \geq 1$$

$$\therefore 1.01^n \geq 2$$

양변에 상용로그를 취하면

$$\log 1.01^n \geq \log 2, \ n \log 1.01 \geq \log 2$$

$$\therefore n \geq \frac{\log 2}{\log 1.01} = \frac{0.3010}{0.0043} = 70$$

따라서 준이는 납입금을 내기 시작한 때로부터 70개월 후에 적금을 지급받을 수 있으므로 70개월 후에 자동차를 살 수 있습니다.

정답 70개월

10-1 ②   **2** ④   **3** 64   **4** 48   **5** 20

     6 2   **7** -8 **8** 40   **9** $\dfrac{1}{2}$

    10 (1) $\dfrac{1}{9}(10^{11}-100)$ (2) $\dfrac{5}{81}(10^{n+1}-9n-10)$

10-1

접근 방법 등식 $a_{n+1}=pa_n\,(p\neq0)$을 만족시키는 수열 $\{a_n\}$은 공비가 p인 등비수열입니다.

상세 풀이 $a_{n+1}{}^3=9a_n{}^3$에서

$$a_{n+1}=\sqrt[3]{9}\,a_n$$

따라서 수열 $\{a_n\}$은 첫째항이 1, 공비가 $\sqrt[3]{9}$인 등비수열이므로

$$a_{10}=1\times(\sqrt[3]{9})^{10-1}=9^{\frac{9}{3}}=9^3=3^6$$

보충 설명 모든 실수 b에 대하여 b의 세제곱근 중 실수인 것은 $\sqrt[3]{b}$ 하나뿐이므로 주어진 조건 $a_{n+1}{}^3=9a_n{}^3$에서 $a_{n+1}=\sqrt[3]{9}\,a_n$이 성립함을 알 수 있습니다.

정답 ②

10-2

접근 방법 등비수열 $1, x_1, x_2, x_3, x_4, 4$의 공비를 r라 하고, x_1, x_2, x_3, x_4를 r에 대한 식으로 나타냅니다.

상세 풀이 등비수열 $1, x_1, x_2, x_3, x_4, 4$의 공비를 r라고 하면

$$x_1=r,\; x_2=r^2,\; x_3=r^3,\; x_4=r^4,\; 4=r^5$$
$$\therefore x_1x_2x_3x_4=r\times r^2\times r^3\times r^4$$
$$=r^{10}=(r^5)^2=4^2=16$$

다른 풀이 공차가 d인 등차수열 $\{a_n\}$에서는

$$a_1+a_n=a_2+a_{n-1}$$
$$=a_3+a_{n-2}=\cdots \quad \leftarrow \text{합이 } 2a_1+(n-1)d \text{로 일정}$$

가 성립하고, 공비가 r인 등비수열 $\{b_n\}$에서는

$$b_1\times b_n=b_2\times b_{n-1}$$
$$=b_3\times b_{n-2}=\cdots \quad \leftarrow \text{곱이 } b_1{}^2r^{n-1}\text{으로 일정}$$

가 성립합니다.

이때, 수열 $1, x_1, x_2, x_3, x_4, 4$가 등비수열을 이루므로

$$1\times4=x_1x_4=x_2x_3$$
$$\therefore x_1x_2x_3x_4=4\times4=16$$

정답 ④

10-3

접근 방법 수열 $\{a_n\}$이 등비수열이므로 공비를 $r\,(r>0)$라고 하면

$$a_n=a_1r^{n-1}$$

이 성립합니다.

상세 풀이 등비수열 $\{a_n\}$의 공비를 $r\,(r>0)$라고 하면 첫째항이 a_1이므로

$$a_3a_4a_5=(a_1r^2)(a_1r^3)(a_1r^4)$$
$$=a_1{}^3r^9=2 \qquad\cdots\cdots\; \text{㉠}$$
$$a_8a_9a_{10}=(a_1r^7)(a_1r^8)(a_1r^9)$$
$$=a_1{}^3r^{24}=4 \qquad\cdots\cdots\; \text{㉡}$$
$$\therefore a_1a_2a_3\cdots a_{12}$$
$$=a_1a_2\times(a_3a_4a_5)\times a_6a_7\times(a_8a_9a_{10})$$
$$\qquad\qquad\qquad\qquad\qquad\times a_{11}a_{12}$$
$$=(a_1a_1r)\times2\times(a_1r^5a_1r^6)\times4$$
$$\qquad\qquad\qquad\qquad\times(a_1r^{10}a_1r^{11})$$
$$=8\times a_1{}^6r^{33}$$
$$=8\times a_1{}^3r^9\times a_1{}^3r^{24}$$
$$=8\times2\times4 \;(\because \text{㉠, ㉡})$$
$$=64$$

다른 풀이 $a_1=a,\; a_{12}=l$이라고 하면

$$a_1a_{12}=a_2a_{11}=\cdots=a_6a_7=al$$

이때, 수열 $\{a_n\}$의 첫째항부터 제12항까지의 곱을 T라고 하면

$$T=a_1a_2a_3\cdots a_{12}$$
$$=(a_1a_{12})(a_2a_{11})(a_3a_{10})\times\cdots\times(a_6a_7)$$
$$=(al)^6$$

그런데 $a_3a_4a_5=2,\; a_8a_9a_{10}=4$에서

$$(a_3a_4a_5)(a_8a_9a_{10})$$
$$=(a_3a_{10})(a_4a_9)(a_5a_8)$$
$$=(al)^3=8$$

이므로

$$T=(al)^6=8^2=64$$
$$\therefore a_1a_2a_3\cdots a_{12}=64$$

정답 64

10-4

접근 방법 등차수열 $\{a_n\}$의 첫째항을 a, 공차를 d라고 하면 $a_n=a+(n-1)d$이고, 등비수열 $\{b_n\}$의 첫째항이 -2, 공비가 r이므로 $b_n=-2\times r^{n-1}$입니다.

상세 풀이 등차수열 $\{a_n\}$의 첫째항을 a, 공차를 d라고 하면 $a_n=a+(n-1)d$이고, 등비수열 $\{b_n\}$의 첫째항이 -2, 공비가 r이므로

$$b_n=-2\times r^{n-1}$$
$a_1=b_3$에서 $a=-2r^2$ ······ ㉠
$a_2=b_1$에서 $a+d=-2$ ······ ㉡
$a_3=b_2$에서 $a+2d=-2r$ ······ ㉢

㉡－㉠을 하면
$$d=-2+2r^2$$
㉢－㉡을 하면
$$d=-2r+2$$
즉, $-2+2r^2=-2r+2$에서
$$r^2+r-2=0, (r+2)(r-1)=0$$
$$\therefore r=-2 \text{ 또는 } r=1$$
그런데 $r\neq1$이므로 $r=-2$
$$\therefore a=-8, d=6$$
따라서 $a_5=-8+(5-1)\times6=16$,
$b_5=-2\times(-2)^4=-32$이므로
$$a_5-b_5=16-(-32)=48$$

보충 설명 등차수열과 등비수열에 대한 문제는 일반적으로 첫째항, 공차, 공비를 미지수로 놓고 문제에서 주어진 조건을 이용하여 식을 구합니다. 이렇게 구한 식의 개수가 미지수의 개수와 같으면 연립방정식의 풀이를 이용하여 문제를 해결합니다.

정답 48

10-5

접근 방법 $a_n=f(n)$이면 $a_{2n}=f(2n)$입니다.

상세 풀이 수열 $\{a_n\}$은 첫째항이 1, 공비가 2인 등비수열이므로

$$a_n=1\times2^{n-1}=2^{n-1}$$
이때, $a_{2n}=2^{2n-1}$이므로
$$b_n=a_{2n}{}^2=(2^{2n-1})^2$$
$$=2^{4n-2}=2^{2+4(n-1)}$$
$$=2^2\times2^{4(n-1)}=4\times16^{n-1}$$
따라서 수열 $\{b_n\}$은 첫째항이 4, 공비가 16인 등비수열이므로
$$b=4, r=16$$
$$\therefore b+r=20$$

다른 풀이 $b_n=a_{2n}{}^2=(2^{2n-1})^2=2^{4n-2}$에서
$$b_1=2^{4\times1-2}=2^2=4$$
$$b_2=2^{4\times2-2}=2^6=64 \quad\big)\times16$$
이므로 등비수열 $\{b_n\}$의 첫째항은 4, 공비는 16입니다.

정답 20

10-6

접근 방법 등비수열 $\{a_n\}$의 일반항을 이용하여 수열 $\{3a_n-a_{n+1}\}$의 일반항을 구합니다.

상세 풀이 등비수열 $\{a_n\}$의 첫째항을 a, 공비를 r라고 하면
$$a_n=ar^{n-1}$$
$$\therefore 3a_n-a_{n+1}=3ar^{n-1}-ar^n$$
$$=a(3-r)r^{n-1}$$
즉, 수열 $\{3a_n-a_{n+1}\}$은 첫째항이 $a(3-r)$, 공비가 r인 등비수열이므로
$$a(3-r)=10, r=-2$$
$$\therefore a=2$$
따라서 수열 $\{a_n\}$의 첫째항은 2입니다.

보충 설명 이 문제에서 등비수열 $\{a_n\}$의 공비와 문제에서 주어진 등비수열 $\{3a_n-a_{n+1}\}$과 같이 등비수열 $\{a_n\}$의 합, 차로 이루어진 등비수열의 공비는 같음을 알 수 있습니다.

정답 2

10-7

접근 방법 이차방정식 $ax^2+bx+c=0$(a, b, c는 상수)의 두 근이 α, β일 때, 이차방정식의 근과 계수의 관계에 의하여

$$\alpha+\beta=-\frac{b}{a},\ \alpha\beta=\frac{c}{a}$$

가 성립합니다.

상세 풀이 이차방정식 $x^2-2x+k=0$의 두 실근이 α, β이므로 이차방정식의 근과 계수의 관계에 의하여

$$\alpha+\beta=2,\ \alpha\beta=k$$

$\dfrac{\alpha}{\beta}$, $\alpha+\beta$, $\alpha\beta$가 이 순서대로 등비수열을 이루므로

$$(\alpha+\beta)^2=\frac{\alpha}{\beta}\times\alpha\beta=\alpha^2$$

$$4=\alpha^2 \quad \therefore \alpha=\pm2 \quad\cdots\cdots\ \bigcirc$$

$\bigcirc$을 $\alpha+\beta=2$에 대입하면

$$\alpha=2,\ \beta=0\ \text{또는}\ \alpha=-2,\ \beta=4$$

이때, $\alpha\beta\neq0$이므로

$$\alpha=-2,\ \beta=4$$

$$\therefore k=\alpha\beta=(-2)\times4=-8$$

정답 -8

10-8

접근 방법 문제에서 첫째항이 주어져 있으므로 이웃하는 두 항의 비를 이용하여 공비를 구합니다.

상세 풀이 주어진 등비수열의 공비를 r라고 하면

$$r=\frac{3-\sqrt{3}}{\sqrt{3}-1}=\sqrt{3}$$

즉, 주어진 등비수열의 첫째항은 $\sqrt{3}-1$이고, 공비는 $\sqrt{3}$이므로 첫째항부터 제n항까지의 합을 S_n이라고 하면

$$S_4=\frac{(\sqrt{3}-1)\{(\sqrt{3})^4-1\}}{\sqrt{3}-1}=8$$

따라서 이차방정식 $x^2-3x-k=0$이 $x=8$을 근으로 가지므로

$$8^2-3\times8-k=0$$
$$\therefore k=40$$

보충 설명 $x=p$가 이차방정식 $ax^2+bx+c=0$의 근이면 $ap^2+bp+c=0$이 성립합니다.

정답 40

10-9

접근 방법 첫째항이 a, 공비가 r ($r\neq1$)인 등비수열의 첫째항부터 제n항까지의 합 S_n은

$$S_n=\frac{a(r^n-1)}{r-1}$$ 입니다.

상세 풀이 첫째항이 1, 공비가 3인 등비수열 $\{a_n\}$의 첫째항부터 제n항까지의 합 S_n은

$$S_n=\frac{1\times(3^n-1)}{3-1}=\frac{3^n-1}{2}$$

$$\therefore S_n+p=\frac{3^n-1}{2}+p$$

$$=\frac{3^n}{2}+p-\frac{1}{2}$$

$$=\frac{3}{2}\times3^{n-1}+\frac{2p-1}{2}$$

따라서 수열 $\{S_n+p\}$가 등비수열이 되려면

$$\frac{2p-1}{2}=0 \quad \therefore p=\frac{1}{2}$$

보충 설명 수열 $\{S_n+p\}$가 등비수열이 되기 위해서는 일반항이 $A\times B^{n-1}$(A, B는 상수) 꼴이어야 합니다.

즉, $S_n+p=\dfrac{3}{2}\times3^{n-1}+\dfrac{2p-1}{2}$에서 $\dfrac{3}{2}=A$, $3=B$에 해당하므로 $\dfrac{2p-1}{2}=0$이어야 합니다.

정답 $\dfrac{1}{2}$

10-10

접근 방법 (1) 주어진 수열의 각 항이 $9=10-1$, $99=10^2-1$, $999=10^3-1$, $\cdots$임을 이용하여 주어진 수열의 합의 식을 변형합니다.

(2) 주어진 수열이 (1)의 수열에 $\dfrac{5}{9}$를 곱한 꼴임을 이용합니다.

상세 풀이 (1) 첫째항부터 제10항까지의 합은

$$9+99+999+\cdots+9999999999$$
$$=(10-1)+(10^2-1)+(10^3-1)$$
$$+\cdots+(10^{10}-1)$$
$$=(10+10^2+10^3+\cdots+10^{10})-10$$
$$=\frac{10(10^{10}-1)}{10-1}-10$$
$$=\frac{10^{11}-10-90}{9}$$
$$=\frac{1}{9}(10^{11}-100)$$

(2) 첫째항부터 제n항까지의 합은

$$5+55+555+\cdots+\underbrace{555\cdots5}_{n개}$$
$$=\frac{5}{9}(9+99+999+\cdots+\underbrace{999\cdots9}_{n개})$$
$$=\frac{5}{9}\{(10-1)+(10^2-1)+(10^3-1)$$
$$+\cdots+(10^n-1)\}$$
$$=\frac{5}{9}\{(10+10^2+10^3+\cdots+10^n)-n\}$$
$$=\frac{5}{9}\left\{\frac{10(10^n-1)}{10-1}-n\right\}$$
$$=\frac{5}{81}(10^{n+1}-9n-10)$$

보충 설명 (1)에서

$$\underbrace{999\cdots9}_{n개}=9+9\times10+9\times10^2+\cdots+9\times10^{n-1}$$
$$=\frac{9(10^n-1)}{10-1}=10^n-1$$

이고, (2)의 각 항은 (1)의 각 항에 $\dfrac{5}{9}$를 곱한 꼴이므로 (2)에서 주어진 수열의 일반항은

$$\frac{5}{9}(10^n-1)$$

입니다.

정답 (1) $\dfrac{1}{9}(10^{11}-100)$ (2) $\dfrac{5}{81}(10^{n+1}-9n-10)$

---

p.408~411

실력 다지기

10-11 ② 12 ⑤ 13 ① 14 ⑤ 15 ④

16 ⑤ 17 $\dfrac{21}{4}$ 18 18 19 5 20 81

21 43 22 20 23 201 24 54 25 14

26 64 27 56 28 5 29 3 30 27

10-11

접근 방법 등비수열의 첫째항과 공비를 이용하여 주어진 등비수열의 합과 곱을 나타냅니다.

상세 풀이 등비수열 $\{a_n\}$의 첫째항을 a, 공비를 r라고 하면 첫째항부터 제5항까지의 합이 $\dfrac{31}{2}$이므로

$$a+ar+ar^2+ar^3+ar^4=\frac{31}{2}$$
$$\therefore a(1+r+r^2+r^3+r^4)=\frac{31}{2}$$

또한 첫째항부터 제5항까지의 곱이 32이므로

$$a\times ar\times ar^2\times ar^3\times ar^4=32$$
$$a^5r^{10}=32,\ (ar^2)^5=2^5$$
$$\therefore ar^2=2\ (\because ar^2\text{은 실수})$$
$$\therefore \frac{1}{a_1}+\frac{1}{a_2}+\frac{1}{a_3}+\frac{1}{a_4}+\frac{1}{a_5}$$
$$=\frac{1}{a}+\frac{1}{ar}+\frac{1}{ar^2}+\frac{1}{ar^3}+\frac{1}{ar^4}$$
$$=\frac{1}{ar^4}(1+r+r^2+r^3+r^4)$$
$$=\frac{1}{(ar^2)^2}\times a(1+r+r^2+r^3+r^4)$$
$$=\frac{1}{2^2}\times\frac{31}{2}=\frac{31}{8}$$

보충 설명 첫째항이 a, 공비가 r인 등비수열 $\{a_n\}$에 대하여 $a_n=ar^{n-1}$이므로 수열 $\left\{\dfrac{1}{a_n}\right\}$의 일반항은

$$\frac{1}{a_n}=\frac{1}{a}\times\left(\frac{1}{r}\right)^{n-1}$$

입니다. 즉, 수열 $\left\{\dfrac{1}{a_n}\right\}$은 첫째항이 $\dfrac{1}{a}$, 공비가 $\dfrac{1}{r}$인 등비수열입니다. (단, $ar\neq0$)

정답 ②

10-12

접근 방법 $m>n$인 두 자연수 m, n에 대하여
$$S_m-S_n=(a_1+a_2+\cdots+a_m)$$
$$-(a_1+a_2+\cdots+a_n)$$
$$=a_{n+1}+a_{n+2}+\cdots+a_m$$
임을 이용하여 주어진 식을 정리합니다.

상세 풀이 $S_{10}-S_8=a_{10}+a_9$, $S_5-S_3=a_5+a_4$
이므로
$$\frac{a_{10}-a_9}{S_{10}-S_8}+\frac{S_5-S_3}{a_5-a_4}=\frac{a_{10}-a_9}{a_{10}+a_9}+\frac{a_5+a_4}{a_5-a_4}$$
이때, $\dfrac{a_{10}}{a_9}=\dfrac{a_5}{a_4}=\sqrt{2}$이므로
$$\frac{a_{10}-a_9}{a_{10}+a_9}+\frac{a_5+a_4}{a_5-a_4}=\frac{\dfrac{a_{10}}{a_9}-1}{\dfrac{a_{10}}{a_9}+1}+\frac{\dfrac{a_5}{a_4}+1}{\dfrac{a_5}{a_4}-1}$$
$$=\frac{\sqrt{2}-1}{\sqrt{2}+1}+\frac{\sqrt{2}+1}{\sqrt{2}-1}$$
$$=(\sqrt{2}-1)^2+(\sqrt{2}+1)^2$$
$$=6$$

정답 ⑤

10-13

접근 방법 나머지정리에 의하여 다항식 $f(x)$를 일차식 $x-a$로 나누었을 때의 나머지는 $f(a)$임을 이용합니다.

상세 풀이 $f(x)=x^3+2x^2+ax+1$이라고 하면 다항식 $f(x)$를
$$x,\ x-1,\ x+2$$
로 나누었을 때의 나머지는 나머지정리에 의하여 각각
$$f(0)=0+0+0+1=1$$
$$f(1)=1+2+a+1=a+4$$
$$f(-2)=-8+8-2a+1=-2a+1$$
이때, 세 수 1, $a+4$, $-2a+1$은 이 순서대로 등비수열을 이루므로
$$(a+4)^2=1\times(-2a+1)$$

$$a^2+8a+16=-2a+1$$
$$\therefore a^2+10a+15=0$$
따라서 이차방정식의 근과 계수의 관계에 의하여 모든 상수 a의 값의 합은 -10입니다.

정답 ①

10-14

접근 방법 다항식 A를 다항식 $B(B\neq0)$로 나누었을 때의 몫을 Q, 나머지를 R라고 하면
$$A=BQ+R\ ((R의\ 차수)<(B의\ 차수))$$
임을 이용합니다.

상세 풀이 다항식 $x^{10}+x^9+\cdots+x^2+x+1$을 $x-1$로 나누었을 때의 나머지를 R_1이라고 하면
$$x^{10}+x^9+\cdots+x+1=(x-1)f(x)+R_1$$
이 식의 양변에 $x=1$을 대입하면
$$R_1=11$$
$$\therefore x^{10}+x^9+\cdots+x+1=(x-1)f(x)+11$$
$$\cdots\cdots\ \bigcirc$$
이때, 다항식 $f(x)$를 $x-2$로 나누었을 때의 몫을 $Q(x)$, 나머지를 R_2라고 하면
$$f(x)=(x-2)Q(x)+R_2$$
이 식의 양변에 $x=2$를 대입하면
$$R_2=f(2)$$
따라서 $\bigcirc$의 양변에 $x=2$를 대입하면
$$2^{10}+2^9+\cdots+2+1=f(2)+11$$
$$\therefore f(2)=\frac{2^{11}-1}{2-1}-11=2^{11}-12$$

보충 설명 나머지정리에 의하여 다항식 $f(x)$를 일차식 $x-a$로 나누었을 때의 나머지를 R라고 하면
$$R=f(a)$$

정답 ⑤

10-15

접근 방법 양의 약수의 총합에 대한 문제는 하나의 구체적인 예를 기억해 두는 것도 좋은 방법입니다. 예를 들어, $72=2^3\times3^2$의 양의 약수는 다음 표와 같고

그 개수는 $(3+1)\times(2+1)=12$입니다.

×	1	3	3^2	각 줄의 합
1	1×1	1×3	1×3^2	$\leftarrow 1\times(1+3+3^2)$
2	2×1	2×3	2×3^2	$\leftarrow 2\times(1+3+3^2)$
2^2	$2^2\times1$	$2^2\times3$	$2^2\times3^2$	$\leftarrow 2^2\times(1+3+3^2)$
2^3	$2^3\times1$	$2^3\times3$	$2^3\times3^2$	$\leftarrow 2^3\times(1+3+3^2)$

이때, 72의 양의 약수의 총합은 표 안에 들어 있는 12개의 수의 합과 같으므로

$$1\times(1+3+3^2)+2\times(1+3+3^2)$$
$$+2^2\times(1+3+3^2)+2^3\times(1+3+3^2)$$
$$=(1+2+2^2+2^3)(1+3+3^2)$$

이 성립하고, 등비수열의 합의 공식을 이용하면 양의 약수의 총합을 구할 수 있습니다.

상세 풀이 $6^{10}=(2\times3)^{10}=2^{10}\times3^{10}$이므로 6^{10}의 양의 약수의 총합은

$$(1+2+2^2+\cdots+2^{10})(1+3+3^2+\cdots+3^{10})$$
$$=\frac{1\times(2^{11}-1)}{2-1}\times\frac{1\times(3^{11}-1)}{3-1}$$
$$=\frac{1}{2}(2^{11}-1)(3^{11}-1)$$
$$=\frac{1}{2}(2\times2^{10}-1)(3\times3^{10}-1)$$
$$=\frac{1}{2}(2A-1)(3B-1)$$

보충 설명 자연수 N이 소인수분해하여

$$N=p^aq^br^c \ (p,\,q,\,r는\ 서로\ 다른\ 소수,$$
$$a,\,b,\,c는\ 자연수)$$

으로 나타내어질 때

(1) N의 양의 약수의 개수는
$$(a+1)(b+1)(c+1)$$

(2) N의 양의 약수의 총합은
$$(1+p+p^2+\cdots+p^a)$$
$$\times(1+q+q^2+\cdots+q^b)$$
$$\times(1+r+r^2+\cdots+r^c)$$

정답 ④

10-16

접근 방법 자연수 A를 소인수분해했을 때

$$A=a^kb^l \ (a,\,b는\ 서로\ 다른\ 소수,\ k,\,l은\ 자연수)$$

이면 A의 양의 약수는

$$(a^k의\ 양의\ 약수)\times(b^l의\ 양의\ 약수)$$

꼴임을 이용합니다.

상세 풀이 $8=2^3$, $32=2^5$이고, $10^{10}=2^{10}\times5^{10}$이므로 10^{10}의 양의 약수 중에서 2^3의 배수이지만 2^5의 배수가 아닌 수는

$$2^k\times5^l \ (k=3,\,4,\ l=0,\,1,\,2,\,\cdots,\,10)$$

꼴이어야 합니다.

따라서 구하는 모든 수의 합은

$$2^3(1+5+5^2+\cdots+5^{10})$$
$$+2^4(1+5+5^2+\cdots+5^{10})$$
$$=(2^3+2^4)(1+5+5^2+\cdots+5^{10})$$
$$=24\times\frac{5^{11}-1}{5-1}=6(5^{11}-1)$$

정답 ⑤

10-17

접근 방법 세 수 a, b, c가 이 순서대로 등비수열을 이루므로 $b^2=ac$가 성립함을 이용합니다.

상세 풀이 세 실수 a, b, c가 이 순서대로 등비수열을 이루므로

$$b^2=ac$$

이때, 조건 (나)에서 $abc=1$이므로

$$b^3=1 \qquad \therefore b=1 \ (\because b는\ 실수)$$

즉, $b=1$이므로 $ac=1$이고, 조건 (가)에서 $a+c=\frac{5}{2}$이므로

$$ab+bc=\frac{5}{2}$$
$$\therefore ab+bc+ca=\frac{5}{2}+1=\frac{7}{2}$$
$$\therefore a^2+b^2+c^2$$
$$=(a+b+c)^2-2(ab+bc+ca)$$
$$=\left(\frac{7}{2}\right)^2-2\times\frac{7}{2}=\frac{21}{4}$$

다른 풀이 세 실수 a, b, c가 이 순서대로 등비수열을 이루므로 공비를 r라고 하면

$$a+b+c=a+ar+ar^2=\frac{7}{2}$$

$$\therefore a(1+r+r^2)=\frac{7}{2} \qquad \cdots\cdots \ \bigcirc$$

또한 $abc=a\times ar\times ar^2=1$에서

$$a^3r^3=(ar)^3=1$$

이때, a, r는 실수이므로 $ar=1$ $\qquad \cdots\cdots \ \bigcirc$

$\bigcirc \div \bigcirc$을 하면

$$\frac{1+r+r^2}{r}=\frac{7}{2}$$

$$2r^2+2r+2=7r, \ 2r^2-5r+2=0$$

$$(2r-1)(r-2)=0$$

$$\therefore r=\frac{1}{2} \ \text{또는} \ r=2$$

$$\therefore a=2, \ r=\frac{1}{2} \ \text{또는} \ a=\frac{1}{2}, \ r=2 \ (\because \bigcirc)$$

따라서 세 실수는 $2, 1, \frac{1}{2}$ 또는 $\frac{1}{2}, 1, 2$이므로

$$a^2+b^2+c^2=2^2+1^2+\left(\frac{1}{2}\right)^2=\frac{21}{4}$$

정답 $\dfrac{21}{4}$

10- 18

접근 방법 $a_4=b_4$, $a_5=b_5$이므로 주어진 식 $a_1+a_8=8$, $b_2b_7=12$를 각각 a_4, a_5에 대한 식, b_4, b_5에 대한 식으로 나타내 봅니다.

상세 풀이 수열 $\{a_n\}$은 등차수열이므로

$$a_1+a_8=a_4+a_5$$

수열 $\{b_n\}$은 등비수열이므로

$$b_2b_7=b_4b_5$$

이때, $a_4=b_4$, $a_5=b_5$이므로

$$a_4+a_5=b_4+b_5$$

$$\therefore b_4+b_5=8, \ b_4b_5=12 \qquad \cdots\cdots \ \bigcirc$$

이때, b_4, b_5를 x에 대한 이차방정식의 두 근이라고 하면 두 수 b_4, b_5를 근으로 가지고 x^2의 계수가 1인 이차방정식은

$$x^2-8x+12=0$$

이므로

$$(x-2)(x-6)=0$$

$$\therefore x=2 \ \text{또는} \ x=6$$

이때, 등비수열 $\{b_n\}$의 공비가 1보다 작다고 하였으므로

$$b_4=6, \ b_5=2$$

$a_4=b_4$, $a_5=b_5$이므로

$$a_4=6, \ a_5=2$$

따라서 수열 $\{a_n\}$은 공차가 -4인 등차수열이므로

$$a_4=a_1+(4-1)\times(-4)=6$$

$$\therefore a_1=18$$

보충 설명 두 수 α, β를 근으로 가지고 x^2의 계수가 1인 이차방정식은

$$(x-\alpha)(x-\beta)=0$$

$$\therefore x^2-(\alpha+\beta)x+\alpha\beta=0$$

정답 18

10- 19

접근 방법 등비중항의 성질을 이용하여 가능한 a, b, c, d, e의 배열을 생각해 봅니다.

상세 풀이 조건 (가)에서

$$e=\sqrt{cd} \qquad \therefore e^2=cd$$

즉, e는 c와 d의 등비중항이므로 세 개의 실수 c, d, e를 나열하면

$$c, e, d \ \text{또는} \ d, e, c \qquad \cdots\cdots \ \bigcirc$$

조건 (나)에서 $\dfrac{a}{e}=\dfrac{c}{d}$, 즉 $ad=ce$이므로 $\bigcirc$의 배열에 실수 a를 나열하면

$$a, c, e, d \ \text{또는} \ d, e, c, a \qquad \cdots\cdots \ \bigcirc$$

또한 조건 (다)에서 $a<b$이고 공비가 1보다 크므로 $\bigcirc$의 배열에 실수 b를 나열하면

$$a, c, e, d, b \ \text{또는} \ d, e, c, a, b$$

따라서 b는 조건을 만족시키는 등비수열의 제5항이므로

$$n=5$$

정답 5

10-20

접근 방법 겹쳐져서 만들어진 정사각형의 한 변의 길이를 x라 하고 세 부분 A, B, C의 넓이를 구합니다.

상세 풀이 겹쳐진 부분 B의 한 변의 길이를 x라고 하면 각 부분의 넓이는

$$A : 15^2 - x^2$$
$$B : x^2$$
$$C : 20^2 - x^2$$

이때, 세 부분 A, B, C의 넓이가 이 순서대로 등비수열을 이루므로

$$(x^2)^2 = (15^2 - x^2)(20^2 - x^2)$$
$$(15^2 + 20^2)x^2 = 15^2 \times 20^2$$
$$\therefore x^2 = \frac{15^2 \times 20^2}{15^2 + 20^2} = \frac{(15 \times 20)^2}{625}$$
$$= \frac{(15 \times 20)^2}{25^2} = 12^2 = 144$$

따라서 A 부분의 넓이는

$$15^2 - x^2 = 225 - 144 = 81$$

정답 81

10-21

접근 방법 $a_3 = 3$, $a_5 = 9$를 이용하여 등비수열의 일반항 a_n을 찾아 부등식 $a_n > 10^{10}$에 대입합니다. 또한 부등식의 양변에 밑이 1보다 큰 로그를 취하면 부등호의 방향이 달라지지 않음에 유의하여 양변에 상용로그를 취합니다.

상세 풀이 첫째항을 a, 공비를 r라고 하면

$$a_3 = ar^2 = 3 \qquad \cdots\cdots \ㄱ$$
$$a_5 = ar^4 = 9 \qquad \cdots\cdots \ㄴ$$

ㄴ$\div$ㄱ을 하면 $r^2 = 3$이므로

$$r = \sqrt{3} \ (\because r > 0)$$

$r = \sqrt{3}$을 ㄱ에 대입하면

$$3a = 3 \qquad \therefore a = 1$$
$$\therefore a_n = 1 \times (\sqrt{3})^{n-1} = 3^{\frac{n-1}{2}}$$

즉, $3^{\frac{n-1}{2}} > 10^{10}$이므로 양변에 상용로그를 취하면

$$\log 3^{\frac{n-1}{2}} > \log 10^{10}, \ \frac{n-1}{2}\log 3 > 10$$
$$n - 1 > \frac{20}{\log 3} = \frac{20}{0.4771} = 41.\times\times\times$$
$$\therefore n > 42.\times\times\times$$

따라서 구하는 자연수 n의 최솟값은 43입니다.

정답 43

10-22

접근 방법 등비수열 $\{a_n\}$의 공비를 r라고 하면 수열 a_1, a_3, a_5, $\cdots$은 a_1, $a_1 r^2$, ar^4, $\cdots$이 되어 등비수열이며 그 공비는 r^2입니다.

상세 풀이 등비수열 $\{a_n\}$의 공비를 r라고 하면 $a_1 = 3$이므로

$$a_1 + a_3 + a_5 + \cdots + a_{2n-1}$$
$$= 3 + 3r^2 + 3r^4 + \cdots + 3r^{2(n-1)}$$
$$= \frac{3\{(r^2)^n - 1\}}{r^2 - 1}$$
$$= \frac{3(r^{2n} - 1)}{r^2 - 1} = 2^{40} - 1 \qquad \cdots\cdots \ㄱ$$
$$a_3 + a_5 + a_7 + \cdots + a_{2n+1}$$
$$= 3r^2 + 3r^4 + 3r^6 + \cdots + 3r^{2n}$$
$$= \frac{3r^2\{(r^2)^n - 1\}}{r^2 - 1}$$
$$= r^2 \times \frac{3(r^{2n} - 1)}{r^2 - 1}$$
$$= r^2(2^{40} - 1) \ (\because \ㄱ)$$

이때, $r^2(2^{40} - 1) = 2^{42} - 4 = 4(2^{40} - 1)$이므로

$$r^2 = 4$$

$r^2 = 4$를 ㄱ에 대입하면

$$\frac{3(4^n - 1)}{4 - 1} = 4^n - 1 = 2^{2n} - 1 = 2^{40} - 1$$

이므로

$$2n = 40 \qquad \therefore n = 20$$

보충 설명 $a_1 + a_3 + a_5 + \cdots + a_{2n-1}$에서 항의 개수를 셀 때 실수하는 경우가 많습니다.

$a_1 + a_3 + a_5 + \cdots + a_{2n-1}$에서의 항의 개수는 1, 3, 5, $\cdots$, $2n-1$의 개수와 같고, 이를 $2 \times 1 - 1$, $2 \times 2 - 1$,

$2 \times 3 - 1$, $\cdots$, $2 \times n - 1$과 같이 변형하여 생각하면 항의 개수가 n임을 실수하지 않고 구할 수 있습니다.

정답 20

10-23

접근 방법 등비수열 $\{a_n\}$은 첫째항이 1, 공비가 r이므로

$$a_n = 1 \times r^{n-1} = r^{n-1}$$

입니다. 이를 이용하여
$P(n) = a_2 \times a_4 \times a_6 \times \cdots \times a_{2n}$을 정리할 수 있습니다.

상세 풀이 등비수열 $\{a_n\}$은 첫째항이 1, 공비가 r이므로

$$a_n = 1 \times r^{n-1} = r^{n-1}$$
$$\therefore P(n) = a_2 \times a_4 \times a_6 \times \cdots \times a_{2n}$$
$$= r \times r^3 \times r^5 \times \cdots \times r^{2n-1}$$
$$= r^{1+3+5+\cdots+(2n-1)} = r^{n^2}$$

이때, $P(6) = r^{6^2} = r^{36}$, $P(8) = r^{8^2} = r^{64}$이므로

$$a_p = P(6)P(8) = r^{36} \times r^{64} = r^{100} = r^{p-1}$$
$$\therefore p = 101$$

또한 $P(49) = a_2 \times a_4 \times a_6 \times \cdots \times a_{98}$,
$P(50) = a_2 \times a_4 \times a_6 \times \cdots \times a_{98} \times a_{100}$이므로

$$a_q = \frac{P(50)}{P(49)} = a_{100}$$
$$\therefore q = 100$$
$$\therefore p + q = 101 + 100 = 201$$

보충 설명 $1 + 3 + 5 + \cdots + (2n-1)$은 첫째항이 1, 공차가 2인 등차수열의 첫째항부터 제n항까지의 합이므로

$$1 + 3 + 5 + \cdots + (2n-1) = \frac{n\{1 + (2n-1)\}}{2}$$
$$= \frac{n \times 2n}{2} = n^2$$

이것은 1부터 연속하는 n개의 홀수의 합은 홀수의 개수의 제곱과 같다는 것을 의미합니다. 즉,

$$1 + 3 + 5 = 3^2 \quad \leftarrow 3개$$
$$1 + 3 + 5 + 7 = 4^2 \quad \leftarrow 4개$$
$$\vdots$$
$$1 + 3 + 5 + \cdots + (2n-3) = (n-1)^2 \quad \leftarrow (n-1)개$$

이 성립합니다. 이 성질은 자주 이용되므로 알고 있으면 유용합니다.

정답 201

10-24

접근 방법 이차방정식의 근과 계수의 관계를 이용하여 α, β, p, q에 대한 식을 찾습니다.

상세 풀이 주어진 두 이차방정식에서 이차방정식의 근과 계수의 관계에 의하여

$$\alpha + \beta = \frac{1}{2}a, \ \alpha\beta = 1$$
$$p + q = \frac{1}{2}b, \ pq = 2$$

이때, a, b가 양수이므로 네 수 α, β, p, q도 모두 양수입니다.
한편, 네 수 α, p, β, q가 이 순서대로 등비수열을 이루므로 공비를 $r(r > 0)$라고 하면

$$p = \alpha r, \ \beta = \alpha r^2, \ q = \alpha r^3$$

즉,

$$\alpha\beta = \alpha^2 r^2 = 1 \qquad \cdots\cdots \ \ominus$$
$$pq = \alpha^2 r^4 = (\alpha^2 r^2)r^2 = r^2 = 2 \ (\because \ \ominus)$$
$$\therefore r = \sqrt{2} \ (\because \ r > 0)$$

$r = \sqrt{2}$를 $\ominus$에 대입하면 $\alpha = \dfrac{1}{\sqrt{2}}$이므로

$$p = 1, \ \beta = \sqrt{2}, \ q = 2$$

따라서

$$a = 2(\alpha + \beta) = 2\left(\frac{1}{\sqrt{2}} + \sqrt{2}\right) = 3\sqrt{2}$$
$$b = 2(p + q) = 2(1 + 2) = 6$$

이므로

$$a^2 + b^2 = 18 + 36 = 54$$

보충 설명 $\alpha + \beta = \dfrac{1}{2}a$에서 $a > 0$이므로 $\alpha + \beta > 0$이고, $\alpha\beta = 1$이므로 α, β의 부호는 서로 같습니다. 즉, α, β는 모두 양수입니다. 마찬가지 방법으로 p, q도 모두 양수임을 알 수 있습니다.

정답 54

10-**25**

접근 방법 X가 자연수일 때, $X \geq 1$, 즉 $\log X \geq 0$이므로 $[\log X] = 0, 1, 2, 3, \cdots$ 입니다.

즉, A, B, C가 자연수이고

$[\log A] + [\log B] + [\log C] = 0$이 성립한다면

$[\log A] = [\log B] = [\log C] = 0$이어야 함을 이용합니다.

상세 풀이 A, B, C가 자연수이므로 $\log A \geq 0$, $\log B \geq 0$, $\log C \geq 0$입니다.

이때, $[\log A] + [\log B] + [\log C] = 0$을 만족시키므로

$$[\log A] = [\log B] = [\log C] = 0$$

즉, A, B, C는 모두 한 자리 자연수입니다.

이때, 조건 (내)에서 A, B, C는 공비가 자연수인 등비수열을 이루므로

(i) $r = 2$일 때

　등비수열을 이루는 한 자리 자연수들은 1, 2, 4와 2, 4, 8뿐입니다.

(ii) $r = 3$일 때

　등비수열을 이루는 한 자리 자연수들은 1, 3, 9뿐입니다.

(i), (ii)에서 그 합이 최대가 되는 수열은 2, 4, 8이고, 이들의 합은 14입니다.

보충 설명 $a \geq 0$, $b \geq 0$일 때, 실수의 성질에서

$$a + b = 0 \iff a = 0, b = 0$$

임을 이용했습니다.

정답 14

10-**26**

접근 방법 x축 위의 점 $(a, 0)$을 지나고 x축에 수직인 직선이 함수 $y = f(x)$의 그래프와 만나는 점의 좌표는 $(a, f(a))$입니다.

상세 풀이 점 $A(2, 0)$을 지나고 x축에 수직인 직선과 주어진 세 함수의 그래프가 만나는 점의 x좌표는 2이므로 $x = 2$를 대입하여 세 점의 좌표를 각각 구하면

$$P(2, 8^2), Q(2, a^2), R(2, \log_2 2)$$

이때, 점 A가 x축 위의 점이고, 점 A와 세 점 P, Q, R의 x좌표가 같으므로 세 점 P, Q, R의 y좌표와 세 선분 AP, AQ, AR의 길이가 같습니다. 즉,

$$\overline{AP} = 8^2 = 64, \quad \overline{AQ} = a^2, \quad \overline{AR} = \log_2 2 = 1$$

이고, 이 순서대로 등비수열을 이루므로

$$(a^2)^2 = 64 \times 1 \qquad \therefore a^4 = 64$$

보충 설명 일반적으로 좌표평면 위의 두 점 $A(x_1, y_1)$, $B(x_2, y_2)$ 사이의 거리는

$$\overline{AB} = \sqrt{(x_2 - x_1)^2 + (y_2 - y_1)^2}$$

입니다. 하지만 위 문제에서처럼 x좌표가 같은 두 점 사이의 거리일 경우, y좌표의 차가 두 점 사이의 거리가 됩니다. 즉, 두 점 $C(x_1, y_1)$, $D(x_1, y_2)$에서

$$\overline{CD} = |y_2 - y_1|$$

정답 64

10-**27**

접근 방법 세 모서리의 길이가 a, b, c인 직육면체의 부피는 abc, 겉넓이는 $2ab + 2bc + 2ca$입니다.

상세 풀이 세 모서리의 길이가 a, b, c인 직육면체에서 부피는 64, 겉넓이는 112이므로

$$abc = 64 \qquad\qquad \cdots\cdots\ \unicode{x3B3}$$
$$2(ab + bc + ca) = 112$$
$$\therefore ab + bc + ca = 56 \qquad \cdots\cdots\ \unicode{x24B6}$$

또한 세 수 a, b, c가 이 순서대로 등비수열을 이루므로

$$b^2 = ac \qquad\qquad \cdots\cdots\ \unicode{x24B8}$$

ⓒ을 ㉠에 대입하면

$$b^3 = 64 \qquad \therefore b = 4 \ (\because b는 실수)$$
$$\therefore ac = 16 \ (\because ㉢)$$

$b = 4$, $ac = 16$을 ㉡에 대입하면

$$4(a + c) + 16 = 56 \qquad \therefore a + c = 10$$

따라서 직육면체의 모든 모서리의 길이의 합은

$$4(a + b + c) = 4 \times (10 + 4) = 56$$

보충 설명 세 모서리의 길이가 a, b, c인 직육면체에 대하여 각 모서리가 각각 4개씩 있으므로 직육면체의 모든 모서리의 길이의 합을 구할 때, 4를 곱한 것입니다.

정답 56

10-28

접근 방법 반지름의 길이가 r인 원의 넓이는 πr^2이므로 r에 대한 규칙성을 찾습니다. 또한 10개의 원에 대한 규칙을 한 번에 생각하지 말고 먼저 인접한 세 원에 대해서 반지름의 길이가 어떤 수열을 이루는지를 알아봅니다.

상세 풀이 연속으로 외접하는 세 원의 중심을 각각 P, Q, R라 하고, 반지름의 길이를 각각

$$r_k, r_{k+1}, r_{k+2}$$

$$(r_k < r_{k+1} < r_{k+2}, \; k=1, 2, \cdots, 8)$$

라고 하면 다음 그림과 같습니다.

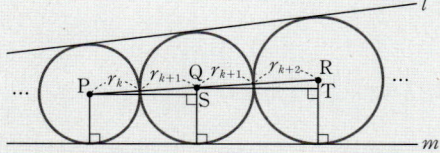

위의 그림에서 세 점 P, Q, R는 한 직선 위에 있으므로 $\triangle PQS \backsim \triangle QRT$ (AA 닮음), 즉

$$\overline{PQ} : \overline{QR} = \overline{QS} : \overline{RT}$$

$$(r_k + r_{k+1}) : (r_{k+1} + r_{k+2})$$

$$= (r_{k+1} - r_k) : (r_{k+2} - r_{k+1})$$

$$(r_{k+1} + r_{k+2})(r_{k+1} - r_k)$$

$$= (r_k + r_{k+1})(r_{k+2} - r_{k+1})$$

$$\therefore r_{k+1}^{\,2} = r_k r_{k+2} \qquad \cdots\cdots \;\text{㉠}$$

즉, 연속으로 외접하는 세 원의 반지름의 길이

$$r_k, r_{k+1}, r_{k+2}$$

는 이 순서대로 등비수열을 이루고, ㉠에서

$$(r_{k+1}^{\,2})^2 = r_k^{\,2} r_{k+2}^{\,2}$$

이 성립하므로 연속으로 외접하는 세 원의 넓이

$$\pi r_k^{\,2}, \; \pi r_{k+1}^{\,2}, \; \pi r_{k+2}^{\,2}$$

도 등비수열을 이룹니다.

이때, 10개의 원의 넓이로 이루어진 등비수열의 첫째항을 a, 공비를 r라고 하면,

$$a = 2, \; ar^9 = 5$$

따라서 10개의 원의 넓이의 곱은

$$a \times ar \times ar^2 \times \cdots \times ar^9$$

$$= a^{10} r^{1+2+\cdots+9} = a^{10} r^{45}$$

$$= a^5 (ar^9)^5 = 2^5 \times 5^5 = 10^5$$

이므로 $p = 5$입니다.

보충 설명 다음 그림과 같이 두 직선 l, m 사이에 원, 정사각형, 정삼각형을 인접하도록 그리면 각각의 도형에서 반지름 또는 한 변의 길이를 나타내는 세 수 a, b, c가 등비수열을 이루므로 그때의 공비를 r라고 하면 a, ar, ar^2입니다. 이때, 각각의 도형의 넓이는 ka^2, $ka^2 r^2$, $ka^2 r^4$ (k는 상수)이 되어 공비가 r^2인 등비수열을 이룹니다.

(1) 원

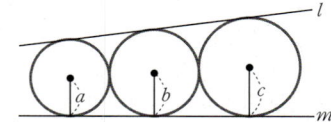

(2) 정사각형

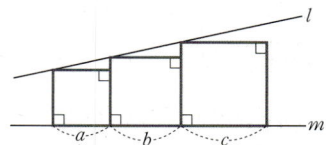

(3) 정삼각형

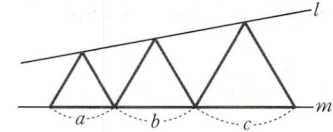

정답 5

10-29

접근 방법 정삼각형 GEC의 한 변의 길이를 a라 하고 각각의 삼각형의 넓이를 구합니다.

이때, 세 삼각형 GEC, AGH, DEF의 넓이가 이 순서대로 '공비가 r인' 등비수열을 이룬다고 했으므로
$$\triangle AGH = \triangle GEC \times r$$
$$\triangle DEF = \triangle GEC \times r^2$$
이 성립함을 이용합니다.

상세 풀이 $\overline{EC} = a$라고 하면
$$\triangle GEC = \frac{\sqrt{3}}{4}a^2$$
$$\triangle AGH = \frac{1}{2}\overline{GH} \times \overline{AG} \times \sin 60°$$
$$= \frac{1}{2}a(4-a)\sin 60°$$
$$= \frac{\sqrt{3}}{4}a(4-a)$$
$$\triangle DEF = \frac{\sqrt{3}}{4}r^2$$
이때, 세 삼각형 GEC, AGH, DEF의 넓이가 이 순서대로 공비가 r인 등비수열을 이루므로
$$\frac{\sqrt{3}}{4}a(4-a) = \frac{\sqrt{3}}{4}a^2 \times r \quad \cdots\cdots \ \text{㉠}$$
$$\frac{\sqrt{3}}{4}r^2 = \frac{\sqrt{3}}{4}a^2 \times r^2, \ a^2 = 1$$
$$\therefore a = 1$$
$a=1$을 ㉠에 대입하여 정리하면
$$r = 3$$

보충 설명 삼각형 AGH의 넓이를 구할 때, 이 삼각형이 직각삼각형이 아님에 주의해야 합니다.
또한 오른쪽 그림과 같이 이웃하는 두 변의 길이가 a, b이고 그 끼인각의 크기가 θ인 삼각형의 넓이 S는

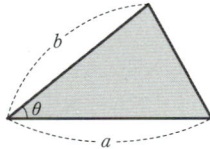

$$S = \frac{1}{2}ab\sin\theta$$
이므로 한 변의 길이가 a이고 한 내각의 크기가 60°인 정삼각형의 넓이 S는
$$S = \frac{1}{2} \times a \times a \times \sin 60° = \frac{\sqrt{3}}{4}a^2$$
입니다.

정답 3

10-**30**

접근 방법 등비수열 $\{a_n\}$의 공비를 r라고 하면
$$\frac{a_{n+1}}{a_n} = r$$
가 성립함을 이용합니다.

상세 풀이 세 수 a, b, c가 등비수열을 이루므로 이때의 공비를 r라고 하면
$$b = ar, \ c = ar^2$$
즉, 세 수 3^a, 9^b, 27^c은 3^a, 9^{ar}, 27^{ar^2}과 같고 두 등비수열의 공비가 같으므로
$$\frac{9^{ar}}{3^a} = \frac{27^{ar^2}}{9^{ar}} = r$$
$$\therefore 3^{2ar-a} = 3^{3ar^2-2ar} = r \quad \cdots\cdots \ \text{㉠}$$
즉, $2ar - a = 3ar^2 - 2ar$이므로
$$a(3r^2 - 4r + 1) = 0, \ a(3r-1)(r-1) = 0$$
$$\therefore r = \frac{1}{3} \ (\because a > 0, \ r \neq 1) \quad \cdots\cdots \ \text{㉡}$$
㉡을 ㉠의 $3^{2ar-a} = r$에 대입하면
$$3^{\frac{2}{3}a-a} = \frac{1}{3}, \ \frac{2}{3}a - a = -1$$
$$\therefore a = 3$$
즉, $b = 3 \times \frac{1}{3} = 1$, $c = 3 \times \left(\frac{1}{3}\right)^2 = \frac{1}{3}$이므로
$$t_A = \frac{3^a}{a} = \frac{3^3}{3} = 9, \ t_B = \frac{9^b}{b} = \frac{9^1}{1} = 9,$$
$$t_C = \frac{27^c}{c} = \frac{27^{\frac{1}{3}}}{\frac{1}{3}} = 9$$
$$\therefore t_A + t_B + t_C = 27$$

보충 설명 (모래시계에 들어 있는 모래의 양)
=(매 초당 위에서 아래로 일정하게 떨어지는 모래의 양)×(모래시계로 잴 수 있는 시간)
입니다.

다른 풀이 등비수열 a, b, c의 공비와 등비수열 3^a, 9^b, 27^c의 공비가 같으므로 공비를 r라고 하면
$$r = \frac{b}{a} = \frac{c}{b} \quad \therefore b^2 = ac \quad \cdots\cdots \ \text{㉠}$$
$$r = \frac{9^b}{3^a} = \frac{27^c}{9^b} \quad \therefore r = \frac{3^{2b}}{3^a} = \frac{3^{3c}}{3^{2b}} \cdots\cdots \ \text{㉡}$$
즉, $3^{2b-a} = 3^{3c-2b}$에서 $2b - a = 3c - 2b$이므로

$$a = 4b - 3c \qquad \cdots\cdots \ \boxdot$$

$\boxdot$을 $\bigcirc$에 대입하면

$$b^2 = (4b - 3c)c, \ b^2 - 4bc + 3c^2 = 0$$

$$(b - c)(b - 3c) = 0$$

$$\therefore b = c \ \text{또는} \ b = 3c$$

이때, $b = c$이면 $\boxdot$에서 $a = b = c$이므로 모순입니다.

따라서 $b = 3c$이므로 $\boxdot$에서

$$a = 4 \times 3c - 3c = 9c$$

$$\therefore r = \frac{b}{a} = \frac{3c}{9c} = \frac{1}{3}$$

정답 27

예제 01 $\sum$의 계산   p.427

01-**1**

(1) $\displaystyle\sum_{k=1}^{10}(2k-1)^2+\sum_{k=1}^{10}(2k+1)^2$

$=\displaystyle\sum_{k=1}^{10}(4k^2-4k+1)+\sum_{k=1}^{10}(4k^2+4k+1)$

$=\displaystyle\sum_{k=1}^{10}\{(4k^2-4k+1)+(4k^2+4k+1)\}$

$=\displaystyle\sum_{k=1}^{10}(8k^2+2)$

$=8\displaystyle\sum_{k=1}^{10}k^2+\sum_{k=1}^{10}2$

$=8\times\dfrac{10\times11\times21}{6}+2\times10$

$=3100$

(2) $\displaystyle\sum_{k=1}^{10}(k+5)(k-2)-\sum_{k=1}^{10}(k-5)(k+2)$

$=\displaystyle\sum_{k=1}^{10}(k^2+3k-10)-\sum_{k=1}^{10}(k^2-3k-10)$

$=\displaystyle\sum_{k=1}^{10}\{(k^2+3k-10)-(k^2-3k-10)\}$

$=\displaystyle\sum_{k=1}^{10}6k=6\sum_{k=1}^{10}k$

$=6\times\dfrac{10\times11}{2}$

$=330$

(3) $\displaystyle\sum_{k=1}^{10}\dfrac{(k+1)^3}{k}+\sum_{n=1}^{10}\dfrac{(n-1)^3}{n}$

$=\displaystyle\sum_{k=1}^{10}\dfrac{(k+1)^3}{k}+\sum_{k=1}^{10}\dfrac{(k-1)^3}{k}$

$=\displaystyle\sum_{k=1}^{10}\dfrac{k^3+3k^2+3k+1}{k}$

$\qquad\qquad+\displaystyle\sum_{k=1}^{10}\dfrac{k^3-3k^2+3k-1}{k}$

$=\displaystyle\sum_{k=1}^{10}\dfrac{k^3+3k^2+3k+1+k^3-3k^2+3k-1}{k}$

$=\displaystyle\sum_{k=1}^{10}\dfrac{2k^3+6k}{k}$

$=\displaystyle\sum_{k=1}^{10}(2k^2+6)$

$=2\displaystyle\sum_{k=1}^{10}k^2+\sum_{k=1}^{10}6$

$=2\times\dfrac{10\times11\times21}{6}+6\times10$

$=830$

(4) $\displaystyle\sum_{k=1}^{10}(2^k+1)^2-\sum_{k=1}^{10}(2^k-1)^2$

$=\displaystyle\sum_{k=1}^{10}(2^{2k}+2\times2^k+1)-\sum_{k=1}^{10}(2^{2k}-2\times2^k+1)$

$=\displaystyle\sum_{k=1}^{10}\{(2^{2k}+2\times2^k+1)-(2^{2k}-2\times2^k+1)\}$

$=\displaystyle\sum_{k=1}^{10}(4\times2^k)=4\sum_{k=1}^{10}2^k$

$=4\times\dfrac{2(2^{10}-1)}{2-1}=2^{13}-8$

정답 (1) 3100   (2) 330   (3) 830   (4) $2^{13}-8$

01-**2**

(1) $\displaystyle\sum_{k=1}^{10}(a_k-1)^2=20$에서

$\qquad\displaystyle\sum_{k=1}^{10}(a_k{}^2-2a_k+1)=20$ …… ㉠

$\displaystyle\sum_{k=1}^{10}(a_k-1)(a_k+1)=30$에서

$\qquad\displaystyle\sum_{k=1}^{10}(a_k{}^2-1)=30$ …… ㉡

㉡$-$㉠을 하면

$\qquad\displaystyle\sum_{k=1}^{10}(2a_k-2)=10,\ 2\sum_{k=1}^{10}a_k-20=10$

$\qquad\therefore\displaystyle\sum_{k=1}^{10}a_k=15$

(2) $\displaystyle\sum_{k=1}^{9}f(k+1)-\sum_{k=2}^{10}f(k-1)$

$=\{f(2)+f(3)+\cdots+f(10)\}$

$\qquad\qquad-\{f(1)+f(2)+\cdots+f(9)\}$

$=f(10)-f(1)$

$=50-3=47$

정답 (1) 15   (2) 47

01-**3**

(1) 괄호 안을 계산하면

$\qquad\displaystyle\sum_{l=1}^{4}kl=k\sum_{l=1}^{4}l=k\times\dfrac{4\times5}{2}=10k$

$\qquad\therefore\displaystyle\sum_{k=1}^{6}\left(\sum_{l=1}^{4}kl\right)=10\sum_{k=1}^{6}k$

$\qquad\qquad\qquad=10\times\dfrac{6\times7}{2}=210$

(2) 괄호 안을 계산하면

$$\sum_{k=1}^{l}(k+1)=\sum_{k=1}^{l}k+\sum_{k=1}^{l}1$$

$$=\frac{l(l+1)}{2}+l=\frac{1}{2}l^2+\frac{3}{2}l$$

$$\therefore \sum_{l=1}^{10}\left\{\sum_{k=1}^{l}(k+1)\right\}$$

$$=\sum_{l=1}^{10}\left(\frac{1}{2}l^2+\frac{3}{2}l\right)=\frac{1}{2}\sum_{l=1}^{10}l^2+\frac{3}{2}\sum_{l=1}^{10}l$$

$$=\frac{1}{2}\times\frac{10\times11\times21}{6}+\frac{3}{2}\times\frac{10\times11}{2}$$

$$=\frac{385}{2}+\frac{165}{2}$$

$$=275$$

(3) 괄호 안을 계산하면

$$\sum_{i=1}^{j}ij=j\sum_{i=1}^{j}i=j\times\frac{j(j+1)}{2}$$

$$=\frac{j^3+j^2}{2}$$

$$\therefore \sum_{j=1}^{n}\left(\sum_{i=1}^{j}ij\right)$$

$$=\frac{1}{2}\sum_{j=1}^{n}(j^3+j^2)$$

$$=\frac{1}{2}\left\{\frac{n^2(n+1)^2}{4}\right.$$

$$\left.+\frac{n(n+1)(2n+1)}{6}\right\}$$

$$=\frac{n(n+1)(n+2)(3n+1)}{24}$$

(4) 괄호 안을 계산하면

$$\sum_{i=1}^{j}(i+j)=\sum_{i=1}^{j}i+\sum_{i=1}^{j}j$$

$$=\frac{j(j+1)}{2}+j^2=\frac{3}{2}j^2+\frac{1}{2}j$$

$$\therefore \sum_{j=1}^{n}\left\{\sum_{i=1}^{j}(i+j)\right\}$$

$$=\frac{3}{2}\sum_{j=1}^{n}j^2+\frac{1}{2}\sum_{j=1}^{n}j$$

$$=\frac{3}{2}\times\frac{n(n+1)(2n+1)}{6}$$

$$+\frac{1}{2}\times\frac{n(n+1)}{2}$$

$$=\frac{n(n+1)^2}{2}$$

보충 설명 $\sum$의 성질에 의하여

$$\sum_{k=i}^{n}a_k=a_i+a_{i+1}+a_{i+2}+\cdots+a_n$$

$$=\sum_{k=1}^{n}a_k-\sum_{k=1}^{i-1}a_k$$

$$\sum_{i=1}^{j}a_ib_j=a_1b_j+a_2b_j+a_3b_j+\cdots+a_jb_j$$

$$=b_j(a_1+a_2+a_3+\cdots+a_j)$$

$$=b_j\sum_{i=1}^{j}a_i$$

정답 (1) 210 (2) 275

$$(3)\ \frac{n(n+1)(n+2)(3n+1)}{24}$$

$$(4)\ \frac{n(n+1)^2}{2}$$

예제 02 자연수의 거듭제곱의 합을 이용한 수열의 합 p.429

02-1

(1) 주어진 수열의 일반항을 a_n이라고 하면

$$a_n=n(2n+1)$$

따라서 수열 $\{a_n\}$의 첫째항부터 제n항까지의 합은

$$\sum_{k=1}^{n}a_k=\sum_{k=1}^{n}k(2k+1)$$

$$=2\sum_{k=1}^{n}k^2+\sum_{k=1}^{n}k$$

$$=2\times\frac{n(n+1)(2n+1)}{6}$$

$$+\frac{n(n+1)}{2}$$

$$=\frac{n(n+1)(4n+5)}{6}$$

(2) 주어진 수열의 일반항을 a_n이라고 하면

$$a_n=1+2+3+\cdots+n=\frac{n(n+1)}{2}$$

따라서 수열 $\{a_n\}$의 첫째항부터 제n항까지의 합은

$$\sum_{k=1}^{n} a_k = \sum_{k=1}^{n} \frac{k(k+1)}{2}$$
$$= \frac{1}{2} \left(\sum_{k=1}^{n} k^2 + \sum_{k=1}^{n} k \right)$$
$$= \frac{1}{2} \left\{ \frac{n(n+1)(2n+1)}{6} + \frac{n(n+1)}{2} \right\}$$
$$= \frac{n(n+1)(n+2)}{6}$$

정답 (1) $\dfrac{n(n+1)(4n+5)}{6}$ (2) $\dfrac{n(n+1)(n+2)}{6}$

02-**2**

(1) $\displaystyle\sum_{n=1}^{99} \{(-1)^{n+1} \times n^2\}$

$= 1^2 - 2^2 + 3^2 - 4^2 + 5^2 - 6^2 + \cdots - 98^2 + 99^2$

$= 1^2 + (3^2 - 2^2) + (5^2 - 4^2) + \cdots + (99^2 - 98^2)$

$= 1^2 + (3-2)(3+2) + (5-4)(5+4) + \cdots + (99-98)(99+98)$

$= 1 + (2+3) + (4+5) + \cdots + (98+99)$

$= \dfrac{99 \times 100}{2} = 4950$

(2) $\displaystyle\sum_{k=1}^{12} k = 1 + 2 + 3 + \cdots + 11 + 12$

$\displaystyle\sum_{k=2}^{12} k = \quad\ \ 2 + 3 + \cdots + 11 + 12$

$\displaystyle\sum_{k=3}^{12} k = \qquad\ \ 3 + \cdots + 11 + 12$

$\vdots$

$\displaystyle\sum_{k=11}^{12} k = \qquad\qquad\qquad 11 + 12$

$\displaystyle\sum_{k=12}^{12} k = \qquad\qquad\qquad\qquad 12$

이므로 구하는 값은

$1 + 2 \times 2 + 3 \times 3 + \cdots + 12 \times 12$

$= \displaystyle\sum_{k=1}^{12} k^2 = \dfrac{12 \times 13 \times 25}{6} = 650$

정답 (1) 4950 (2) 650

02-**3**

1부터 10까지의 자연수가 나열된 순서는 다르지만 주어진 조건에서 $\displaystyle\sum_{k=1}^{10} x_k$와 $\displaystyle\sum_{k=1}^{10} x_k{}^2$의 값은 항상 일정

하므로

$$\sum_{k=1}^{10} x_k = \sum_{k=1}^{10} k, \quad \sum_{k=1}^{10} x_k{}^2 = \sum_{k=1}^{10} k^2$$

$$\therefore \sum_{k=1}^{10} (x_k - k)^2 + \sum_{k=1}^{10} (x_k + k - 11)^2$$
$$= \sum_{k=1}^{10} (2x_k{}^2 + 2k^2 - 22x_k - 22k + 121)$$
$$= \sum_{k=1}^{10} (2k^2 + 2k^2 - 22k - 22k + 121)$$
$$= 4 \sum_{k=1}^{10} k^2 - 44 \sum_{k=1}^{10} k + \sum_{k=1}^{10} 121$$
$$= 4 \times \frac{10 \times 11 \times 21}{6} - 44 \times \frac{10 \times 11}{2} + 121 \times 10$$
$$= 330$$

정답 ④

예제 03 수열의 합과 일반항 사이의 관계 p.431

03-**1**

(1) 주어진 식

$$\frac{a_1}{1} + \frac{a_1 + a_2}{2} + \frac{a_1 + a_2 + a_3}{3} + \cdots + \frac{a_1 + a_2 + \cdots + a_n}{n} = n^2 \qquad \cdots\cdots \ \bigcirc$$

에서 $n=1$일 때,

$$\frac{a_1}{1} = 1^2 \qquad \therefore a_1 = 1$$

$n \geq 2$일 때, $\bigcirc$의 양변에 n 대신 $n-1$을 대입하면

$$\frac{a_1}{1} + \frac{a_1 + a_2}{2} + \frac{a_1 + a_2 + a_3}{3} + \cdots + \frac{a_1 + a_2 + \cdots + a_{n-1}}{n-1} = (n-1)^2 \qquad \cdots\cdots \ \bigcirc\!\!\bigcirc$$

$\bigcirc - \bigcirc\!\!\bigcirc$을 하면

$$\frac{a_1 + a_2 + \cdots + a_n}{n} = 2n - 1$$

$$\therefore a_1 + a_2 + \cdots + a_n = n(2n-1) \ (n \geq 2) \qquad \cdots\cdots \ \bigcirc\!\!\bigcirc\!\!\bigcirc$$

이때, $a_1=1$은 ⓒ에 $n=1$을 대입하여 얻은 값과 같으므로
$$a_1+a_2+\cdots+a_n=n(2n-1)$$
즉, $\sum_{k=1}^{n} a_k=n(2n-1)$이므로
$$\sum_{k=1}^{20} a_k=20(2\times20-1)=780$$

(2) 주어진 식
$$na_1+(n-1)a_2+(n-2)a_3+\cdots$$
$$+2a_{n-1}+a_n$$
$$=n(n+1)(n+2) \qquad \cdots\cdots \text{㉠}$$
에서 $n=1$일 때,
$$1\times a_1=1\times2\times3 \qquad \therefore a_1=6$$
$n\geq2$일 때, ㉠의 양변에 n 대신 $n-1$을 대입하면
$$(n-1)a_1+(n-2)a_2+(n-3)a_3+\cdots$$
$$+2a_{n-2}+a_{n-1}$$
$$=(n-1)n(n+1) \qquad \cdots\cdots \text{㉡}$$
㉠−㉡을 하면
$$a_1+a_2+a_3+\cdots+a_{n-1}+a_n$$
$$=3n(n+1) \quad (n\geq2) \qquad \cdots\cdots \text{㉢}$$
이때, $a_1=6$은 ㉢에 $n=1$을 대입하여 얻은 값과 같으므로
$$a_1+a_2+a_3+\cdots+a_{n-1}+a_n=3n(n+1)$$
즉, $\sum_{k=1}^{n} a_k=3n(n+1)$이므로
$$\sum_{k=1}^{20} a_k=3\times20\times21=1260$$

정답 (1) 780 (2) 1260

03-2

(1) 수열 $\{a_n\}$의 첫째항부터 제n항까지의 합을 S_n이라고 하면
$$S_n=\sum_{k=1}^{n} a_k=2n^2$$
$n=1$일 때, $a_1=S_1=2\times1^2=2$
$n\geq2$일 때,
$$a_n=S_n-S_{n-1}$$
$$=2n^2-2(n-1)^2=4n-2 \qquad \cdots\cdots \text{㉠}$$

이때, $a_1=2$는 ㉠에 $n=1$을 대입하여 얻은 값과 같으므로
$$a_n=4n-2$$
$$\therefore \sum_{k=1}^{10} a_{2k}=\sum_{k=1}^{10} (8k-2)$$
$$=8\sum_{k=1}^{10} k-\sum_{k=1}^{10} 2$$
$$=8\times\frac{10\times11}{2}-2\times10$$
$$=420$$

(2) $\sum_{n=1}^{100} na_n=500$에서
$$a_1+2a_2+3a_3+\cdots+100a_{100}=500 \cdots\cdots \text{㉠}$$
$\sum_{n=1}^{99} na_{n+1}=200$에서
$$a_2+2a_3+3a_4+\cdots+99a_{100}=200 \cdots\cdots \text{㉡}$$
㉠−㉡을 하면
$$a_1+a_2+a_3+\cdots+a_{100}=300$$
$$\therefore \sum_{n=1}^{100} a_n=300$$

보충 설명 (1)에서 $\sum_{k=1}^{n} a_{2k} \neq \sum_{k=1}^{2n} a_k$임에 주의합니다.
즉,
$$\sum_{k=1}^{n} a_{2k}=a_2+a_4+a_6+\cdots+a_{2n}$$
$$\neq a_1+a_2+a_3+\cdots+a_{2n}=\sum_{k=1}^{2n} a_k$$

정답 (1) 420 (2) 300

03-3

주어진 식
$$P_n=a_1\times a_2\times a_3\times\cdots\times a_n=3^{n(n-1)} \qquad \cdots\cdots \text{㉠}$$
에서 $n\geq2$일 때, ㉠에 n 대신 $n-1$을 대입하면
$$P_{n-1}=a_1\times a_2\times a_3\times\cdots\times a_{n-1}=3^{(n-1)(n-2)} \qquad \cdots\cdots \text{㉡}$$
㉠÷㉡을 하면
$$\frac{P_n}{P_{n-1}}=a_n=3^{2n-2} \quad (n\geq2)$$
따라서 $a_{100}=3^{2\times100-2}=3^{198}$이므로
$$m=198$$

정답 ④

예제 04 계차수열   p.433

04-1

(1) 주어진 수열 $\{a_n\}$의 계차수열을 $\{b_n\}$이라고 하면

$$\{a_n\} : 1, \quad 2, \quad 4, \quad 7, \quad 11, \quad \cdots$$
$$\{b_n\} : \quad 1, \quad 2, \quad 3, \quad 4, \quad \cdots$$

수열 $\{b_n\}$은 첫째항이 1, 공차가 1인 등차수열이므로

$$b_n = 1 + (n-1) \times 1 = n$$

$$\therefore a_n = a_1 + \sum_{k=1}^{n-1} b_k = 1 + \sum_{k=1}^{n-1} k$$

$$= 1 + \frac{n(n-1)}{2} = \frac{n^2 - n + 2}{2}$$

$$\therefore S_n = \sum_{k=1}^{n} a_k = \sum_{k=1}^{n} \frac{k^2 - k + 2}{2}$$

$$= \frac{1}{2} \times \frac{n(n+1)(2n+1)}{6}$$

$$\qquad\qquad - \frac{1}{2} \times \frac{n(n+1)}{2} + n$$

$$= \frac{n(n^2+5)}{6}$$

(2) 주어진 수열 $\{a_n\}$의 계차수열을 $\{b_n\}$이라고 하면

$$\{a_n\} : 2, \quad 3, \quad 5, \quad 9, \quad 17, \quad \cdots$$
$$\{b_n\} : \quad 1, \quad 2, \quad 4, \quad 8, \quad \cdots$$

수열 $\{b_n\}$은 첫째항이 1, 공비가 2인 등비수열이므로

$$b_n = 1 \times 2^{n-1} = 2^{n-1}$$

$$\therefore a_n = a_1 + \sum_{k=1}^{n-1} b_k = 2 + \sum_{k=1}^{n-1} 2^{k-1}$$

$$= 2 + \frac{2^{n-1} - 1}{2 - 1} = 2^{n-1} + 1$$

$$\therefore S_n = \sum_{k=1}^{n} a_k = \sum_{k=1}^{n} (2^{k-1} + 1)$$

$$= \frac{2^n - 1}{2 - 1} + n = 2^n + n - 1$$

정답 (1) $a_n = \dfrac{n^2 - n + 2}{2}$, $S_n = \dfrac{n(n^2+5)}{6}$

(2) $a_n = 2^{n-1} + 1$, $S_n = 2^n + n - 1$

04-2

$f(n+1) - f(n) = 2n$ $(n=1, 2, 3, \cdots)$에서 주어진 수열 $\{f(n)\}$의 계차수열을 $\{b_n\}$이라고 하면 $b_n = 2n$ 이므로

$$f(n) = 1 + \sum_{k=1}^{n-1} 2k$$

$$= 1 + 2 \times \frac{n(n-1)}{2}$$

$$= n^2 - n + 1$$

$$\therefore f(1) + f(2) + f(3) + \cdots + f(10)$$

$$= \sum_{k=1}^{10} f(k) = \sum_{k=1}^{10} (k^2 - k + 1)$$

$$= \frac{10 \times 11 \times 21}{6} - \frac{10 \times 11}{2} + 10$$

$$= 340$$

정답 340

04-3

n번째 바둑판에 놓인 흰 돌과 검은 돌의 개수의 합을 a_n이라고 하면

$$a_1 = 5, a_2 = 12, a_3 = 21, a_4 = 32, \cdots$$

수열 $\{a_n\}$의 계차수열을 $\{b_n\}$이라고 하면

$$\{a_n\} : 5, \quad 12, \quad 21, \quad 32, \quad \cdots$$
$$\{b_n\} : \quad 7, \quad 9, \quad 11, \quad \cdots$$

수열 $\{b_n\}$은 첫째항이 7, 공차가 2인 등차수열이므로

$$b_n = 7 + (n-1) \times 2 = 2n + 5$$

$$\therefore a_n = a_1 + \sum_{k=1}^{n-1} b_k = 5 + \sum_{k=1}^{n-1} (2k+5)$$

$$= 5 + 2 \times \frac{n(n-1)}{2} + 5(n-1)$$

$$= n^2 + 4n$$

이때, 수열 $\{a_n\}$의 첫째항부터 제n항까지의 합 S_n은

$$S_n = \sum_{k=1}^{n} a_k = \sum_{k=1}^{n} (k^2 + 4k)$$

$$= \frac{n(n+1)(2n+1)}{6} + 4 \times \frac{n(n+1)}{2}$$

$$= \frac{n(n+1)(2n+13)}{6}$$

따라서 10개의 바둑판에 놓인 흰 돌과 검은 돌의 개수의 총합은

$$S_{10} = \frac{10 \times 11 \times 33}{6} = 605$$

다른 풀이 주어진 그림에서 흰 돌과 검은 돌이 구별되어 있으므로 흰 돌의 개수와 검은 돌의 개수를 구분하여 생각하면 좀 더 쉽게 문제를 풀 수 있습니다. 즉, n번째 바둑판에 놓인 흰 돌이 n^2개, 검은 돌이 $4n$개이므로 n번째 바둑판의 바둑돌의 총 개수를 a_n이라고 하면

$$a_n = n^2 + 4n$$

$$\therefore \sum_{k=1}^{10} a_k = \sum_{k=1}^{10} (k^2 + 4k)$$
$$= \frac{10 \times 11 \times 21}{6} + 4 \times \frac{10 \times 11}{2}$$
$$= 605$$

정답 605

예제 05 분수 꼴로 주어진 수열의 합 p.443

05-1

(1) 주어진 수열의 일반항을 a_n이라고 하면

$$a_n = \frac{1}{2n(2n+2)} = \frac{1}{4n(n+1)}$$
$$= \frac{1}{4}\left(\frac{1}{n} - \frac{1}{n+1}\right)$$

$$\therefore \sum_{k=1}^{n} a_k$$
$$= \frac{1}{4} \sum_{k=1}^{n} \left(\frac{1}{k} - \frac{1}{k+1}\right)$$
$$= \frac{1}{4}\left\{\left(1-\frac{1}{2}\right)+\left(\frac{1}{2}-\frac{1}{3}\right)+\left(\frac{1}{3}-\frac{1}{4}\right)\right.$$
$$\left.+\cdots+\left(\frac{1}{n}-\frac{1}{n+1}\right)\right\}$$
$$= \frac{1}{4}\left(1 - \frac{1}{n+1}\right) = \frac{n}{4(n+1)}$$

(2) 주어진 수열의 일반항을 a_n이라고 하면

$$a_n = \frac{1}{(2n)^2 - 1} = \frac{1}{(2n-1)(2n+1)}$$
$$= \frac{1}{2}\left(\frac{1}{2n-1} - \frac{1}{2n+1}\right)$$

$$\therefore \sum_{k=1}^{n} a_k$$
$$= \frac{1}{2} \sum_{k=1}^{n} \left(\frac{1}{2k-1} - \frac{1}{2k+1}\right)$$
$$= \frac{1}{2}\left\{\left(1-\frac{1}{3}\right)+\left(\frac{1}{3}-\frac{1}{5}\right)+\left(\frac{1}{5}-\frac{1}{7}\right)\right.$$
$$\left.+\cdots+\left(\frac{1}{2n-1}-\frac{1}{2n+1}\right)\right\}$$
$$= \frac{1}{2}\left(1 - \frac{1}{2n+1}\right)$$
$$= \frac{n}{2n+1}$$

(3) 주어진 수열의 일반항을 a_n이라고 하면

$$a_n = \frac{1}{n(n+1)(n+2)}$$
$$= \frac{1}{2}\left\{\frac{1}{n(n+1)} - \frac{1}{(n+1)(n+2)}\right\}$$

$$\therefore \sum_{k=1}^{n} a_k$$
$$= \frac{1}{2} \sum_{k=1}^{n} \left\{\frac{1}{k(k+1)} - \frac{1}{(k+1)(k+2)}\right\}$$
$$= \frac{1}{2}\left[\left(\frac{1}{1 \times 2} - \frac{1}{2 \times 3}\right)+\left(\frac{1}{2 \times 3} - \frac{1}{3 \times 4}\right)\right.$$
$$+\left(\frac{1}{3 \times 4} - \frac{1}{4 \times 5}\right)+\cdots$$
$$\left.+\left\{\frac{1}{n(n+1)} - \frac{1}{(n+1)(n+2)}\right\}\right]$$
$$= \frac{1}{2}\left\{\frac{1}{1 \times 2} - \frac{1}{(n+1)(n+2)}\right\}$$
$$= \frac{n(n+3)}{4(n+1)(n+2)}$$

(4) 주어진 수열의 일반항을 a_n이라고 하면

$$a_n = \frac{1}{1+2+3+\cdots+n}$$
$$= \frac{2}{n(n+1)}$$
$$= 2\left(\frac{1}{n} - \frac{1}{n+1}\right)$$

$$\therefore \sum_{k=1}^{n} a_k$$

$$=2\sum_{k=1}^{n}\left(\frac{1}{k}-\frac{1}{k+1}\right)$$

$$=2\left\{\left(1-\frac{1}{2}\right)+\left(\frac{1}{2}-\frac{1}{3}\right)+\left(\frac{1}{3}-\frac{1}{4}\right)\right.$$

$$\left.+\cdots+\left(\frac{1}{n}-\frac{1}{n+1}\right)\right\}$$

$$=2\left(1-\frac{1}{n+1}\right)=\frac{2n}{n+1}$$

정답 (1) $\dfrac{n}{4(n+1)}$ (2) $\dfrac{n}{2n+1}$

(3) $\dfrac{n(n+3)}{4(n+1)(n+2)}$ (4) $\dfrac{2n}{n+1}$

05-**2**

(1) 수열 $\{a_n\}$의 첫째항부터 제n항까지의 합을 S_n이라고 하면

$$S_n=\sum_{k=1}^{n}a_k=n^2+2n$$

$n\geq2$일 때,

$$a_n=S_n-S_{n-1}$$

$$=n^2+2n-\{(n-1)^2+2(n-1)\}$$

$$=2n+1 \qquad\cdots\cdots\ \bigcirc$$

$n=1$일 때,

$$a_1=S_1=1^2+2\times1=3$$

이것은 $\bigcirc$에 $n=1$을 대입하여 얻은 값과 같으므로

$$a_n=2n+1$$

$$\therefore \sum_{k=1}^{n}\frac{1}{a_k a_{k+1}}$$

$$=\sum_{k=1}^{n}\frac{1}{(2k+1)(2k+3)}$$

$$=\frac{1}{2}\sum_{k=1}^{n}\left(\frac{1}{2k+1}-\frac{1}{2k+3}\right)$$

$$=\frac{1}{2}\left\{\left(\frac{1}{3}-\frac{1}{5}\right)+\left(\frac{1}{5}-\frac{1}{7}\right)+\left(\frac{1}{7}-\frac{1}{9}\right)\right.$$

$$\left.+\cdots+\left(\frac{1}{2n+1}-\frac{1}{2n+3}\right)\right\}$$

$$=\frac{1}{2}\left(\frac{1}{3}-\frac{1}{2n+3}\right)$$

$$=\frac{n}{3(2n+3)}$$

(2) 수열 $\{a_n\}$의 첫째항부터 제n항까지의 합을 S_n이라고 하면

$$S_n=\sum_{k=1}^{n}a_k=\frac{n(n+1)(n+2)}{3}$$

$n\geq2$일 때,

$$a_n=S_n-S_{n-1}$$

$$=\frac{n(n+1)(n+2)}{3}$$

$$-\frac{(n-1)n(n+1)}{3}$$

$$=n(n+1) \qquad\cdots\cdots\ \bigcirc$$

$n=1$일 때, $a_1=S_1=\dfrac{1\times2\times3}{3}=2$

이것은 $\bigcirc$에 $n=1$을 대입하여 얻은 값과 같으므로

$$a_n=n(n+1)$$

$$\therefore \sum_{k=1}^{n}\frac{1}{a_k}$$

$$=\sum_{k=1}^{n}\frac{1}{k(k+1)}$$

$$=\sum_{k=1}^{n}\left(\frac{1}{k}-\frac{1}{k+1}\right)$$

$$=\left(1-\frac{1}{2}\right)+\left(\frac{1}{2}-\frac{1}{3}\right)+\left(\frac{1}{3}-\frac{1}{4}\right)$$

$$+\cdots+\left(\frac{1}{n}-\frac{1}{n+1}\right)$$

$$=1-\frac{1}{n+1}$$

$$=\frac{n}{n+1}$$

정답 (1) $\dfrac{n}{3(2n+3)}$ (2) $\dfrac{n}{n+1}$

05-**3**

이차방정식의 근과 계수의 관계에 의하여

$$\alpha_n+\beta_n=-4,\ \alpha_n\beta_n=-(2n-1)(2n+1)$$

이므로

$$\frac{1}{\alpha_n}+\frac{1}{\beta_n}=\frac{\alpha_n+\beta_n}{\alpha_n\beta_n}$$

$$=\frac{-4}{-(2n-1)(2n+1)}$$

$$=2\left(\frac{1}{2n-1}-\frac{1}{2n+1}\right)$$

$$\therefore \sum_{n=1}^{10}\left(\frac{1}{\alpha_n}+\frac{1}{\beta_n}\right)$$

$$=2\sum_{n=1}^{10}\left(\frac{1}{2n-1}-\frac{1}{2n+1}\right)$$

$$=2\left\{\left(1-\frac{1}{3}\right)+\left(\frac{1}{3}-\frac{1}{5}\right)+\left(\frac{1}{5}-\frac{1}{7}\right)+\cdots\right.$$
$$\left.+\left(\frac{1}{19}-\frac{1}{21}\right)\right\}$$

$$=2\left(1-\frac{1}{21}\right)=\frac{40}{21}$$

정답 ④

예제 **06**　분모에 근호가 포함된 수열의 합　p.445

06-**1**

(1) $\dfrac{1}{\sqrt{k+1}+\sqrt{k-1}}$

$$=\frac{\sqrt{k+1}-\sqrt{k-1}}{(\sqrt{k+1}+\sqrt{k-1})(\sqrt{k+1}-\sqrt{k-1})}$$

$$=\frac{1}{2}(\sqrt{k+1}-\sqrt{k-1})$$

$$\therefore \sum_{k=2}^{99}\frac{1}{\sqrt{k+1}+\sqrt{k-1}}$$

$$=\frac{1}{2}\sum_{k=2}^{99}(\sqrt{k+1}-\sqrt{k-1})$$

$$=\frac{1}{2}\{(\sqrt{3}-1)+(\sqrt{4}-\sqrt{2})+(\sqrt{5}-\sqrt{3})$$
$$+\cdots+(\sqrt{99}-\sqrt{97})+(\sqrt{100}-\sqrt{98})\}$$

$$=\frac{1}{2}(-1-\sqrt{2}+\sqrt{99}+\sqrt{100})$$

$$=\frac{1}{2}(9-\sqrt{2}+3\sqrt{11})$$

(2) $\dfrac{1}{\sqrt{2k+1}+\sqrt{2k-1}}$

$$=\frac{\sqrt{2k+1}-\sqrt{2k-1}}{(\sqrt{2k+1}+\sqrt{2k-1})(\sqrt{2k+1}-\sqrt{2k-1})}$$

$$=\frac{1}{2}(\sqrt{2k+1}-\sqrt{2k-1})$$

$$\therefore \sum_{k=1}^{40}\frac{1}{\sqrt{2k+1}+\sqrt{2k-1}}$$

$$=\frac{1}{2}\sum_{k=1}^{40}(\sqrt{2k+1}-\sqrt{2k-1})$$

$$=\frac{1}{2}\{(\sqrt{3}-1)+(\sqrt{5}-\sqrt{3})+(\sqrt{7}-\sqrt{5})$$
$$+\cdots+(\sqrt{81}-\sqrt{79})\}$$

$$=\frac{1}{2}(-1+\sqrt{81})=4$$

(3) $\dfrac{3}{\sqrt{3k-1}+\sqrt{3k+2}}$

$$=\frac{3(\sqrt{3k-1}-\sqrt{3k+2})}{(\sqrt{3k-1}+\sqrt{3k+2})(\sqrt{3k-1}-\sqrt{3k+2})}$$

$$=\sqrt{3k+2}-\sqrt{3k-1}$$

$$\therefore \sum_{k=1}^{16}\frac{3}{\sqrt{3k-1}+\sqrt{3k+2}}$$

$$=\sum_{k=1}^{16}(\sqrt{3k+2}-\sqrt{3k-1})$$

$$=(\sqrt{5}-\sqrt{2})+(\sqrt{8}-\sqrt{5})+(\sqrt{11}-\sqrt{8})$$
$$+\cdots+(\sqrt{50}-\sqrt{47})$$

$$=-\sqrt{2}+\sqrt{50}=4\sqrt{2}$$

(4) $\dfrac{1}{k\sqrt{k+1}+(k+1)\sqrt{k}}$

$$=\frac{1}{\sqrt{k}\sqrt{k+1}(\sqrt{k}+\sqrt{k+1})}$$

$$=\frac{\sqrt{k}-\sqrt{k+1}}{\sqrt{k}\sqrt{k+1}(\sqrt{k}+\sqrt{k+1})(\sqrt{k}-\sqrt{k+1})}$$

$$=\frac{\sqrt{k+1}-\sqrt{k}}{\sqrt{k}\sqrt{k+1}}=\frac{1}{\sqrt{k}}-\frac{1}{\sqrt{k+1}}$$

$$\therefore \sum_{k=1}^{99}\frac{1}{k\sqrt{k+1}+(k+1)\sqrt{k}}$$

$$=\sum_{k=1}^{99}\left(\frac{1}{\sqrt{k}}-\frac{1}{\sqrt{k+1}}\right)$$

$$=\left(1-\frac{1}{\sqrt{2}}\right)+\left(\frac{1}{\sqrt{2}}-\frac{1}{\sqrt{3}}\right)$$
$$+\left(\frac{1}{\sqrt{3}}-\frac{1}{\sqrt{4}}\right)+\cdots+\left(\frac{1}{\sqrt{99}}-\frac{1}{\sqrt{100}}\right)$$

$$=1-\frac{1}{\sqrt{100}}$$

$$=\frac{9}{10}$$

정답　(1) $\dfrac{1}{2}(9-\sqrt{2}+3\sqrt{11})$　(2) 4　(3) $4\sqrt{2}$　(4) $\dfrac{9}{10}$

06-2

$f(k)=\sqrt{k}+\sqrt{k+1}$이므로

$$\frac{1}{f(k)}=\frac{1}{\sqrt{k}+\sqrt{k+1}}$$

$$=\frac{\sqrt{k}-\sqrt{k+1}}{(\sqrt{k}+\sqrt{k+1})(\sqrt{k}-\sqrt{k+1})}$$

$$=\sqrt{k+1}-\sqrt{k}$$

$$\therefore \sum_{k=1}^{n}\frac{1}{f(k)}$$

$$=\sum_{k=1}^{n}(\sqrt{k+1}-\sqrt{k})$$

$$=(\sqrt{2}-1)+(\sqrt{3}-\sqrt{2})+(\sqrt{4}-\sqrt{3})+\cdots$$

$$+(\sqrt{n+1}-\sqrt{n})$$

$$=\sqrt{n+1}-1$$

따라서 $\sqrt{n+1}-1=6$이므로

$$\sqrt{n+1}=7, \; n+1=49 \quad \therefore n=48$$

정답 48

06-3

주어진 식

$$a_1^2+a_2^2+a_3^2+\cdots+a_n^2=n^2 \quad \cdots\cdots \text{㉠}$$

에서 $n=1$일 때,

$$a_1^2=1^2 \quad \therefore a_1=1 \; (\because a_1>0)$$

$n\geq2$일 때, ㉠의 양변에 n 대신 $n-1$을 대입하면

$$a_1^2+a_2^2+a_3^2+\cdots+a_{n-1}^2=(n-1)^2 \quad \cdots\cdots \text{㉡}$$

㉠$-$㉡을 하면

$$a_n^2=2n-1 \; (n\geq2)$$

그런데 $a_n>0$이므로

$$a_n=\sqrt{2n-1} \; (n\geq2) \quad \cdots\cdots \text{㉢}$$

이때, $a_1=1$은 ㉢에 $n=1$을 대입하여 얻은 값과 같으므로

$$a_n=\sqrt{2n-1}$$

$$\therefore \frac{1}{a_n+a_{n+1}}$$

$$=\frac{1}{\sqrt{2n-1}+\sqrt{2n+1}}$$

$$=\frac{\sqrt{2n-1}-\sqrt{2n+1}}{(\sqrt{2n-1}+\sqrt{2n+1})(\sqrt{2n-1}-\sqrt{2n+1})}$$

$$=\frac{1}{2}(\sqrt{2n+1}-\sqrt{2n-1})$$

$$\therefore \sum_{k=1}^{60}\frac{1}{a_k+a_{k+1}}$$

$$=\frac{1}{2}\sum_{k=1}^{60}(\sqrt{2k+1}-\sqrt{2k-1})$$

$$=\frac{1}{2}\{(\sqrt{3}-1)+(\sqrt{5}-\sqrt{3})+(\sqrt{7}-\sqrt{5})$$

$$+\cdots+(\sqrt{121}-\sqrt{119})\}$$

$$=\frac{1}{2}(-1+\sqrt{121})=5$$

정답 ④

예제 07 (등차수열)$\times$(등비수열) 꼴의 수열의 합   p.447

07-1

(1) 주어진 수열의 합을 S라고 하면

$$S=1+2\times2+3\times2^2+4\times2^3+\cdots$$

$$+n\times2^{n-1}$$

$$\cdots\cdots \text{㉠}$$

㉠의 양변에 2를 곱하면

$$2S=1\times2+2\times2^2+3\times2^3+4\times2^4+\cdots$$

$$+n\times2^n$$

$$\cdots\cdots \text{㉡}$$

㉠$-$㉡을 하면

$$-S=1+2+2^2+2^3+\cdots+2^{n-1}-n\times2^n$$

$$=\frac{2^n-1}{2-1}-n\times2^n$$

$$=(1-n)2^n-1$$

$$\therefore S=(n-1)2^n+1$$

(2) 주어진 수열의 합을 S라고 하면

$$S=1+2x+3x^2+4x^3+\cdots+nx^{n-1}$$

$$\cdots\cdots \text{㉠}$$

㉠의 양변에 x를 곱하면

$$xS=x+2x^2+3x^3+4x^4+\cdots+nx^n$$

$$\cdots\cdots \text{㉡}$$

⊙−ⓛ을 하면
$$(1-x)S=1+x+x^2+x^3+\cdots+x^{n-1}-nx^n$$
$$=\frac{1-x^n}{1-x}-nx^n$$
$$=\frac{1-(1+n)x^n+nx^{n+1}}{1-x}$$

이때, $x\neq1$이므로
$$S=\frac{1-(1+n)x^n+nx^{n+1}}{(1-x)^2}$$

정답 (1) $(n-1)2^n+1$ (2) $\dfrac{1-(1+n)x^n+nx^{n+1}}{(1-x)^2}$

07-2

좌변의 수열의 합을 S라고 하면
$$S=\sum_{k=1}^{n}k\left(\frac{1}{2}\right)^k$$
$$=1\times\frac{1}{2}+2\times\left(\frac{1}{2}\right)^2+3\times\left(\frac{1}{2}\right)^3+\cdots$$
$$+n\times\left(\frac{1}{2}\right)^n$$
$$\cdots\cdots\text{⊙}$$

⊙의 양변에 $\dfrac{1}{2}$을 곱하면
$$\frac{1}{2}S=1\times\left(\frac{1}{2}\right)^2+2\times\left(\frac{1}{2}\right)^3+3\times\left(\frac{1}{2}\right)^4+\cdots$$
$$+n\times\left(\frac{1}{2}\right)^{n+1}$$
$$\cdots\cdots\text{ⓛ}$$

⊙−ⓛ을 하면
$$\frac{1}{2}S=\frac{1}{2}+\left(\frac{1}{2}\right)^2+\left(\frac{1}{2}\right)^3+\cdots+\left(\frac{1}{2}\right)^n-n\left(\frac{1}{2}\right)^{n+1}$$
$$=\frac{\frac{1}{2}\left\{1-\left(\frac{1}{2}\right)^n\right\}}{1-\frac{1}{2}}-n\left(\frac{1}{2}\right)^{n+1}$$
$$=1-\left(\frac{1}{2}\right)^n-n\left(\frac{1}{2}\right)^{n+1}$$
$$\therefore S=2-2\left(\frac{1}{2}\right)^n-2n\left(\frac{1}{2}\right)^{n+1}$$

따라서 $a=2$, $b=-2$, $c=-2$이므로
$$a+b+c=2+(-2)+(-2)=-2$$

정답 ②

07-3

3^{n-1}이 n번째 줄에 n개씩 나열되어 있으므로 구하는 합을 S라고 하면
$$S=1+2\times3+3\times3^2+4\times3^3+\cdots+11\times3^{10}$$
$$\cdots\cdots\text{⊙}$$

⊙의 양변에 3을 곱하면
$$3S=1\times3+2\times3^2+3\times3^3+4\times3^4+\cdots$$
$$+11\times3^{11}$$
$$\cdots\cdots\text{ⓛ}$$

⊙−ⓛ을 하면
$$-2S=1+3+3^2+3^3+\cdots+3^{10}-11\times3^{11}$$
$$=\frac{3^{11}-1}{3-1}-11\times3^{11}$$
$$=\frac{1}{2}(3^{11}-1)-11\times3^{11}$$
$$=-\frac{1}{2}(21\times3^{11}+1)$$
$$\therefore S=\frac{1}{4}(21\times3^{11}+1)$$

정답 ②

예제 08 정수로 이루어진 군수열 　 p.449

08-1

주어진 수열을 군으로 묶으면
$$(1),\ (3,\ 1),\ (3,\ 3,\ 1),\ (3,\ 3,\ 3,\ 1),\ \cdots$$
이때, 제n군은 $(\overbrace{3,\ 3,\ 3,\ \cdots,\ 3}^{(n-1)\text{개}},\ 1)$이므로
제n군에 속하는 항들의 합을 A_n이라고 하면
$$A_n=\overbrace{3+3+3+\cdots+3}^{(n-1)\text{개}}+1$$
$$=3(n-1)+1$$
$$=3n-2$$
한편, 제150항이 제n군에 속한다고 하면
　{제$(n-1)$군까지의 항의 개수}
$$<150\leq(\text{제}\,n\text{군까지의 항의 개수})$$
이므로
$$1+2+3+\cdots+(n-1)$$
$$<150\leq1+2+3+\cdots+n$$

$$\frac{n(n-1)}{2} < 150 \le \frac{n(n+1)}{2}$$

$$\therefore n=17 \quad \leftarrow \frac{16\times17}{2}=136, \ \frac{17\times18}{2}=153$$

즉, 제150항은 제17군에 속하고 제16군까지의 항의

개수는 $\dfrac{16\times17}{2}=136$이므로 제150항은 제17군의

14번째 항입니다.

따라서 구하는 합을 S라고 하면

$$S = \sum_{n=1}^{16}(3n-2)+3\times14$$

$$= 3\times\frac{16\times17}{2}-2\times16+42=418$$

보충 설명 부등식 $\dfrac{n(n-1)}{2} < 150 \le \dfrac{n(n+1)}{2}$ 을

풀 때에는 n에 대한 연립부등식을 푸는 것보다 적당

한 값을 대입하여 n의 값을 찾는 것이 간단합니다.

정답 418

08-**2**

(1) 주어진 수열을 군으로 묶으면

$$(1), (2, 2, 2), (3, 3, 3, 3, 3), \cdots$$

제n군의 항의 개수는 $2n-1$이므로 제n군까지의

항의 개수는

$$1+3+5+\cdots+(2n-1)=n^2$$

이때, 제500항이 제n군에 속한다고 하면

$$(n-1)^2 < 500 \le n^2$$

$$\therefore n=23 \quad \leftarrow 22^2=484, \ 23^2=529$$

즉, 제500항은 제23군에 속하므로 제500항은 23

입니다.

(2) 주어진 수열을 군으로 묶으면

$$(1), (2, 1), (2, 2, 1), (2, 2, 2, 1), \cdots$$

제n군의 항의 개수는 n이므로 제n군까지의 항의

개수는

$$1+2+3+\cdots+n=\frac{n(n+1)}{2}$$

이때, 제13군까지의 항의 개수는 $\dfrac{13\times14}{2}=91$,

제14군까지의 항의 개수는 $\dfrac{14\times15}{2}=105$이므로

제100항은 제14군의 9번째 항입니다.

따라서 제n군의 모든 항의 곱은 2^{n-1}이므로 첫째

항부터 제100항까지의 곱은

$$1\times2\times2^2\times\cdots\times2^{12}\times2^9=2^{(1+2+3+\cdots+12)+9}$$

$$= 2^{\frac{12\times13}{2}+9}=2^{87}$$

$$\therefore m=87$$

정답 (1) 23 (2) 87

08-**3**

자연수를 1부터 차례대로 나열한 수열을 좌표평면

위에 기울기가 -1인 직선을 그었을 때, 같은 직선

위에 있는 점을 기준으로 군으로 묶으면

$$(1, 2), (3, 4, 5), (6, 7, 8, 9),$$

$$(10, 11, 12, 13, 14), \cdots$$

이고, 160이 제n군에 속한다고 하면

$$\{제(n-1)군까지의 항의 개수\}$$

$$< 160 \le (제n군까지의 항의 개수)$$

이므로

$$2+3+4+\cdots+n$$

$$< 160 \le 2+3+4+\cdots+(n+1)$$

$$\frac{(n-1)(n+2)}{2} < 160 \le \frac{n(n+3)}{2}$$

$$\therefore n=17 \quad \leftarrow \frac{16\times19}{2}=152, \ \frac{17\times20}{2}=170$$

즉, 160은 제17군에 속하고 제16군까지의 항의 개

수는 $\dfrac{16\times19}{2}=152$이므로 160은 제17군의 8번째

항입니다.

이때, 제n군에 속해 있는 수에 대응되는 점은 직선

$y=-x+n$ 위에 있으므로 160에 대응되는 점은 직

선 $y=-x+17$ 위에 있습니다.

따라서 구하는 점의 좌표는 $(7, 10)$입니다.

보충 설명 오른쪽 그림과

같이 기울기가 -1인 직선을

이용하여 주어진 점의 좌표를

군으로 나눕니다. 즉,

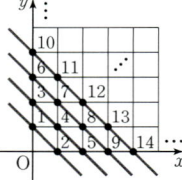

제1군 ➡ 직선 $y=-x+1$ 위의 점 : $(0, 1)$, $(1, 0)$

제2군 ➡ 직선 $y=-x+2$ 위의 점 : $(0, 2)$, $(1, 1)$,

$(2, 0)$

제3군 ➡ 직선 $y=-x+3$ 위의 점 : $(0, 3)$, $(1, 2)$,
$(2, 1)$, $(3, 0)$

$\vdots$

제n군 ➡ 직선 $y=-x+n$ 위의 점 : $(0, n)$,
$(1, n-1)$, $(2, n-2)$, $\cdots$, $(n, 0)$

정답 $(7, 10)$

예제 09 분수 형태의 군수열   p.451

09-1

(1) 주어진 수열을 분모가 같은 수끼리 군으로 묶으면

$$\left(\frac{1}{1}\right), \left(\frac{1}{2}, \frac{2}{2}\right), \left(\frac{1}{3}, \frac{2}{3}, \frac{3}{3}\right),$$
$$\left(\frac{1}{4}, \frac{2}{4}, \frac{3}{4}, \frac{4}{4}\right), \cdots$$

제250항이 제n군에 속한다고 하면

{제$(n-1)$군까지의 항의 개수}
$$<250\leq(\text{제}n\text{군까지의 항의 개수})$$

이므로

$$1+2+3+\cdots+(n-1)$$
$$<250\leq1+2+3+\cdots+n$$
$$\frac{n(n-1)}{2}<250\leq\frac{n(n+1)}{2}$$
$$\therefore n=22 \quad \leftarrow \tfrac{21\times22}{2}=231, \tfrac{22\times23}{2}=253$$

즉, 제250항은 제22군에 속하고 제21군까지의 항
의 개수는 $\frac{21\times22}{2}=231$이므로 제250항은 제22

군의 19번째 항입니다. $\leftarrow$ 분모는 22, 분자는 19입니다.

따라서 제250항은 $\frac{19}{22}$입니다.

(2) 주어진 수열을 분자, 분모의 합이 같은 수끼리 군
으로 묶으면 $\leftarrow$ 제n군의 분자, 분모의 합은 $n+1$

$$\left(\frac{1}{1}\right), \left(\frac{2}{1}, \frac{1}{2}\right), \left(\frac{3}{1}, \frac{2}{2}, \frac{1}{3}\right),$$
$$\left(\frac{4}{1}, \frac{3}{2}, \frac{2}{3}, \frac{1}{4}\right), \cdots$$

제150항이 제n군에 속한다고 하면

{제$(n-1)$군까지의 항의 개수}
$$<150\leq(\text{제}n\text{군까지의 항의 개수})$$

이므로

$$1+2+3+\cdots+(n-1)$$
$$<150\leq1+2+3+\cdots+n$$
$$\frac{n(n-1)}{2}<150\leq\frac{n(n+1)}{2}$$
$$\therefore n=17 \quad \leftarrow \tfrac{16\times17}{2}=136, \tfrac{17\times18}{2}=153$$

즉, 제150항은 제17군에 속하고 제16군까지의

항의 개수는 $\frac{16\times17}{2}=136$이므로 제150항은

제17군의 14번째 항입니다. $\leftarrow$ 분모와 분자의 합이 18 이고 분모는 14입니다.

따라서 제150항은 $\frac{4}{14}$입니다.

(3) 주어진 수열을 군으로 묶으면

$$\left(\frac{1}{1}\right), \left(\frac{1}{2}, \frac{3}{1}\right), \left(\frac{1}{4}, \frac{3}{2}, \frac{5}{1}\right),$$
$$\left(\frac{1}{8}, \frac{3}{4}, \frac{5}{2}, \frac{7}{1}\right), \cdots$$

제65항이 제n군에 속한다고 하면

{제$(n-1)$군까지의 항의 개수}
$$<65\leq(\text{제}n\text{군까지의 항의 개수})$$

이므로

$$1+2+3+\cdots+(n-1)$$
$$<65\leq1+2+3+\cdots+n$$
$$\frac{n(n-1)}{2}<65\leq\frac{n(n+1)}{2}$$
$$\therefore n=11 \quad \leftarrow \tfrac{10\times11}{2}=55, \tfrac{11\times12}{2}=66$$

즉, 제65항은 제11군에 속하고 제10군까지의 항

의 개수는 $\frac{10\times11}{2}=55$이므로 제65항은 제11군

의 10번째 항입니다.

따라서 제n군의 k번째 항의 분자는 $2k-1$, 분모
는 2^{n-k}이므로 제11군의 10번째 항은

$$\frac{2\times10-1}{2^{11-10}}=\frac{19}{2}$$

정답 (1) $\frac{19}{22}$ (2) $\frac{4}{14}$ (3) $\frac{19}{2}$

09-2

주어진 수열을 분자, 분모의 합이 같은 수끼리 군으

로 묶으면

$$\left(\frac{1}{1}\right), \left(\frac{1}{2}, \frac{2}{1}\right), \left(\frac{1}{3}, \frac{2}{2}, \frac{3}{1}\right),$$
$$\left(\frac{1}{4}, \frac{2}{3}, \frac{3}{2}, \frac{4}{1}\right), \cdots$$

(1) 제200항이 제 n 군에 속한다고 하면

$$\{제(n-1)군까지의 항의 개수\}$$
$$< 200 \leq (제 n 군까지의 항의 개수)$$

이므로

$$1+2+3+\cdots+(n-1)$$
$$< 200 \leq 1+2+3+\cdots+n$$

$$\frac{n(n-1)}{2} < 200 \leq \frac{n(n+1)}{2}$$

$$\therefore n=20 \quad \leftarrow \frac{19\times20}{2}=190, \frac{20\times21}{2}=210$$

즉, 제200항은 제20군에 속하고 제19군까지의 항의 개수는 $\frac{19\times20}{2}=190$이므로 제200항은 제20군의 10번째 항입니다. ← 분모와 분자의 합은 21이고 분자는 10입니다.

$$\therefore a_{200}=\frac{10}{11}$$

(2) 제 n 군의 각 항의 분자, 분모의 합은 $n+1$이고, k번째 항의 분자는 k이므로 $\frac{10}{23}$은 제32군의 10번째 항입니다.

이때, 제1군부터 제 n 군까지의 항의 개수는

$$1+2+3+\cdots+n=\frac{n(n+1)}{2}$$

이므로 제1군부터 제31군까지의 항의 개수는

$$\frac{31\times32}{2}=496$$

즉, 제1군부터 제32군의 10번째 항까지의 항의 개수는 $496+10=506$입니다.

따라서 $\frac{10}{23}$은 제506항이므로

$$n=506$$

정답 (1) $\frac{10}{11}$ (2) 506

09-3

주어진 수열을 분모가 같은 수끼리 군으로 묶으면

$$\left(\frac{1^2}{3}\right), \left(\frac{1^2}{5}, \frac{2^2}{5}\right), \left(\frac{1^2}{7}, \frac{2^2}{7}, \frac{3^2}{7}\right),$$
$$\left(\frac{1^2}{9}, \frac{2^2}{9}, \frac{3^2}{9}, \frac{4^2}{9}\right), \cdots$$

이때, 제 n 군은 $\left(\frac{1^2}{2n+1}, \frac{2^2}{2n+1}, \cdots, \frac{n^2}{2n+1}\right)$ 이므로 항의 개수는 n이고, 제 n 군에 속하는 항들의 합을 A_n이라고 하면

$$A_n = \frac{1}{2n+1}(1^2+2^2+\cdots+n^2)$$
$$= \frac{1}{2n+1} \times \frac{n(n+1)(2n+1)}{6}$$
$$= \frac{n(n+1)}{6}$$

한편, 제1군부터 제 n 군까지의 항의 개수는

$$1+2+3+\cdots+n=\frac{n(n+1)}{2}$$

이므로 제1군부터 제9군까지의 항의 개수는

$$\frac{9\times10}{2}=45$$

따라서 첫째항부터 제45항까지의 합은 제1군부터 제9군까지의 모든 항의 합과 같으므로 구하는 합은

$$\sum_{k=1}^{9} A_k = \sum_{k=1}^{9} \frac{k(k+1)}{6}$$
$$= \frac{1}{6}\left(\frac{9\times10\times19}{6} + \frac{9\times10}{2}\right)$$
$$= 55$$

정답 55

예제 10 나머지로 정의된 수열 p.453

10-1

(1) 8^n을 10으로 나누었을 때의 나머지는 8^n의 일의 자리의 숫자와 같으므로 n에 1, 2, 3, $\cdots$을 차례대로 대입하여 a_n을 구해 보면

$$a_1=8, a_2=4, a_3=2, a_4=6,$$
$$a_5=8, a_6=4, a_7=2, a_8=6, \cdots$$

따라서 수열 $\{a_n\}$은 8, 4, 2, 6이 순서대로 반복되는 수열이므로 $4321=1080\times4+1$에서

$$a_{4321}=a_1=8$$

(2) 2^n과 9^n의 일의 자리의 숫자를 각각 b_n, c_n이라고 하면 2^n+9^n의 일의 자리의 숫자 a_n은 다음과 같습니다.

n	1	2	3	4	5	6	7	8	⋯
b_n	2	4	8	6	2	4	8	6	⋯
c_n	9	1	9	1	9	1	9	1	⋯
a_n	1	5	7	7	1	5	7	7	⋯

따라서 수열 $\{a_n\}$은 1, 5, 7, 7이 순서대로 반복되는 수열이므로 $100=25\times4+0$에서
$$\sum_{n=1}^{100} a_n=(1+5+7+7)\times25=500$$

정답 (1) 8 (2) 500

10-2

자연수 n에 대하여 9^n과 8^n을 각각 10으로 나누었을 때의 나머지 $f(n)$, $g(n)$과 a_n의 각 항의 값을 차례대로 구해 보면 다음과 같습니다.

n	1	2	3	4	5	6	7	8	⋯
$f(n)$	9	1	9	1	9	1	9	1	⋯
$g(n)$	8	4	2	6	8	4	2	6	⋯
a_n	1	-3	7	-5	1	-3	7	-5	⋯

따라서 수열 $\{a_n\}$은 1, -3, 7, -5가 순서대로 반복되는 수열이므로 $2002=500\times4+2$에서
$$\sum_{n=1}^{2002} a_n=(1-3+7-5)\times500+1-3=-2$$

정답 -2

10-3

$n\geq5$일 때 n의 값과는 관계없이
$$1\times2\times3\times4\times5\times\cdots$$
가 되어 $n!$은 반드시 10으로 나누어떨어지므로
$$a_n=0\ (n\geq5)$$
$$\therefore \sum_{n=1}^{1000} a_n=a_1+a_2+a_3+a_4$$
$$=1+2+6+4=13$$

정답 13

p.454~455

기본 다지기

11-1 ① **2** ③ **3** ⑤ **4** 210

5 (1) 485 (2) $\dfrac{240}{121}$ **6** (1) 114 (2) 625

7 ⑤ **8** 298 **9** 63 **10** 0

11-1

접근 방법 수열 9, 99, 999, 9999, ⋯의 각 항들은 10^n-1 꼴로 나타낼 수 있습니다.

상세 풀이 주어진 수열을 $\{a_n\}$이라고 하면
$$a_1=9=10-1$$
$$a_2=99=10^2-1$$
$$a_3=999=10^3-1$$
$$\vdots$$
$$a_n=10^n-1$$
따라서 주어진 수열의 첫째항부터 제 n항까지의 합은
$$\sum_{k=1}^{n} a_k=\sum_{k=1}^{n}(10^k-1)$$
$$=\frac{10(10^n-1)}{10-1}-n$$
$$=\frac{10^{n+1}-10}{9}-n$$
$$=\frac{1}{9}(10^{n+1}-9n-10)$$

보충 설명 다음과 같이 생각할 수도 있습니다.
$$\underbrace{999\cdots9}_{n개}=9+9\times10+9\times10^2+\cdots+9\times10^{n-1}$$
$$=\frac{9(10^n-1)}{10-1}=10^n-1$$
마찬가지 방법으로
$$\underbrace{111\cdots1}_{n개}=1+1\times10+1\times10^2+\cdots+1\times10^{n-1}$$
$$=\frac{1}{9}(10^n-1)$$
$$\underbrace{222\cdots2}_{n개}=2+2\times10+2\times10^2+\cdots+2\times10^{n-1}$$
$$=\frac{2}{9}(10^n-1)$$
$$\underbrace{aaa\cdots a}_{n개}=a+a\times10+a\times10^2+\cdots+a\times10^{n-1}$$
$$=\frac{a}{9}(10^n-1)\,(단,\,a는 한 자리의 자연수)$$

정답 ①

11-2

접근 방법 자연수의 거듭제곱의 합의 공식을 이용하려면 첫째항부터의 합이어야 하므로 첫째항부터 제 $(n+5)$항까지의 합에서 첫째항부터 제4항까지의 합을 빼서 문제를 해결합니다.

상세 풀이 $\displaystyle\sum_{k=5}^{n+5} 4(k-3)$

$= \displaystyle\sum_{k=1}^{n+5} 4(k-3) - \sum_{k=1}^{4} 4(k-3)$

$= 4 \times \dfrac{(n+5)(n+6)}{2} - 12(n+5)$

$\qquad\qquad - \left(4 \times \dfrac{4 \times 5}{2} - 12 \times 4 \right)$

$= 2(n+5)(n+6) - 12(n+5) - 40 + 48$

$= 2n^2 + 10n + 8$

따라서 $A=2$, $B=10$, $C=8$이므로

$\qquad A+B+C = 2+10+8 = 20$

보충 설명 일반항이 $4(k-3)$인 수열은 공차가 4인 등차수열입니다. 따라서 제5항부터 제$(n+5)$항까지의 수열의 합은 위에서와 같이 n에 대한 이차식으로 나타납니다.

정답 ③

11-3

접근 방법 수열의 합과 일반항 사이의 관계

$\qquad a_1 = S_1, \ a_n = S_n - S_{n-1} \ (n \geq 2)$

을 이용합니다. 즉, $\displaystyle\sum_{k=1}^{n} f(k) = S_n$으로 생각하면

$\qquad f(1) = \displaystyle\sum_{k=1}^{1} f(k)$,

$\qquad f(n) = \displaystyle\sum_{k=1}^{n} f(k) - \sum_{k=1}^{n-1} f(k) \ (n \geq 2)$

임을 이용하여 $f(n)$을 구합니다.

상세 풀이 $\displaystyle\sum_{k=1}^{n} f(k) = \dfrac{n}{n+1}$에서 $n \geq 2$일 때,

$\qquad f(n) = \displaystyle\sum_{k=1}^{n} f(k) - \sum_{k=1}^{n-1} f(k)$

이므로

$f(n) = \dfrac{n}{n+1} - \dfrac{n-1}{n} = \dfrac{n^2 - (n^2-1)}{n(n+1)}$

$\qquad = \dfrac{1}{n(n+1)}$ ...... ㉠

$n=1$일 때, $f(1) = \dfrac{1}{2}$

이것은 ㉠에 $n=1$을 대입하여 얻은 값과 같으므로

$\qquad f(n) = \dfrac{1}{n(n+1)} = \dfrac{1}{n^2 + n}$

$\therefore \displaystyle\sum_{k=1}^{10} \dfrac{1}{f(k)} = \sum_{k=1}^{10} (k^2 + k)$

$\qquad\qquad = \dfrac{10 \times 11 \times 21}{6} + \dfrac{10 \times 11}{2}$

$\qquad\qquad = 440$

보충 설명 등식이 $f(k)$로 표현되어 어렵게 느껴질 수도 있지만 문제에서 k가 자연수이므로 $f(k)$는 자연수를 정의역으로 하는 함수로 생각할 수 있습니다. 이는 곧 수열입니다.

즉, $f(k) = a_k$라 하고 문제를 풀어도 됩니다.

정답 ⑤

11-4

접근 방법 이차방정식의 근과 계수의 관계를 이용하여 $\alpha_n + \beta_n$, $\alpha_n \beta_n$을 구한 후 곱셈 공식을 이용하여 $\alpha_n^2 + \beta_n^2$을 구합니다.

상세 풀이 이차방정식 $x^2 + 2nx + 1 = 0$에서 이차방정식의 근과 계수의 관계에 의하여

$\qquad \alpha_n + \beta_n = -2n, \ \alpha_n \beta_n = 1$

이므로

$\qquad \alpha_n^2 + \beta_n^2 = (\alpha_n + \beta_n)^2 - 2\alpha_n \beta_n$

$\qquad\qquad\quad = 4n^2 - 2$

$\therefore \displaystyle\sum_{n=1}^{5} (\alpha_n^2 + \beta_n^2)$

$\qquad = \displaystyle\sum_{n=1}^{5} (4n^2 - 2)$

$\qquad = 4 \times \dfrac{5 \times 6 \times 11}{6} - 2 \times 5 = 210$

정답 210

11-**5**

접근 방법 (1) $\sum\limits_{k=1}^{n} a_{2k}=3n^2+2n$에서

$$\sum_{k=1}^{n} a_{2k}=a_2+a_4+\cdots+a_{2n-2}+a_{2n}$$

이므로 $a_{2n}=\sum\limits_{k=1}^{n} a_{2k}-\sum\limits_{k=1}^{n-1} a_{2k}\ (n\geq 2)$임을 이용하여 등차수열 $\{a_n\}$의 일반항을 구합니다.

(2) 일반항이 분수 꼴로 주어지면 부분분수로의 변형 공식을 이용합니다.

상세 풀이 (1) $\sum\limits_{k=1}^{n} a_{2k}=3n^2+2n$에서 $n\geq 2$일 때,

$$\begin{aligned}
a_{2n}&=\sum_{k=1}^{n} a_{2k}-\sum_{k=1}^{n-1} a_{2k}\\
&=3n^2+2n-\{3(n-1)^2+2(n-1)\}\\
&=6n-1\ (n\geq 2) \qquad \cdots\cdots ㉠
\end{aligned}$$

$n=1$일 때,

$$a_2=3\times 1^2+2\times 1=5$$

이것은 ㉠에 $n=1$을 대입하여 얻은 값과 같으므로

$$a_{2n}=6n-1$$

이때, 수열 $\{a_{2n}\}$은 $a_2=5$이고 공차가 6인 등차수열이므로 수열 $\{a_n\}$은 $a_2=5$이고 공차가 3인 등차수열입니다.

즉, 수열 $\{a_{3n}\}$은 $a_3=8$이고 공차가 9인 등차수열이므로

$$\begin{aligned}
a_{3n}&=8+(n-1)\times 9\\
&=9n-1\\
\therefore \sum_{k=1}^{10} a_{3k}&=\sum_{k=1}^{10}(9k-1)\\
&=9\times\frac{10\times 11}{2}-10\\
&=485
\end{aligned}$$

(2)
$$\begin{aligned}
&\frac{4n+2}{n^2(n+1)^2}\\
&=\frac{4n+2}{(n+1)^2-n^2}\left\{\frac{1}{n^2}-\frac{1}{(n+1)^2}\right\}\\
&=\frac{4n+2}{2n+1}\left\{\frac{1}{n^2}-\frac{1}{(n+1)^2}\right\}\\
&=2\left\{\frac{1}{n^2}-\frac{1}{(n+1)^2}\right\}
\end{aligned}$$

이므로

$$\begin{aligned}
&\sum_{n=1}^{10}\frac{4n+2}{n^2(n+1)^2}\\
&=2\sum_{n=1}^{10}\left\{\frac{1}{n^2}-\frac{1}{(n+1)^2}\right\}\\
&=2\left\{\left(\frac{1}{1^2}-\frac{1}{2^2}\right)+\left(\frac{1}{2^2}-\frac{1}{3^2}\right)+\left(\frac{1}{3^2}-\frac{1}{4^2}\right)\right.\\
&\qquad\qquad\left.+\cdots+\left(\frac{1}{10^2}-\frac{1}{11^2}\right)\right\}\\
&=2\left(1-\frac{1}{11^2}\right)=\frac{240}{121}
\end{aligned}$$

다른 풀이 (1) $\sum\limits_{k=1}^{n} a_{2k}=3n^2+2n$에서

$n=1$일 때, $a_2=3\times 1^2+2\times 1=5$

$n=2$일 때, $a_2+a_4=3\times 2^2+2\times 2=16$

등차수열 $\{a_n\}$의 첫째항을 a, 공차를 d라고 하면

$$a_2=a+d=5,\ a_2+a_4=2a+4d=16$$

위의 식을 연립하여 풀면

$$\begin{aligned}
&a=2,\ d=3\\
\therefore a_n&=2+(n-1)\times 3=3n-1\\
\therefore \sum_{k=1}^{10} a_{3k}&=\sum_{k=1}^{10}(9k-1)\\
&=9\times\frac{10\times 11}{2}-10=485
\end{aligned}$$

보충 설명 (1) $\sum\limits_{k=1}^{10} a_{3k}$의 값을 구할 때,

$a_{2n}=6n-1=3\times(2n)-1$에서

$a_{3n}=3\times(3n)-1=9n-1$임을 이용하여

$$\begin{aligned}
\sum_{k=1}^{10} a_{3k}&=a_3+a_6+a_9+\cdots+a_{30}\\
&=8+17+26+\cdots+89\\
&=\frac{10(8+89)}{2}=485
\end{aligned}$$

와 같이 구할 수도 있습니다.

(2) $\dfrac{4n+2}{n^2(n+1)^2}$는 분자가 1이 아니므로 부분분수의 공식을 적용할 수 없다고 생각할 수도 있지만 이런 경우에는 $(4n+2)\times\dfrac{1}{n^2(n+1)^2}$과 같이 분자를 앞으로 빼고 $\dfrac{1}{n^2(n+1)^2}$을 부분분수의 공식을 이용하여 분리합니다.

정답 (1) 485 (2) $\dfrac{240}{121}$

11-6

접근 방법 가우스 기호의 정의에서 [ ]의 값은 정수이므로

$$[\ ]=p \ (p\text{는 정수})$$

가 되는 값을 기준으로 범위를 나누어서 풉니다. 즉,

$$[\log_3 n]=p,\ [\sqrt{n}]=p$$

를 만족시키는 n의 값의 범위를 구하여 문제를 해결합니다.

상세 풀이 (1) $1 \le n < 3$일 때

$$0 \le \log_3 n < 1 \quad \therefore [\log_3 n]=0$$

$3 \le n < 9$일 때

$$1 \le \log_3 n < 2 \quad \therefore [\log_3 n]=1$$

$9 \le n < 27$일 때

$$2 \le \log_3 n < 3 \quad \therefore [\log_3 n]=2$$

$27 \le n \le 50$일 때

$$3 \le \log_3 n \le \log_3 50 < 4 \quad \therefore [\log_3 n]=3$$

$$\therefore \sum_{n=1}^{50} [\log_3 n]$$

$$=0 \times 2 + 1 \times 6 + 2 \times 18 + 3 \times 24$$

$$=114$$

(2) $1 \le n < 4$일 때

$$1 \le \sqrt{n} < 2 \quad \therefore [\sqrt{n}]=1$$

$4 \le n < 9$일 때

$$2 \le \sqrt{n} < 3 \quad \therefore [\sqrt{n}]=2$$

$9 \le n < 16$일 때

$$3 \le \sqrt{n} < 4 \quad \therefore [\sqrt{n}]=3$$

$$\vdots$$

$81 \le n < 100$일 때

$$9 \le \sqrt{n} < 10 \quad \therefore [\sqrt{n}]=9$$

$n=100$일 때, $[\sqrt{n}]=10$

$$\therefore \sum_{n=1}^{100} [\sqrt{n}]$$

$$=\sum_{k=1}^{9} k(2k+1)+10$$

$$=\sum_{k=1}^{9} (2k^2+k)+10$$

$$=2 \times \frac{9 \times 10 \times 19}{6}+\frac{9 \times 10}{2}+10$$

$$=625$$

보충 설명 (2)의 풀이 과정을 살펴보면

$1 \le n < 4$를 만족시키는 정수는 3개이고 $[\sqrt{n}]$의 값은 1이므로 1×3

$4 \le n < 9$를 만족시키는 정수는 5개이고 $[\sqrt{n}]$의 값은 2이므로 2×5

$$\vdots$$

$81 \le n < 100$을 만족시키는 정수는 19개이고 $[\sqrt{n}]$의 값은 9이므로 9×19

따라서 $\sum_{n=1}^{99} [\sqrt{n}]=1 \times 3+2 \times 5+3 \times 7+\cdots+9 \times 19$

이므로 $\sum_{k=1}^{9} k(2k+1)$로 나타낼 수 있습니다.

정답 (1) 114 (2) 625

11-7

접근 방법 분자는 1로 일정하므로 분모로 이루어진 수열 2, 6, 12, 20, 30, …을 생각합니다. 이때, 분모로 이루어진 수열이 등차수열도 등비수열도 아니므로 각 항 사이의 차를 구해 봅니다.

상세 풀이 각 항의 분모로 이루어진 수열을 $\{a_n\}$이라 하고, 그 계차수열을 $\{b_n\}$이라고 하면

$$\{a_n\} : 2,\quad 6,\quad 12,\quad 20,\quad 30,\quad \cdots$$
$$\{b_n\} : \quad 4,\quad 6,\quad 8,\quad 10,\quad \cdots$$

수열 $\{b_n\}$은 첫째항이 4, 공차가 2인 등차수열이므로

$$b_n=4+(n-1) \times 2=2n+2$$

$$\therefore a_n=a_1+\sum_{k=1}^{n-1} b_k$$

$$=2+\sum_{k=1}^{n-1} (2k+2)$$

$$=2+2 \times \frac{n(n-1)}{2}+2(n-1)$$

$$=n(n+1)$$

따라서 주어진 수열의 첫째항부터 제50항까지의 합은

$$\sum_{k=1}^{50}\frac{1}{a_k}=\sum_{k=1}^{50}\frac{1}{k(k+1)}$$
$$=\sum_{k=1}^{50}\left(\frac{1}{k}-\frac{1}{k+1}\right)$$
$$=\left(1-\frac{1}{2}\right)+\left(\frac{1}{2}-\frac{1}{3}\right)+\left(\frac{1}{3}-\frac{1}{4}\right)$$
$$+\cdots+\left(\frac{1}{50}-\frac{1}{51}\right)$$
$$=1-\frac{1}{51}=\frac{50}{51}$$

보충 설명 부분분수로의 변형
$$\frac{1}{AB}=\frac{1}{B-A}\left(\frac{1}{A}-\frac{1}{B}\right)(A\neq B)$$
에 의하여
$$\frac{1}{k(k+1)}=\frac{1}{(k+1)-k}\left(\frac{1}{k}-\frac{1}{k+1}\right)$$
$$=\frac{1}{k}-\frac{1}{k+1}$$

정답 ⑤

11-8

접근 방법 분수 $\frac{5}{37}$ 를 소수로 나타내면 순환소수가 되므로 규칙을 찾아서 수열의 합을 구할 수 있습니다.

상세 풀이 분수 $\frac{5}{37}$ 를 소수로 나타내면
$$\frac{5}{37}=0.135135135\cdots$$
이므로 수열 $\{a_n\}$의 일반항은
$$a_n=\begin{cases}1 & (n=3k+1)\\3 & (n=3k+2)\\5 & (n=3k+3)\end{cases}\ (\text{단},\ k=0,1,2,\cdots)$$
이때, $100=33\times3+1$이므로
$$\sum_{n=1}^{100}a_n=(1+3+5)\times33+1=298$$

보충 설명 수열 $\{a_n\}$은 1, 3, 5가 순서대로 반복되는 수열입니다. 따라서 a_1부터 a_{99}까지는 1, 3, 5가 33번 반복되고 $a_{100}=1$입니다.

정답 298

11-9

접근 방법 분모가 같은 수끼리 군으로 묶어 제126항은 몇 번째 군의 몇 번째 항인지 파악합니다.

상세 풀이 주어진 수열을 분모가 같은 수끼리 군으로 묶으면
$$\left(\frac{1}{2^2},\frac{3}{2^2}\right),\left(\frac{1}{2^3},\frac{3}{2^3},\frac{5}{2^3},\frac{7}{2^3}\right),$$
$$\left(\frac{1}{2^4},\frac{3}{2^4},\frac{5}{2^4},\frac{7}{2^4},\cdots,\frac{15}{2^4}\right),\cdots$$
제 n군의 항의 개수는 2^n이므로 제1군부터 제 n군까지의 항의 개수는
$$\sum_{k=1}^{n}2^k=\frac{2(2^n-1)}{2-1}=2(2^n-1)$$
이때, 제1군부터 제6군까지의 항의 개수는
$$2(2^6-1)=126$$
이므로 첫째항부터 제126항까지의 합은 제1군부터 제6군까지의 모든 항의 합과 같습니다.
한편, 제 n군의 분모는 2^{n+1}이고, 제 n군의 모든 항의 분자의 합은
$$\sum_{k=1}^{2^n}(2k-1)=2\sum_{k=1}^{2^n}k-\sum_{k=1}^{2^n}1$$
$$=2\times\frac{2^n(2^n+1)}{2}-2^n$$
$$=2^{2n}$$
이므로 구하는 합은
$$\sum_{n=1}^{6}\frac{2^{2n}}{2^{n+1}}=\sum_{n=1}^{6}2^{n-1}=\frac{2^6-1}{2-1}=63$$

보충 설명 일반적으로 군수열의 첫째항부터 제 k항까지의 합을 구할 때에는 제 k항이 몇 번째 군의 몇 번째 항인지 파악한 다음 각 군의 합을 구하여 계산합니다.

정답 63

11-10

접근 방법 $\sum_{k=1}^{9}a_k$의 값의 십의 자리의 숫자만을 구하면 되므로 각 항의 일의 자리 숫자와 십의 자리의 숫자만을 더하면 됩니다. 이때, 각 항의 일의 자리의 숫자와 십의 자리의 숫자를 따로 더합니다.

상세 풀이 a_1, a_2, a_3, $\cdots$, a_9의 일의 자리의 숫자를 모두 더하면

$$1+2+3+\cdots+9=\frac{9\times10}{2}=45 \quad\cdots\cdots\text{㉠}$$

a_1, a_2, a_3, $\cdots$, a_9의 십의 자리의 숫자가 나타내는 값을 모두 더하면

$$10+20+30+\cdots+80=\frac{8(10+80)}{2}$$
$$=360 \quad\cdots\cdots\text{㉡}$$

㉠, ㉡에서 $45+360=405$이므로 $\sum\limits_{k=1}^{9}a_k$의 값의 십의 자리의 숫자는 0입니다.

보충 설명 문제에서 요구한 것은 십의 자리의 숫자이므로 백의 자리 이상의 합은 십의 자리에 영향을 미치지 못하므로 고려하지 않습니다.

정답 0

p.456~459

실력 다지기

11-11 ② **12** ⑤ **13** ① **14** 55 **15** 50
16 252 **17** 1695 **18** 675 **19** 220
20 241 **21** 1300 **22** 24묶음
23 303 **24** 143 **25** 380
26 (1) 1320 (2) $\dfrac{n(n-2)(n-1)(n+1)}{8}$
27 110 **28** 440 **29** 930 **30** 13332

11-11

접근 방법 주어진 이차함수 $f(x)$의 우변을 정리하면 x^2의 계수가 양수이므로 함수 $y=f(x)$의 그래프의 꼭짓점에서 최솟값을 가집니다. 따라서 $g(n)$은 함수 $y=f(x)$의 그래프의 꼭짓점의 x좌표를 의미합니다.

상세 풀이 $f(x)=\sum\limits_{k=1}^{n}\left\{x-\dfrac{1}{k(k+1)}\right\}^2$에서

$$f(x)$$
$$=\sum_{k=1}^{n}\left\{x^2-\frac{2}{k(k+1)}x+\frac{1}{k^2(k+1)^2}\right\}$$
$$=nx^2-2x\sum_{k=1}^{n}\frac{1}{k(k+1)}+\sum_{k=1}^{n}\frac{1}{k^2(k+1)^2}$$

이때, 이차함수 $f(x)$에서 x^2의 계수 n이 자연수, 즉 양수이므로 $x=\dfrac{1}{n}\sum\limits_{k=1}^{n}\dfrac{1}{k(k+1)}$일 때 $f(x)$는 최솟값을 가집니다.

따라서 $x=g(n)$에서

$$g(n)=\frac{1}{n}\sum_{k=1}^{n}\frac{1}{k(k+1)}$$
$$=\frac{1}{n}\sum_{k=1}^{n}\left(\frac{1}{k}-\frac{1}{k+1}\right)$$
$$=\frac{1}{n}\left\{\left(1-\frac{1}{2}\right)+\left(\frac{1}{2}-\frac{1}{3}\right)+\left(\frac{1}{3}-\frac{1}{4}\right)\right.$$
$$\left.+\cdots+\left(\frac{1}{n}-\frac{1}{n+1}\right)\right\}$$
$$=\frac{1}{n}\left(1-\frac{1}{n+1}\right)=\frac{1}{n+1}$$
$$\therefore g(10)=\frac{1}{10+1}=\frac{1}{11}$$

보충 설명 이차함수 $h(x)=ax^2+bx+c$에 대하여 함수 $y=h(x)$의 그래프의 꼭짓점의 x좌표는 $-\dfrac{b}{2a}$입니다. 따라서 함수

$$f(x)=nx^2-2x\sum_{k=1}^{n}\frac{1}{k(k+1)}$$
$$+\sum_{k=1}^{n}\frac{1}{k^2(k+1)^2}$$

에 대하여 함수 $y=f(x)$의 그래프의 꼭짓점의 x좌표는

$$-\frac{-2\sum_{k=1}^{n}\dfrac{1}{k(k+1)}}{2n}=\frac{1}{n}\sum_{k=1}^{n}\frac{1}{k(k+1)}$$

정답 ②

11- **12**

접근 방법 두 수열 $\left\{\sin\dfrac{k}{3}\pi\right\}$, $\left\{\tan\dfrac{i}{3}\pi\right\}$는 삼각함수로 이루어진 수열이므로 일정한 주기로 항이 반복됩니다. k와 i에 자연수를 차례대로 직접 대입하여 수열을 나열하고, 주기를 찾습니다.

상세 풀이 수열 $\left\{\sin\dfrac{k}{3}\pi\right\}$의 k에 1, 2, 3, $\cdots$을 차례대로 대입하여 나열하면

$$\frac{\sqrt{3}}{2},\ \frac{\sqrt{3}}{2},\ 0,\ -\frac{\sqrt{3}}{2},\ -\frac{\sqrt{3}}{2},\ 0,\ \frac{\sqrt{3}}{2},$$
$$\frac{\sqrt{3}}{2},\ 0,\ -\frac{\sqrt{3}}{2},\ -\frac{\sqrt{3}}{2},\ 0,\ \cdots$$

즉, 수열 $\left\{\sin\dfrac{k}{3}\pi\right\}$는 $\dfrac{\sqrt{3}}{2},\ \dfrac{\sqrt{3}}{2},\ 0,\ -\dfrac{\sqrt{3}}{2},$ $-\dfrac{\sqrt{3}}{2},\ 0$이 순서대로 반복되는 수열이므로 $100=6\times16+4$에서

$$\sum_{k=1}^{100}\sin\frac{k}{3}\pi$$
$$=\left(\frac{\sqrt{3}}{2}+\frac{\sqrt{3}}{2}+0-\frac{\sqrt{3}}{2}-\frac{\sqrt{3}}{2}+0\right)\times16$$
$$+\left(\frac{\sqrt{3}}{2}+\frac{\sqrt{3}}{2}+0-\frac{\sqrt{3}}{2}\right)$$
$$=\frac{\sqrt{3}}{2}$$

수열 $\left\{\tan\dfrac{i}{3}\pi\right\}$의 i에 1, 2, 3, $\cdots$을 차례대로 대입하여 나열하면

$$\sqrt{3},\ -\sqrt{3},\ 0,\ \sqrt{3},\ -\sqrt{3},\ 0,\ \cdots$$

즉, 수열 $\left\{\tan\dfrac{i}{3}\pi\right\}$는 $\sqrt{3},\ -\sqrt{3},\ 0$이 순서대로 반복되는 수열이므로 $100=3\times33+1$에서

$$\sum_{i=1}^{100}\tan\frac{i}{3}\pi=(\sqrt{3}-\sqrt{3}+0)\times33+\sqrt{3}=\sqrt{3}$$
$$\therefore\ \sum_{k=1}^{100}\sin\frac{k}{3}\pi\times\sum_{i=1}^{100}\tan\frac{i}{3}\pi$$
$$=\frac{\sqrt{3}}{2}\times\sqrt{3}=\frac{3}{2}$$

보충 설명 사인함수의 주기가 2π이므로 $\dfrac{k}{3}\pi=2\pi$에서 $k=6$, 즉 수열 $\left\{\sin\dfrac{k}{3}\pi\right\}$는 6개의 항이 반복되는 수열입니다. 또한 탄젠트함수의 주기는 π이므로 $\dfrac{i}{3}\pi=\pi$에서 $i=3$, 즉 수열 $\left\{\tan\dfrac{i}{3}\pi\right\}$는 3개의 항이 반복되는 수열입니다.

정답 ⑤

11- **13**

접근 방법 n번째 직사각형의 넓이를 일반항으로 하는 수열을 생각하고 그 수열의 첫째항부터 제n항까지의 합을 구합니다.

상세 풀이 직사각형의 가로의 길이는 첫째항이 1, 공차가 1인 등차수열이므로 n번째 직사각형의 가로의 길이는 n입니다.
또한 직사각형의 세로의 길이는 첫째항이 1, 공비가 2인 등비수열이므로 n번째 직사각형의 세로의 길이는 2^{n-1}입니다.
따라서 n번째 직사각형의 넓이는 $n\times2^{n-1}$이므로 첫 번째 직사각형부터 n번째 직사각형까지의 넓이의 합을 S라고 하면

$$S=1\times1+2\times2+3\times2^2+\cdots+n\times2^{n-1}$$

$\cdots\cdots\ \bigcirc$

㉠의 양변에 2를 곱하면

$$2S = 1 \times 2 + 2 \times 2^2 + 3 \times 2^3 + \cdots + n \times 2^n$$
$$\cdots\cdots ㉡$$

㉠－㉡을 하면

$$-S = 1 + 2 + 2^2 + \cdots + 2^{n-1} - n \times 2^n$$
$$= \frac{2^n - 1}{2 - 1} - n \times 2^n$$
$$= 2^n - 1 - n \times 2^n$$
$$\therefore S = n \times 2^n - 2^n + 1 = (n-1) \times 2^n + 1$$

보충 설명 위에서 구한 넓이의 합은 등차수열과 등비수열의 곱의 수열의 합인 멱급수의 형태입니다. 이 경우에는 등비수열의 공비를 주어진 멱급수의 양변에 곱하여 풀이하는 것이 일반적입니다.

정답 ①

11-14

접근 방법 자연수 $n = 1, 2, 3, 4, \cdots$를 차례대로 대입하여 a_n의 값을 구하면 규칙성을 찾을 수 있습니다. 이때, n이 홀수일 때의 나머지와 n이 짝수일 때의 나머지가 각각 다른 규칙을 가지게 되므로 n은 홀수 또는 짝수로 나누어서 각각의 일반항을 구해 봅니다.

상세 풀이 (i) n이 홀수일 때

$n = 2m - 1$ (m은 자연수)이라고 하면

$$\frac{n(n+1)}{2} = \frac{(2m-1) \times 2m}{2}$$
$$= m(2m-1) = mn$$

즉, $\dfrac{n(n+1)}{2}$은 n으로 나누어떨어집니다.

$$\therefore a_{2m-1} = 0$$

(ii) n이 짝수일 때

$n = 2m$ (m은 자연수)이라고 하면

$$\frac{n(n+1)}{2} = \frac{2m(2m+1)}{2}$$
$$= m(2m+1)$$
$$= m(n+1) = mn + m$$

즉, $\dfrac{n(n+1)}{2}$을 n으로 나누었을 때의 나머지는 m입니다.

$$\therefore a_{2m} = m$$

(i), (ii)에서

$$\sum_{n=1}^{20} a_n = \sum_{m=1}^{10} a_{2m-1} + \sum_{m=1}^{10} a_{2m}$$
$$= \sum_{m=1}^{10} 0 + \sum_{m=1}^{10} m$$
$$= \frac{10 \times 11}{2} = 55$$

보충 설명 정수 X, k, q에 대하여

$$X = kq + r \ (0 \le r < k)$$

이면 X를 k로 나누었을 때의 몫은 q, 나머지는 r입니다.

정답 55

11-15

접근 방법 $a_{100} - b_{50}$을 직접적으로 뺄셈을 하여 계산하는 것은 불가능합니다.

이때, a_{100}과 b_{50}을 10의 거듭제곱을 이용하여 나타낸 후, 등비수열의 합의 공식을 이용합니다.

상세 풀이 수열 $\{a_n\}$에서

$$a_1 = 1$$
$$a_2 = 11 = 1 + 10$$
$$a_3 = 111 = 1 + 10 + 10^2$$
$$\vdots$$
$$a_{100} = 1 + 10 + 10^2 + \cdots + 10^{99}$$
$$= \frac{10^{100} - 1}{10 - 1} \qquad \cdots\cdots ㉠$$

수열 $\{b_n\}$에서

$$b_1 = 2$$
$$b_2 = 22 = 2 + 2 \times 10$$
$$b_3 = 222 = 2 + 2 \times 10 + 2 \times 10^2$$
$$\vdots$$
$$b_{50} = 2 + 2 \times 10 + 2 \times 10^2 + \cdots + 2 \times 10^{49}$$
$$= \frac{2(10^{50} - 1)}{10 - 1} \qquad \cdots\cdots ㉡$$

이때, $k=a_{100}-b_{50}$이므로 ㉠-㉡을 하면

$$k=\frac{10^{100}-2\times10^{50}+1}{9}$$

$$=\left(\frac{10^{50}-1}{3}\right)^2$$

따라서 $3\sqrt{k}+1=3\times\dfrac{10^{50}-1}{3}+1=10^{50}$이므로

$$\log(3\sqrt{k}+1)=\log10^{50}=50$$

정답 50

11-16

접근 방법 $n=1,2,3,\cdots$을 차례대로 대입하여 $a_1,a_2,$ $a_3,\cdots$의 값을 직접 구하고 규칙을 찾습니다.

상세 풀이 수열 $\{a_n\}$의 각 항을 구해 보면

$$a_1=3-10\left[\frac{3}{10}\right]=3$$

$$a_2=9-10\left[\frac{9}{10}\right]=9$$

$$a_3=27-10\left[\frac{27}{10}\right]=7$$

$$a_4=81-10\left[\frac{81}{10}\right]=1$$

$$a_5=243-10\left[\frac{243}{10}\right]=3$$

$$\vdots$$

즉, a_n은 3^n의 일의 자리의 숫자이고 $3,9,7,1$이 순서대로 반복되는 수열이므로

$50=4\times12+2$에서

$$\sum_{n=1}^{50}a_n=12(3+9+7+1)+3+9$$

$$=252$$

보충 설명 자연수 X에 대하여

$$X=b_1+b_2\times10+b_3\times10^2+\cdots+b_n\times10^{n-1}$$

$$(b_n은\ 0\ 또는\ 한\ 자리의\ 자연수,\ b_n\neq0)$$

이라고 하면

$$\left[\frac{X}{10}\right]=b_2+b_3\times10+\cdots+b_n\times10^{n-2}$$

이때, $X-10\left[\dfrac{X}{10}\right]=b_1$이므로

$$Y=X-10\left[\frac{X}{10}\right]\quad(X는\ 자연수)$$

로 주어진 Y는 X의 일의 자리의 숫자를 의미합니다.

정답 252

11-17

접근 방법 문제에서 주어진 조건에 맞도록 15개의 수를 두 가지 방법으로 선택합니다.

1	2	3	$\cdots$	14	15
16	17	18	$\cdots$	29	30
31	32	33	$\cdots$	44	45
$\vdots$	$\vdots$	$\vdots$	$\vdots$	$\vdots$	$\vdots$
196	197	198	$\cdots$	209	210
211	212	213	$\cdots$	224	225

1	2	3	$\cdots$	14	15
16	17	18	$\cdots$	29	30
31	32	33	$\cdots$	44	45
$\vdots$	$\vdots$	$\vdots$	$\vdots$	$\vdots$	$\vdots$
196	197	198	$\cdots$	209	210
211	212	213	$\cdots$	224	225

이 두 가지 방법으로

$$1+17+33+\cdots+225,\quad 2+18+34+\cdots+211$$

을 구하여 그 결과를 비교하면 이 수열의 규칙성을 알 수 있습니다.

이때, $17=15\times1+2,\ 33=15\times2+3,\ \cdots,$ $225=15\times14+15$이고, $18=15\times1+3,$ $34=15\times2+4,\ \cdots,\ 211=15\times14+1$이라는 점에 주목합니다.

상세 풀이 15개의 수가 모두 다른 세로줄에 위치하도록 각 가로줄에서 하나씩 모두 15개의 수를 선택하는 방법은 여러 가지가 있습니다. 하지만 선택한 15개의 수의 합은 항상 일정합니다.

이때, 주어진 표에서 위에서 $k\ (k=1,2,3,\cdots,$ $15)$번째 줄의 왼쪽에서 $l\ (l=1,2,3,\cdots,15)$번째에 있는 수를

$$15(k-1)+l$$

이라고 하면 선택한 15개의 수가 모두 다른 세로줄에 위치하므로 15개의 수가 어떤 방법으로 선택되는지에 관계없이 l의 값은 1부터 15까지 모든 자연수입니다. 또한 각 가로줄에서 하나씩 뽑는다고 하였으므로 구하는 15개의 수의 합은

$$\sum_{k=1}^{15} 15(k-1) + \sum_{l=1}^{15} l$$

과 같이 나타낼 수 있습니다.

$$\therefore \sum_{k=1}^{15} 15(k-1) + \sum_{l=1}^{15} l$$
$$= 15 \times \frac{14 \times 15}{2} + \frac{15 \times 16}{2} = 1695$$

정답 1695

11-18

접근 방법 3으로 나누었을 때 나누어떨어지는 수, 즉 3의 배수들은 공차가 3인 등차수열을 이룹니다. 따라서 주어진 수열에 3의 배수를 추가하여 나열한 후에 주어진 수열의 합을 구합니다.

상세 풀이 주어진 수열 1, 2, 4, 5, 7, 8, …을 $(1, 2), (4, 5), (7, 8), \cdots, (3l+1, 3l+2)$ (l은 음이 아닌 정수)로 생각하면 수열 $\{a_n\}$의 제30항은 $l=14$일 때입니다.
즉, $a_{30}=44$이므로 수열 $\{a_n\}$을 제30항까지 나열한 수열에 3의 배수 3, 6, 9, …를 추가하여 나열하면

1, 2, **3**, 4, 5, **6**, …, **42**, 43, 44

따라서 구하는 수열의 합은 위의 수열의 첫째항부터 제44항까지의 합에서 44 이하의 3의 배수들의 합을 빼면 됩니다. 즉,

$$\sum_{k=1}^{30} a_k = \sum_{k=1}^{44} k - \sum_{k=1}^{14} 3k$$
$$= \frac{44 \times 45}{2} - 3 \times \frac{14 \times 15}{2} = 675$$

다른 풀이 주어진 수열을 3으로 나누었을 때의 나머지로 경우를 나누어 생각하면 3으로 나누었을 때 나머지가 1인 수, 즉

1, 4, 7, 10, …

은 첫째항이 1, 공차가 3인 등차수열이므로 첫째항부터 제15항까지의 합은

$$\frac{15\{2 \times 1 + (15-1) \times 3\}}{2} = 330$$

또한 3으로 나누었을 때 나머지가 2인 수, 즉

2, 5, 8, 11, …

은 첫째항이 2, 공차가 3인 등차수열이므로 첫째항부터 제15항까지의 합은

$$\frac{15\{2 \times 2 + (15-1) \times 3\}}{2} = 345$$
$$\therefore \sum_{k=1}^{30} a_k = 330 + 345 = 675$$

정답 675

11-19

접근 방법 주어진 도형을 만드는 데 필요한 성냥개비의 개수를 차례로 조사합니다.

상세 풀이 주어진 그림에서

$$a_1 = 4, a_2 = 12, a_3 = 24, a_4 = 40, \cdots$$

수열 $\{a_n\}$의 계차수열을 $\{b_n\}$이라고 하면

$$\{a_n\} : 4, \quad 12, \quad 24, \quad 40, \cdots$$
$$\{b_n\} : \quad 8, \quad 12, \quad 16, \cdots$$

수열 $\{b_n\}$은 첫째항이 8, 공차가 4인 등차수열이므로

$$b_n = 8 + (n-1) \times 4 = 4n + 4$$
$$\therefore a_{10} = a_1 + \sum_{k=1}^{9} b_k = 4 + \sum_{k=1}^{9} (4k+4)$$
$$= 4 + 4 \times \frac{9 \times 10}{2} + 4 \times 9 = 220$$

보충 설명 a_{10}의 값을 구하는 문제이므로 수열 $\{a_n\}$의 일반항을 꼭 구할 필요는 없지만 수열 $\{a_n\}$의 일반항을 구하여 $n=10$을 대입할 수도 있습니다.

$$a_n = a_1 + \sum_{k=1}^{n-1} b_k$$
$$= 4 + \sum_{k=1}^{n-1} (4k+4)$$
$$= 4 + 4 \times \frac{n(n-1)}{2} + 4(n-1)$$
$$= 2n^2 + 2n$$
$$\therefore a_{10} = 200 + 20 = 220$$

정답 220

11-20

접근 방법 각 가로줄을 하나의 군으로 묶어 제66항이 몇 번째 군의 몇 번째 항인지 파악합니다.

상세 풀이 주어진 수열을 같은 가로줄에 있는 수끼리 군으로 묶으면

$$(1), (3, 7), (9, 13, 17),$$
$$(19, 23, 27, 31), \cdots$$

제n군의 항의 개수는 n이므로 제1군부터 제n군까지의 항의 개수는

$$1+2+3+\cdots+n=\frac{n(n+1)}{2}$$

$n=11$일 때, $\dfrac{11 \times 12}{2}=66$이므로 제66항은 제11군의 끝항, 즉 11번째 항입니다.

각 군의 첫째항으로 이루어진 수열을 $\{a_n\}$, 그 계차수열을 $\{b_n\}$이라고 하면

$$\{a_n\} : 1, \quad 3, \quad 9, \quad 19, \cdots$$
$$\{b_n\} : \quad 2, \quad 6, \quad 10, \cdots$$

수열 $\{b_n\}$은 첫째항이 2, 공차가 4인 등차수열이므로

$$b_n=2+(n-1) \times 4=4n-2$$
$$\therefore a_n=a_1+\sum_{k=1}^{n-1} b_k$$
$$=1+\sum_{k=1}^{n-1}(4k-2)$$
$$=1+4 \times \frac{n(n-1)}{2}-2(n-1)$$
$$=2n^2-4n+3$$

따라서 제11군의 첫째항은

$$a_{11}=2 \times 11^2-4 \times 11+3=201$$

이고 각 군은 공차가 4인 등차수열이므로 제66항, 즉 제11군의 11번째 항은

$$201+10 \times 4=241$$

보충 설명 제11군은 공차가 4인 등차수열이고 항의 개수가 11이므로 제11군의 첫째항에 공차를 10번 더하면 제11군의 11번째 항이 됩니다.

정답 241

11-21

접근 방법 1부터 100까지의 자연수를 나열한 후 홀수 번째 수를 모두 지우면 1부터 100까지의 자연수 중 짝수만 남습니다. 여기서 다시 홀수 번째 수를 모두 지운 후 남아 있는 수들의 규칙을 찾습니다.

상세 풀이 1부터 100까지의 자연수를 작은 수부터 차례대로 나열한 후 홀수 번째 수를 모두 지우면

$$2, 4, 6, 8, 10, 12, 14, \cdots, 98, 100$$

여기서 다시 홀수 번째 수를 모두 지우면

$$4, 8, 12, 16, \cdots, 96, 100$$

즉, 1부터 100까지의 자연수 중 4의 배수만 남고, 이때의 항의 개수는 25입니다.

$$\therefore S=\sum_{k=1}^{25} 4k=4 \times \frac{25 \times 26}{2}=1300$$

보충 설명 4, 8, 12, 16, $\cdots$, 96, 100에서 다시 홀수 번째 수를 모두 지우면 8, 16, 24, $\cdots$, 96과 같이 8의 배수만 남습니다.

정답 1300

11-22

접근 방법 1부터 100까지의 연속한 세 자연수는

$$n, n+1, n+2 \ (1 \le n \le 98)$$

와 같이 나타낼 수 있습니다. 이때, 세 수의 합이 12의 배수가 되기 위한 조건을 찾습니다.

상세 풀이 1부터 100까지의 연속한 세 자연수

$$n, n+1, n+2 \ (1 \le n \le 98)$$

의 합은

$$n+(n+1)+(n+2)=3(n+1)$$

이므로 항상 3의 배수입니다.

이때, 세 수의 합이 12의 배수이려면 $n+1$이 4의 배수이어야 하므로

$$n+1=4k \ (단, k는 자연수)$$
$$\therefore n=4k-1$$

$1 \le n \le 98$에서 $1 \le 4k-1 \le 98$이므로

$$\frac{1}{2} \le k \le \frac{99}{4}$$

이것을 만족시키는 자연수 k의 개수가 24이므로 n의 개수도 24입니다.
따라서 세 수의 합이 12의 배수인 것은 모두 24 묶음입니다.

보충 설명 m이 12의 배수이면 $m=12k$ (k는 자연수)로 나타낼 수 있습니다. 이때, $m=3(4k)=4(3k)$이므로 m은 3의 배수이고 4의 배수입니다. 반대로 m이 3의 배수이고 4의 배수이면 m은 3과 4를 동시에 약수로 가지므로 $3 \times 4 = 12$의 배수입니다.

정답 24묶음

11-23

접근 방법 세 번째 줄에 있는 수를 차례대로 나열한 후 규칙을 찾을 수 있도록 묶어 군으로 나눕니다.

상세 풀이 세 번째 줄에 있는 수를 차례대로 나열하여 2개씩 군으로 묶으면
$$(3, 5), (9, 11), (15, 17), (21, 23), \cdots$$
이때, 각 군의 첫째항은 3, 9, 15, 21, …이므로 첫째항이 3, 공차가 6인 등차수열을 이룹니다.
따라서 세 번째 줄의 왼쪽에서 101번째에 있는 수는 각 군의 첫째항으로 이루어진 수열에서 제51항이므로
$$3+(51-1) \times 6 = 303$$

보충 설명 나열된 수의 전체적인 규칙을 파악하려고 하면 어려울 수 있지만 세 번째 줄의 수만을 나열하여 규칙을 파악하면 어렵지 않은 문제입니다.

정답 303

11-24

접근 방법 주어진 수의 배열은 자연수를 ⌐ 의 형태로 나열하고 있습니다. 따라서 ⌐ 의 형태로 나누어 군수열을 만들 때, 6500이 몇 번째 군의 몇 번째 항인지 파악합니다.

상세 풀이

위와 같이 ⌐ 방향으로 수를 묶어 군으로 나누면
$$(1), (2, 3, 4), (5, 6, 7, 8, 9), \cdots$$
제1군에서 제n군까지의 항의 개수는
$$1+3+5+\cdots+(2n-1)=n^2$$
이므로 6500이 제n군에 속한다고 하면
$$(n-1)^2 < 6500 \le n^2 \quad \therefore n=81$$
즉, 6500은 제81군에 속하고 제81군에는
$$6401, 6402, 6403, \cdots, 6561(=81^2)$$
의 모두 161개의 수가 있습니다.
또한 $6561-80=6481$에서 6500은 6481보다 크므로 왼쪽에서 81번째에 있고,
$6561-6500+1=62$에서 6500은 위에서 62번째 줄에 있으므로
$$a=62, \quad b=81$$
$$\therefore a+b=62+81=143$$

보충 설명 6500은 제81군
$$(6401, 6402, 6403, \cdots, 6561)$$
에 속하는데 제81군의 첫째항 6401보다는 끝항 6561에 더 가깝고, 그림에서 6561과 세로로 같은 줄 위에 있습니다. 따라서 6500의 위에서부터의 위치를 파악하기 위해서 맨 위의 항인 6561로부터 계산을 한 것입니다.

정답 143

11-25

접근 방법 원점에서 점 $(10, 10)$에 이르는 꺾은선의 길이를 직접 구할 수는 없으므로 점 (k, k)를 기준으로 꺾은선을 나누어 그 길이를 구합니다.

상세 풀이 점 $(0, 0)$에서 점 $(1, 1)$에 이르는 꺾은선의 길이는 $1+1=2$

점 $(1, 1)$에서 점 $(-1, -1)$에 이르는 꺾은선의 길이는 $2+2=4$

점 $(-1, -1)$에서 점 $(2, 2)$에 이르는 꺾은선의 길이는 $3+3=6$

점 $(2, 2)$에서 점 $(-2, -2)$에 이르는 꺾은선의 길이는 $4+4=8$

$\vdots$

점 $(-9, -9)$에서 점 $(10, 10)$에 이르는 꺾은선의 길이는 $19+19=38$

따라서 원점에서 점 $(10, 10)$에 이르는 꺾은선의 길이는

$$\sum_{k=1}^{19} 2k = 2 \times \frac{19 \times 20}{2} = 380$$

보충 설명 원점에서 출발하여 점 (k, k)를 꼭짓점으로 하며 나선형으로 돌아 나가는 꺾은선을 ⌐ 모양과 ⌐ 모양이 번갈아가며 나오는 것으로 생각하여 문제를 푼 것입니다.

정답 380

11-**26**

접근 방법 (1)에서는 $(1+2+3+\cdots+10)^2$의 전개식을 이용하여 10 이하의 자연수 중 서로 다른 두 수의 곱의 합을 구합니다.

(2)에서는 (1)에서 찾은 규칙을 이용하여 서로 다른 두 수의 곱의 합을 구한 다음 연속인 두 수의 곱의 합을 뺍니다.

상세 풀이 (1) $(1+2+3+\cdots+10)^2$을 전개하면

$$(1+2+3+\cdots+10)^2$$
$$=1\times1+1\times2+1\times3+\cdots+1\times9$$
$$+1\times10+2\times1+2\times2+2\times3+\cdots$$
$$+2\times9+2\times10+3\times1+3\times2$$
$$+3\times3+\cdots+3\times9+3\times10+\cdots$$
$$+9\times1+9\times2+9\times3+\cdots+9\times9$$
$$+9\times10+10\times1+10\times2+10\times3$$
$$+\cdots+10\times9+10\times10$$

$$\therefore (1+2+3+\cdots+10)^2$$
$$=1^2+2^2+3^2+\cdots+10^2$$
$$+2(1\times2+1\times3+1\times4+\cdots$$
$$+1\times9+1\times10$$
$$+2\times3+2\times4+\cdots+2\times9+2\times10$$
$$+3\times4+\cdots+3\times9+3\times10$$
$$+\cdots+8\times9+8\times10$$
$$+9\times10)$$

즉, 1부터 10까지의 자연수 중에서 서로 다른 두 수의 곱의 합을 S라고 하면

$$\left(\sum_{k=1}^{10} k\right)^2 = \sum_{k=1}^{10} k^2 + 2S$$

$$\therefore 2S = \left(\sum_{k=1}^{10} k\right)^2 - \sum_{k=1}^{10} k^2$$

$$= \left(\frac{10\times11}{2}\right)^2 - \frac{10\times11\times21}{6}$$

$$= 3025 - 385 = 2640$$

$$\therefore S = 1320$$

(2) 1부터 n까지의 자연수 중에서 서로 다른 두 수의 곱의 합을 S라고 하면

$$\left(\sum_{k=1}^{n} k\right)^2 = \sum_{k=1}^{n} k^2 + 2S$$

$$\therefore S = \frac{1}{2}\left\{\left(\sum_{k=1}^{n} k\right)^2 - \sum_{k=1}^{n} k^2\right\}$$

$$= \frac{1}{2}\left\{\frac{n^2(n+1)^2}{4} - \frac{n(n+1)(2n+1)}{6}\right\}$$

$$= \frac{n(n-1)(n+1)(3n+2)}{24}$$

또한 1부터 n까지의 자연수 중에서 연속인 두 수의 곱의 합을 S'이라고 하면

$$S' = 1\times2 + 2\times3 + \cdots + (n-1)n$$

$$= \sum_{k=1}^{n-1} k(k+1)$$

$$= \sum_{k=1}^{n-1} k^2 + \sum_{k=1}^{n-1} k$$

$$= \frac{n(n-1)(2n-1)}{6} + \frac{n(n-1)}{2}$$

$$= \frac{n(n-1)(n+1)}{3}$$

따라서 1부터 n까지의 자연수 중에서 연속이 아닌 서로 다른 두 수의 곱의 합은

$$S-S'=\frac{n(n-1)(n+1)(3n+2)}{24}$$
$$-\frac{n(n-1)(n+1)}{3}$$
$$=\frac{n(n-2)(n-1)(n+1)}{8}$$

보충 설명 $(a_1+a_2+a_3+\cdots+a_n)^2$을 전개하면 각 항의 제곱 부분

$$a_1^2+a_2^2+a_3^2+\cdots+a_n^2$$

과 $a_1, a_2, a_3, \cdots, a_n$ 중 서로 다른 두 개를 곱한 부분

$$2(a_1a_2+a_1a_3+a_1a_4+\cdots+a_{n-1}a_n)$$

이 나옵니다.

정답 (1) 1320 (2) $\dfrac{n(n-2)(n-1)(n+1)}{8}$

11-27

접근 방법 소수점 아래 첫째 자리에서 반올림하여 자연수 n이 되도록 하는 x의 값의 범위는

$$(n-1)+\frac{1}{2}\le x<n+\frac{1}{2}$$

임을 이용합니다.

상세 풀이 자연수 n에 대하여 $\sqrt{k}$를 소수점 아래 첫째 자리에서 반올림하여 n이 되도록 하는 자연수 k는

$$(n-1)+\frac{1}{2}\le\sqrt{k}<n+\frac{1}{2}$$
$$\therefore n-\frac{1}{2}\le\sqrt{k}<n+\frac{1}{2}$$

양변을 제곱하면

$$n^2-n+\frac{1}{4}\le k<n^2+n+\frac{1}{4}$$

이 조건을 만족시키는 자연수 k는 n^2-n+1부터 n^2+n까지의 수이므로

$$a_n=(n^2+n)-(n^2-n+1)+1$$
$$=2n$$
$$\therefore \sum_{i=1}^{10}a_i=\sum_{i=1}^{10}2i=2\times\frac{10\times11}{2}=110$$

다른 풀이 $\sqrt{k}$를 소수점 아래 첫째 자리에서 반올림하여 10이 되도록 하는 k의 값의 범위는

$$9.5\le\sqrt{k}<10.5$$
$$\therefore 90.25\le k<110.25$$

이때, 1부터 110까지 자연수들은 하나도 빠짐없이 $a_1, a_2, \cdots, a_{10}$에서 1이 되도록 하는 k의 개수, 2가 되도록 하는 k의 개수로 각각 한 번씩 세어지므로

$$\sum_{i=1}^{10}a_i=110$$

이 됩니다.

정답 110

11-28

접근 방법 $\sum_{k=1}^{n}(a_{3k-1}+a_{3k}+a_{3k+1})$을 합의 기호 ∑의 정의에 맞게 $k=1, 2, 3, \cdots, n$을 대입하여 전개합니다.

상세 풀이 $\sum_{k=1}^{n}(a_{3k-1}+a_{3k}+a_{3k+1})$
$$=(a_2+a_3+a_4)+(a_5+a_6+a_7)+\cdots$$
$$+(a_{3n-1}+a_{3n}+a_{3n+1})$$
$$=\sum_{k=2}^{3n+1}a_k$$
$$\therefore \sum_{k=2}^{3n+1}a_k=(2n+1)^2 \quad\cdots\cdots ㉠$$

㉠의 양변에 a_1을 더하면 $a_1=-1$이므로

$$\sum_{k=1}^{3n+1}a_k=-1+(2n+1)^2$$

따라서 위의 식의 양변에 $n=10$을 대입하면

$$\sum_{k=1}^{31}a_k=-1+21^2=440$$

보충 설명 $\sum_{k=1}^{n}(a_{3k-1}+a_{3k}+a_{3k+1})$의 형태처럼 ∑ 기호 안의 식만으로 규칙을 찾기 힘들 때에는 위의 풀이에서와 같이 합의 형태로 전개해 보면 문제 해결의 실마리가 보입니다. 그리고 이 문제에서는 수열 $\{a_n\}$의 일반항을 구하는 것이 쉽지 않으므로 $\sum_{k=1}^{3n+1}a_k$에서

$\displaystyle\sum_{k=1}^{31} a_k$의 31이 $3n+1$에 $n=10$을 대입한 것이라는 점에 착안하여 문제를 풀었습니다.

정답 440

11-29

접근 방법 수열 4, 6, 14, 20, 32, …의 일반항을 직접 구하는 것은 어려우므로 대각선 위에 있는 수들

1, 3, 7, 13, 21, 31, …

로 이루어진 수열의 일반항을 구한 후 주어진 수열의 일반항을 찾습니다.

상세 풀이

①	2	9	10	25	26	…
④	③	8	11	24	27	
5	⑥	⑦	12	23	28	
16	15	⑭	⑬	22	29	
17	18	19	⑳	㉑	30	
36	35	34	33	㉜	㉛	

대각선 위에 있는 수들을 차례대로 나열한 수열을 $\{b_n\}$이라 하고 이 수열의 계차수열을 $\{c_n\}$이라고 하면

$$\{b_n\}: 1, \quad 3, \quad 7, \quad 13, \quad 21, \quad 31, \quad \cdots$$
$$\{c_n\}: \quad 2, \quad 4, \quad 6, \quad 8, \quad 10, \quad \cdots$$

수열 $\{c_n\}$은 첫째항이 2, 공차가 2인 등차수열이므로

$$c_n=2+(n-1)\times 2=2n$$
$$\therefore b_n=b_1+\sum_{k=1}^{n-1} c_k=1+\sum_{k=1}^{n-1} 2k$$
$$=1+2\times\frac{n(n-1)}{2}=n^2-n+1$$

따라서 위의 그림에서 n이 짝수일 때

$$a_n=b_{n+1}-1=(n+1)^2-(n+1)=n^2+n$$

이므로

$$a_{30}=30^2+30=930$$

보충 설명 n이 홀수일 때의 a_n은 다음과 같습니다.

$$a_n=b_{n+1}+1=(n+1)^2-(n+1)+2$$

정답 930

11-30

접근 방법 주어진 수열을 같은 자릿수의 숫자로 묶어 군수열을 만들면 제n군의 항의 개수는 3^n입니다. 이때, 제200항이 몇 번째 군의 몇 번째 항인지 파악합니다.

상세 풀이 주어진 그림에서 하나의 숫자에서 가지가 늘어날 때마다 나타나는 수들의 자릿수가 하나씩 늘어나고, 개수는 세 배씩 늘어나므로 한 자리의 수는 3개, 두 자리의 수는 3^2개, …, n자리의 수는 3^n개입니다.

이때, 같은 자릿수의 수로 묶어 군수열을 만들면 제n군의 항의 개수는 3^n이므로 제1군부터 제n군까지의 항의 개수는

$$\sum_{k=1}^{n} 3^k=\frac{3(3^n-1)}{3-1}=\frac{3}{2}(3^n-1)$$

이때, 제4군까지의 항의 개수는

$$\frac{3}{2}(3^4-1)=120$$

제5군까지의 항의 개수는

$$\frac{3}{2}(3^5-1)=363$$

이므로 제200항은 제5군에 속하고, 제4군까지의 항의 개수가 120이므로 제200항은 제5군의 80번째 항입니다.

즉, 제5군은 다섯 자리의 수이고, 이 중 가장 왼쪽 자리의 숫자가 1인 것은 $3^4(=81)$개입니다. 따라서 가장 왼쪽 자리의 숫자가 1인 것 중에 마지막 수는 13333이므로 80번째 수는 13332입니다.

즉, 제200항은 13332입니다.

보충 설명 제5군은 1, 2, 3으로 만들 수 있는 다섯 자리의 수들로 이루어진 군입니다. 항의 개수는 $3^5(=243)$이고, 첫째 자리의 숫자가 1로 시작하는 것이 $3^4(=81)$개, 첫째 자리의 숫자가 2로 시작하는 것이 $3^4(=81)$개, 첫째 자리의 숫자가 3으로 시작하는 것이 $3^4(=81)$개입니다.

정답 13332

예제 01 등차수열과 등비수열의 점화식   p.473

01-1

(1) $a_{n+2}-a_{n+1}=a_{n+1}-a_n\ (n\geq1)$에서

$2a_{n+1}=a_{n+2}+a_n\ (n\geq1)$이므로 수열 $\{a_n\}$은 등차수열입니다.

따라서 수열 $\{a_n\}$의 첫째항을 a, 공차를 d라고 하면

$a_2=4a_1$에서 $a+d=4a$

     $\therefore d=3a$ ······ ㉠

또한 $a_5=a+4d=26$ ······ ㉡

㉠, ㉡을 연립하여 풀면

     $a=2,\ d=6$

     $\therefore a_{10}=2+(10-1)\times6=56$

(2) $\dfrac{a_{n+2}}{a_{n+1}}=\dfrac{a_{n+1}}{a_n}\ (n\geq1)$에서

$a_{n+1}{}^2=a_n a_{n+2}\ (n\geq1)$이므로 수열 $\{a_n\}$은 등비수열입니다.

따라서 수열 $\{a_n\}$의 첫째항을 a, 공비를 r라고 하면

$a_2{}^2=a_1{}^3$에서 $(ar)^2=a^3$

     $a^2 r^2=a^3,\ a^2(r^2-a)=0$

     $\therefore r^2=a$ ······ ㉠

$\left(\because n\geq1$일 때 $\dfrac{a_{n+2}}{a_{n+1}}=\dfrac{a_{n+1}}{a_n}=r$이므로 $a_1=a\neq0\right)$

또한 $a_5=ar^4=8$ ······ ㉡

㉠, ㉡에서

$ar^4=a(r^2)^2=a\times a^2=a^3=8$

     $\therefore a=2,\ r=\sqrt{2}$

          $(\because$ 모든 항이 양수이므로 $r>0)$

     $\therefore a_{10}=2\times(\sqrt{2})^{10-1}=32\sqrt{2}$

정답 (1) 56   (2) $32\sqrt{2}$

01-2

$a_{n+2}-a_{n+1}=a_{n+1}-a_n\ (n\geq1)$에서

$2a_{n+1}=a_{n+2}+a_n\ (n\geq1)$이므로 수열 $\{a_n\}$은 등차수열입니다.

따라서 공차를 d라고 하면

     $a_{n+9}-a_{n+2}=7d=35$

$\therefore d=5$

따라서 수열 $\{a_n\}$은 첫째항이 1, 공차가 5인 등차수열이므로

     $a_{100}=1+(100-1)\times5=496$

정답 ⑤

01-3

$\log a_n-2\log a_{n+1}+\log a_{n+2}=0$에서

     $2\log a_{n+1}=\log a_n+\log a_{n+2}$

     $\log a_{n+1}{}^2=\log a_n a_{n+2}$

     $\therefore a_{n+1}{}^2=a_n a_{n+2}$

즉, 수열 $\{a_n\}$은 등비수열이고, $a_2=2a_1$이므로 공비가 2입니다.

또한 $a_5=a_1\times2^4=16$에서 $a_1=1$이므로 수열 $\{a_n\}$의 일반항은

     $a_n=1\times2^{n-1}=2^{n-1}\ (n\geq1)$

     $\therefore \sum\limits_{k=1}^{10}a_k=\sum\limits_{k=1}^{10}2^{k-1}=\dfrac{2^{10}-1}{2-1}=2^{10}-1=1023$

정답 1023

예제 02 $a_{n+1}=a_n+f(n)$ 꼴의 점화식   p.475

02-1

(1) $a_{n+1}-a_n=3n^2-n$의 n에 1, 2, 3, ···, $n-1$을 차례로 대입하여 같은 변끼리 더하면

$$a_2-a_1=3\times1^2-1$$
$$a_3-a_2=3\times2^2-2$$
$$a_4-a_3=3\times3^2-3$$
$$\vdots$$
$$+\ \underline{)\ a_n-a_{n-1}=3(n-1)^2-(n-1)}$$
$$a_n-a_1=\sum_{k=1}^{n-1}(3k^2-k)$$

$$\therefore a_n=1+\sum_{k=1}^{n-1}(3k^2-k)$$
$$=1+3\times\frac{n(n-1)(2n-1)}{6}$$
$$-\frac{n(n-1)}{2}$$
$$=n(n-1)^2+1$$

(2) $a_{n+1}-a_n=3^n$의 n에 1, 2, 3, $\cdots$, $n-1$을 차례대로 대입하여 같은 변끼리 더하면

$$a_2-a_1=3$$
$$a_3-a_2=3^2$$
$$a_4-a_3=3^3$$
$$\vdots$$
$$+)\ a_n-a_{n-1}=3^{n-1}$$
$$\overline{a_n-a_1=\sum_{k=1}^{n-1}3^k}$$
$$\therefore a_n=1+\sum_{k=1}^{n-1}3^k$$
$$=1+\frac{3(3^{n-1}-1)}{3-1}=\frac{3^n-1}{2}$$

정답 (1) $a_n=n(n-1)^2+1$ (2) $a_n=\dfrac{3^n-1}{2}$

02-**2**

(1) $a_{n+1}=a_n+2n-1$의 n에 1, 2, 3, $\cdots$, $n-1$을 차례대로 대입하여 같은 변끼리 더하면

$$a_2=a_1+2\times1-1$$
$$a_3=a_2+2\times2-1$$
$$a_4=a_3+2\times3-1$$
$$\vdots$$
$$+)\ a_n=a_{n-1}+2(n-1)-1$$
$$\overline{a_n=a_1+\sum_{k=1}^{n-1}(2k-1)}$$
$$=2+2\times\frac{n(n-1)}{2}-(n-1)$$
$$=n^2-2n+3$$
$$\therefore a_{10}=10^2-2\times10+3=83$$

(2) $a_n-a_{n-1}=n^2$의 n에 2, 3, 4, $\cdots$, n을 차례대로 대입하여 같은 변끼리 더하면

$$a_2-a_1=2^2$$
$$a_3-a_2=3^2$$
$$a_4-a_3=4^2$$
$$\vdots$$
$$+)\ a_n-a_{n-1}=n^2$$
$$\overline{a_n-a_1=\sum_{k=1}^{n-1}(k+1)^2}$$

$$\therefore a_n=0+\sum_{k=1}^{n-1}(k+1)^2$$
$$=\sum_{k=1}^{n-1}(k^2+2k+1)$$
$$\therefore a_{10}=\sum_{k=1}^{9}(k^2+2k+1)$$
$$=\frac{9\times10\times19}{6}+2\times\frac{9\times10}{2}+9$$
$$=384$$

다른 풀이 (1) $a_{n+1}-a_n=2n-1$ $(n\geq1)$에서

$a_{n+1}-a_n=b_n$으로 놓으면 수열 $\{b_n\}$은 수열 $\{a_n\}$의 계차수열이므로

$$a_n=a_1+\sum_{k=1}^{n-1}b_k$$
$$=2+\sum_{k=1}^{n-1}(2k-1)$$
$$=2+2\times\frac{n(n-1)}{2}-(n-1)$$
$$=n^2-2n+3$$
$$\therefore a_{10}=10^2-2\times10+3=83$$

(2) $a_n-a_{n-1}=n^2$ $(n\geq2)$에서

$$a_{n+1}-a_n=(n+1)^2 \ (n\geq1)$$

$a_{n+1}-a_n=b_n$으로 놓으면 수열 $\{b_n\}$은 수열 $\{a_n\}$의 계차수열이므로

$$a_n=a_1+\sum_{k=1}^{n-1}b_k$$
$$=0+\sum_{k=1}^{n-1}(k+1)^2$$
$$=\sum_{k=1}^{n-1}(k^2+2k+1)$$
$$\therefore a_{10}=\sum_{k=1}^{9}(k^2+2k+1)$$
$$=\frac{9\times10\times19}{6}+2\times\frac{9\times10}{2}+9$$
$$=384$$

보충 설명 $a_{n+1}-a_n=f(n)$ 꼴의 점화식에서 02-**1**과 같이 n에 1부터 $n-1$까지 일일이 대입하여 $(n-1)$개의 식을 더하지 않아도 수열 $\{a_{n+1}-a_n\}$이 수열 $\{a_n\}$의 계차수열임을 이용하여 풀 수도 있습니다. 즉, $a_{n+1}-a_n=b_n$으로 놓으면

$a_n=a_1+\sum_{k=1}^{n-1}b_k$임을 이용합니다.

정답 (1) 83 (2) 384

02-3

$na_{n+1}=(n+1)a_n+1$의 양변을 $n(n+1)$로 나누면

$$\frac{a_{n+1}}{n+1}=\frac{a_n}{n}+\frac{1}{n(n+1)}$$

$\dfrac{a_n}{n}=b_n$으로 놓으면 $b_{n+1}=b_n+\dfrac{1}{n(n+1)}$

$b_{n+1}-b_n=\dfrac{1}{n(n+1)}$의 n에 1, 2, 3, $\cdots$, $n-1$을 차례대로 대입하여 같은 변끼리 더하면

$$b_2-b_1=\frac{1}{1\times 2}$$

$$b_3-b_2=\frac{1}{2\times 3}$$

$$b_4-b_3=\frac{1}{3\times 4}$$

$$\vdots$$

$$+\left.\right)\ b_n-b_{n-1}=\frac{1}{(n-1)n}$$

$$b_n-b_1=\sum_{k=1}^{n-1}\frac{1}{k(k+1)}$$

$$\therefore\ b_n=1+\sum_{k=1}^{n-1}\frac{1}{k(k+1)}$$

$$=1+\sum_{k=1}^{n-1}\left(\frac{1}{k}-\frac{1}{k+1}\right)=2-\frac{1}{n}$$

따라서 $a_n=nb_n=n\left(2-\dfrac{1}{n}\right)=2n-1$이므로

$$a_{100}=2\times 100-1=199$$

다른 풀이 $na_{n+1}=(n+1)a_n+1$의 양변을 $n(n+1)$로 나누면

$$\frac{a_{n+1}}{n+1}=\frac{a_n}{n}+\frac{1}{n(n+1)}$$

$\dfrac{a_n}{n}=b_n$으로 놓으면 $b_{n+1}=b_n+\dfrac{1}{n(n+1)}$

$b_{n+1}-b_n=\dfrac{1}{n(n+1)}$에서 $b_{n+1}-b_n=c_n$으로 놓으면

수열 $\{c_n\}$은 수열 $\{b_n\}$의 계차수열이므로

$$b_n=b_1+\sum_{k=1}^{n-1}c_k$$

$$=1+\sum_{k=1}^{n-1}\frac{1}{k(k+1)}$$

$$=1+\sum_{k=1}^{n-1}\left(\frac{1}{k}-\frac{1}{k+1}\right)=2-\frac{1}{n}$$

따라서 $a_n=nb_n=n\left(2-\dfrac{1}{n}\right)=2n-1$이므로

$$a_{100}=2\times 100-1=199$$

정답 ④

예제 03 $a_{n+1}=f(n)\times a_n$ 꼴의 점화식   p.477

03-1

(1) $a_{n+1}=\left(1-\dfrac{1}{n+2}\right)a_n=\dfrac{n+1}{n+2}a_n$의 n에 1, 2, 3, $\cdots$, $n-1$을 차례대로 대입하여 같은 변끼리 곱하면

$$a_2=\frac{2}{3}a_1$$

$$a_3=\frac{3}{4}a_2$$

$$a_4=\frac{4}{5}a_3$$

$$\vdots$$

$$\times\left.\right)\ a_n=\frac{n}{n+1}a_{n-1}$$

$$a_n=\left(\frac{2}{3}\times\frac{3}{4}\times\frac{4}{5}\times\cdots\times\frac{n}{n+1}\right)\times a_1$$

$$\therefore\ a_n=\frac{2}{n+1}\times 2=\frac{4}{n+1}$$

(2) $a_n=\left(1+\dfrac{1}{n}\right)a_{n-1}=\dfrac{n+1}{n}a_{n-1}$의 n에 2, 3, 4, $\cdots$, n을 차례대로 대입하여 같은 변끼리 곱하면

$$a_2=\frac{3}{2}a_1$$

$$a_3=\frac{4}{3}a_2$$

$$a_4=\frac{5}{4}a_3$$

$$\vdots$$

$$\times\left.\right)\ a_n=\frac{n+1}{n}a_{n-1}$$

$$a_n=\left(\frac{3}{2}\times\frac{4}{3}\times\frac{5}{4}\times\cdots\times\frac{n+1}{n}\right)\times a_1$$

$$\therefore\ a_n=\frac{n+1}{2}\times 2=n+1$$

정답 (1) $a_n=\dfrac{4}{n+1}$ (2) $a_n=n+1$

03-2

$a_{n+1}=3^n a_n$의 n에 1, 2, 3, $\cdots$, $n-1$을 차례대로 대입하여 같은 변끼리 곱하면

$$a_n = (3^1 \times 3^2 \times 3^3 \times \cdots \times 3^{n-1}) \times a_1$$

이때, $a_1 = 1$이므로

$$a_n = 3^{1+2+3+\cdots+(n-1)} = 3^{\frac{n(n-1)}{2}}$$

즉, $3^{\frac{n(n-1)}{2}} = 3^{55}$에서 $\dfrac{n(n-1)}{2} = 55$이므로

$$n(n-1) = 110, \ n^2 - n - 110 = 0$$
$$(n+10)(n-11) = 0$$
$$\therefore n = 11 \ (\because n\text{은 자연수})$$

따라서 3^{55}은 수열 $\{a_n\}$의 제11항입니다.

정답 ②

03-3

$a_1 = 2$, $2S_n = na_{n+1} \ (n \geq 1)$에서

(ⅰ) $n \geq 2$일 때

$$2S_n = na_{n+1} \qquad \cdots\cdots \ \bigcirc$$

이고, $\bigcirc$의 n에 $n-1$을 대입하면

$$2S_{n-1} = (n-1)a_n \qquad \cdots\cdots \ \bigcirc\!\!\!\bigcirc$$

$\bigcirc - \bigcirc\!\!\!\bigcirc$을 하면

$$2(S_n - S_{n-1}) = na_{n+1} - (n-1)a_n$$
$$2a_n = na_{n+1} - (n-1)a_n$$
$$\therefore a_{n+1} = \frac{n+1}{n}a_n \ (n \geq 2)$$

(ⅱ) $n=1$일 때

$a_1 = S_1 = 2$이고 $2S_n = na_{n+1}$에서

$$a_2 = 2S_1 = 2 \times 2 = 4$$
$$\therefore a_2 = \frac{2}{1} \times a_1$$

(ⅰ), (ⅱ)에 의하여

$$a_{n+1} = \frac{n+1}{n}a_n \ (n \geq 1)$$

이 등식의 양변의 n에 $1, 2, 3, \cdots, 99$를 차례대로 대입하여 같은 변끼리 곱하면

$$a_{100} = \left(\frac{2}{1} \times \frac{3}{2} \times \frac{4}{3} \times \cdots \times \frac{100}{99}\right) \times a_1 = 100a_1$$
$$= 100 \times 2 = 200$$

[다른 풀이] $a_1 = 2$, $2S_n = na_{n+1} \ (n \geq 1)$에서

$$2a_1 = 1 \times a_2 \qquad \therefore a_2 = 2a_1$$
$$2(a_1 + a_2) = 2 \times a_3, \ 2(a_1 + 2a_1) = 2a_3$$
$$\therefore a_3 = 3a_1$$

$$2(a_1 + a_2 + a_3) = 3a_4, \ 2(a_1 + 2a_1 + 3a_1) = 3a_4$$
$$\therefore a_4 = 4a_1$$
$$\vdots$$
$$\therefore a_{100} = 100a_1 = 100 \times 2 = 200$$

정답 200

예제 04 $a_{n+1} = pa_n + q$ 꼴의 점화식   p.479

04-1

(1) $a_{n+1} = 2a_n + 3$을

$$a_{n+1} - \alpha = 2(a_n - \alpha) \qquad \cdots\cdots \ \bigcirc$$

꼴로 변형해야 하므로 $\bigcirc$을 정리하면

$$a_{n+1} = 2a_n - 2\alpha + \alpha = 2a_n - \alpha$$

$-\alpha = 3$이므로 $\alpha = -3$이고, 이를 $\bigcirc$에 대입하면

$$a_{n+1} + 3 = 2(a_n + 3)$$

$a_n + 3 = b_n$으로 놓으면 $b_{n+1} = 2b_n$

따라서 수열 $\{b_n\}$은 첫째항이

$b_1 = a_1 + 3 = 1 + 3 = 4$이고 공비가 2인 등비수열이므로

$$b_n = 4 \times 2^{n-1} = 2^{n+1}$$
$$\therefore a_n = b_n - 3 = 2^{n+1} - 3$$

(2) $a_{n+1} = \dfrac{1}{2}a_n + 2$를

$$a_{n+1} - \alpha = \frac{1}{2}(a_n - \alpha) \qquad \cdots\cdots \ \bigcirc$$

꼴로 변형해야 하므로 $\bigcirc$을 정리하면

$$a_{n+1} = \frac{1}{2}a_n - \frac{1}{2}\alpha + \alpha = \frac{1}{2}a_n + \frac{1}{2}\alpha$$

$\dfrac{1}{2}\alpha = 2$이므로 $\alpha = 4$이고, 이를 $\bigcirc$에 대입하면

$$a_{n+1} - 4 = \frac{1}{2}(a_n - 4)$$

$a_n - 4 = b_n$으로 놓으면 $b_{n+1} = \dfrac{1}{2}b_n$

따라서 수열 $\{b_n\}$은 첫째항이

$b_1 = a_1 - 4 = 3 - 4 = -1$이고 공비가 $\dfrac{1}{2}$인 등비수열이므로

$$b_n = -1 \times \left(\frac{1}{2}\right)^{n-1} = -\frac{1}{2^{n-1}}$$
$$\therefore a_n = b_n + 4 = -\frac{1}{2^{n-1}} + 4$$

다른 풀이 (1) $a_{n+1}=2a_n+3$의 n에 $n+1$을 대입하면

$$a_{n+2}=2a_{n+1}+3$$

이므로

$$\begin{array}{r} a_{n+2}\phantom{=2a_{n+1}}=2a_{n+1}+3 \\ -)\ \ a_{n+1}=2a_n\ +3 \\ \hline a_{n+2}-a_{n+1}=2(a_{n+1}-a_n) \end{array}$$

$a_{n+1}-a_n=b_n$으로 놓으면

$$b_{n+1}=2b_n$$

따라서 수열 $\{b_n\}$은 첫째항이 $b_1=a_2-a_1=5-1=4$ 이고 공비가 2인 등비수열이므로

$$b_n=4\times 2^{n-1}=2^{n+1}$$

$$\therefore a_n=a_1+\sum_{k=1}^{n-1}2^{k+1}=1+\frac{4(2^{n-1}-1)}{2-1}$$

$$=2^{n+1}-3$$

정답 (1) $a_n=2^{n+1}-3$ (2) $a_n=-\dfrac{1}{2^{n-1}}+4$

04-2

$a_{n+1}=3a_n-2$를

$$a_{n+1}-\alpha=3(a_n-\alpha) \qquad \cdots\cdots \ \textcircled{\tiny ㄱ}$$

꼴로 변형해야 하므로 $\textcircled{\tiny ㄱ}$을 정리하면

$$a_{n+1}=3a_n-3\alpha+\alpha=3a_n-2\alpha$$

$-2\alpha=-2$이므로 $\alpha=1$이고, 이를 $\textcircled{\tiny ㄱ}$에 대입하면

$$a_{n+1}-1=3(a_n-1)$$

$a_n-1=b_n$으로 놓으면

$$b_{n+1}=3b_n$$

즉, 수열 $\{b_n\}$은 첫째항이 $b_1=a_1-1=2-1=1$이고 공비가 3인 등비수열이므로

$$b_n=1\times 3^{n-1}=3^{n-1}$$

$$\therefore a_n=b_n+1=3^{n-1}+1$$

따라서 $a_{20}=3^{19}+1$이므로 $p=19,\ q=1$

$$\therefore p+q=19+1=20$$

다른 풀이 $a_1=a,\ a_{n+1}=pa_n+q\ (p\neq 1)$일 때, a_n은 다음과 같이 구할 수도 있습니다.

$$a_2=pa+q$$
$$a_3=p(pa+q)+q=p^2a+(p+1)q$$
$$a_4=p(p^2a+pq+q)+q=p^3a+(p^2+p+1)q$$

이와 같이 생각하면

$$a_n=p^{n-1}a+(p^{n-2}+\cdots+p+1)q$$

$$=p^{n-1}a+\frac{(p^{n-1}-1)q}{p-1}$$

$a_1=2,\ a_{n+1}=3a_n-2\ (n\geq 1)$를 이 방법으로 다시 풀면

$$a_2=3a_1-2=3\times 2+(-2)$$
$$a_3=3a_2-2=3\{3\times 2+(-2)\}+(-2)$$
$$=3^2\times 2+(3+1)\times(-2)$$
$$a_4=3a_3-2$$
$$=3\{3^2\times 2+(3+1)\times(-2)\}+(-2)$$
$$=3^3\times 2+(3^2+3+1)\times(-2)$$
$$\vdots$$
$$a_n=3^{n-1}\times 2$$
$$+(3^{n-2}+3^{n-3}+\cdots+3+1)\times(-2)$$
$$=3^{n-1}\times 2+\frac{1\times(3^{n-1}-1)}{3-1}\times(-2)$$
$$=3^{n-1}\times 2-(3^{n-1}-1)$$
$$=3^{n-1}+1$$

따라서 $a_{20}=3^{19}+1$이므로 $p=19,\ q=1$

$$\therefore p+q=19+1=20$$

정답 ③

04-3

$S_1=20\pi$이고, 원 O_{n+1}의 넓이는 원 O_n의 넓이의 $\dfrac{1}{4}$ 보다 12π만큼 더 크므로

$$S_{n+1}=\frac{1}{4}S_n+12\pi\ (n\geq 1)$$

이때, 이 점화식을

$$S_{n+1}-\alpha=\frac{1}{4}(S_n-\alpha) \qquad \cdots\cdots \ \textcircled{\tiny ㄱ}$$

꼴로 변형해야 하므로 $\textcircled{\tiny ㄱ}$을 정리하면

$$S_{n+1}=\frac{1}{4}S_n-\frac{1}{4}\alpha+\alpha=\frac{1}{4}S_n+\frac{3}{4}\alpha$$

$\dfrac{3}{4}\alpha=12\pi$이므로 $\alpha=16\pi$이고, 이를 $\textcircled{\tiny ㄱ}$에 대입하면

$$S_{n+1}-16\pi=\frac{1}{4}(S_n-16\pi)$$

$S_n-16\pi=b_n$으로 놓으면

$$b_{n+1}=\frac{1}{4}b_n$$

따라서 수열 $\{b_n\}$은 첫째항이

$b_1=S_1-16\pi=20\pi-16\pi=4\pi$이고 공비가 $\frac{1}{4}$인 등

비수열이므로

$$b_n=4\pi\left(\frac{1}{4}\right)^{n-1}$$

$$\therefore S_n=b_n+16\pi=4\pi\left(\frac{1}{4}\right)^{n-1}+16\pi$$

정답 $S_n=4\pi\left(\frac{1}{4}\right)^{n-1}+16\pi$

예제 05 $pa_{n+2}+qa_{n+1}+ra_n=0$ 꼴의 점화식   p.481

05-1

(1) $a_{n+2}-5a_{n+1}+4a_n=0$에서

$$a_{n+2}-a_{n+1}=4(a_{n+1}-a_n)$$

$a_{n+1}-a_n=b_n$으로 놓으면

$$b_{n+1}=4b_n$$

따라서 수열 $\{b_n\}$은 첫째항이

$b_1=a_2-a_1=2-1=1$이고 공비가 4인 등비수열

이므로

$$b_n=1\times4^{n-1}=4^{n-1}$$

$$\therefore a_{n+1}-a_n=4^{n-1} \qquad \cdots\cdots\; \unicode{x1D4BE}$$

$\unicode{x1D4BE}$의 n에 $1,2,3,\cdots,n-1$을 차례대로 대입하여

같은 변끼리 더하면

$$a_2-a_1=1$$
$$a_3-a_2=4$$
$$a_4-a_3=4^2$$
$$\vdots$$
$$+)\;a_n-a_{n-1}=4^{n-2}$$
$$\overline{\qquad\qquad\qquad\qquad}$$
$$a_n-a_1=1+4+4^2+\cdots+4^{n-2}$$

$$\therefore a_n=a_1+1+4+4^2+\cdots+4^{n-2}$$

$$=1+\sum_{k=1}^{n-1}4^{k-1}$$

$$=1+\frac{1\times(4^{n-1}-1)}{4-1}$$

$$=\frac{4^{n-1}+2}{3}$$

(2) $a_{n+2}=\frac{a_n+a_{n+1}}{2}=\frac{1}{2}a_{n+1}+\frac{1}{2}a_n$에서

$$a_{n+2}-a_{n+1}=-\frac{1}{2}(a_{n+1}-a_n)$$

$a_{n+1}-a_n=b_n$으로 놓으면

$$b_{n+1}=-\frac{1}{2}b_n$$

따라서 수열 $\{b_n\}$은 첫째항이

$b_1=a_2-a_1=4-2=2$이고 공비가 $-\frac{1}{2}$인 등비수

열이므로

$$b_n=2\times\left(-\frac{1}{2}\right)^{n-1}$$

$$\therefore a_{n+1}-a_n=2\times\left(-\frac{1}{2}\right)^{n-1} \qquad \cdots\cdots\; \unicode{x1D4BE}$$

$\unicode{x1D4BE}$의 n에 $1,2,3,\cdots,n-1$을 차례대로 대입하

여 같은 변끼리 더하면

$$a_2-a_1=2$$
$$a_3-a_2=2\times\left(-\frac{1}{2}\right)^1$$
$$a_4-a_3=2\times\left(-\frac{1}{2}\right)^2$$
$$\vdots$$
$$+)\;a_n-a_{n-1}=2\times\left(-\frac{1}{2}\right)^{n-2}$$
$$\overline{\qquad\qquad\qquad\qquad}$$
$$a_n-a_1=2\left\{1+\left(-\frac{1}{2}\right)^1+\left(-\frac{1}{2}\right)^2\right.$$
$$\left.+\cdots+\left(-\frac{1}{2}\right)^{n-2}\right\}$$

$$\therefore a_n=a_1+2\left\{1+\left(-\frac{1}{2}\right)^1+\left(-\frac{1}{2}\right)^2\right.$$
$$\left.+\cdots+\left(-\frac{1}{2}\right)^{n-2}\right\}$$

$$=2+\frac{2\left\{1-\left(-\frac{1}{2}\right)^{n-1}\right\}}{1-\left(-\frac{1}{2}\right)}$$

$$=\frac{10}{3}-\frac{4}{3}\times\left(-\frac{1}{2}\right)^{n-1}$$

정답 (1) $a_n=\dfrac{4^{n-1}+2}{3}$ (2) $a_n=\dfrac{10}{3}-\dfrac{4}{3}\times\left(-\dfrac{1}{2}\right)^{n-1}$

05-2

$a_{n+2}-3a_{n+1}+2a_n=0$에서

$$a_{n+2}-a_{n+1}=2(a_{n+1}-a_n)$$

$a_{n+1}-a_n=b_n$으로 놓으면

$$b_{n+1}=2b_n$$

즉, 수열 $\{b_n\}$은 첫째항이 $b_1=a_2-a_1$이고 공비가 2인 등비수열이므로

$$b_n=(a_2-a_1)\times 2^{n-1}$$
$$\therefore a_{n+1}-a_n=(a_2-a_1)\times 2^{n-1} \quad \cdots\cdots \text{㉠}$$

㉠의 n에 $1,2,3,\cdots,n-1$을 차례대로 대입하여 같은 변끼리 더하면

$$a_2-a_1=a_2-a_1$$
$$a_3-a_2=(a_2-a_1)\times 2^1$$
$$a_4-a_3=(a_2-a_1)\times 2^2$$
$$\vdots$$
$$+\,)\ a_n-a_{n-1}=(a_2-a_1)\times 2^{n-2}$$
$$\overline{a_n-a_1=(a_2-a_1)(1+2^1+2^2+\cdots+2^{n-2})}$$
$$\therefore a_n=a_1+(a_2-a_1)\sum_{k=1}^{n-1}2^{k-1}$$
$$=a_1+(a_2-a_1)\frac{2^{n-1}-1}{2-1}$$
$$=a_1+2a_1(2^{n-1}-1)\quad(\because a_2=3a_1)$$
$$=2^n a_1-a_1$$
$$=(2^n-1)a_1 \quad\cdots\cdots\text{㉡}$$

따라서 $a_8=(2^8-1)a_1=255a_1=85$에서 $a_1=\dfrac{1}{3}$이므로 ㉡에서

$$a_4=(2^4-1)\times\frac{1}{3}=5$$

정답 5

05-3

$x_1=0$, $x_2=90$이고, 선분 $\mathrm{P}_n\mathrm{P}_{n+1}$의 중점이 P_{n+2}이므로

$$x_{n+2}=\frac{x_n+x_{n+1}}{2},\ 2x_{n+2}=x_n+x_{n+1}$$
$$2x_{n+2}-2x_{n+1}=-(x_{n+1}-x_n)$$
$$\therefore x_{n+2}-x_{n+1}=-\frac{1}{2}(x_{n+1}-x_n)$$

$x_{n+1}-x_n=b_n$으로 놓으면

$$b_{n+1}=-\frac{1}{2}b_n$$

따라서 수열 $\{b_n\}$은 첫째항이

$b_1=x_2-x_1=90-0=90$이고 공비가 $-\dfrac{1}{2}$인 등비수열이므로

$$b_n=90\times\left(-\frac{1}{2}\right)^{n-1}$$
$$\therefore x_{n+1}-x_n=90\times\left(-\frac{1}{2}\right)^{n-1}\quad\cdots\cdots\text{㉠}$$

㉠의 n에 $1,2,3,\cdots,n-1$을 차례대로 대입하여 같은 변끼리 더하면

$$x_2-x_1=90$$
$$x_3-x_2=90\times\left(-\frac{1}{2}\right)^1$$
$$x_4-x_3=90\times\left(-\frac{1}{2}\right)^2$$
$$\vdots$$
$$+\,)\ x_n-x_{n-1}=90\times\left(-\frac{1}{2}\right)^{n-2}$$
$$\overline{x_n-x_1=90\left\{1+\left(-\frac{1}{2}\right)^1+\left(-\frac{1}{2}\right)^2\right.}$$
$$\left.+\cdots+\left(-\frac{1}{2}\right)^{n-2}\right\}$$
$$\therefore x_n=x_1+90\left\{1+\left(-\frac{1}{2}\right)^1+\left(-\frac{1}{2}\right)^2\right.$$
$$\left.+\cdots+\left(-\frac{1}{2}\right)^{n-2}\right\}$$
$$=0+90\sum_{k=1}^{n-1}\left(-\frac{1}{2}\right)^{k-1}$$
$$=\frac{90\left\{1-\left(-\frac{1}{2}\right)^{n-1}\right\}}{1-\left(-\frac{1}{2}\right)}$$
$$=60\left\{1-\left(-\frac{1}{2}\right)^{n-1}\right\}$$

보충 설명 **좌표평면 위의 선분의 내분점과 외분점**

좌표평면 위의 두 점 $\mathrm{A}(x_1,\,y_1)$, $\mathrm{B}(x_2,\,y_2)$를 이은 선분 AB를 $m:n\,(m>0,\,n>0)$으로

(1) 내분하는 점 P의 좌표는

$$\mathrm{P}\left(\frac{mx_2+nx_1}{m+n},\ \frac{my_2+ny_1}{m+n}\right)$$

특히, 중점 M의 좌표는 $\mathrm{M}\left(\dfrac{x_1+x_2}{2},\ \dfrac{y_1+y_2}{2}\right)$

(2) 외분하는 점 Q의 좌표는

$$Q\left(\frac{mx_2-nx_1}{m-n},\ \frac{my_2-ny_1}{m-n}\right)(단,\ m\neq n)$$

정답 $\ x_n=60\left\{1-\left(-\dfrac{1}{2}\right)^{n-1}\right\}$

예제 06 $a_{n+1}=\dfrac{ra_n}{pa_n+q}$ 꼴의 점화식 p.483

06-1

(1) $a_{n+1}=\dfrac{2a_n}{2+a_n}$ 에서 양변의 역수를 취하면

$$\frac{1}{a_{n+1}}=\frac{2+a_n}{2a_n}=\frac{1}{a_n}+\frac{1}{2}$$

$\dfrac{1}{a_n}=b_n$ 으로 놓으면

$$b_{n+1}=b_n+\frac{1}{2}$$

따라서 수열 $\{b_n\}$은 첫째항이 $b_1=\dfrac{1}{a_1}=\dfrac{1}{3}$이고

공차가 $\dfrac{1}{2}$인 등차수열이므로

$$\begin{aligned}b_n&=b_1+(n-1)\times\frac{1}{2}\\&=\frac{1}{3}+\frac{1}{2}(n-1)=\frac{3n-1}{6}\end{aligned}$$

$$\therefore a_n=\frac{1}{b_n}=\frac{6}{3n-1}$$

(2) $a_{n+1}=\dfrac{a_n}{1+2a_n}$ 에서 양변의 역수를 취하면

$$\frac{1}{a_{n+1}}=\frac{1+2a_n}{a_n}=\frac{1}{a_n}+2$$

$\dfrac{1}{a_n}=b_n$ 으로 놓으면

$$b_{n+1}=b_n+2$$

따라서 수열 $\{b_n\}$은 첫째항이 $b_1=\dfrac{1}{a_1}=1$이고

공차가 2인 등차수열이므로

$$\begin{aligned}b_n&=b_1+(n-1)\times2\\&=1+2(n-1)=2n-1\end{aligned}$$

$$\therefore a_n=\frac{1}{b_n}=\frac{1}{2n-1}$$

정답 (1) $a_n=\dfrac{6}{3n-1}$ (2) $a_n=\dfrac{1}{2n-1}$

06-2

$a_{n+1}{}^2=\dfrac{a_n{}^2}{2a_n{}^2+1}$ 에서 $a_n{}^2=b_n$으로 놓으면

$$b_{n+1}=\frac{b_n}{2b_n+1}$$

양변의 역수를 취하면

$$\frac{1}{b_{n+1}}=\frac{2b_n+1}{b_n}=\frac{1}{b_n}+2$$

$\dfrac{1}{b_n}=c_n$으로 놓으면

$$c_{n+1}=c_n+2$$

따라서 수열 $\{c_n\}$은 첫째항이 $c_1=\dfrac{1}{b_1}=\dfrac{1}{a_1{}^2}=2$이고

공차가 2인 등차수열이므로

$$c_n=2+(n-1)\times2=2n$$

$$\therefore b_n=\frac{1}{c_n}=\frac{1}{2n}$$

$a_n>0$이므로

$$a_n=\sqrt{b_n}=\frac{1}{\sqrt{2n}}$$

$$\therefore a_{10}=\frac{1}{\sqrt{20}}=\frac{\sqrt{5}}{10}$$

정답 ②

06-3

$a_{n+1}=\dfrac{a_n}{2(n+1)a_n+1}$ 에서 양변의 역수를 취하면

$$\begin{aligned}\frac{1}{a_{n+1}}&=\frac{2(n+1)a_n+1}{a_n}\\&=\frac{1}{a_n}+2(n+1)\end{aligned}$$

$\dfrac{1}{a_n}=b_n$으로 놓으면

$$b_{n+1}=b_n+2(n+1),\ b_1=\frac{1}{a_1}=2$$

따라서 $b_{n+1}-b_n=2(n+1)$의 n에 $1,\ 2,\ 3,\ \cdots,$
$n-1$을 차례대로 대입하여 같은 변끼리 더하면

$$\begin{aligned}b_2-b_1&=2\times2\\b_3-b_2&=2\times3\\b_4-b_3&=2\times4\\&\vdots\\+)\ \underline{\ b_n-b_{n-1}}&\underline{=2\times n\ }\\b_n-b_1&=\sum_{k=1}^{n-1}2(k+1)\end{aligned}$$

$$\therefore b_n = b_1 + \sum_{k=1}^{n-1}(2k+2)$$
$$= 2 + 2 \times \frac{n(n-1)}{2} + 2(n-1)$$
$$= n^2 + n$$
$$\therefore a_n = \frac{1}{b_n} = \frac{1}{n^2+n}$$
$$\therefore \sum_{k=1}^{99} a_k = \sum_{k=1}^{99} \frac{1}{k^2+k}$$
$$= \sum_{k=1}^{99} \frac{1}{k(k+1)}$$
$$= \sum_{k=1}^{99}\left(\frac{1}{k} - \frac{1}{k+1}\right)$$
$$= \left(1 - \frac{1}{2}\right) + \left(\frac{1}{2} - \frac{1}{3}\right) + \left(\frac{1}{3} - \frac{1}{4}\right) + \cdots$$
$$+ \left(\frac{1}{99} - \frac{1}{100}\right)$$
$$= 1 - \frac{1}{100} = \frac{99}{100}$$

정답 $\dfrac{99}{100}$

예제 07 같은 값이 반복되는 점화식   p.485

07-1

(1) $a_{n+2} = a_{n+1} - a_n$의 양변의 n에 1, 2, 3, $\cdots$을 차례대로 대입하면

$a_1 = 2$, $a_2 = 3$, $a_3 = 1$, $a_4 = -2$, $a_5 = -3$,
$a_6 = -1$, $a_7 = 2$, $a_8 = 3$, $\cdots$

따라서 수열 $\{a_n\}$은 2, 3, 1, -2, -3, -1이 이 순서대로 반복되는 수열이고, $300 = 6 \times 50$이므로

$$\sum_{k=1}^{300} a_k = (a_1+a_2+a_3+a_4+a_5+a_6) + \cdots$$
$$+ (a_{295}+a_{296}+a_{297}+a_{298}+a_{299}+a_{300})$$
$$= 50(a_1+a_2+a_3+a_4+a_5+a_6)$$
$$= 50(2+3+1-2-3-1) = 0$$

(2) $a_{n+1}a_{n-1} = a_n$에서 $a_{n+1} = \dfrac{a_n}{a_{n-1}}$이므로 양변의 n에 2, 3, 4, $\cdots$를 차례대로 대입하면

$a_1 = 1$, $a_2 = 5$, $a_3 = \dfrac{a_2}{a_1} = 5$, $a_4 = \dfrac{a_3}{a_2} = 1$,

$a_5 = \dfrac{a_4}{a_3} = \dfrac{1}{5}$, $a_6 = \dfrac{a_5}{a_4} = \dfrac{1}{5}$, $a_7 = \dfrac{a_6}{a_5} = 1$,

$$a_8 = \frac{a_7}{a_6} = 5, \cdots$$

따라서 수열 $\{a_n\}$은 1, 5, 5, 1, $\dfrac{1}{5}$, $\dfrac{1}{5}$이 이 순서대로 반복되는 수열이고, $300 = 6 \times 50$이므로

$$\sum_{k=1}^{300} a_k = (a_1+a_2+a_3+a_4+a_5+a_6) + \cdots$$
$$+ (a_{295}+a_{296}+a_{297}+a_{298}+a_{299}+a_{300})$$
$$= 50(a_1+a_2+a_3+a_4+a_5+a_6)$$
$$= 50\left(1+5+5+1+\frac{1}{5}+\frac{1}{5}\right)$$
$$= 50 \times \frac{62}{5} = 620$$

정답 (1) 0 (2) 620

07-2

$a_{n+2} - a_n = 2$에서 $a_{n+2} = a_n + 2$이므로 양변의 n에 1, 2, 3, $\cdots$을 차례대로 대입하면

$a_1 = 1$, $a_2 = 3$
$a_3 = a_1 + 2 = 1 + 2 = 3$
$a_4 = a_2 + 2 = 3 + 2 = 5$
$a_5 = a_3 + 2 = 3 + 2 = 5$
$a_6 = a_4 + 2 = 5 + 2 = 7$
$a_7 = a_5 + 2 = 5 + 2 = 7$
$a_8 = a_6 + 2 = 7 + 2 = 9$
$a_9 = a_7 + 2 = 7 + 2 = 9$
$\qquad \vdots$

따라서 $a_n = \begin{cases} n & (n\text{이 홀수}) \\ n+1 & (n\text{이 짝수}) \end{cases}$ 이므로 $a_{100} = 101$

정답 101

07-3

$\cos\theta$의 값은 2π를 주기로 반복되므로

$$\cos\frac{\pi}{2} = \cos\frac{3}{2}\pi = \cdots = 0$$
$$\cos\pi = \cos 3\pi = \cdots = -1$$
$$\cos 2\pi = \cos 4\pi = \cdots = 1$$

$a_{n+2} = \dfrac{1 + a_{n+1}}{a_n}$ 의 양변의 n에 1, 2, 3, $\cdots$을 차례대로 대입하면

$$a_1=1,\ a_2=2$$
$$a_3=\frac{1+a_2}{a_1}=\frac{1+2}{1}=3$$
$$a_4=\frac{1+a_3}{a_2}=\frac{1+3}{2}=2$$
$$a_5=\frac{1+a_4}{a_3}=\frac{1+2}{3}=1$$
$$a_6=\frac{1+a_5}{a_4}=\frac{1+1}{2}=1$$
$$a_7=\frac{1+a_6}{a_5}=\frac{1+1}{1}=2$$
$$\vdots$$

따라서 수열 $\{a_n\}$은 1, 2, 3, 2, 1이 이 순서대로 반복되는 수열이고, $102=5\times20+2$이므로

$$\sum_{k=1}^{102}\cos\left(\frac{\pi}{2}a_k\right)$$
$$=20\left\{\cos\left(\frac{\pi}{2}\times1\right)+\cos\left(\frac{\pi}{2}\times2\right)\right.$$
$$+\cos\left(\frac{\pi}{2}\times3\right)+\cos\left(\frac{\pi}{2}\times2\right)+\left.\cos\left(\frac{\pi}{2}\times1\right)\right\}$$
$$+\cos\left(\frac{\pi}{2}\times1\right)+\cos\left(\frac{\pi}{2}\times2\right)$$
$$=20\{0+(-1)+0+(-1)+0\}+0+(-1)$$
$$=-41$$

정답 ②

예제 08 피보나치 수열   p.487

08-1

(1) 빨간색을 칠하는 경우를 ○, 파란색을 칠하는 경우를 ×로 표시하면

1개의 타일을 칠하는 경우는

    (○), (×) $\therefore a_1=2$

2개의 타일을 칠하는 경우는

    (○○), (○×), (×○) $\therefore a_2=3$

3개의 타일을 칠하는 경우는

    (○○○), (○○×), (○×○), (×○○),

    (×○×) $\therefore a_3=5$

4개의 타일을 칠하는 경우는

    (○○○○), (○○○×), (○○×○),

    (○×○○), (×○○○), (○×○×),

    (×○×○), (×○○×)

    $\therefore a_4=8$

(2) 다음의 2가지 경우로 나누어 생각해 볼 수 있습니다.

 (ⅰ) $(n+2)$번째 타일에 빨간색을 칠하는 경우 : $(n+1)$번째 타일의 색에 관계없이 그냥 빨간색을 칠해도 되므로 a_{n+1}과 같습니다.

 (ⅱ) $(n+2)$번째 타일에 파란색을 칠하는 경우 : $(n+1)$번째 타일은 무조건 빨간색이어야 합니다. 이때, n번째 타일의 색과 관계없이 $(n+1)$번째 타일에 빨간색을 칠할 수 있으므로 이 경우의 수는 a_n과 같습니다.

 (ⅰ), (ⅱ)에 의하여 $a_{n+2}=a_{n+1}+a_n$

정답 (1) 2, 3, 5, 8   (2) $a_{n+2}=a_{n+1}+a_n$

08-2

$a_{n+2}=a_{n+1}+a_n$의 양변의 n에 1, 2, 3, $\cdots$, 100을 차례대로 대입하면

$$a_3=a_2+a_1$$
$$a_4=a_3+a_2$$
$$a_5=a_4+a_3$$
$$\vdots$$
$$a_{101}=a_{100}+a_{99}$$
$$a_{102}=a_{101}+a_{100}$$

위 식을 같은 변끼리 더하면

$$a_{102}=a_2+(a_1+a_2+a_3+\cdots+a_{100})$$
$$\therefore \sum_{k=1}^{100}a_k=a_{102}-a_2$$

정답 ④

08-3

흰 바둑돌과 검은 바둑돌을 합쳐 n개의 바둑돌을 일렬로 나열할 때, 맨 앞의 바둑돌이 검은 바둑돌인 경우와 흰 바둑돌인 경우로 나눌 수 있습니다.

(ⅰ) 맨 앞의 바둑돌이 검은 바둑돌인 경우

    ●×××× $\cdots$ ×

따라서 ×표시한 곳에 $(n-1)$개의 흰 바둑돌과 검은 바둑돌을 나열하면 됩니다. 이때, 바둑돌 $(n-1)$개를 나열하는 방법의 수는 a_{n-1}입니다.

(ii) 맨 앞의 바둑돌이 흰 바둑돌인 경우

흰 바둑돌끼리는 이웃하지 않아야 하므로 흰 바둑돌 다음에는 반드시 검은 바둑돌이 와야 합니다. 즉, 앞의 두 바둑돌이 흰 바둑돌 – 검은 바둑돌이 됩니다.

○●×××…×

따라서 ×표시한 곳에 $(n-2)$개의 흰 바둑돌과 검은 바둑돌을 나열하면 됩니다. 이때, 바둑돌 $(n-2)$개를 나열하는 방법의 수는 a_{n-2}입니다.

(i), (ii)에 의하여 $a_n=a_{n-1}+a_{n-2}$ $(n\geq3)$이므로 수열 $\{a_n\}$은 피보나치 수열입니다.

이 수열을 a_1에서 a_{10}까지 차례대로 나열하면 다음과 같습니다.

$$2,\ 3,\ 5,\ 8,\ 13,\ 21,\ 34,\ 55,\ 89,\ 144$$
$$\therefore a_{10}=144$$

정답 144

예제 09 수학적 귀납법을 이용한 등식의 증명 p.493

09-1

$$1^2+3^2+5^2+\cdots+(2n-1)^2=\frac{n(4n^2-1)}{3}$$
$$\cdots\cdots \text{㉠}$$

(i) $n=1$일 때

(좌변)$=1^2=1$,

(우변)$=\dfrac{1\times(4\times1^2-1)}{3}=1$

이므로 ㉠이 성립합니다.

(ii) $n=k$일 때, ㉠이 성립한다고 가정하면

$$1^2+3^2+5^2+\cdots+(2k-1)^2=\frac{k(4k^2-1)}{3}$$
$$\cdots\cdots \text{㉡}$$

㉡의 양변에 $(2k+1)^2$을 더하면

$$1^2+3^2+5^2+\cdots+(2k-1)^2+(2k+1)^2$$
$$=\frac{k(4k^2-1)}{3}+(2k+1)^2$$

$$=\frac{k(2k+1)(2k-1)}{3}+(2k+1)^2$$

$$=\frac{2k+1}{3}\{k(2k-1)+3(2k+1)\}$$

$$=\frac{(2k+1)(2k^2+5k+3)}{3}$$

$$=\frac{(2k+1)(2k+3)(k+1)}{3}$$

$$=\frac{(k+1)(4k^2+8k+3)}{3}$$

$$=\frac{(k+1)\{4(k+1)^2-1\}}{3}$$

따라서 $n=k+1$일 때에도 ㉠이 성립합니다.

(i), (ii)에 의하여 ㉠은 모든 자연수 n에 대하여 성립합니다.

정답 풀이 참조

09-2

$$1\times n+2\times(n-1)+3\times(n-2)+\cdots$$
$$+(n-1)\times2+n\times1=\frac{n(n+1)(n+2)}{6}$$
$$\cdots\cdots \text{㉠}$$

(i) $n=1$일 때

(좌변)$=1\times1=1$,

(우변)$=\dfrac{1\times2\times3}{6}=1$

이므로 ㉠이 성립합니다.

(ii) $n=k$일 때, ㉠이 성립한다고 가정하면

$$1\times k+2\times(k-1)+3\times(k-2)$$
$$+\cdots+k\times1=\frac{k(k+1)(k+2)}{6}$$
$$\cdots\cdots \text{㉡}$$

$n=k+1$일 때

$$1\times(k+1)+2\times k+3\times(k-1)+\cdots$$
$$+(k+1)\times1$$

$$=\{1\times k+2\times(k-1)+3\times(k-2)+\cdots$$
$$+k\times1\}+\{1+2+3+\cdots+k+(k+1)\}$$

$$=\frac{k(k+1)(k+2)}{6}+\frac{(k+1)(k+2)}{2}$$

$$=\frac{(k+1)(k+2)(k+3)}{6}$$

따라서 $n=k+1$일 때에도 ㉠이 성립합니다.

(i), (ii)에 의하여 ㉠은 모든 자연수 n에 대하여 성립합니다.

정답 풀이 참조

09-**3**

$f(n)=3^{n+1}+4^{2n-1}$으로 놓으면

(i) $n=1$일 때

$f(1)=3^2+4=13$이므로 $f(1)$은 13으로 나누어떨어집니다.

(ii) $n=k$ $(k\geq1)$일 때, $f(k)$가 13으로 나누어떨어진다고 가정하면

$$f(k)=13\times q(k)(단, q(k)는 자연수)$$

$n=k+1$일 때

$$\begin{aligned} f(k+1)&=3^{k+2}+4^{2k+1}\\ &=3^{(k+1)+1}+4^{(2k-1)+2}\\ &=3\times3^{k+1}+16\times4^{2k-1}\\ &=3(3^{k+1}+4^{2k-1})+13\times4^{2k-1}\\ &=3f(k)+13\times4^{2k-1}\\ &=3\times13\times q(k)+13\times4^{2k-1}\\ &=13\{3\times q(k)+4^{2k-1}\} \end{aligned}$$

따라서 $f(k+1)$도 13으로 나누어떨어집니다.

(i), (ii)에 의하여 n이 자연수일 때, $3^{n+1}+4^{2n-1}$은 13으로 나누어떨어집니다.

정답 풀이 참조

예제 10 수학적 귀납법을 이용한 부등식의 증명 p.495

10-**1**

$\dfrac{n}{2}>\log_2 n$ ...... ㉠

(i) $n=5$일 때

$$\begin{aligned}(좌변)-(우변)&=\dfrac{5}{2}-\log_2 5\\&=\log_2 4\sqrt{2}-\log_2 5>0\end{aligned}$$

(좌변)>(우변)이므로 ㉠이 성립합니다.

(ii) $n=k$ $(k\geq5)$일 때, ㉠이 성립한다고 가정하면

$\dfrac{k}{2}>\log_2 k$ ...... ㉡

㉡의 양변에 $\dfrac{1}{2}$을 더하면

$$\dfrac{k+1}{2}>\log_2 k+\dfrac{1}{2}$$

$$\dfrac{k+1}{2}>\log_2 \sqrt{2}k>\log_2 (k+1)$$

따라서 $n=k+1$일 때에도 ㉠이 성립합니다.

(i), (ii)에 의하여 ㉠은 $n\geq5$인 모든 자연수 n에 대하여 성립합니다.

정답 풀이 참조

10-**2**

(1) $1+\dfrac{1}{2^2}+\dfrac{1}{3^2}+\cdots+\dfrac{1}{n^2}<2-\dfrac{1}{n}$ ...... ㉠

(i) $n=2$일 때

$$(좌변)=1+\dfrac{1}{2^2}=\dfrac{5}{4}, (우변)=2-\dfrac{1}{2}=\dfrac{3}{2}$$

이므로 ㉠이 성립합니다.

(ii) $n=k$ $(k\geq2)$일 때, ㉠이 성립한다고 가정하면

$1+\dfrac{1}{2^2}+\cdots+\dfrac{1}{k^2}<2-\dfrac{1}{k}$ ...... ㉡

㉡의 양변에 $\dfrac{1}{(k+1)^2}$을 더하면

$$1+\dfrac{1}{2^2}+\cdots+\dfrac{1}{k^2}+\dfrac{1}{(k+1)^2}$$

$$<2-\dfrac{1}{k}+\dfrac{1}{(k+1)^2}$$ ...... ㉢

㉢의 우변에서

$$\begin{aligned}&\left\{2-\dfrac{1}{k}+\dfrac{1}{(k+1)^2}\right\}-\left(2-\dfrac{1}{k+1}\right)\\&=-\dfrac{1}{k(k+1)^2}<0\end{aligned}$$ ...... ㉣

㉢, ㉣에서

$$1+\dfrac{1}{2^2}+\cdots+\dfrac{1}{k^2}+\dfrac{1}{(k+1)^2}$$

$$<2-\dfrac{1}{k}+\dfrac{1}{(k+1)^2}$$

$$<2-\dfrac{1}{k+1}$$

따라서 $n=k+1$일 때에도 ㉠이 성립합니다.

(i), (ii)에 의하여 ㉠은 $n \geq 2$인 모든 자연수 n에 대하여 성립합니다.

(2) $(1+h)^n > 1+nh$ ...... ㉠

(i) $n=2$일 때

$$（좌변）=(1+h)^2=1+2h+h^2$$
$$>1+2h=（우변）(\because h^2>0)$$

이므로 ㉠이 성립합니다.

(ii) $n=k\ (k \geq 2)$일 때, ㉠이 성립한다고 가정하면

$$(1+h)^k > 1+kh \qquad \cdots\cdots ㉡$$

㉡의 양변에 $1+h$를 곱하면

$$(1+h)^{k+1} > (1+kh)(1+h)$$
$$=1+kh+h+kh^2$$
$$>1+(k+1)h\ (\because kh^2>0)$$

따라서 $n=k+1$일 때에도 ㉠이 성립합니다.

(i), (ii)에 의하여 ㉠은 $n \geq 2$인 모든 자연수 n에 대하여 성립합니다.

정답 풀이 참조

10-3

$$\sum_{k=1}^{2^n} \frac{1}{k} \geq \frac{n}{2}+1 \qquad \cdots\cdots ㉠$$

(i) $n=1$일 때

$$（좌변）=\sum_{k=1}^{2} \frac{1}{k}=1+\frac{1}{2}=\frac{3}{2},$$

$$（우변）=\frac{1}{2}+1=\frac{3}{2}$$

이므로 ㉠이 성립합니다.

(ii) $n=m\ (m \geq 1)$일 때, ㉠이 성립한다고 가정하면

$$\sum_{k=1}^{2^m} \frac{1}{k} \geq \frac{m}{2}+1 \qquad \cdots\cdots ㉡$$

$n=m+1$일 때

$$\sum_{k=1}^{2^{m+1}} \frac{1}{k}=\sum_{k=1}^{2^m} \frac{1}{k}+\left(\frac{1}{2^m+1}+\frac{1}{2^m+2}+\cdots\right.$$
$$\left.+\frac{1}{2^m+2^m}\right)$$
$$=\sum_{k=1}^{2^m} \frac{1}{k}+\sum_{k=1}^{2^m} \frac{1}{2^m+k}$$

$1 \leq k \leq 2^m$인 자연수 k에 대하여

$2^m+k \leq 2^m+2^m=2^{m+1}$이므로 $\dfrac{1}{2^m+k} \geq \dfrac{1}{2^{m+1}}$

이 성립합니다.

$$\therefore \sum_{k=1}^{2^m} \frac{1}{2^m+k} \geq \sum_{k=1}^{2^m} \frac{1}{2^{m+1}} \qquad \cdots\cdots ㉢$$

㉡, ㉢에 의하여

$$\sum_{k=1}^{2^{m+1}} \frac{1}{k}=\sum_{k=1}^{2^m} \frac{1}{k}+\sum_{k=1}^{2^m} \frac{1}{2^m+k}$$
$$\geq \frac{m}{2}+1+\sum_{k=1}^{2^m} \frac{1}{2^{m+1}}$$
$$=\frac{m}{2}+1+2^m \times \frac{1}{2^{m+1}}$$
$$=\frac{m}{2}+1+\frac{1}{2}$$
$$=\frac{m+1}{2}+1$$

$$\therefore \sum_{k=1}^{2^{m+1}} \frac{1}{k} \geq \frac{m+1}{2}+1$$

따라서 $n=m+1$일 때에도 ㉠이 성립합니다.

(i), (ii)에 의하여 ㉠은 모든 자연수 n에 대하여 성립합니다.

정답 풀이 참조

12-1

접근 방법 $S_n-S_{n-1}=a_n$ $(n\geq2)$임을 이용하여 주어진 점화식 $3S_{n+1}-S_{n+2}-2S_n=a_n$을 a_n에 대한 점화식으로 바꿀 수 있습니다.

상세 풀이 $S_n-S_{n-1}=a_n$ $(n\geq2)$이므로

$3S_{n+1}-S_{n+2}-2S_n=a_n$ $(n\geq1)$에서

$$2(S_{n+1}-S_n)-(S_{n+2}-S_{n+1})=a_n$$
$$2a_{n+1}-a_{n+2}=a_n$$
$$\therefore 2a_{n+1}=a_{n+2}+a_n \ (n\geq1)$$

따라서 수열 $\{a_n\}$은 첫째항이 1이고 공차가 $a_2-a_1=3-1=2$인 등차수열이므로

$$a_n=1+(n-1)\times2$$
$$=2n-1$$
$$\therefore S_{20}=\sum_{k=1}^{20}(2k-1)$$
$$=2\times\frac{20\times21}{2}-20=400$$

보충 설명 $2a_{n+1}=a_{n+2}+a_n$ $(n\geq1)$이 성립하면 a_{n+1}은 a_{n+2}와 a_n의 등차중항입니다. 따라서 수열 $\{a_n\}$은 등차수열입니다.

정답 400

12-2

접근 방법 주어진 이차방정식의 근을 구하면 a_{n+1}과 a_n의 관계식, 즉 점화식을 얻을 수 있습니다.

상세 풀이 $x^2+(2-3a_n)x-6a_n=0$ $(n\geq1)$에서

$$(x+2)(x-3a_n)=0$$

a_{n+1}이 이 이차방정식의 근이므로

$$(a_{n+1}+2)(a_{n+1}-3a_n)=0$$
$$\therefore a_{n+1}=-2 \ 또는 \ a_{n+1}=3a_n$$

이때, 수열 $\{a_n\}$의 각 항이 양수이므로

$$a_{n+1}=3a_n \ (n\geq1)$$

따라서 수열 $\{a_n\}$은 첫째항이 1이고 공비가 3인 등비수열이므로

$$a_n=1\times3^{n-1}=3^{n-1}$$
$$\therefore \sum_{k=1}^{n}a_k=\sum_{k=1}^{n}3^{k-1}=\frac{1\times(3^n-1)}{3-1}$$
$$=\frac{1}{2}(3^n-1)$$

정답 ①

12-3

접근 방법 $a_{n+1}=a_n+f(n)$ 꼴의 점화식입니다.

상세 풀이 $a_{n+1}=a_n+2\times3^{n-1}-1$ $(n\geq1)$에서

$$a_{n+1}-a_n=2\times3^{n-1}-1 \quad\cdots\cdots ㉠$$

㉠의 양변의 n에 1, 2, 3, $\cdots$, 9를 차례대로 대입하여 같은 변끼리 더하면

$$a_2-a_1=2\times1-1$$
$$a_3-a_2=2\times3^1-1$$
$$a_4-a_3=2\times3^2-1$$
$$\vdots$$
$$+)\ a_{10}-a_9=2\times3^8-1$$
$$\overline{a_{10}-a_1=2(1+3^1+3^2+\cdots+3^8)-9}$$
$$\therefore a_{10}=a_1+2\sum_{k=1}^{9}3^{k-1}-9$$
$$=10+2\times\frac{3^9-1}{3-1}-9=3^9$$

다른 풀이 $a_{n+1}-a_n=b_n$으로 놓으면 수열 $\{b_n\}$은 수열 $\{a_n\}$의 계차수열이므로

$$a_{10}=a_1+\sum_{k=1}^{9}b_k$$
$$=a_1+\sum_{k=1}^{9}(2\times3^{k-1}-1)$$
$$=10+\frac{2\times(3^9-1)}{3-1}-9$$
$$=3^9$$

정답 ①

12-**4**

접근 방법 $\sum\limits_{k=1}^{20}\dfrac{1}{a_k}$ 의 값을 구하는 문제이므로 수열 $\{a_n\}$

의 일반항이 아닌 수열 $\left\{\dfrac{1}{a_n}\right\}$ 의 일반항을 구합니다.
주어진 점화식의 양변을 $a_n a_{n+1} a_{n+2}$ 로 나누면 수열 $\left\{\dfrac{1}{a_n}\right\}$ 에 대한 점화식을 얻을 수 있습니다.

상세 풀이 $a_{n+1}a_n-2a_{n+2}a_n+a_{n+1}a_{n+2}=0$ 의 양 변을 $a_n a_{n+1} a_{n+2}$ 로 나누면

$$\dfrac{1}{a_{n+2}}-\dfrac{2}{a_{n+1}}+\dfrac{1}{a_n}=0$$

$$\therefore 2\times\dfrac{1}{a_{n+1}}=\dfrac{1}{a_{n+2}}+\dfrac{1}{a_n}$$

따라서 수열 $\left\{\dfrac{1}{a_n}\right\}$ 은 첫째항이 $\dfrac{1}{a_1}=\dfrac{1}{2}$ 이고 공

차가 $\dfrac{1}{a_2}-\dfrac{1}{a_1}=\dfrac{1}{1}-\dfrac{1}{2}=\dfrac{1}{2}$ 인 등차수열이므로

$$\dfrac{1}{a_n}=\dfrac{1}{2}+(n-1)\times\dfrac{1}{2}=\dfrac{1}{2}n$$

$$\therefore \sum_{k=1}^{20}\dfrac{1}{a_k}=\sum_{k=1}^{20}\dfrac{1}{2}k$$

$$=\dfrac{1}{2}\times\dfrac{20\times21}{2}=105$$

보충 설명 수열 $\{a_n\}$ 의 일반항을 구하면

$$\dfrac{1}{a_n}=\dfrac{1}{2}+(n-1)\times\dfrac{1}{2}=\dfrac{n}{2}$$

에서 $a_n=\dfrac{2}{n}$ 입니다.

정답 105

12-**5**

접근 방법 $[x]$ 는 x 보다 크지 않은 최대의 정수입니다.
주어진 점화식의 n 에 1, 2, 3, $\cdots$ 을 차례대로 대입하여 규칙을 찾습니다.

상세 풀이 $a_{n+1}=10a_n-[10a_n]$ 의 n 에 1, 2, 3, $\cdots$ 을 차례대로 대입하면

$$a_1=\dfrac{1}{7}$$

$$a_2=\dfrac{10}{7}-\left[\dfrac{10}{7}\right]=\dfrac{10}{7}-1=\dfrac{3}{7}$$

$$a_3=\dfrac{30}{7}-\left[\dfrac{30}{7}\right]=\dfrac{30}{7}-4=\dfrac{2}{7}$$

$$a_4=\dfrac{20}{7}-\left[\dfrac{20}{7}\right]=\dfrac{20}{7}-2=\dfrac{6}{7}$$

$$a_5=\dfrac{60}{7}-\left[\dfrac{60}{7}\right]=\dfrac{60}{7}-8=\dfrac{4}{7}$$

$$a_6=\dfrac{40}{7}-\left[\dfrac{40}{7}\right]=\dfrac{40}{7}-5=\dfrac{5}{7}$$

$$a_7=\dfrac{50}{7}-\left[\dfrac{50}{7}\right]=\dfrac{50}{7}-7=\dfrac{1}{7}=a_1$$

즉, 수열 $\{a_n\}$ 은 $\dfrac{1}{7}$, $\dfrac{3}{7}$, $\dfrac{2}{7}$, $\dfrac{6}{7}$, $\dfrac{4}{7}$, $\dfrac{5}{7}$ 가 이 순

서대로 반복되는 수열이고, $600=6\times100$ 이므로

$$\sum_{k=1}^{600}a_k$$

$$=(a_1+a_2+a_3+a_4+a_5+a_6)+\cdots$$

$$\qquad +(a_{595}+a_{596}+a_{597}+a_{598}+a_{599}+a_{600})$$

$$=100(a_1+a_2+a_3+a_4+a_5+a_6)$$

$$=100\times\left(\dfrac{1}{7}+\dfrac{3}{7}+\dfrac{2}{7}+\dfrac{6}{7}+\dfrac{4}{7}+\dfrac{5}{7}\right)$$

$$=300$$

정답 300

12-**6**

접근 방법 이웃한 두 항, 즉 제 n 항과 제 $(n+1)$ 항의 합이 n 이므로 수열의 합 S_n 을 구할 수 있습니다.
따라서 수열의 합에서 일반항을 구하는 공식
$a_{30}=S_{30}-S_{29}$ 임을 이용하면 됩니다.

상세 풀이 $a_{n+1}+a_n=n$ 의 n 에 1, 3, 5, $\cdots$, 29를 차례대로 대입하면

$$a_1+a_2=1,\ a_3+a_4=3,\ \cdots,\ a_{29}+a_{30}=29$$

$$\therefore S_{30}=\sum_{k=1}^{30}a_k$$

$$=1+3+\cdots+29$$

$$=\dfrac{15(1+29)}{2}=225$$

$a_{n+1}+a_n=n$ 의 n 에 2, 4, 6, $\cdots$, 28을 차례대로 대입하면

$$a_1=1,\ a_2+a_3=2,\ a_4+a_5=4,\ \cdots,$$

$$a_{28}+a_{29}=28$$

$$\therefore S_{29}=\sum_{k=1}^{29} a_k$$
$$=1+(2+4+\cdots+28)$$
$$=1+2(1+2+3+\cdots+14)$$
$$=1+2\times\frac{14\times15}{2}=211$$

따라서 $a_{30}=S_{30}-S_{29}$이므로

$$a_{30}=225-211=14$$
$$\therefore a_{30}+S_{30}=14+225=239$$

보충 설명 실제로 수열 $\{a_n\}$의 항을 나열해 보면

$$1,\ 0,\ 2,\ 1,\ 3,\ 2,\ 4,\ 3,\ 5,\ 4,\ \cdots$$

이므로 짝수 번째 항들은 첫째항이 0, 공차가 1인 등차수열을 이룹니다. 즉, $a_{2n}=n-1$입니다.

정답 239

12-7

접근 방법 $a_{n+1}+a_n=b_{n+1}-b_n$을 이용하여

$$a_1+a_2+\cdots+a_{10}$$

을 나타내야 합니다. 즉, 주어진 식의 좌변이 이웃한 두 항의 합의 꼴이므로 n에 1, 2, 3, $\cdots$, 9를 차례대로 대입하여 같은 변끼리 더합니다.

상세 풀이 $a_{n+1}+a_n=b_{n+1}-b_n$의 n에 1, 2, 3, $\cdots$, 9를 차례대로 대입하면

$$a_2+a_1=b_2-b_1$$
$$a_3+a_2=b_3-b_2$$
$$\vdots$$
$$a_{10}+a_9=b_{10}-b_9$$

위의 9개의 식을 같은 변끼리 더하면

$$2(a_2+a_3+\cdots+a_9)+a_1+a_{10}=b_{10}-b_1$$
$$2(a_1+a_2+\cdots+a_{10})-a_1-a_{10}=b_{10}-b_1$$
$$\therefore a_1+a_2+\cdots+a_{10}$$
$$=\frac{1}{2}(a_1-b_1+a_{10}+b_{10})$$
$$=\frac{1}{2}\times(0+30)$$
$$=15$$

보충 설명 점화식이 주어진 문제는 일반항을 구하여

푸는 것이 일반적이지만 위와 같은 문제에서는 일반항을 구하기가 어렵습니다. 따라서 구하고자 하는 $\sum_{k=1}^{10} a_k$의 형태에 주목하여 식을 변형합니다.

정답 15

12-8

접근 방법 $n=1,\ 2,\ 3,\ \cdots$일 때의 a_n의 값을 직접 구하여 규칙성을 찾습니다.

상세 풀이 조건 (나)에서 7로 나눈 나머지를 구하면

$2a_1=2$이므로 $a_2=2$

$3a_2=6$이므로 $a_3=6$

$4a_3=24$이므로 $a_4=3$

$5a_4=15$이므로 $a_5=1$

$6a_5=6$이므로 $a_6=6$

$7a_6=42$이므로 $a_7=0$

따라서 $a_7=a_8=\cdots=a_{1000}=0$이므로

$$\sum_{k=1}^{1000} a_k=a_1+a_2+a_3+a_4+a_5+a_6$$
$$=1+2+6+3+1+6$$
$$=19$$

보충 설명 위의 문제와 같이 $a_1,\ a_2,\ a_3,\ \cdots$의 값을 직접 구하여 규칙을 찾는 경우에는 a_n의 값이 순환하는 경우가 일반적인데, 여기서 주어진 수열 $\{a_n\}$은 a_7 이후로는 값이 모두 0이 되는 조금 특이한 경우입니다.

정답 19

12-9

접근 방법 이차방정식 $a_nx^2+2a_{n+1}x+a_{n+2}=0$이 중근을 가지므로 판별식 $D=0$임을 이용하여 수열 $\{a_n\}$의 점화식을 찾습니다.

상세 풀이 이차방정식

$a_nx^2+2a_{n+1}x+a_{n+2}=0\ (n\geq1)$의 판별식을 D라고 하면 이 방정식이 중근을 가지므로

$$\frac{D}{4}={a_{n+1}}^2-a_na_{n+2}=0$$
$$\therefore {a_{n+1}}^2=a_na_{n+2}\ (n\geq1)$$

즉, 수열 $\{a_n\}$은 등비수열이고 $a_1=2$,

$\dfrac{a_2}{a_1}=\dfrac{4}{2}=2$이므로 첫째항이 2, 공비가 2입니다.

$$\therefore a_n=2\times 2^{n-1}=2^n$$

따라서 주어진 이차방정식은

$$2^n x^2+2\times 2^{n+1}x+2^{n+2}=0$$
$$x^2+4x+4=0,\ (x+2)^2=0$$
$$\therefore x=-2$$

즉, 중근 $b_n=-2\ (n\geq 1)$이므로

$$\sum_{k=1}^{10} b_k=\sum_{k=1}^{10}(-2)=(-2)\times 10=-20$$

정답 -20

12-10

접근 방법 주어진 식의 좌변이 수열의 합의 꼴이므로 주어진 식과 주어진 식의 n에 $n-1$을 대입하여 얻은 식의 차를 이용하여 수열 $\{b_n\}$의 일반항을 구합니다.

상세 풀이 첫째항이 1, 공차가 3인 등차수열 $\{a_n\}$의 일반항은

$$a_n=1+(n-1)\times 3=3n-2$$
$$b_1+b_2+b_3+\cdots+b_n=na_n\ (n\geq 1)\ \cdots\cdots\ \bigcirc$$

$\bigcirc$의 n에 $n-1$을 대입하면

$$b_1+b_2+b_3+\cdots+b_{n-1}=(n-1)a_{n-1}$$
$$(n\geq 2)\ \cdots\cdots\ \bigcirc\!\!\!\bigcirc$$

$\bigcirc-\bigcirc\!\!\!\bigcirc$을 하면

$$b_n=na_n-(n-1)a_{n-1}$$
$$=n(3n-2)-(n-1)\{3(n-1)-2\}$$
$$=n(3n-2)-(n-1)(3n-5)$$
$$=6n-5\ (n\geq 2)$$
$$\therefore b_{100}-b_{99}=6$$

보충 설명 수열 $\{a_n\}$의 일반항이
$a_n=pn+q\ (p,\ q$는 상수)이면

$$a_n-a_{n-1}=(pn+q)-\{p(n-1)+q\}$$
$$=p$$

즉, 수열 $\{a_n\}$은 공차가 p인 등차수열입니다.

정답 6

실력 다지기 p.498~499

12-11 ④ **12** ④ **13** 3 **14** 768 **15** 400

16 20 **17** 15 **18** 9 **19** 51 **20** 20

12-11

접근 방법 a_1, a_2, a_3, a_4, a_5, a_6이 서로 다르고 점화식 $a_{n+6}=a_n\ (n\geq 1)$이 성립한다는 것은 수열 $\{a_n\}$의 주기가 6, 즉 6개의 항이 반복된다는 것을 의미합니다. 이를 이용하여 보기의 수열들을 a_1, a_2, a_3, a_4, a_5, a_6으로 나타냅니다.

상세 풀이 a_1, a_2, a_3, a_4, a_5, a_6이 서로 다르고 $a_{n+6}=a_n\ (n\geq 1)$이므로 보기의 수열들을 a_1, a_2, a_3, a_4, a_5, a_6으로 나타내면

① a_3, a_5, a_7, a_9, a_{11}, a_{13}, $\cdots$
a_3, a_5, a_1, a_3, a_5, a_1, $\cdots$

② a_4, a_7, a_{10}, a_{13}, a_{16}, a_{19}, $\cdots$
a_4, a_1, a_4, a_1, a_4, a_1, $\cdots$

③ a_5, a_9, a_{13}, a_{17}, a_{21}, a_{25}, $\cdots$
a_5, a_3, a_1, a_5, a_3, a_1, $\cdots$

④ a_6, a_{11}, a_{16}, a_{21}, a_{26}, a_{31}, $\cdots$
a_6, a_5, a_4, a_3, a_2, a_1, $\cdots$

⑤ a_7, a_{13}, a_{19}, a_{25}, a_{31}, a_{37}, $\cdots$
a_1, a_1, a_1, a_1, a_1, a_1, $\cdots$

따라서 a_1, a_2, a_3, a_4, a_5, a_6의 값이 모두 나타나는 수열은 ④입니다.

보충 설명 ①은 a_3, a_5, a_1이 반복됩니다.
②는 a_4, a_1이 반복됩니다.
③은 a_5, a_3, a_1이 반복됩니다.
⑤는 a_1이 반복됩니다.

정답 ④

12-12

접근 방법 두 수 사이의 대소를 확인하는 가장 기본적인 방법은 두 수의 차를 조사하는 것이므로 주어진

점화식에서 인접한 두 항 a_n, a_{n+1}의 차를 조사하여 n이 커짐에 따라 수열 $\{a_n\}$의 각 항의 값이 감소하다가 증가하기 시작하는 때를 찾으면 됩니다.

즉, 점화식 $a_{n+1}=a_n+f(n)$에서 $f(n)>0$이라면 수열 $\{a_n\}$은 증가하는 수열이 되고 $f(n)<0$이라면 수열 $\{a_n\}$은 감소하는 수열이 됩니다. $f(n)$에 해당하는 $(\log_3 n-1)\log_3 n-6$의 값의 부호가 n에 따라 어떻게 변하는지 조사해 봅시다.

상세 풀이 $a_{n+1}-a_n=(\log_3 n-1)\log_3 n-6<0$에서

$$(\log_3 n)^2-\log_3 n-6<0$$
$$(\log_3 n-3)(\log_3 n+2)<0$$
$$-2<\log_3 n<3$$
$$\therefore \frac{1}{9}<n<27$$

즉, $n=1, 2, 3, \cdots, 26$일 때

$$a_1>a_2>a_3>\cdots>a_{27} \qquad \cdots\cdots \ \text{㉠}$$

또한 $a_{n+1}-a_n=(\log_3 n-1)\log_3 n-6>0$에서

$$n>27$$
$$\therefore a_{28}<a_{29}<\cdots \qquad \cdots\cdots \ \text{㉡}$$

한편, $n=27$일 때

$$a_{28}-a_{27}=(\log_3 27-1)\log_3 27-6=0$$
$$\therefore a_{27}=a_{28} \qquad \cdots\cdots \ \text{㉢}$$

따라서 ㉠, ㉡, ㉢에서 최소인 항은 a_{27} 또는 a_{28}입니다.

보충 설명 $a_{n+1}=a_n+f(n)$ 꼴의 점화식이지만 $f(n)$이 $\log_3 n$에 관한 이차식이므로 일반적인 $a_{n+1}=a_n+f(n)$ 꼴의 점화식의 풀이를 할 수 없습니다.

정답 ④

12-**13**

접근 방법 주어진 점화식은 등차수열, 등비수열을 나타내는 것도 아니고, 수열의 점화식에서 배운 유형도 아닙니다. 따라서 n에 1, 2, 3, $\cdots$을 차례대로 대입하여 수열의 규칙성을 찾습니다.

상세 풀이 $a_{n+1}=\dfrac{a_n-1}{a_n+1}$의 n에 1, 2, 3, $\cdots$을 차례대로 대입하면

$$a_1=\frac{1}{2},\ a_2=-\frac{1}{3},\ a_3=-2,\ a_4=3,$$
$$a_5=\frac{1}{2},\ a_6=-\frac{1}{3},\ \cdots$$

따라서 수열 $\{a_n\}$은 $\dfrac{1}{2}$, $-\dfrac{1}{3}$, -2, 3이 이 순서대로 반복되는 수열이고, $2000=4\times500$이므로

$$a_{2000}=a_4=3$$

보충 설명 수열 $\{a_n\}$의 주기가 4이고 2000은 4의 배수이므로 $a_{2000}=a_4=3$입니다.

정답 3

12-**14**

접근 방법 $\dfrac{a_{n+1}}{2^{n+1}}=\dfrac{a_n}{2^n}+2^n$으로부터 일반항 a_n을 한 번에 구하기는 어렵습니다.

$\dfrac{a_n}{2^n}=b_n$으로 놓고 수열 $\{b_n\}$의 일반항을 구한 후, 이로부터 수열 $\{a_n\}$의 일반항을 구합니다.

상세 풀이 $\dfrac{a_{n+1}}{2^{n+1}}=\dfrac{a_n}{2^n}+2^n$에서 $\dfrac{a_n}{2^n}=b_n$으로 놓으면

$$b_{n+1}=b_n+2^n,\ b_1=\frac{a_1}{2}=\frac{4}{2}=2$$

$b_{n+1}-b_n=2^n$의 n에 1, 2, 3, $\cdots$, $n-1$을 차례대로 대입하여 같은 변끼리 더하면

$$b_2-b_1=2^1$$
$$b_3-b_2=2^2$$
$$b_4-b_3=2^3$$
$$\vdots$$
$$\underline{+)\ b_n-b_{n-1}=2^{n-1}}$$
$$b_n-b_1=2^1+2^2+2^3+\cdots+2^{n-1}$$

$$\therefore b_n=b_1+\sum_{k=1}^{n-1}2^k$$
$$=2+\frac{2(2^{n-1}-1)}{2-1}=2^n$$

따라서 $\dfrac{a_n}{2^n}=b_n$에서

$$a_n=2^n b_n=2^n \times 2^n=2^{2n}$$
$$\therefore a_5-a_4=2^{10}-2^8$$
$$=2^8 \times (2^2-1)$$
$$=256 \times 3=768$$

[다른 풀이] $\dfrac{a_{n+1}}{2^{n+1}}=\dfrac{a_n}{2^n}+2^n$에서 $\dfrac{a_n}{2^n}=b_n$으로 놓으면

$$b_{n+1}=b_n+2^n, \ b_1=\dfrac{a_1}{2}=\dfrac{4}{2}=2$$

$b_{n+1}-b_n=c_n$으로 놓으면

$c_n=b_{n+1}-b_n=2^n$이고, 수열 $\{c_n\}$은 수열 $\{b_n\}$의 계차수열이므로

$$b_n=b_1+\sum_{k=1}^{n-1} c_k=2+\sum_{k=1}^{n-1} 2^k$$
$$=2+\dfrac{2(2^{n-1}-1)}{2-1}=2^n$$

따라서 $\dfrac{a_n}{2^n}=b_n$에서

$$a_n=2^n b_n=2^n \times 2^n=2^{2n}$$
$$\therefore a_5-a_4=2^{10}-2^8=2^8 \times (2^2-1)$$
$$=256 \times 3=768$$

[보충 설명] 점화식 $\dfrac{a_{n+1}}{2^{n+1}}=\dfrac{a_n}{2^n}+2^n$과 같이 a_n에 $f(n)$의 형태가 곱해져 있거나 a_n을 $f(n)$의 형태로 나누고 있으면 $a_n f(n)$ 또는 $\dfrac{a_n}{f(n)}$을 b_n으로 놓고 수열 $\{b_n\}$을 이용하여 수열 $\{a_n\}$의 일반항을 구합니다.

정답 768

12-15

[접근 방법] $\displaystyle\sum_{k=1}^{200} (a_{2k}-a_{2k-1})$의 값을 구하는 것이므로 수열 $\{a_{2n}-a_{2n-1}\}$의 일반항을 구합니다. 즉, 수열 $\{a_n\}$의 일반항을 구할 필요가 없습니다.

[상세 풀이] $n \geq 2$일 때

$$a_{n+2}-a_{n+1}=\dfrac{1}{a_{n+1}-a_n}=\dfrac{1}{\dfrac{1}{a_n-a_{n-1}}}$$
$$=a_n-a_{n-1}$$

$$\therefore a_{2n}-a_{2n-1}=a_{2n-2}-a_{2n-3}$$
$$=a_{2n-4}-a_{2n-5}$$
$$\vdots$$
$$=a_2-a_1$$
$$=5-3=2 \ (n \geq 2)$$

또한 $a_2-a_1=2$이므로 모든 자연수 n에 대하여

$$a_{2n}-a_{2n-1}=2$$
$$\therefore \sum_{k=1}^{200} (a_{2k}-a_{2k-1})=200 \times 2=400$$

[보충 설명] 위 풀이에서 수열 $\{a_{2n}-a_{2n-1}\}$의 일반항을 구하는 것이 어렵게 느껴진다면 n에 1, 2, 3, …을 직접 대입해서 일반항을 찾을 수도 있습니다.

$$a_3-a_2=\dfrac{1}{a_2-a_1}=\dfrac{1}{5-3}=\dfrac{1}{2},$$
$$a_4-a_3=\dfrac{1}{a_3-a_2}=\dfrac{1}{\dfrac{1}{2}}=2,$$
$$a_5-a_4=\dfrac{1}{a_4-a_3}=\dfrac{1}{2},$$
$$a_6-a_5=\dfrac{1}{a_5-a_4}=\dfrac{1}{\dfrac{1}{2}}=2, \ \cdots$$

따라서 모든 자연수 n에 대하여 $a_{2n}-a_{2n-1}$의 값은 항상 2임을 알 수 있습니다.

정답 400

12-16

[접근 방법] $3(a_1+a_2+a_3+\cdots+a_n)=(n+2)a_n$의 좌변은 수열의 합의 꼴입니다. 따라서 $S_{n+1}-S_n=a_{n+1} \ (n \geq 1)$을 이용하여 a_{n+1}과 a_n 사이의 관계식을 구합니다.

[상세 풀이] $3(a_1+a_2+a_3+\cdots+a_n)=(n+2)a_n$의 n에 $n+1$을 대입하면

$$3(a_1+a_2+a_3+\cdots+a_{n+1})=(n+3)a_{n+1}$$

이므로

$$3(a_1+a_2+a_3+\cdots+a_{n+1})=(n+3)a_{n+1}$$
$$-)3(a_1+a_2+a_3+\cdots+a_n)=(n+2)a_n$$
$$\overline{3a_{n+1}=(n+3)a_{n+1}-(n+2)a_n}$$

$$\therefore a_{n+1}=\frac{n+2}{n}a_n \ (n \geq 1) \qquad \cdots\cdots \ \text{㉠}$$

㉠의 n에 $1, 2, 3, \cdots, n-1$을 차례대로 대입하여 같은 변끼리 곱하면

$$a_n=\left(\frac{3}{1}\times\frac{4}{2}\times\frac{5}{3}\times\frac{6}{4}\times\cdots \right.$$
$$\left. \times\frac{n}{n-2}\times\frac{n+1}{n-1}\right)\times a_1$$

이때, $a_1=1$이므로

$$a_n=\frac{n(n+1)}{2}$$

$$\therefore \sum_{k=1}^{n}\frac{1}{a_k}=\sum_{k=1}^{n}\frac{2}{k(k+1)}$$
$$=2\sum_{k=1}^{n}\left(\frac{1}{k}-\frac{1}{k+1}\right)$$
$$=2\left(1-\frac{1}{n+1}\right)$$
$$=\frac{2n}{n+1}$$

따라서

$$\frac{1}{a_1}+\frac{1}{a_2}+\frac{1}{a_3}+\cdots+\frac{1}{a_n}=\frac{2n}{n+1}=\frac{40}{21}\text{에서}$$
$$42n=40(n+1)$$
$$2n=40 \qquad \therefore n=20$$

보충 설명 $a_{n+1}=f(n)a_n$ 꼴의 점화식의 n에 $1, 2, 3,$ $\cdots, n-1$을 차례대로 대입하여 얻은 식을 같은 변끼리 곱하여 수열 $\{a_n\}$의 일반항을 찾습니다.

정답 20

12-**17**

접근 방법 주어진 점화식을 이용하면 수열 $\{a_n\}$의 항의 번호가 큰 항을 항의 번호가 작은 항으로 나타낼 수 있습니다. 따라서 주어진 점화식을 이용하여 a_{50}을 항의 번호가 더 작은 항으로 나타냅니다.

상세 풀이 $a_n=a_{\left[\frac{n}{2}\right]}+1$에 $n=50$을 대입하면

$$a_{50}=a_{25}+1=(a_{12}+1)+1=a_{12}+2$$
$$=(a_6+1)+2=a_6+3=(a_3+1)+3$$
$$=a_3+4=(a_1+1)+4=a_1+5$$

이때, $a_1=10$이므로

$$a_{50}=10+5=15$$

보충 설명 위의 풀이에서 사용된 가우스 기호의 값은

$$\left[\frac{50}{2}\right]=[25]=25, \ \left[\frac{25}{2}\right]=[12.5]=12,$$
$$\left[\frac{12}{2}\right]=[6]=6, \ \left[\frac{6}{2}\right]=[3]=3,$$
$$\left[\frac{3}{2}\right]=[1.5]=1$$

정답 15

12-**18**

접근 방법 주어진 점화식을 이용하여 a_{20}을 항의 번호가 더 작은 항으로 나타냅니다.

상세 풀이 $a_n+a_{n-1}=n^2$에서 $a_n=n^2-a_{n-1}$이므로

$$a_{20}=20^2-a_{19}$$
$$=20^2-(19^2-a_{18})$$
$$=20^2-19^2+a_{18}$$
$$=20^2-19^2+(18^2-a_{17})$$
$$=20^2-19^2+18^2-(17^2-a_{16})$$
$$=20^2-19^2+18^2-17^2+a_{16}$$
$$\vdots$$
$$=20^2-19^2+18^2-17^2+\cdots$$
$$+12^2-11^2+a_{10}$$
$$=(20+19)(20-19)$$
$$+(18+17)(18-17)+\cdots$$
$$+(12+11)(12-11)+4$$
$$=20+19+18+17+\cdots+12+11+4$$
$$=\frac{10(20+11)}{2}+4$$
$$=159$$

따라서 a_{20}을 10으로 나눈 나머지는 9입니다.

다른 풀이 $a_n+a_{n-1}=n^2$의 n에 $12, 14, 16, 18, 20$을 차례대로 대입하면

$$a_{12}+a_{11}=12^2, \ a_{14}+a_{13}=14^2, \ \cdots, \ a_{20}+a_{19}=20^2$$

에서

$$a_{11}+a_{12}+\cdots+a_{20}=12^2+14^2+\cdots+20^2$$
$$\cdots\cdots \ \text{㉠}$$

$a_n+a_{n-1}=n^2$의 n에 $11, 13, 15, 17, 19$를 차례대로 대입하면

$a_{11}+a_{10}=11^2$, $a_{13}+a_{12}=13^2$, $\cdots$, $a_{19}+a_{18}=19^2$

에서

$$a_{10}+a_{11}+\cdots+a_{19}=11^2+13^2+\cdots+19^2$$

$$\cdots\cdots\ \text{ⓛ}$$

따라서 ㉠-ⓛ을 하면 a_{20}을 구할 수 있습니다.

보충 설명 $20^2-19^2+18^2-17^2+\cdots+12^2-11^2$과 같은 계산을 할 때에는 인수분해 공식

$a^2-b^2=(a+b)(a-b)$를 이용합니다.

정답 9

12-**19**

접근 방법 $a_{n+1}-a_n=b_n$으로 놓으면 조건 (나)에서
$b_{n+1}{}^2=b_{n+2}b_n\ (n\geq 1)$이므로 수열 $\{b_n\}$은 등비수열임을 이용합니다.

상세 풀이 $a_{n+1}-a_n=b_n$으로 놓으면 조건 (가)에서

$$b_1=a_2-a_1=3-1=2$$
$$b_2=a_3-a_2=7-3=4$$

또한 조건 (나)에서

$$b_{n+1}{}^2=b_{n+2}b_n\ (n\geq 1)$$

즉, 수열 $\{b_n\}$은 첫째항이 2이고 공비가

$\dfrac{b_2}{b_1}=\dfrac{4}{2}=2$인 등비수열이므로

$$b_n=2\times 2^{n-1}=2^n$$

$$\therefore\ a_{n+1}-a_n=2^n \qquad \cdots\cdots\ \text{㉠}$$

㉠의 n에 $1, 2, 3, \cdots, n-1$을 차례대로 대입하여 같은 변끼리 더하면

$$a_2-a_1=2^1$$
$$a_3-a_2=2^2$$
$$a_4-a_3=2^3$$
$$\vdots$$
$$+\underline{\ )\ a_n-a_{n-1}=2^{n-1}}$$
$$a_n-a_1=2^1+2^2+2^3+\cdots+2^{n-1}$$

$$\therefore\ a_n=a_1+\sum_{k=1}^{n-1}2^k$$

$$=1+\frac{2(2^{n-1}-1)}{2-1}=2^n-1$$

$$\therefore\ a_{100}=2^{100}-1=4^{50}-1$$

따라서 $p=50$, $q=1$이므로

$$p+q=50+1=51$$

다른 풀이 $a_{n+1}-a_n=b_n$으로 놓으면 조건 (가)에서

$$b_1=a_2-a_1=2,\ b_2=a_3-a_2=4$$

또한 조건 (나)에서

$$b_{n+1}{}^2=b_{n+2}b_n\ (n\geq 1)$$

즉, 수열 $\{b_n\}$은 첫째항이 2이고 공비가 $\dfrac{b_2}{b_1}=2$인

등비수열이므로

$$b_n=2\times 2^{n-1}=2^n$$

수열 $\{b_n\}$이 수열 $\{a_n\}$의 계차수열이므로 수열 $\{a_n\}$의 일반항은

$$a_n=a_1+\sum_{k=1}^{n-1}b_k=1+\sum_{k=1}^{n-1}2^k$$

$$=1+\frac{2(2^{n-1}-1)}{2-1}=2^n-1$$

$$\therefore\ a_{100}=2^{100}-1=4^{50}-1$$

따라서 $p=50$, $q=1$이므로

$$p+q=50+1=51$$

보충 설명 $b_{n+1}{}^2=b_{n+2}b_n$으로부터 b_{n+1}은 b_n과 b_{n+2}의 등비중항임을 알 수 있습니다. 따라서 b_n, b_{n+1}, b_{n+2}는 이 순서대로 등비수열을 이루고 수열 $\{b_n\}$은 등비수열이 됩니다.

정답 51

12-**20**

접근 방법 (소금의 양)=(소금물의 양)$\times\dfrac{\text{농도}(\%)}{100}$ 임

을 이용하여 식을 세웁니다.

상세 풀이 한 번 시행할 때, 그릇 A에 들어 있는 소금물 100 g 중 20 g을 버려서 80 g만 남깁니다. 이때, 농도는 변하지 않습니다. 그 다음에 5 %의 소금물이 들어 있는 그릇 B에서 소금물 20 g을 가져다가 그릇 A에 부으면 그릇 A에 담긴 소금의 양은 $20\times\dfrac{5}{100}$(g)만큼 늘어나고, 소금물의 총량은 시행 전과 같이 100 g이 됩니다.

따라서 n번째 시행 후 그릇 A의 소금물의 농도를 a_n %라고 하면 $(n+1)$번째 시행 후 그릇 A에 담긴 소금의 양에 대하여 다음과 같이 식을 세울 수 있습니다.

$$100 \times \frac{a_{n+1}}{100} = 80 \times \frac{a_n}{100} + 20 \times \frac{5}{100}$$

$$a_{n+1} = \frac{4}{5} a_n + 1$$

$$a_{n+1} - 5 = \frac{4}{5}(a_n - 5)$$

$a_n - 5 = b_n$으로 놓으면

$$b_{n+1} = \frac{4}{5} b_n$$

즉, 수열 $\{b_n\}$은 첫째항이

$$b_1 = a_1 - 5 = 80 \times \frac{10}{100} + 20 \times \frac{5}{100} - 5 = 4$$

이고 공비가 $\frac{4}{5}$인 등비수열이므로

$$b_n = 4 \times \left(\frac{4}{5}\right)^{n-1}$$

$$\therefore a_n = b_n + 5 = 4 \times \left(\frac{4}{5}\right)^{n-1} + 5$$

따라서 $p = 4$, $q = 5$이므로

$$pq = 4 \times 5 = 20$$

정답 20